用实干创造
用奋斗作答

记奋进中的苏州国家级开发区

中共苏州市委党史工作办公室 编

苏州大学出版社
Soochow University Press

图书在版编目(CIP)数据

用实干创造 用奋斗作答:记奋进中的苏州国家级开发区 / 中共苏州市委党史工作办公室编. —苏州:苏州大学出版社,2020.12
 ISBN 978-7-5672-3415-4

Ⅰ.①用… Ⅱ.①中… Ⅲ.①开发区-国家级-概况-苏州 Ⅳ.①F127.533

中国版本图书馆 CIP 数据核字(2020)第 237856 号

书　　名:	用实干创造　用奋斗作答
	——记奋进中的苏州国家级开发区
编　　者:	中共苏州市委党史工作办公室
责任编辑:	孙佳颖
装帧设计:	吴　钰
出版发行:	苏州大学出版社(Soochow University Press)
社　　址:	苏州市十梓街1号　邮编:215006
印　　刷:	苏州市越洋印刷有限公司
邮购热线:	0512-67480030
销售热线:	0512-67481020
开　　本:	710 mm×1 000 mm　1/16　印张:30.25　字数:361千
版　　次:	2020年12月第1版
印　　次:	2020年12月第1次印刷
书　　号:	ISBN 978-7-5672-3415-4
定　　价:	80.00元

若有印装错误,本社负责调换
苏州大学出版社营销部　电话:0512-67481020
苏州大学出版社网址　http://www.sudapress.com
苏州大学出版社邮箱　sdcbs@suda.edu.cn

《用实干创造 用奋斗作答——记奋进中的苏州国家级开发区》

编 委 会

主　任：朱　江
副主任：陈　波　诸晓春　刘　炉
成　员：卢　渊　宋长宝　朱兴华　陆忠理
　　　　顾伟明　张宁江　张培明　邹文元
　　　　张建文　张伟华　张剑清　陆志伟
　　　　徐忠华　何　宁

编 写 组

主　编：朱　江
副主编：陈　波　诸晓春（执行）　刘　炉
统　稿：宋立春
成　员：张　晶　张　勇　邱亚峰　唐红宇
　　　　李林川　张亚明　毛　俊　王　卓
　　　　李成琛　杨其琦　徐立军　华梦博
　　　　徐　阳　葛才华

苏州工业园区

苏州国家高新技术产业开发区

张家港保税区

张家港经济技术开发区

常熟经济技术开发区

常熟高新技术产业开发区

太仓港经济技术开发区

昆山经济技术开发区

昆山高新技术产业开发区

吴江经济技术开发区

苏州太湖国家旅游度假区

吴中经济技术开发区

相城经济技术开发区

苏州浒墅关经济技术开发区

序 言
Preface

  2020年注定是载入史册的一年。中国共产党团结带领全国人民实现了第一个百年奋斗目标——全面建成小康社会，并乘势而上，开启全面建设社会主义现代化国家新征程，向第二个百年目标进军。

  新起点，新使命。在新的征程上，苏州如何实现更好的发展？坚定不移推进改革，继续扩大开放，持续增强发展动力和活力；把新发展理念贯穿发展全过程和各领域，加快构建新发展格局，实现更有效率、更高质量、更加公平、更可持续、更为安全的发展。这既是苏州改革开放40多年成功经验的总结，也是为全面建设社会主义现代化开好局、起好步的必然要求。

  作为改革开放的前沿阵地，苏州以开放而兴，因开放而盛。没有党的改革开放政策，就不可能出现今天这样一个欣欣向荣的苏州，就不可能崛起一个充满生机活力的"最强地级市"。40多年来，在党的改革开放政策指引下，苏州实现了从计划经济向社会主义市场经济体制的转变，实现了全方位开放的伟大壮举，苏州人民用辛勤和汗水写就了经济社会发展的壮丽史诗。

  开放是苏州的第一标识。与1978年相比，2019年苏州的地区生产总值增长了600多倍。苏州以占全国0.09%的面积，创造了全国2.1%的国内生产总值、2.4%的税收和7.7%的进出口总额。截止2019年年底，全市累计实际使用外资1 320亿美元，位居全国大中城市第三位；苏州港集装箱吞吐量达 628 万标箱，已成为全球第一大内河港；拥有各类外资地区总部及功能性机构 300 多家，156 家世界 500 强企业在苏州投资项目达 400 多个。

创新是苏州的第一动能。截至 2019 年，全市科技进步贡献率连续 11 年保持全省第一；高新技术企业 7 052 家，数量位居全国大中城市第五；万人有效发明专利 58.26 件，数量位居全国第五；"国家级重大人才引进工程"人才达 262 人，其中创业类 135 人，位居全国第一；上市企业总数为 151 家，其中境内上市 120 家，位居全国第五，科创板上市 6 家，仅次于北京和上海，位居全国第三。

包容是苏州的第一气质。全市常住外籍人口超过 2 万人，连续 8 年入选"外国籍人才眼中最具吸引力的中国十大城市"；常住台胞 14 万人；年接待境内外游客 1.31 亿人次，位居全省第一；拥有全国唯一的历史文化名城保护区，拥有 2 项世界物质文化遗产和 6 项世界非物质文化遗产，被联合国世界遗产城市组织授予"世界遗产典范城市"称号。

各级各类经济技术开发区既是苏州开放发展的重要成果，也是苏州开放发展的重要载体。截至 2019 年年底，苏州已有国家级开发区 14 个、省级开发区 6 个。苏州各类开发区贡献了全市 78.8% 的地区生产总值、70% 的一般公共预算收入、78% 进出口总额和 92.7% 的实际使用外资。可以说，开发区成为苏州开放型经济的重要窗口，成为苏州进一步扩大开放，实现以国内大循环为主体、国内国际双循环相互促进新发展格局的重要载体。

40 多年改革开放的成功实践证明，苏州是中国改革开放的一个生动缩影。今天，站在新的历史起点，开发区如何实现高质量发展？应该看到，当前和今后一个时期，我国发展仍然处于战略机遇期，机遇和挑战都有新的发展变化。当今世界正经历百年未有之大变局，和平与发展仍然是时代主题，同时国际环境日趋复杂，不稳定性、不确定性明显增加。我国已转向高质量发展阶段，继续发展具有多方面优势和条件，同时我国发展不平衡、不充分问题仍然突出。

面对时代之问,"开放再出发"是苏州的不二选择,也是苏州所有开发区发展的根本选择。以习近平同志为核心的党中央始终对江苏、对苏州亲切关怀、寄予厚望。早在 2009 年,习近平同志就提出,"像昆山这样的地方,包括苏州,现代化应该是一个可以去勾画的目标"。2012 年 7 月,习近平同志到苏州出席中非民间论坛时指出,"我想今后我还会来这里,解剖麻雀、调查研究、总结经验、把握规律都会来的"。2014 年 12 月,习近平总书记视察江苏时,提出了建设"强富美高"新江苏的目标,省委明确要求苏州要当先行军、排头兵。2020 年 11 月,习近平总书记赴长江下游并考察江苏,强调江苏要"争当表率、争做示范、走在前列"。这为新发展阶段的江苏和苏州更好落实国家战略、服务构建新发展格局指明了方向。

面对新形势、新要求,苏州开发区将进一步增强机遇意识和风险意识,在危机中育先机,于变局中开新局,抓住"一带一路"、长江经济带、长三角一体化、自贸区等国家战略在苏州叠加实施的战略机遇,特别是苏州处于长三角一体化的重要位置,自贸区苏州片区占全省自贸区面积一半以上的独特优势,更加积极、更加主动、更加全面地融入国家战略,将战略机遇转化为发展红利,再次为苏州开发区建设插上"腾飞的翅膀"。

习近平总书记明确要求苏州"为中国特色社会主义道路创造一些经验"。江苏省委常委会会议专题研究苏州工作时,提出苏州要勇当高水平全面建成小康社会的标杆,成为探索具有时代特征、江苏特点的中国特色社会主义现代化道路的标杆。苏州要肩负起这样的历史重任,"思想再解放"是必备前提,"开放再出发"是必由之路,"目标再攀高"是必然追求。对苏州各级开发区而言,更要乘势而上、抓住机遇、奋勇前进。

在新的前进征程上,苏州将站在全球更高"坐标系"中来谋划未来发展,实现综合实力、开放形态、城市能级的标志性"大跃升",建设高质量经济、造就高品质生活、打磨高颜值城市、实现高效能治理,率先建设充分展现"强富美高"新图景的社会主义现代化强市。在 2020 年地区生产总值迈上20 000亿元台阶的基础上，到2022年，全市地区生产总值年均增速达6%，年均进出口总额保持在3 000亿美元左右，3年累计实际使用外资达200亿美元。到2025年，初步建立制造业和服务业国际化、高质量特征更加鲜明的产业体系，更大范围、更宽领域、更深层次的全面开放格局初步形成，综合实力、发展质量跻身全球城市行列。到2035年，在全球产业链、价值链、供应链中的地位更加突出，更高水平的开放型经济新体制更加成熟稳定，成为深度融入经济全球化的全国典范，成为具有一定竞争力、创新力、影响力的国际化大都市。

要实现这样的目标，全市各级开发区，特别是国家级开发区，将按照党的十九届五中全会描绘的"十四五"蓝图和二〇三五年远景目标，抓住重点，形成高度共识、强大合力，以时不我待的劲头迅速付诸行动。

要以开放推动创新发展，提升苏州的科技创新策源功能。遵循习近平总书记"发展科学技术必须具有全球视野"的要求，苏州确定了发展"开放型创新经济"、打造"国际化创新策源地"的目标。开发区建设将把强化科技创新策源功能作为主攻方向，加强科技体制机制创新，全面打造更好的创新创业环境，努力在突破关键核心技术、培育世界级新兴产业集群上取得更大进展。让国际高端人才在苏州集聚创新，让一流创新企业在苏州集聚发展，让多元创新要素在苏州集聚融合。

要以开放强化有效投入，提升苏州的全球资源配置功能。遵循习近平总书记"中国的大门将继续对各国投资者开放"的重要指示，苏州开发区将坚持更高质量"引进来"，更大步伐"走出去"，强力吸引跨国公司、国际金融机构、国际组织及大院大所、专业服务机构纷至沓来，让各项产业向全球价值链中高端不断攀升，努力成为"领跑者"。苏州开发区有底气承接更多优质投资项目，有能力成为苏州构筑更高水平开放平台的中坚力量，以国际化企业、国际化产业造就国际化城市。

要以开放优化营商环境，提升苏州的各类要素虹吸功能。贯彻落实习近平总书记"营造稳定公平透明、可预期的营商环境，加快建设开放型经济新体制"的重要指示，自觉对照世界银行（World Bank）、世界贸易组织（WTO）、自由贸易协定（FTA）等国际化营商环境标准和规则。苏州开发区建设、审批速度将永远比别人更快一点，办事流程永远比别人更方便一点，政策措施永远比别人更优惠一点。

要以开放塑造城市品质，提升苏州的开放枢纽门户功能。作为长三角世界级城市群中一颗璀璨的明珠，苏州同时具备了毗邻上海的区位优势、实体经济的规模优势、制造业体系完备的配套优势、先行先试的开放优势、熔古铸今的人文优势、生态宜居的特色优势。苏州开发区建设将为苏州致力打造连接全球、融通全球、覆盖全球、影响全球的开放枢纽门户发挥重要作用，使苏州努力成为中国投资价值最高、投资环境最优、投资前景最广的城市。

站在新的历史起点，苏州的开发区建设任重道远。总结发展的成功经验，目的是能在新的历史阶段把开发区建设得更好。因为开发区建设遇到的很多问题是中长期的，必须从持久战的角度加以认识，加快形成以国内大循环为主体、国内国际双循环相互促进的新发展格局。有鉴于此，把苏州14个国家级开发区的成功经验汇集于此，既是交流，也是互鉴，以期在新的发展阶段共同谱写高质量发展新的篇章。

目录 Contents

苏州工业园区

勇立改革潮头　深化开放创新
建设世界一流高科技产业园区　　　　　　　　　／002

延伸阅读
苏州工业园区创建优质营商环境
让企业"值得来、还想来"　　　　　　　　　　／028

苏州国家高新技术产业开发区

奋起直追争先进位　创新驱动再创辉煌
加快迈向全国高新区高质量发展最前列　　　　　／032

延伸阅读
苏州高新区：构筑自主可控产业"新高地"　　　／049

张家港保税区

扬鞭奋蹄　勇立潮头
争当经济高质量发展新标杆　　　　　　　　　　／054

延伸阅读
"张家港精神"引领高位再出发　　　　　　　　／081

张家港经济技术开发区

栉风沐雨　砥砺奋进
书写开发区高质量发展新华章　　　　　　　　　　　/ 088

延伸阅读
张家港经济技术开发区以实招育新机开新局
"项目引擎"轰鸣，高质量发展提速　　　　　　　　/ 117

常熟经济技术开发区

用汗水浇灌干事创业土壤　以智慧照亮区域发展前路
勇担虞城经济"主引擎"　　　　　　　　　　　　　/ 122

延伸阅读
厚植"发展沃土"　长成"产业森林"
常熟经济技术开发区推动传统产业向"七大方向"转型　/ 157

常熟高新技术产业开发区

勇挑重担　当好先锋
打造常熟经济发展主阵地和科技创新核心区　　　　　/ 164

延伸阅读
常熟高新区：科创产业高地加速隆起　　　　　　　　/ 198

太仓港经济技术开发区

江海筑梦新时代　勇立潮头谱新篇
着力打造沿江先进制造基地　　　　　　　　　　　　/ 208

延伸阅读
太仓港经开区高端装备产业集群化拓展　　　　　　　/ 232

昆山经济技术开发区

与时俱进　敦行致远
承载起求发展求突破的梦想　　　　　　　　　　　　／ 236

延伸阅读
昆山开发区：逆流击水势更强　　　　　　　　　　　／ 260

昆山高新技术产业开发区

争先进位再突破　高新之上攀新高
奋力打造"昆山之路"再创辉煌的引领区　　　　　　／ 266

延伸阅读
驰而不息　十年日新
"蝶变"之下的昆山高新区逐梦而行　　　　　　　　／ 294

吴江经济技术开发区

打造强劲增长极　建设美丽南苏州
在高质量发展新征程中勇当全国"两示范一高地"　　／ 302

延伸阅读
吴江开发区：开放再出发
打造全国"两示范一高地"　　　　　　　　　　　　／ 329

苏州太湖国家旅游度假区

坚守生态底色　解锁发展密码
用责任和担当书写新时代绿色太湖精彩华章　　　　　／ 338

延伸阅读
苏州太湖国家旅游度假区：
被中超选中的足球大本营　　　　　　　　　　　　　／ 358

吴中经济技术开发区

让东太湖之滨明珠更璀璨
奋力跻身国家级经开区第一方阵 /364

延伸阅读

强产业优环境 太湖新地标蓄势待飞 /387

相城经济技术开发区

不负芳华十八载
演绎后发崛起的生动样本 /392

延伸阅读

苏州相城经济技术开发区："青年力"助推高质量发展 /417

苏州浒墅关经济技术开发区

坚守初心谋发展 砥砺奋进促转型
高标准高质量打造苏州城市西北新门户 /422

延伸阅读

浒墅关向八方客商发出诚挚邀请
2020 年苏州高新区招商推介大会暨人才路演活动在深圳举行 /452

后记 /457

苏州工业园区

勇立改革潮头　深化开放创新
建设世界一流高科技产业园区

苏州工业园区（以下简称"园区"）位于苏州市城东，1994年2月经国务院批准设立，同年5月实施启动，行政区划面积278平方千米，其中，中新合作区80平方千米。苏州工业园区是中国和新加坡两国政府间的重要合作项目，被誉为"中国改革开放的重要窗口"和"国际合作的成功范例"。

苏州工业园区自开发建设以来一直得到党中央、国务院的高度重视和亲切关怀。2014年年底，习近平总书记在视察江苏重要讲话中，专门提到苏州工业园区，要求园区在开放创新、综合改革方面发挥试验示范作用。2015年9月底，国务院批复同意苏州工业园区率先开展开放创新综合试验，成为全国首个开展开放创新综合试验区域，为全国开发区转型升级创新发展提供经验。2019年8月，国务院同意设立中国（江苏）自由贸易试验区，其中的苏州自贸片区位于苏州工业园区，功能定位为建设世界一流高科技产业园区。

1994年开发之初，苏州工业园区地区生产总值仅为11.3亿元，财政收入不到4 000万元，到2019年，分别达到2 743.36亿元、7 957 801万元。2019年实现进出口总额871.38亿美元,社会消费品零售总额达543.35亿元,城镇居民人均可支配收入超76 772元,经济密度、创新浓度、开放程度跃居全国前列。在商务部公布的国家级经开区综合考评中,苏州工业园区连续四年(2016—2019年)位列第一、在国家级高新区综合排名中位列第五,并跻身建设世界一流高科技园区行列,2018年入选江苏改革开放40周年先进集体。

一、苏州工业园区的设立背景和发展历程

(一)苏州工业园区的设立背景

1992年,邓小平在视察南方时强调:"社会主义要赢得与资本主义相比较的优势,就必须大胆吸收和借鉴人类社会创造的一切文明成果,吸收和借鉴当今世界各国包括资本主义发达国家的一切反映现代社会化生产规律的先进经营方式、管理方法。""新加坡的社会秩序算是好的,他们管得严,我们应当借鉴他们的经验,而且比他们管得更好。"邓小平的谈话在新加坡高层中引起了积极的反响,在时任新加坡内阁资政李光耀的亲自推动下,新加坡向中国政府提出经验输出、合作发展的设想。经过反复磋商,中新两国政府决定在苏州东南城郊的水乡开启经济合作的一次创造性实践。苏州工业园区不仅开创了中外经济技术互利合作的新模式,成为中新友好合作的成功典范,而且实现了从"中新合作"到"国际合作"、从"学习借鉴"到"品牌输出"的重大跨越。

(二)苏州工业园区的发展历程

1. 奠定基础阶段(1994—2000年)

1994年2月11日,国务院下发《关于开发建设苏州工业园区有关

问题的批复》，同意江苏省苏州市同新加坡有关方面合作开发建设苏州工业园区。2月26日，中新两国在北京签署协议。5月12日，园区首期开发建设正式启动。1995年2月21日，中共苏州工业园区工作委员会和苏州工业园区管理委员会正式挂牌成立。1999年6月28日，中新双方签署《关于苏州工业园区发展有关事宜的谅解备忘录》，确定从2001年1月1日起，中新苏州工业园区开发有限公司实施股比调整，中方财团股比由35%调整为65%，中方承担公司的大股东责任。

2. 跨越发展阶段（2001—2005年）

2001年3月23日，苏州市委、市政府召开苏州工业园区加快开发建设动员大会，正式启动园区二、三期开发，园区进入了大动迁、大开发、大建设、大招商、大发展阶段。2003年，园区主要经济指标达到苏州市1993年的水平，相当于十年再造了一个新苏州。2004年，园区开发建设10周年。中新双方一致认为园区开发建设取得了令人瞩目的成就，一个国际化、现代化的工业园区已经初具规模。2005年，园区相继启动制造业升级、服务业倍增和科技跨越"三大计划"，为后续转型升级奠定了基础。

3. 转型升级阶段（2006—2011年）

2006年，经国务院批准，中新合作区规划面积扩大10平方千米，为园区推进自主创新和现代物流等生产性服务业发展提供了更大空间。2009年，园区开发建设15周年，取得了地区生产总值超千亿、累计上交各种税收超千亿、实际利用外资折合人民币超千亿、注册内资超千亿等"四个超千亿"的发展成就。2010年，园区在转型升级"三大计划"的基础上，先后提出生态优化、金鸡湖双百人才、金融翻番、纳米产业双倍增、文化繁荣、幸福社区建设等"行动计划"，形成转型升级的完整体系。

4. 高质量发展阶段（2012年至今）

2013年，园区确立了争当苏南现代化建设先导区的发展目标，全面实施撤镇建街道，高水平推进区域一体化发展，开启了深化推进改革创新的新征程。2014年，园区开发建设20周年，国务院批复同意苏州工业园区等8个高新技术产业开发区建设苏南国家自主创新示范区。2015年9月底，国务院批复同意苏州工业园区开展开放创新综合试验，要求探索建立开放型经济新体制，构建创新驱动发展新模式。2019年8月，国务院同意设立中国（江苏）自由贸易试验区，其中苏州自贸片区位于苏州工业园区，总面积60.15平方千米（含苏州工业园综合保税区5.28平方千米），功能定位为建设世界一流高科技产业园区，打造全方位开放高地、国际化创新高地、高端化产业高地、现代化治理高地。

▲ 2019年9月1日，中国（江苏）自贸试验区苏州片区挂牌仪式暨建设动员大会在园区举行

二、苏州工业园区发展的主要成就和经验启示

（一）中新合作

1. 坚持自主借鉴，持续深化学习借鉴内涵

结合中国国情借鉴运用新加坡的成功经验，是苏州工业园区有别于并优胜于国内其他开发区的显著特征。开发建设以来，园区累计组织专业管理人员赴新培训194批3 680人次，在借鉴、消化、吸收、再创造的基础上，制定接轨国际通行规则、符合中国国情和园区实际的规章制度110项，建立起"不特有特、比特更特"的管理体制和运行机制，做到"合作中有特色、学习中有发展、借鉴中有创新"。

建立高位协调机制。 中新双方始终保持高效沟通的关键是建立了自上而下、职能清晰的三个层次的工作机构。最高层次的协调机构为中新联合协调理事会，由中新两国副总理分别担任中方、新方主席，两国政府有关部门、中方江苏省政府和苏州市政府及新加坡裕廊镇管理局的负责人参加，负责研究解决园区发展中的重大问题。中间层次的执行机构为中新双边工作委员会，由苏州市政府市长和新加坡贸工部常任秘书共同主持，定期联系、协商、推动具体合作项目，并向中新联合协调理事会两位主席报告工作。第三层次的联络机构为苏州工业园区借鉴新加坡经验办公室（简称"借鉴办"）和新加坡贸工部软件项目办公室（简称"软件办"），双方密切配合，研究确定借鉴新加坡经验的具体领域和培训计划，向中新双边工作委员会报告工作、提出建议。

坚持分层次借鉴。 中新两国《关于合作开发建设苏州工业园区的协议》明确，苏州工业园区借鉴运用新加坡经济和公共行政管理方面的知识和经验，应结合中国国情和实际需要，有选择地逐步进行。园区借鉴新加坡经验可以分为三个层次：第一层次是城市规划建设管理经验

（包括城市规划编制和管理、工程建设、公用事业、土地和房地产开发管理、环境保护、小城镇建设等），属于经济活动必需的、共性的范畴，实行系统引进并全面运用；第二层次是经济发展管理经验（包括经济发展战略、招商引资、工商、海关、金融财税、旅游发展、国有资产经营、市场中介、现代物流、科技发展、科技园管理等），属于一般经济管理范畴，实行基本引进并吸收主要经验；第三层次是公共行政管理经验（包括社会治理、基础教育和职业教育、市镇和社区管理、法制、廉政、工会、人力资源管理、劳动管理、公务员管理、公积金管理、文化、卫生等），大多属于上层建筑范畴，实行部分引进并吸收其有益成分。在借鉴过程中，园区不仅有针对性地研究吸收上述三个层次的经验，而且注重科学把握贯穿于其中的基本原则、指导思想、保障措施等，通过本土化创新实践，建立起吸收新加坡经验和具有园区特色的城市规划体系、环境保护体系、招商亲商服务体系、社会保障体系、国有资产管理体系、科技创新体系、人力资源体系、行政管理体系、公共服务配套体系、社会治理体系，为中国开发区建设积累了一系列创新性、探索性、引领性的经验。

2. 注重互利合作，不断丰富拓展合作领域

苏州工业园区的发展历程也是中新合作内涵不断丰富、领域不断拓展的过程，从联合招商、土地开发，到科技创新、金融开放、服务贸易、社会治理，合作共赢一直贯穿始终。

合作开发主体实现快速发展。园区开发建设之初，中新双方秉承平等互利的原则，分别成立财团并按比例出资组建合资公司——中新苏州工业园区开发集团有限公司（简称"中新集团"，英文缩写为CSSD），作为园区开发主体和中新合作载体。中新集团以园区开发运营为主体板块，以产业载体配套和绿色公用为两翼支撑板块，通过板块联动、资源集聚，形成了高水平产城融合的"一体两翼"协同发展格局。在中新联合协调理事会的关心支持下，中新集团于2005年启动改制上市工作，2008年6月完成股份制改造，首发上市申报材料于当年9月报中国证监会，2016年1月首发申请获证监会发审委审核通过。2019年11月获批上市，成为国务院印发《关于推进国家级经济技术开发区创新提升打造改革开放新高地的意见》后国内首个获批上市的国家级经开区开发运营主体。

科技创新领域合作方兴未艾。近年来，新加坡国立大学苏州研究院、南洋高科技创新中心相继落户园区，在离岸孵化与国际技术转移、产业与技术育成、人才与项目引进等方面取得了积极成效。2015年，按照习近平总书记希望尽快建立中新合作研究中心，为两国合作提供智力支持的指示，由中国科技部和新加坡贸工部牵头，新加坡国立大学与苏州工业园区建设国际科技成果转化合作项目"新加坡-中国（苏州）创新中心"，下设国际技术转化中心、国际产业孵化中心和国际科技交流中心，引进新加坡科技服务成熟经验，连续四年召开中新国际科技交流与创新大会，营造国际科技成果产业化的良好环境。2017年年底，新加坡国立大学企业机构、新加坡国立大学苏州研究院、星桥腾飞集团在园区合作成立孵化器BLOCK71 Suzhou（苏州伯乐格71），搭建起连接国际科技、初创企业及投资者等众多资源的平台，为人工智能、生物科技、云计算及智能设备等领域的初创企业提供服务。2018年以来，园区与新加坡企业发展局、科技研究局、知识产权局签署深化科技创新创业与商业化领域合作谅解备忘录，支持新加坡科技研究局（A＊STAR）的商业化子公司科技拓展公司（A＊ccelerate）在园区设置分支机构；支持园区与新加坡贸工部、知识产权局联合培养知识产权国际化人才，开展知识产权合作；发挥双方的创新资源、产业环境和市场优势，加强新兴产业领域合作，园区支持新加坡初创企业将园区作为孵化基地，新加坡贸工部支持中国企业以新加坡为支点拓展东南亚市场，双方合作进一步深化。

现代服务业领域合作不断深化。近年来,园区大力深化中新金融合作,并取得显著成效,基本形成金融机构高度集聚、功能层级相对较高、金融产品和服务较为丰富的发展格局。在金融机构合作方面,星展银行、华侨银行、大华银行等新加坡知名本土银行相继落户园区;2014年,苏州法人金融机构东吴证券、苏州银行获批到新加坡设立分支机构;2016年,东吴证券新加坡子公司获得新加坡金融管理局批复的资产管理牌照。在金融业务合作方面,2013年10月,园区获批国内首个中新跨境人民币创新业务试点;2014年,中国人民银行批复同意园区开展新加坡银行机构对园区企业发放跨境人民币贷款、股权投资基金人民币对外投资、园区内企业到新加坡发行人民币债券、个人经常项下及对外投资项下跨境人民币业务4项跨境人民币创新业务试点;2015年又将试点范围扩展到苏州全市,中新跨境人民币贷款扩大为跨境人民币借款,有力促进了区域贸易和投资便利化,拓宽了实体经济融资渠道;截至2017年年底,35家企业与12家新加坡银行机构累计签订人民币跨境贷款合同46.05亿元、累计提款38.46亿元,办理股权投资基金对外直接投资备案24笔、金额62.8亿元,汇出资金33.63亿元。此外,园区不断加强与新加坡在商务会展、法律咨询、医疗保健、健康养老等现代服务业领域合作。截至2019年年底,园区成功举办了两届中新合作服务与贸易创新论坛,聚焦数字经济时代国内外服务贸易发展趋势,探讨经济全球化新变局及全面开放新格局下的服务贸易创新与合作。

社会治理创新领域合作成效显著。近年来,园区深入开展全国唯一的中新社会治理合作试点,确立以活力园区、幸福园区、包容园区、法治园区、平安园区、智慧园区等"六个园区(2013—2015)"建设和责任政府、效能政府、民生政府、有限政府、法治政府等"五个政府

（2018—2020）"建设为目标的顶层设计，打造富有园区特色、长期可持续发展的社会治理创新项目集群，社会治理社会化、法治化、智能化、专业化水平不断提高，共建、共治、共享的社会治理格局日益完善。借鉴新加坡社区发展经验，依托邻里中心创设民众联络所，营造具有园区特色的居民公共生活空间；借鉴新加坡议员接待选民的机制，设立园区"社情民意联系日"及"社区发展咨询员"制度，密切党群、干群关系；借鉴新加坡社会组织发展经验，建立园区社会组织培育基地和孵化体系，增强社会发展活力；借鉴新加坡劳资政三方紧密合作协商经验，成立园区工资指导理事会，创建成为全国首批和谐劳动关系综合试验区、国家级人力资源服务标准化试点地区。

3. 服务国家战略，积极辐射推广"园区经验"

开发建设以来，依托商务部国家级开发区培训基地，园区累计为28个省级商务主管部门、219个国家级经开区开展各类干部、人才培训2万多人次，累计接待国内外参观学习近百万人次。进入21世纪，园区积极服务"一带一路"倡议、长江经济带发展、长三角区域一体化发展等国家战略，加快"园区经验"辐射推广。截至2018年年底，园区依托全国唯一的国家级境外投资服务示范平台，累计推动309家中国企业到53个国家进行投资，协议投资额累计达104亿美元，园区成为服务中国企业沿着"一带一路"走出去的重要平台。苏宿（宿迁）工业园、苏通（南通）科技产业园、中新苏滁（滁州）高新技术产业开发区、中新嘉善现代产业园等异地合作共建园区为区域协同发展做出了积极贡献。

国际合作项目加快推进。 112平方千米的中国-白俄罗斯工业园，是中国目前对外合作层次最高、占地面积最大的园区，也是中国"一带一路"倡议的成果，其管理运营模式基本都来自苏州工业园区。2018年，苏州工业园区积极参与中国-阿联酋产能合作示范园建设，派驻人员常驻阿布扎比，负责招商引资工作。同年，中新集团与新加坡胜科城镇发展有限公司达成战略合作，共同推动缅甸仰光合作项目。2019年年初，园区与印尼金光集团签署合作备忘录，共同打造中国-印尼"一带一路"科技产业园，努力建设中印两国共建"21世纪海上丝绸之路"的旗舰项目。

区域合作项目成果丰硕。作为国际合作的实践者和受益者，苏州工业园区发挥中新合作优势，拓展市际合作、省际合作，实施产业梯次转移和管理经验输出，促进区域共同发展。据不完全统计，2013年以来，园区每年向其他地区转移产能150亿元左右。目前，园区异地合作共建的项目均保持良好发展态势。

苏宿工业园是江苏南北挂钩战略的重要项目，也是苏州工业园区第一个"走出去"项目。2006年11月正式启动，规划面积13.6平方千米，截至2018年年底累计实现工业纳税78亿元、实际到账外资达8亿美元、进出口总额达18.5亿美元，以占宿迁市0.16%的土地创造了全市6.6%的一般公共预算收入、11.1%的实际使用外资、13.4%的规上工业增加值、14.7%的工业入库地方税收、23.3%的企业所得税，在江苏省45个共建园区年度考核中实现"九连冠"。

苏通科技产业园作为新加坡与江苏省的重要合作项目，2009年5月奠基，规划面积50平方千米，累计投入超百亿元。二期40平方千米基础设施建设全面启动，累计引进项目207个，注册资本金约217亿元（其中注册外资11.9亿美元），投资强度达到496万元/亩，成为长三角外商投资首选区域之一。

中新苏滁高新技术产业开发区作为中新苏州工业园区开发集团股份有限公司走出江苏省合作共建的第一个项目，也是安徽省参与长三角互利合作、承接国内外产业转移、提升皖江示范区建设水平的最新成果。2012年4月开工建设，规划面积36平方千米，计划总投资约1 300亿元。目前首期12平方千米九通一平基础设施全面建成，二期建设全面启动，累计引进投资550亿元，获批国家首批产城融合示范区和安徽省高新技术产业开发区。

新疆霍尔果斯经济开发区是苏州工业园区对口援建的重要项目。2010年正式设立，规划总面积73平方千米，2018年完成地区生产总值54.5亿元、一般公共财政预算收入25.38亿元、进出口总额20.08亿美元、招商引资到位资金51.05亿元，正在加速成为"一带一路"倡议的标杆和示范项目。

苏相合作区是苏州工业园区与苏州相城区战略合作的重要项目。2012年正式启动，规划面积47.8平方千米，2017年扩展到93.7平方千米，2018年完成地区生产总值200亿元、工业总产值434.8亿元、一般公共预算收入18.42亿元、进出口总额21亿美元，成为相城区重要的经济增长极。

宁夏银川苏银产业园是新一轮东西部协作的示范项目。2018年年底正式启动，规划面积53平方千米，复制中新苏滁高新技术产业开发区运作模式，以苏州工业园区为主进行行政管理，以中新集团为主开展基础设施建设、招商运营等工作，致力于打造一座高科技、生态型、综合性的产业新城。

中新嘉善现代产业园是长三角一体化发展上升为国家战略后第一个区域合作的重大平台项目。2019年正式启动，规划面积16.5平方千米，由中新集团和浙江省嘉善县国企合资成立公司负责开发建设，项目合作期限18年，总投入约200亿元，将全面复制苏州工业园区开发建设经验，打造长三角区域及环杭州湾大湾区高端未来产业高地、高端外资集聚地。

心、国际博览中心、诚品书店、W酒店等一批城市地标和知名商贸品牌。集聚税收"亿元楼"近40座、持牌金融机构160家，包括苏州大市90%的银行分行、近50%的保险分公司，成为国内持牌金融机构分布最为密集、种类最为齐全的区域之一。依托会计服务外包示范基地，园区专业服务业实现集聚跨越发展，行业收入、机构规模、人才集聚、新业务拓展、国际化水平等方面持续提升。坚持"全景、全业、全时、全民"发展理念，打造全域旅游品质高地，推动商旅文体展融合发展。最近五年，园区社会消费品零售总额保持年均12%左右的增长，保持全市领先水平，入境游客占全市40%以上，酒店平均出租率居全市第一。推进服务贸易创新发展，大力拓展电子商务、科技金融、服务外包、知识产权、国际维护和维修、工业设计、信息服务等新领域，成为全国首个"服务外包示范基地""服务贸易创新示范基地"。

▲ 苏州工业园区湖西CBD

2. 构建国际化创新发展格局

按照习近平总书记"抓创新就是抓发展，谋创新就是谋未来"的重要指示，园区牢固树立创新第一动力理念，大力集聚高端创新要素，加快发展动能转换，构建完善区域创新生态系统。

全球创新资源加速汇聚。园区在全球范围引进创新技术、配置创新资源。引进中科院苏州纳米所、中科院电子所苏州研究院等科研院所42家，设立中外合作创新中心21家，集聚新型研发机构559家。在新加坡、以色列和欧美发达国家等设立海外离岸创新创业基地，本土创新、离岸创新互动格局逐步形成，一批跨国公司研发中心、功能性总部落户园区。吸引哈佛大学、牛津大学、麻省理工学院、加州大学洛杉矶分校、新加坡国立大学、西交利物浦大学、中国科技大学、中国人民大学等29所中外知名院校在园区合作办学或设立研发机构，获批成为全国首个"高等教育国际化示范区"。与近20个国家和地区进行科技合作，通过共建研发及技术转移平台、国际项目对接、加入国际合作战略计划、举办高端国际峰会论坛、承办创新创业大赛等，吸纳、整合更多国际化、高端化创新资源。

创新企业集群快速崛起。突出企业创新主体地位，针对初创期、成长期、成熟期等不同阶段的科技型企业分类培育，园区实施企业上市专项行动，加快培育代表园区、代表苏州创新形象的标杆企业。至2019年年初，园区集聚科技企业超5 000家，科技型中小企业1 108家，上市企业23家。2018年，国家高新技术企业突破千家，达1 046家，占全市1/5。积极鼓励企业加大研发投入，大中型工业企业及规上高新企业研发机构建有率达90%，2018年，企业研发投入金额首次超过100亿元，享受研发费加计扣除政策的企业数和优惠额均列全市第一。

重大载体平台更加完善。园区相继建成苏州生物医药产业园、苏州纳米城、创意产业园、腾飞创新园、国际科技园、人工智能产业园等一批重大科技创新载体,新兴产业加速布局、快速成长。目前,园区各类科技载体总面积超过800万平方米,聚集了信达生物、旭创科技、同程旅游、思必驰等超4 000家技术先进、发展前景良好的企业;建成生物药分离纯化、微纳机电制造、软件评测等30多个公共技术服务平台,全球首个纳米真空互联实验站大科学装置投入运营,为科技创新提供了重要的源头支撑;建立了新加坡科研局苏州合作中心、冷泉港亚洲会议中心等20多个国际合作平台。

科技金融体系创新提升。园区充分发挥科技企业和金融机构双集聚的优势,探索打造"科技金融+金融科技"双轮驱动特色示范。创新财政科技资金投入方式,发挥市场在资源配置中的决定性作用,先后设立了6亿元的创投引导基金、5 000万元的新兴产业融资风险补偿资金池,调动各类金融资本、产业资本,共同加大对园区创新创业企业的综合金融支持。创新科技金融产品,积极构建"政府、银行、创投、担保、保险"五方业务联动机制,实现政策性贷款、政策性投资与商业贷款、市场化投资的联动接力机制,先后推出"苏科贷""科技贷""助力贷""知识贷"等科技金融创新产品,获贷企业数量、金额均位居省、市前列。打造标杆性基金生态圈,先后设立苏州金融资产交易中心、股权交易中心等资本要素市场。东沙湖基金小镇入选首批"江苏特色小镇",集聚了国内规模最大的天使投资平台、国内规模最大的国家级股权投资母基金、国内第一支市场化运作的股权投资母基金、国内唯一国家级人才创投中心,发行了全国首单创投企业债,区域股权投资基金规模超2 200亿元,覆盖创新型企业全生命周期的科技金融服务体系日趋完善。

创新创业环境持续优化。园区于2009年率先成立中小企业服务中心,为区内中小企业提供一站式服务。2017年整合设立企业发展服务中心,建立全方位的科技创新服务体系,中心拥有园区职能部门259项业务授权，涉及知识产权、人力资源、科技金融、财税服务、法律咨询等15大领域，覆盖了企业初创、成长到成熟各个阶段。园区企业发展服务中心已实现区内近5万家科技企业的服务全覆盖。切实加强知识产权保护和利用，推动中国（苏州）知识产权保护中心落户，稳步推进专利导航产业发展实验区建设、国家知识产权投融资综合试点工作，企业专利创造质量持续提升。近五年（截至2018年年底），园区日均产生发明专利11件，万人有效发明专利拥有量从30件增长到149件，接近国家级经开区平均水平的3倍。完善专业化众创空间，集聚各类众创空间75家，其中19家列入"国字号"序列。园区众创空间累计孵化创新创业项目1 900多个，获得市场化投融资约33亿元，总估值超百亿元。

3. 构建国际化人才发展格局

园区深入实施"人才优先"发展战略，加快构建具有全球竞争力的人才制度体系，打造最具竞争力的人才软环境。

人才规模层次不断攀升。2007年，园区启动实施"科技领军人才创业工程"；2010年起，开展"金鸡湖双百人才计划"评选，将评选对象扩大为海外高层次领军人才、科技领军人才、科教领军人才、高端服务业领军人才、高技能领军人才，以满足经济社会转型创新发展的人才需求；2018年，园区进一步整合提升人才工程，全面推进实施"金鸡湖人才计划"，涵盖各级、各类高层次人才计划。园区入选上级科技人才数持续保持全国开发区和省、市第一，人才总量位居全国开发区第一，被评为国家级"海外高层次人才创新创业基地"、中国科协"海外人才离岸创新创业基地"，被确定为中组部人才工作联系点。

人才产出效应更加凸显。园区紧贴优势产业，探索引进一名人才、发展一批企业、带动一个产业的"链式"路径，推动产业规划与人才规划同步制定、产业地图与人才地图同步绘制、产业高地与人才高地同步打造、产业资金与人才资金同步投入，完善"一产业领域、一人才规划、一重点工程"产才融合发展格局,大力引进拥有自主知识产权的创新创业人才和项目。自2007年起实施科技领军人才创业工程以来的12年,累计评审园区科技领军人才1 444名。2017年,共有623家领军企业实现销售,年销售总额达533.6亿元。领军企业的经济贡献能力加速提升,形成了"引进高层次人才、创办高科技企业、发展高新技术产业"的良性循环。

人才制度体系日益完善。园区坚持硬环境与软环境并重,持续完善亲才服务体系。深入开展人才管理改革试验,创新外籍人才就业创业许可政策,实施更开放的人才激励保障政策。优化人才生活保障服务体系,制定实施"人才安居工程",从人才住房、个人激励、子女入学和医疗保健等方面一揽子解决人才安居问题。不断完善实体优租房、虚拟优租房、定向定价人才组屋等人才租房购房一体化居住体系。在法律政策框架下,结合园区实际,创新制定人才社保优惠政策,对于引进的高层次人才,突破年龄和户籍限制,创新社保政策体系,对高层次人才及其配偶、子女在参加基本养老、医疗保险方面给予一定的政策倾斜,妥善解决引进人才的后顾之忧。针对外籍人才数量多、国际教育需求大的实际,在创办新加坡国际学校和德威国际学校的基础上,建设了全国首家海归人才子女学校,满足各类高层次人才的子女就学需求。高标准建设人力资源产业园区,80多家国内外知名人力资源服务机构入驻,为产业转型与创新发展提供全方位的人才支撑与智力保障。

(三)深化改革

苏州工业园区自开发建设以来,始终坚持向改革要动力,对标最高标准、最高水平,自我革新,大胆闯、大胆试、自主改,全面贯彻落实中央和省、市一系列改革部署,着力破除与新时代要求、高质量发展不相适应的体制机制,充分发挥改革"试验田"作用。

1. 不断开展先行先试

先行先试是园区改革探索过程中的一大特色,园区始终坚持先行先试、敢闯敢试,不仅开创了自身发展的新局面,也为全国开发区提供了很多可复制、可推广的经验。

始终坚持"不特有特、比特更特"的发展理念。 园区充分发挥中新合作优势,积极探索符合国际惯例、适应社会主义市场经济体制改革取向的创新实践,累计实施130项先行先试举措,相继诞生了全国首批出口加工区、全国唯一中新社会治理合作试点、全国唯一国家商务旅游示范区、全国首个纳米高新技术产业化基地、全国首个服务贸易创新示范基地、全国首个检验监管综合改革试验区等众多"首个""唯一"。同时,园区承担了大量的省级以上改革试点,鼓励基层改革创新、大胆探索,在全国率先探索"飞地经济"合作模式、建立"六个一"特色(新兴)产业专业化服务机制、建设"多规合一"管理平台、构建政产学研资介协同的创新生态系统。这些政策功能的落地实施,不仅为园区提供了独一无二的发展环境,也为国家级开发区创新发展起到了探路和示范引领作用。

率先开展开放创新综合试验。 2015年9月,国务院批复同意在苏州工业园区开展开放创新综合试验,园区成为国内首个开展综合试验的地区。开展开放创新综合试验以来,园区紧紧围绕"三大目标、五个平台",主动对接自由贸易试验区并积极复制成功经验,探索建立开放型经济新体制,开展系统性、整体性、协同性改革,取得了重大进展。抢抓参与"一带一路"建设历史机遇,完善境外投资服务平台,建设海外离岸创新创业基地,在"一带一路"沿线22个国家和地区投资布局;抢抓长三角一体化上升为国家战略机遇,推动园区与长三角各大城市之间的对外开放大协同、科技创新大合作、产业升级大对接和营商环境大提升;抢抓全球新一轮科技革命和产业变革机遇,聚焦生物医药、人工智能、纳米技术应用三大特色产业，培育一批全球知名的本土高科技公司。通过开放创新综合试验，园区累计实施开放型经济新体制综合试点试验、基层政务公开标准化规范化试点等重点改革任务172项，其中国家级先行先试项目40项，向全省乃至全国复制推广改革经验近30项。

2. 不断创新体制机制

体制机制创新是开发区持续发展的原动力。园区管委会作为苏州市政府的派出机构，充分行使辖区行政管理主体职能。建区之初就按照"精简、统一、效能"原则和扁平化模式设置区内机构，严格控制内设机构数量和人员编制，不要求同上级机构一一对口，建立了有别于普通开发区和传统行政区的行政管理体制。

实施区域一体化改革。 2013年，园区坚持"规划共绘、设施共建、资源共享"理念，将中新合作区和周边街道全部纳入园区经济社会发展总体规划之中，统筹布局各街道的生产、生活与生态体系，加强中新合作区与街道产业互动，相继完成"撤村建居""撤镇建街道"改革，率先实现区域社会养老保险和最低生活保障并轨，动迁居民和中新合作区居民享受同等最低生活保障，被征地农民中的劳动年龄段内人员100%纳入公积金社会保障体系。从管理体制上破除城乡二元结构，实现了各功能区联动、互动发展。

实施大部门制改革。 2016年，园区优化党群机构设置，组建行政审批局、综合执法局及市场监管局，完成20个工作部门的调整和人员划转，形成大部门制工作格局，建立起简约版基层政府治理新模式。加强事中事后监管体系建设，形成"一个部门管审批、一支队伍管执法、一个部门管市场、一个平台管信用、一张网络管服务"的管理服务新机制，有效提升了政府行政效能。

实施内部管理体制优化。 2017年，园区进一步深化行政管理体制改革，整合发展资源，明确产业导向，推进管理重心下移，整合设立高端制造与国际贸易区、独墅湖科教创新区、阳澄湖半岛旅游度假区、金鸡湖商务区四大功能区。在园区党工委统一领导下,功能区负责经济发展,街道(社工委)负责社会治理,基本建立"部门强化职能、功能区聚焦功能、基层压实管理"运行新机制,为干部培养使用提供了平台,激发了体制机制活力、动力,推动了经济社会高质量发展。

3. 不断优化营商环境

"亲商服务"理念是园区借鉴新加坡经验的最大成果和精髓。这一理念体现了政府以简政放权为核心的改革思路,政府致力于为企业提供专业、精准、高效的政务服务。

开创国内"授权审批"先河。1995年,园区在国内率先针对落户企业,开展设立、开工、建设、招工等现场咨询和集中办理服务。2000年,园区在江苏省内首创一站式服务大厅,实现了各审批事项的物理集中,"进一门办事"的服务模式初具雏形。2002年,园区开创了国内"授权审批"的先河,成立一站式服务中心,把涉及企业市场准入、项目开工建设以及部分社会服务事项集中在一起,大部分审批事项直接由一站式窗口审批并办理完结,不再需要转报到各授权局办审批。

开展"国家级改革试点"。党的十八大以来,园区围绕开放创新综合试验,以推进"放管服"改革为抓手,全面加快政府职能转变。2015年,园区成为首批国家级相对集中行政许可权改革试点地区,成立江苏省首家国家级开发区行政审批局,以"1个部门管审批、3个流程优化、5个体系支撑"(5个体系分别是大部门制的行政管理体系、规范标准的权力运行体系、互联互通的信息化平台体系、失信惩戒的信用体系、转移职能的政府购买体系)推进改革试点工作,积极探索建立"集中高效审批、分类监管服务、综合行政执法"的现代基层治理体系。

打造政务服务"升级版"。2018年,园区探索推进"不见面审批",实施"2333"改革,基本实现企业开办2个工作日内完成,不动产登记3个工作日内完成，工业项目从立项至施工许可的承诺时限优化至33个工作日。根据企业群众办好"一件事"需求，先后推行证照分离、一窗受理、并联预审、套餐办理、容缺审批、帮办代办、互联网+政务服务、政务公开标准化等举措，深度再造标准化、规范化审批流程，提档升级个性化、精准化政务服务。随着政府职能的加快转变，市场活力、动力得到有效激发，近三年园区每年新增各类市场主体约2万家，市场主体总数逾12万家。

4. 不断深化国企改革

自开发建设以来，园区国资国企坚决贯彻党工委、管委会决策部署，坚持市场化发展方向，深化体制机制改革，按商业类、公益类实施分类管理，在城市建设、产业培育、战略转型、资本集聚等方面始终发挥骨干、支撑、引领、示范作用，国资国企的稳健发展成为"园区经验"的重要组成部分。

▲ 苏州奥林匹克体育中心

持续引领园区开发建设。在园区发展初期阶段，国资率先投入，推动先进产业迅速集聚，为园区工业化的推进奠定基础。1996年起，不同功能定位的国企陆续成立，国资国企实现了跳跃性发展，为湖东大开发提供了主体支撑。2001年起，国资国企引领区域开发向纵深推进，形成政府引领下"统一规划、成片开发、持有经营"的开发模式。国资国企加快布局调整，完善功能平台组合，为产业升级、城市崛起提供支撑，通过载体建设、招商运作、招才引智、扶持孵化、品牌培育、配套服务等多种途径，将国有资本有序配置到商贸旅游、休闲文化、风险投资、金融、科教服务等各个领域。2009年起，国资国企开发重心从地下转到地上，建成苏州中心、奥体中心等一批新的地标项目，加快完善城市功能，深度推动产城融合发展。

持续聚焦园区产业创新。2009年以来，园区国资国企根据园区经济社会发展的阶段性特征，加快向战略性新兴产业转型。一方面，立足已经形成的科技、金融、产业服务等优势，投身创新载体建设，设立产业基金，完善培育机制，支撑园区人工智能、生物医药、纳米技术应用等产业发展。另一方面，加快盘活资产，通过资产证券化、资产处置、国企混改等方式，形成对科技创新的持续投入。国资国企抢抓"一带一路""长三角一体化"等机遇，主动参与"走出去"战略，参与"园区经验"输出和开放合作。

持续完善国资监管机制。园区国资国企始终重视借鉴包括淡马锡在内的企业治理先进经验，早期设立了投资决策、审计、薪酬委员会，形成国资办与投控公司两位一体的监管架构。中新集团、中方财团等国企成立之初即引入战略投资者，建立了以董监事会为核心的现代企业制度。2012年以来，国资国企实施战略性整合，重组新建元集团、新时代集团、恒泰集团等企业，开展测绘公司、国有物业公司等混改。随着政企分离，园区国资实施分级分类管理，推进授权经营体制改革，国资办与国控公司分离，强化投控管理职能，明确董事会职权，建立董监办及外部监管制度，动态完善国企考评体系。近年来"二次借鉴淡马锡"经验，形成以管资本为主的国资监管体系雏形，国资发展质量连续多年名列全省县区级国资监管单位前茅。

三、苏州工业园区发展愿景展望

苏州工业园区将以习近平新时代中国特色社会主义思想为指引，认真贯彻落实中央和省、市决策部署，积极贯彻新发展理念，深化开展开放创新综合试验，围绕建设世界一流高科技产业园区"一个目标"，提升汇聚国际创新资源要素能力、参与国际经济技术合作与竞争能力"两个能力"，促进开放与创新融合、创新与产业融合、产业与城市融合"三个融合"，打造全方位开放高地、国际化创新高地、高端化产业高地、现代化治理高地"四个高地"，努力实现践行新发展理念、推进高质量发展、服务国家重大战略、构建开放型创新体系、优化国际一流营商环境"五个走在最前列"。

打造全方位开放高地。发挥中新合作优势，抢抓多重战略叠加机遇，依托国家级境外投资服务示范平台，组建境外投资促进中心，推进印尼、缅甸、阿联酋等境外共建合作项目，争当服务"一带一路"交汇点建设的先行军。深度融入长三角一体化国家战略，高水平推进苏宿、苏通、苏滁、苏银以及中新嘉善现代产业园等合作项目，探索"飞地经济"新模式，打造长三角一体化发展"战略支点"。推进更高水平开放，深化产业结构调整，深入实施创新发展战略，打造开放型经济先行区、实体经济创新发展和产业转型示范区。对标世界银行评价标准，纵深推进"放管服"改革，构建"六个一"政务服务体系，争当营商环境建设的先行军。

打造国际化创新高地。 突出自主创新核心地位，完善开放创新体系，着力构建以创新为主要引领和支撑的发展新模式，打造高质量发展的创新引擎。以"我"为主融入全球创新网络，充分汇聚国际创新资源要素，推进离岸创新创业基地（中心）建设，鼓励企业在全球布局能力中心。突出企业主体地位，实施自主品牌企业培育工程，加快打造具有核心技术和综合竞争力的高水平创新型企业集群。突出高端人才支撑地位，实施国际化人才高地建设三年行动计划，确保2020年前每年新引进高层次人才5 000名、海归人才1 000名、金鸡湖领军人才300名。优化科技金融创新服务体系，加快"中国（苏州）知识产权保护中心"建设，构建更加高效的创新成果转化体系，打造更有竞争力的创新生态环境。

打造高端化产业高地。 聚焦重点产业集群培育，优化"新制造"发展路径，构建"新产业"成长机制，推动"新业态"创新发展，着力打造"拆不散、搬不走、压不垮"的产业"航空母舰"。积极推动新一代信息技术、高端装备制造两大千亿级主导产业，加快向"制造+研发+营销+服务"转型、向企业总部转型，力争到2020年前后，集聚高新技术企业1 500家、跨国公司功能性总部100家、高端制造示范企业100家。集中力量、集中政策、集中资源，着力增强内生增长动力，提升创新型经济在区域经济结构中的比重，继续保持新兴产业30%左右增幅，加快建设全国生物医药产业核心区、纳米技术应用产业先导区、人工智能产业示范区，加快形成一批面向未来的新千亿级产业集群。

打造现代化治理高地。 全面创新体制机制，统筹推进城市管理、社会治理，加快提升治理体系和治理能力现代化水平，营造最具活力和效能的高质量发展环境。构建资源集约高效利用新机制，坚持"以亩产论英雄、以创新论英雄、以生态论英雄"，致力于建设精致型城市，实施精细化管理，推动精明式增长。优化调整机构设置，完善"精简、统一、效能"的运行机制,推进机构职能优化、协同、高效,探索新时代开发区简约、高效管理新模式。创新社会治理,深化中新社会治理合作试点,推进公共服务优质、均衡发展,创造高品质、有特色、多元包容的宜商宜居宜业环境。

延伸阅读

苏州工业园区创建优质营商环境
让企业"值得来、还想来"

优质营商环境要对标世界一流，也要紧扣企业需求。"近年来，江苏省苏州工业园区发力优化营商环境，要把这片开放创新的热土打造成为企业'值得来、还想来'的投资首选地。"苏州市委常委、苏州工业园区党工委书记吴庆文说。

▲ 苏州工业园区月亮湾

到一站式服务中心，在一个窗口提交一套材料就办完了所有行政许可事项。苏州工业园区探索将行业经营涉及的多项行政许可事项整合为一张证，小吃店店主周则壮成了首批受益的商户之一。"拿到营业执照后，原计划用1个多月跑完剩下手续。没想到短短5个工作日，证就拿到了！"对于周则壮来说，这个加速度意味着店能马上开张，省下了大量时间和经济成本。

快，是苏州工业园区营商环境的一大优势，快的背后是流程的优化和信息化的运用。早在2019年7月，苏州工业园区就推出"互联网政务服务"新模式——江苏省首家区级"一网通办"平台上线，至今已纳入近1000项服务事项。苏州开拓药业股份有限公司是园区一家主营生物创新药的中小企业，企业因一直没有销售额而难以向银行融资。园区企业发展服务中心了解情况后，通过苏科贷、扎根贷等多种政策性金融产品累计向该企业发放信用贷款1.2亿元，同时，园区企业发展服务中心产业基金直接投资7500万元，帮助企业建造生产基地，2020年5月22日，公司赴港上市。回顾公司的发展历程，公司总裁童友之说："对于企业来说，园区不仅仅提供'一站式服务'，更重要的是提供精准、细化的服务。"

良好的营商环境培育着优质的产业生态，苏州工业园区在培育优质产业生态方面则体现了一个"慢"字——摒弃急功近利，慢工出细活。苏州工业园区通过10年时间精心培育生物医药产业，千余家生物医药自主品牌企业在苏州工业园区轻装前行、加速奔跑。这里不仅有10余个公共技术平台，也有前沿的国际创新资源为企业成长供给养分。"生物医药产业在这里发展壮大的背后是优质营商环境的'小火慢炖'。"信达生物董事长俞德超这样评价。

在不断优化服务流程、精心培育产业的同时，苏州工业园区与企业共同成长，不断积蓄发展新优势。

2020年6月中旬，苏州工业园区举行投资促进全球网络深化合作签约仪式。活动中，包括毕马威在内的四大会计师事务所、五大地产咨询机构、商会协会及基金银行等机构同时牵手苏州工业园区。

"推动区域营商环境再优化,苏州工业园区用心炼好一个'合'字。"吴庆文说,26年来,许多企业与苏州工业园区合作共赢、共同成长。

疫情防控中,苏州工业园区与企业相互支持。2020年2—6月,园区税务部门共为1 403家企业办理退库5 479户次,退税额39.40亿元;海关部门通过协调货运"包机"、开通中欧班列苏州自贸区专列等形式破解物流堵点……数据显示,2020年1—6月,苏州工业园区注册外资和到账外资为20.7亿美元、12.8亿美元,分别增长149%、196%。

园区也在为下一步发展积蓄新的优势。苏州工业园区管委会主任丁立新介绍,日前正式发布的《优化营商环境创新行动2020》将聚焦满足企业发展需求和优化政府服务供给的最新指引,其中有100多项创新举措为全国领先。

这些创新举措将包括:减手续、降成本、优服务,提高政务服务效率;搭平台、创模式、设场景,提升资源供给能力;"一张网、一件事、一扇窗"改革,实现企业群众办事少跑腿……苏州工业园区会继续优化营商环境建设,进一步激发区域发展的新动能。

(《人民日报》,2020年8月14日,王伟健、唐晓雯)

苏州国家高新技术产业开发区

奋起直追争先进位　创新驱动再创辉煌
加快迈向全国高新区高质量发展最前列

苏州国家高新技术产业开发区（以下简称"苏州高新区""新区"）位于苏州城区西部，东傍京杭大运河，西濒太湖。1990年年底，苏州新区正式启动建设。1992年11月9日，经国务院批准，成立苏州高新区。苏州高新区行政区域面积223平方千米，是为保护苏州古城而向西部开发的新城区，既是国家高新技术产业开发区，也是行政区。

开发建设以来，苏州高新区从无到有、从小到大，不仅成为苏州经济的重要增长极、自主创新的示范区和全市高新技术产业基地，而且成为苏州现代化都市的有机组成部分和繁华的金融商贸区之一。

近30年来，苏州高新区始终坚持以发展为第一要务，在不同的历史阶段，不断取得新的成绩，成为苏州市"东园西区、一体两翼"的"重要一极"。2019年，苏州高新区完成国内生产总值1 330亿元，一般公共预算收入168.6亿元，规上工业总产值3 131亿元，固定资产投资460亿元，外贸进出口总额418亿美元，实际使用外资7亿美元。社会消费品零售总额307.04亿元，城镇居民人均可支配收入65 571元。先后获批全国首家创业投资示范基地、全国首批科技服务业试点单位、全国首批国家知识产权示范园区、中国创新力开发区（园区）、首批全国社会治理创新优秀地区、首批全国绿色园区、苏南国家自主创新示范区核心区、中国高新区人力资本创新示范区、国家文化和科技融合示范基地、国家中小企业创新创业升级特色载体、江苏省营商环境先进开发区等称号。

一、苏州高新区的设立背景和发展历程

（一）苏州高新区的设立背景

苏州高新区的开发建设是苏州市深入推进改革开放、创新发展的重要举措。1982年5月12日，国务院批复了江苏省委《关于保护苏州古城风貌和今后建设方针的报告》，明确规定苏州古城是国家历史文化遗产。经过多年发展，苏州原有规模格局已不能适应经济和人口增长趋势。1986年，苏州市委、市政府根据国务院批复精神，确定了"全面保护苏州古城风貌，重点建设现代化新区"的思路，在古城以西开辟一块区域，再造一个"新苏州"。1990年年底，苏州新区正式启动，指挥部设在三元一村。1991年起，苏州市集中财力、物力、人力，把开发建设推向京杭大运河以西地区。1992年3月，苏州市委决定成立河西新区管委会，属市政府派出机构，赋予县级职权。1992年11月9日，经国务院批准，成立苏州高新区。随后，国家科委发文批准苏州高新区为国家级高新区，核准开发建设面积6.8平方千米。1993年3月，苏州市委、市政府决定，河西新区更名为苏州新区，河西新区工委、管委会更名为苏州新区工委、管委会。1994年6月，经江苏省政府批准，苏州新区面积调整为52平方千米。1994年江苏省人大批准《苏州国家高新技术产业开发区条例》，明确高新区是苏州发展高新技术产业和调整产业结构的综合性改革实验区，是苏州的一个新城区，是对外开放的窗口。

（二）苏州高新区发展的"三个 10 年"

作为全国首批国家级高新区，苏州高新区的开发建设是苏州市深入推进改革开放、创新发展的重要举措。苏州高新区在改革开放潮流兴起之际，在苏州市"保护古城、开发新区"的城市建设创新中应运而生。苏州高新区近 30 年的发展历程，就是一部解放思想、开拓创新的拼搏史，一部求真务实、与时俱进的奋斗史，一部攻坚克难、团结奋进的创业史。

1. 苏州高新区发展的第一个 10 年

开发之初，全国各地新上马的开发区竞争十分激烈。苏州高新区创业条件异常艰苦，仅凭借极其有限的场地、人员和资金，紧紧抓住邓小平南方谈话和浦东开放开发的机遇，大干快上。1991 年启动 1 平方

▲ 开发建设初期的苏州高新区

千米开发，1993年开发面积达12平方千米，1994年增大到20平方千米，1995年在苏州市区经济中所占份额已接近50%，这种速度在全国开发区中是极为罕见的。这10年间，苏州高新区累计引进外资项目1 500多个，全球500强项目45个，外商投资总额200亿美元，合同利用外资130亿美元。经济总量超过了10年前苏州市区总和，出口额占江苏省1/10，全国1/100。主要经济指标均列全国高新区前3位。其中，引进项目投资规模和力度、上交税金居全国高新区第一，是苏州的骄傲、江苏的骄傲，创造了众多"第一"和"唯一"，成为全国高新区的一面光辉旗帜。苏州高新区初创的10年，是从无到有、敢为人先、率先领先、树立标杆的10年。

2．苏州高新区发展的第二个10年

第二个10年是体制机制创新探索的10年。经过第一个10年开发，批准的52平方千米基本开发完毕，苏州高新区发展空间受限，出现"项目等土地"的现象。2002年9月，苏州市委、市政府决定实行区划调整，高新区与虎丘区实行"两块牌子，一套班子"管理模式，党政机构合一，人大、政协按行政区体制架构运作，开发面积拓展至223平方千米。党工委、管委会作为市委、市政府派出机构，坚持"以块为主，条块结合"管理体制，享有部分省辖市级管理权限和国家级高新区优惠政策，掀起了"二次创业"的新高潮。这10年间，苏州高新区始终坚持发展为第一要务，不断提升综合实力和核心竞争力。至2012年，国内生产总值突破800亿元，工业总产值突破2 500亿元，战略性新兴产业产值占规模以上工业总产值比重达52.4%、列全市第一。以占苏州2.5%的土地、4%的人口，创造出苏州近10%的经济总量，逐渐成为苏州市"东园西区"的"重要一极"和城市现代化建设的"重要缩影"。

3．苏州高新区发展的第三个10年

2012年，以区行政中心西移为标志，苏州高新区开启了第三个10

年发展。行政中心西移是苏州高新区按照苏州市"一核四城"发展定位,深入推进西部重点突破战略的一项重要举措,也是高新区从"运河时代"向"太湖时代"跨越具有里程碑意义的一件大事。从此,苏州高新区进入以"创新驱动、再创辉煌"为重点的发展新时期,苏州高新区按照市委、市政府的总体部署和明确要求,按照习近平总书记提出的"强富美高""五个迈上新台阶""高质量发展"等一系列要求,在经济建设、政治建设、文化建设、社会建设和生态文明建设等方面取得了辉煌成就,人民生活发生了巨大变化。苏州高新区自觉践行新发展理念,推进"两高两新"实践,成为苏南国家自主创新示范区核心区、长三角地区重要的产业高地和创新高地。

二、苏州高新区发展的主要成就和经验启示

近30年来,苏州高新区坚持"发展是硬道理",发扬敢闯敢试、敢为人先、埋头骨干的"拓荒牛"精神,奋起直追,大步进位,奋力走在全国高新区高质量发展最前列,书写了新时代发展的优异"高新答卷"。

(一)苏州高新区发展取得的成就

坚持创新发展。 苏州高新区大力实施创新驱动发展和人才引领战略,加快建设苏南国家自主创新示范区核心区,成为苏州科技创新主阵地。在创新资源集聚方面,先后引进和建设了中科院苏州医工所、国知局专利审查协作江苏中心、中科院苏州地理信息与文化科技产业基地、中科院光电所苏州研究院、浙大苏州工研院、南大苏州创新研究院、清华大学苏州环境创新研究院、北航苏州创新研究院、国网(苏州)城市能源研究院、生物医学工程联合研究院等近100家"国字号"大院

大所和研发基地。累计吸引各类人才22.9万人，其中各级、各类领军人才近1000人次。吸引国家高新技术企业522家、"瞪羚"企业92家、上市企业16家、"新三板"挂牌企业47家，大中型和规上高企研发机构建有率达到97.3%。区内企业共承担了13项国家重大科技项目，参与制定各级标准150项。在创新产业发展方面，新一代信息技术、医疗器械、新能源等战略性新兴产业加快发展，新兴产业产值、高新技术产业产值占规模以上工业总产值比重分别达58.5%、59%。新一代电子信息产业迈上千亿级台阶，医疗器械产业年产值增长超过20%。获批全国医疗器械创新型产业集群试点、国家知识产权局医疗器械专利导航产业发展实验区。全区发明专利申请占专利申请总量达55%。在创新生态构建方面，苏州高新区相继建立国家知识产权服务业集聚区、"苏南科技金融路演中心"、"太湖金谷"新三板中小企业培训基地、全国首家人力资源服务产品交易市场等创新服务平台，成为全国首家创业投资示范基地、全国首批科技服务业试点单位、全国首批"国家知识产权示范园区"和全国唯一保险与科技结合综合创新试点地区。创新投入力度加大，全区财政科技投入占财政支出的比重超过10%，全社会研究与试验发展经费支出占地区生产总值比重达3.5%。全区拥有省级以上科技企业孵化器15家，其中国家级6家，在孵企业800余家。

坚持协调发展。苏州高新区坚持从区域实际出发，注重推进区域一体化发展，城市现代化和城乡一体化水平不断提升。坚持以高起点规划引领高水平开发，功能布局不断优化，东部狮山片区现代化国际化都市功能加快完善，西部生态科技城创新主战场地位逐步凸显，北部浒通片区产业转型升级步伐加快，城市品质、品位不断提升。基础设施加快完善，中环快速路高新区段、马涧路西延、南环西延建成通车，地铁3号线高新区段正在建设，有轨电车1号线延伸线、2号线开通运营，太湖大道快速化改造完成投用,狮山路拓宽升级改造,狮山广场、大运河风光带等重点项目加快推进。规划区内工业废水和生活污水100%集中处理,工业和生活垃圾100%集中收集转运,居民气化率达到100%。

▲ 苏州有轨电车2号线

坚持绿色发展。苏州高新区开展绿化造林,持续推进重点城市建设项目及沿线绿化美化工程,全区林木覆盖率超过26%,建成区绿化覆盖率达46%,人均公共绿地面积14.8平方米。推进环境治理,实施宕口覆绿整治,累计整治覆绿宕口95个;加强废气、废水排放重点企业的监管整治,完成多个自然村农村生活污水改造支管施工,水源地水质达标率保持100%。打造生态亮点,围绕25千米太湖岸线、49座山体、20多平方千米基本农田的重点生态建设项目持续推进,积极实施环太湖生态修复工程,白马涧生态园、大阳山国家森林公园等一批高品位生态公园建成,太湖国家湿地公园成为全国首批、苏州首家国家级湿地公园,并获批AAAA级景区。倡导绿色生产生活方式,大力发展循环经济、生态工业,苏州高新区成为全国首家循环经济标准化示范区、全国首批生态工业示范园区。"美丽田园""美丽村庄""美丽城镇"建设成效显现，省级卫生村实现全覆盖，成功获取省级绿色生态示范区称号。

坚持开放发展。苏州高新区内外开放日益扩大，区内累计引进外商投资企业1 700多家（全球500强企业40多家），累计注册资金270多亿美元，其中日资企业超过500家，成为长三角地区有重要影响的"日资高地"。民营经济规模不断壮大，集聚内资民营企业24 000多家，注册资金2 200多亿元。"走出去"步伐不断加快，"苏满欧"成为效率最高的中欧货运班列之一，跨境电商监管中心启用，区内企业境外投资项目累计达95个。苏盐合作园区基础设施建设加快推进，招引亿元以上项目20多个，总投资超40亿元。改革工作持续推进，改革亮点不断涌现，"政经分开"经验被编入国家《深化农村改革综合性实施方案》并在全国推广。苏州高新区首创的"涉刑党员停权机制"被编录进新修订的《中国共产党纪律处分条例》。区非公党建"三项工程"和"周新民党建工作室"创新实践受到中组部充分肯定，并作为基层党建典型经验在全国推广。体制机制不断优化，充分利用"两块牌子、两种体制"的资源优势，不断强化"小政府、大服务"和精简、高效的管理特色，积极探索把开发区优势与政府行政管理强势有机结合的实践路径，着力构建"优势更优、强势更强、上优下强"管理新格局。

坚持共享发展。苏州高新区保障和改善民生，深化农村"三大合作"改革，组织运营好社区股份合作联社、劳务合作社、富民合作社，累计组建各类合作经济组织171家，农民参与合作经济组织实现全覆盖。区财政用于民生投入年均增长超过20%，全体居民人均可支配收入增长超过8%。高标准推进"一村二楼宇"建设，探索推进股份合作社股权固化改革，村均集体收入905万元。完善城乡一体、多层次社会保障体系，企业退休人员和退休居民待遇享受率达100%。发展社会事业，大力推进教育优质均衡、城乡统筹协调发展，全区义务教育段学校100%创建为市教育现代化学校，成为全市首家四星级高中全覆盖地区。加快完善公共医疗卫生服务，建成全市最大合资医院明基医院，建设苏州科技城医院、高新区人民医院、苏州大学附属第二医院北区，公立医疗机构实现一体化管理。

(二) 苏州高新区发展的经验启示

1991年，苏州高新区的开发建设登上国际舞台，高新区人的一流素质、一流效率、一流秩序，令世界刮目相看，诞生了"团结、拼搏、务实、争先"的高新区精神。回顾近30年发展历程，尤其是开发建设之初，在一片空白基础上，苏州高新区创造了一个个发展辉煌，最根本的就是这种精神的力量，就是"团结、拼搏、务实、争先"的新区精神，引领、激励着一代又一代高新区人前赴后继、奋勇前进。

第一个10年的经验启示：创业的第一个10年，苏州高新区不仅提前完成开发之初苏州市委、市政府提出的"再造一个苏州"的目标，而且更重要的是体现了一个"先"字和一个"新"字。这个"新"，不仅是科技创新的新，而且是创建了一个集居住、生活和产业"三位一体"的新苏州，是城市建设的新模式、新成果，也是原来新区开发本意——建设一个新苏州。这个"先"，是苏州高新区10年间累计引进外资项目达1 500多个，全球500强项目45个，外商投资总额200亿美元，合同利用外资130亿美元；经济总量超过了10年前苏州市区总和，出口额占江苏省1/10、全国1/100。主要经济指标均列全国高新区前三位，其中，引进项目投资规模和力度、上缴税金居全国高新区第一，是苏州的骄傲、江苏的骄傲，创造了众多"第一"和"唯一"，成为全国高新区的一面光辉旗帜。

第二个10年的经验启示：一是体制机制的创新探索。2002年9

月，苏州市区实施新一轮区划调整，成立苏州高新区、虎丘区，实行"两块牌子，一套班子"的管理模式和"区政合一"的管理体制。2003年12月，苏州市人民政府批准横塘镇和枫桥镇改为横塘街道和枫桥街道。从行政体制改革的角度看，在开发区和属地镇并行的情况下，往往存在着区政（镇）"两张皮"现象，在实际运作中不可避免会带来资源内耗、推诿扯皮和降低行政效能等问题。为了实现开发区职能和行政区职能的整合，提升行政效率，更好满足开发区的经济社会发展需要，苏州市积极探索在条件比较成熟的省级以上开发区与所在行政区或邻近行政区实行"区政合一"管理体制，推动开发区与行政区职能整合、机构整合、功能整合，实现优势互补，有力推动苏州"城乡一体化"发展和经济社会高质量发展。二是拓展空间的北扩西进。随着苏州高新区区域拓展，在新的空间规划建设、北扩西进，推进基础设施建设，拉开了新一轮开发建设的框架，形成新一轮开发的空间格局，为下一步发展开辟新空间、打下新基础。苏州市区行政区划的调整，不仅为新区的发展拓展了空间，而且将新区的开发经验运用、复制到更广阔的空间。

第三个 10 年的经验启示：一是聚焦新一代信息技术、新能源、高端制造、大数据、大健康五大先导产业领域，积极推动"互联网+"、大数据、人工智能与五大先导产业的深度融合，打造具有国际竞争力的先进制造业产业集群。二是打造先进制造业体系。引进和培育具有国际一流竞争力的产业链旗舰企业和标杆企业，构建自主可控现代产业体系，加快构建包括研发、制造、生产性服务、消费等在内的先进制造业生态系统，推进苏州高新区产业高质量发展。三是引进共建大院大所。目前苏州高新区集聚了超过 100 家"中字头"和"国字号"的大院大所的创新平台，进一步推进创新链与产业链的深度融合，建立一批科技成果转化与产业促进中心。在产业功能布局方面，苏州科技城地区成为产业技术研发集聚区，两浒地区成为五大先导产业成果转化应用的集聚区。四是重视创业孵化和人才。新区共拥有省级以上各类科技企业孵化器15家（其中国家级6家），在孵企业700余家；全区高层次人才达2.52万人，引进领军人才超900人次；2017年成功获批国家级创新人才培养示范基地。目前全区拥有硕士以上高端人才超过3万人，其中博士3 000人，引进和培育各类领军人才超过2 000人。在检验检测服务方面，以东菱振动、中国赛宝（华东）实验室等为代表，逐步向全产业链、产品全生命周期的创新检测技术集成延伸。在研发设计服务、创业孵化服务和技术转移服务方面，企业和人才及服务收入均呈爆发式增长。功以才成，业由才广。世上一切事物中人是最可宝贵的，一切创新成果都是人做出来的。硬实力、软实力，归根到底要靠人才实力。全部科技史都证明，谁拥有了一流创新人才、拥有了一流科学家，谁就能在科技创新中占据优势。五是构建科技金融服务体系。以苏高新创投为核心，搭建科技金融平台、集聚科技金融机构、开展金融服务创新，科技金融生态基本形成。相继建立了"高新区科技金融服务中心""太湖金谷"等平台，实现与科技型、创新型中小微企业无缝高效对接。先后获批全国"创业投资示范基地"、全国"保险与科技结合综合创新试点地区"等称号。六是发展集聚知识产权服务业。集聚区入驻累计超过80家知识产权服务机构，形成完整知识产权服务链。江苏国际知识产权运营交易中心等一批公共服务机构陆续成立或进驻。目前，高新区有效发明专利超过20件的企业达到56家，拥有有效发明专利的企业超过850家；万人有效发明专利拥有量110.35件，继续保持全市第二，是全市平均水平的2.1倍。

苏州高新区从诞生之日起血液中就带有"创新"的基因。带着这样的基因，在初创的"第一个10年"，苏州高新区靠的是"发展是硬道理"和"团结、拼搏、务实、争先"的新区精神这两大法宝；"第二个10年"，苏州高新区掀起了"二次创业"的新高潮；"第三个10

▲ 苏州科技城鸟瞰

年",在新发展理念的引领下,在生态底板上走出了新的"创新"之路。

苏州高新区从孕育到设立,从建设到发展,成功探索了科技与经济紧密结合的有效途径,积累了促进高新技术产业发展的宝贵经验,在体制机制创新、科技创新、产业发展、创新创业等方面都取得了显著的成就,为改革开放和经济社会发展做出了重要贡献,发挥了改革的先锋、引领和试验田作用。回顾近30年的发展历程,苏州高新区有以下几个经验启示:

第一,创新是引领区域发展的第一驱动力。 苏州高新区开发建设以来,高新区一班人始终紧扣"高"与"新",把创新驱动作为核心战略、摆到核心首要位置,努力把提升自主创新能力作为破解发展难题、实现科学发展的"关键一招"、最大"绝招"。高新区紧紧抓住苏南现代化示范区、苏南国家自主创新示范区建设等重大契机,充分发挥中国科学院苏州生物医学工程技术研究所、浙江大学苏州工业技术研究院、国家知识产权局专利审查协作江苏中心等创新载体优势,以增强企业创新能力为核心,注重发挥企业家才能,加快科技创新,加强产品创新、品牌创新、产业组织创新、商业模式创新,深化科技金融创新,加快科技成果转化,切实推动经济发展转入创新驱动轨道,加快实现从速度型发展逐步向质量效益型发展转变。

第二，改革是全面发展的关键。 高新区发展中瓶颈制约的产生，深层次都有体制机制的根源；而经济发展方式的转变、自主创新能力的提升，又在很大程度上依赖于改革的推进。高新区在实践中，坚持围绕创新能力的提升来全面深化改革，把改革与创新紧紧地结合在一起，通过深化行政审批制度改革，推进"区镇合一"管理模式，加快科技金融融合，加强社会治理创新，促进各类创新要素自由流通、创新活力竞相迸发、创新成果得到充分保护、创新价值得到更大体现，进一步营造好鼓励支持创新创业的良好氛围，激发了市场活力，增强了区域综合竞争力。

第三，必须始终坚持统筹兼顾。 高新区坚持经济建设、生态建设、民生建设、法治建设等各方面统筹兼顾。高新区不仅是产业开发区，同样承担着民生、城建、稳定等重任。坚持协调发展，花大力气、大代价一着不让抓好生态文明建设、居民收入倍增计划、省先进法治区创建行动、非公党建"三项工程"等重大工程，实现经济竞争力、科技竞争力、生态竞争力、社会竞争力、城市竞争力同步发展。

第四，以开放促进发展。 苏州高新区既立足自身，向内挖潜，又始终放眼全球，坚持开放与创新融合，坚持引进外资和外来技术并重，积极探索深化开放创新的有效模式。苏州高新区审时度势、因势利导，充分发挥好已有的优势，注重扩大开放，积极主动融入和服务好"一带一路"倡议和长江经济带等国家战略，构建国际化的开放创新体系，更好地利用国际国内两个市场两种资源，实现"无国界"创新。聚焦科技发展前沿，吸引更多全球化的研发企业和科技人才，深度参与国际产能合作，加快融入全球创新体系，以开放促转型、促创新、促发展。

三、苏州高新区发展愿景展望

习近平总书记强调,高新区是科技的集聚地,也是创新的孵化器,看一个高新区是不是有竞争力、发展潜力大不大,关键是看能不能把"高"和"新"两篇文章做实做好。国家高新区设立的初衷和使命就是发展高科技、实现产业化。1999年,中共中央、国务院出台《加强技术创新、发展高科技、实现产业化的决定》,明确指出:高新技术成果商品化、产业化,要加强面向市场的研究开发,大力推广、应用高新技术和适用技术,使科技成果迅速而有效地转化为富有市场竞争力的商品。苏州高新区是第一批设立的国家级高新区,是有近30年历史的老牌高新区,必须牢记国家赋予的使命,在实现国家战略中提升自我。2020年,国务院再次下发《关于促进国家高新技术产业开发区高质量发展的若干意见》,提出了六个突出:突出科技创新能力提升、突出科技型企业培养、突出产业迈向中高端、突出改革开放创新、突出绿色发展、突出分类管理。苏州高新区将重点围绕创新驱动和高质量发展两个方面去建设,打造创新驱动发展示范区、高质量发展先行区,创新驱动是路径,高质量发展是目的。苏州高新区要走在国内做示范的创新型特色园区建设前列,争取进入世界一流高新技术园区试点行列。

苏州高新区的发展,就像是一场接力赛跑。如果说,过去凭着弘扬"团结、拼搏、务实、争先"的新区精神创造了一个又一个"高光时刻",那么,经过近30年发展,苏州高新区目前已经到了爬坡过坎、滚石上山的关键阶段,迫切需要以改革来应对问题挑战、破解瓶颈难题。

一是要确立发展是硬道理思维。坚持不懈用习近平新时代中国特色社会主义思想武装头脑、指导实践、推动工作,不断提高贯彻新发展理念、构建新发展格局的能力和水平，以实际行动增强"四个意识"，坚定"四个自信"，切实做到"两个维护"，始终在思想上、政治上、行动上同以习近平同志为核心的党中央保持高度一致。谋发展、抓落实都要以党建为引领，坚定不移推动全面从严治党，坚决反对形式主义、官僚主义，以正确用人导向激励广大党员干部干事创业，以求真务实的作风、清正廉洁的本色凝聚强大发展合力。

二是继续坚定不移深化改革、扩大开放。苏州高新区作为全国首批国家级高新区，在新起点、新征程上更要向改革要动力、向开放要活力。要以更大力度全面深化改革，优化内部管理架构，进一步强化职责明确、协同高效的开发区运行体制。持续推进营商环境重点领域改革，让重大项目"拿地即开工"成为常态。推动实现更高水平对外开放，积极引导本地制造业企业、品牌企业发展跨境电商，加大对"一带一路"沿线"引进来""走出去"的力度。特别是依托已有的对日交流合作优势，进一步巩固提升"日资高地"的传统优势。针对国际人才需求，有针对性地办好外国语学校、国际医院、国际社区等，让国际人才在苏州也能吃到家乡的味道，看到熟悉的风景，吸引更多的国际人才、国际资本来到高新区、留在高新区。优化服务企业创新创业的体制机制，系统升级现有政策举措，强化金融支持和服务，努力打造"创业者的乐园、创新者的天堂"。

三是积极投身长三角区域一体化发展国家战略。作为苏南国家自主创新示范区的核心区，苏州高新区将勇攀新高、挑战极限，贯彻落实好长三角区域一体化发展战略，全方位承接上海全球科创中心的辐射，打造区域内高端技术成果转化和创新产业发展高地。在各项榜单中争先进位，打造创新驱动发展示范区、高质量发展先行区，奋力迈向全市和全国高新区高质量发展最前列，在长三角一体化国家战略中抢抓苏州高新区机遇、展现苏州高新区作为。

四是全力打造创新驱动发展示范区、高质量发展先行区。苏州高新区将牢记国家赋予的使命,在实现国家战略中提升自我。明确新时期高新区发展新定位,丰富高质量发展新内涵,完善创新驱动发展机制,紧紧围绕创新驱动和高质量发展两个主攻方向,发展高科技、实现产业化。着力打造全球一流的"太湖科学城"。以南京大学苏州校区为核心,利用高新区沿太湖25千米绝美岸线,大力推动太湖科学城建设,引入世界一流科研机构,汇聚国际顶尖创新人才,布局重大科技基础设施,力争到2035年建成具有国际竞争力的"创新智慧之城、开放共享之城、美丽人文之城"。以建设"太湖科学城"为契机,主动融入上海全球科创中心建设,全面加强创新合作,深化产业合作协同,打造上海高端产业互补承接、集聚发展基地。大力推动狮山商务区创新发展。综合利用区域科技、生态、产业、文化等优势,充分对接长三角一体化上海地区优质资源,在产业合作、创新协同、民生共享等方面实现新突破,在激烈的区域竞争中赢得更多的资源、政策与人才。不断拓展发展的多维空间,提升要素集聚度、增强设施承载度、强化功能辐射度,提升创新功能和城市功能,提升高新区城市核心竞争力,打造高新区和苏州城市发展新地标、高质量发展新地标。

五是切实提升生态环境质量,坚持高标准规划建设,减少发展对土地的依赖。创新推进太湖治理,科学用好生态资源,面向海内外加强旅游宣传推介,发展旅游经济。始终做到安全发展,把安全发展贯穿经济社会发展的各领域和全过程,确保经济安全,保障人民生命安全,维护社会稳定和安全。强化产业链、供应链安全保障,提高现代化治理水平,健全公共安全体系。扎实做好安全生产工作,严格落实企业主体责任、部门监管责任和属地管理责任,坚决防范和遏制重特大事故的发生。

站在新起点上展望未来,苏州高新区的目标已经确定:将以建设创新驱动发展示范区、高质量发展先行区为目标导向，牢牢把握长三角一体化发展历史机遇，做好对接上海的大文章，在合作共赢中提升苏州高新区发展能级。

延伸阅读

苏州高新区：构筑自主可控产业"新高地"

"一款超分辨显微光学镜，分辨率比现有光学镜提高了5倍，可观察到一根头发丝千分之一大小的细胞内部活体运动。"日前，"超分辨显微光学核心部件及系统研制"项目通过验收，这是由位于苏州高新区的中科院苏州生物医学工程技术研究所承担的国家重大科研装备项目。项目的成功验收，标志着这一研究打破了外国垄断，我国拥有了自主可控生产"超一流"高端超分辨光学显微镜的能力。

历时5年研发成功重大项目的背后，是苏州高新区对建设自主可控现代产业体系的深刻思考与实践。"经过20多年的发展，劳动密集型产业结构已不能继续担当高新区创新发展的'主引擎'，今后高新区产业不能只看规模、体量，还要看控制力和竞争力。"苏州高新区党工委书记吴新明告诉记者。国家提出建设自主可控的现代产业体系发展目标后，苏州高新区致力于在关键技术上深挖原始创新，深度融合创新链和产业链，打造"集群式"自主可控生态体系，产业发展迈向3.0时代。

2018年，苏州高新区实现新兴产业产值1821亿元，占规模以上工业产值比重达58.1%，占比位列苏州各县市区第二。数字让人深思，过去的这一年，苏州高新区实现工业投资76.6亿元，其中工业技改占比达77.7%，嘉沁新能源等新建项目和恒瑞健康等一大批企业的技改项目竣工投产，全区万人有效发明专利拥有量达112件。

"构建自主可控的现代产业体系，推动产业向全球产业链价值链中高端迈进，就是要聚焦有条件、有优势的领域集中突破。"苏州高新区经发委负责人表示。高新区加快发展新一代信息技术、新能源产业、高端制造业、大数据产业、大健康产业,做大做强产业集群,形成了清晰的产业发展方向和创新引领方向。

高端装备是江苏省重点培育的13个先进制造业集群之一,也是苏州高新区构建自主可控先进制造业体系的重要组成部分。2018年,苏州高新区出台了《关于加快发展自主可控先进制造业体系的指导意见》等20项促进产业发展的指导意见,发挥多重资源叠加优势,释放创新驱动的强大能量。

在胜利精密国家智能制造示范工厂内,189台高速钻攻中心正有条不紊地快速运转着。"我们的19条自动化生产线已全部投入运行,成为华东地区第一条3C行业智能制造示范线。改造后,企业运营成本降低23%,效率和产出提升近40%。"胜利精密项目总监沈军表示,目前,公司已成为国内提供智能制造整体解决方案的行业"单打冠军"。

▲ 苏州高新区夜景

为打造区域自主可控现代产业体系，释放原始创新动力，苏州高新区先后引进了中国移动苏州研发中心、国网（苏州）城市能源研究院、清华苏州环境创新研究院、北航苏州创新研究院等大院大所超100家。中科院地理所苏州基地与华为签署战略合作协议，共建地理时空云平台；浙江大学苏州工业研究院"超高速数码喷印设备关键技术研发及应用"项目获国家技术发明奖二等奖；清华大学苏州环境创新研究院落户一年多时间，引进17个科研团队，成立5个专业研究中心。至2018年年底，全区吸引人才总量超过22.9万人。

近年来，苏州高新区还抢抓智能制造产业发展机遇期，鼓励支持企业开展技术改造、模式创新，涌现出了像胜利精密、莱克电气、路之遥等智能制造重点企业超100家，累计获批各级"两化融合"项目90个，全区获批国家智能制造项目4家，省级示范智能车间数达33个。

产业集群化发展是增强区域自主可控经济竞争力的内在要求，也是建设自主可控先进产业体系的现实路径。苏州莱克电气股份有限公司凭借强大的研发能力，在20多年间实现了从传统意义上的代工厂家转型升级为集研发、生产、销售于一体的现代智能化生产企业，公司产品获授权专利超1600项，而它的15家备选铸造供应商，均在苏州。通过围绕主导及优势产业，注重全产业链招引和培育，同步布局创新链，高新区打通产学研用协同创新通道，推动产业链创新链协同发展，形成助推区域高质量发展的强大合力。

在打造自主可控的创新生态上，2018年10月，苏州高新区创新推出总规模30亿元的"高新贷"产品，针对性解决创新型中小企业"融资难""首贷难"问题。设立总规模25亿元的支持上市企业发展基金，全市首单纾困基金落地。依托金融小镇建设，加快高端金融资源集聚，注册金融投资机构超500家，管理基金规模达823亿元。

建设自主可控产业体系，高效完善的政府服务体系同样是根本。苏州高新区还围绕企业在创新研发中产生专利申请需求做文章，依托辖区内国家知识产权局专利局专利审查协作江苏中心，打造知识产权服务集聚区，已入驻超过80家知识产权服务机构，形成了较为完整的知识产权服务链。

"2019年，苏州高新区将抢抓长三角一体化发展上升为国家战略、建设苏南国家自主创新示范区等历史机遇，优化产业布局，在更高层次探索城市更新和转型发展的新机制与新路径。推动传统产业转型发展，加大力度落实'千企技改升级'行动，力争技改投资占比保持在70%以上，释放创新驱动发展的强大能量，争当'强富美高'新江苏的排头兵。"相关负责人表示。

（《光明日报》，2019年2月13日，苏雁）

张家港保税区

扬鞭奋蹄　勇立潮头
争当经济高质量发展新标杆

张家港保税区（以下简称"保税区"）于1992年10月经国务院批准设立。20多年来，在各级党委、政府的关心和支持下，保税区党工委、管委会与时俱进弘扬"张家港精神"，抢抓机遇，开拓创新，积极依托长江内河流域最大的国际贸易商港——张家港港和保税区所在地金港镇作为张家港市城市副中心的地位，不断整合资源、加快转型升级、加速功能载体优化和推进管理体制整合，逐步形成了保税港区、整车进口口岸、扬子江化工园、扬子江装备产业园、环保新材料产业园、滨江新城、双山香山旅游度假区等多元载体发展格局，重点打造了新材料、新装备、新能源等一批新兴产业基地，日益成为长三角重要的国际资本承载区、现代产业集聚地和大宗商品集散中心。保税区获评国家长江经济带转型升级示范区、全国首批生态示范工业园区、全国最具投资潜力经济园区、国家知识产权示范园区、全国文明镇等荣誉称号。

一、张家港保税区的发展历程

(一) 起步发展阶段 (1992—2000 年)

1987 年 12 月,深圳特区参考国外自由港和自由贸易区的经验,在沙头角设立了我国第一个保税区。1990 年 6 月,国务院批准成立上海外高桥保税区。20 世纪 90 年代初期,全国已建的保税区都在沿海和省级城市,张家港仅仅是个刚成立不久的县级市,并且是内陆沿江城市。但当时的张家港市委、市政府不畏艰难,积极争取,张家港保税区成为全国最早获批的保税区之一,也是江苏省唯一的保税区。

▲ 1992 年 12 月 20 日,江苏省政府在张家港市召开保税区成立大会

1. 抢抓机遇,积极主动,创设张家港保税区

张家港市地理位置优越,地处"黄金水道"长江下游南岸,临近上海、南京,水陆交通便捷,是长江流域经济发展的重要枢纽和窗口。张家港港是天然良港,深水贴岸,不冻不淤,航行成本低,有岸线优

势，是对外开放的新兴商港。至20世纪90年代初，张家港港建有13个万吨级泊位和1座粮油中转码头，12个江心浮筒，可同时停靠19艘万吨级货轮，年吞吐能力1100万吨。开通11条国际航线、6条集装箱运输线，同世界上100多个国家和地区有货物往来。集装箱运输量名列全国第六位。全省外贸货物有50%从张家港港运出。再加上当时拟议中的沟通长江南北的江阴长江大桥、沪宁高速公路、宁通一级公路等项目已批准立项。鉴于这些有利条件，1991年7月，张家港市委、市政府向苏州市政府和江苏省政府呈送了《关于建议建立江苏省张家港保税区的请示》。8月1日，苏州市政府呈文江苏省政府《关于建立江苏省张家港保税区的请示》。9月29日，江苏省政府呈文国务院《关于建立江苏省张家港保税区的请示》，请求在张家港市建立保税区。

为争取保税区早日获批，张家港市委、市政府积极宣传张家港的发展优势，多次派人到北京向有关部门和领导争取支持。1992年3月29日，张家港市在人民大会堂召开新闻发布会，汇报张家港建设和发展情况，同时向与会的相关领导详细汇报了张家港建立保税区的优势，并表示建立保税区不要国家投资一分钱。另外，对保税区的基础设施、筹资办法、土地批租、合资意向等具体方案也一一做了说明。江苏省委、苏州市委领导也向中央和有关部委做争取建办保税区的工作。与此同时，国务院特区办、政策研究室的负责人，不断往返北京和张家港，做实地调研和科学论证。是年5月24日，在常熟市参加城市改革工作会议的国务院总理李鹏亲临张家港视察，在现场详细听取汇报。很快，国务院正式确定在张家港市建设保税区。

为不失时机抓机遇，争分夺秒赶时间，1992年6月10日，张家港市委、市政府召开专门会议，决定将拆迁任务下达给张家港保税区选址地中兴乡。6月12日，中兴乡党委、乡政府召开党员干部大会，部署拆迁、安置任务。6月19日，张家港市成立张家港保税区筹备委员会。

7月29日，江苏省政府成立张家港保税区筹建办公室和联络小组。张家港保税区筹委会、中兴乡党委及政府全力以赴，深入细致地把思想工作做到每家每户，打响了筹建保税区的攻坚战。拆迁区内的广大干部群众顾全大局，积极配合拆迁工作，为保税区的发展做出了重要贡献。为妥善安置拆迁群众，乡级机关、工厂企业和临近农民纷纷腾出房舍，供拆迁户临时居住；乡粮管所不分昼夜收购和义务保管拆迁户的余粮；乡卫生院派出医护人员在拆迁工地日夜值班。至7月25日，仅用45天，拆迁任务就顺利完成。共拆迁柏木、中兴、善政、大圩、中圩5个行政村、54个村民小组的1 284户民房以及村级建筑设施，拆迁面积27.58万平方米，动迁人口8 300余人。与此同时，大规模的基础设施建设全面展开。上海宝钢、铁道部、交通部、南京军区所属的和本地的10余支建设队伍会师工地。从7月1日至20日，由10个施工队、2 500余人组成的建设队伍，实行24小时分班连续作业，完成了8公里长的铁丝网隔离带工程。此外，建设者们用30天时间建成海关北监控楼，用64天时间建成东监控楼。保税区围网及监控楼等设施全部达到规定的标准，经国家海关总署一次性验收通过。8月30日，从港口码头通往保税区的长2 800米、宽42米的长江东路贯通。10月25日，长5 800米、宽35米的中华路（从后塍镇到保税区的专用公路）全线通车。

同年10月16日，国务院《国务院关于设立张家港保税区的批复》同意设立张家港保税区。区址设在张家港市港区镇东侧，东至十字港，西南至老套港，北至长江江堤，规划面积4.1平方千米。区内设保税仓储、国际贸易、出口加工三个主体功能区和国际金融、房地产业、管理服务等辅助功能区。12月20日，江苏省政府在张家港市召开保税区成立大会，张家港保税区4.1平方千米地域的隔离设施通过验收，《中华人民共和国南京海关对进出张家港保税区货物、物品和运输工具的监管细则》开始实施。

2. 科学设置，优化管理，适时提供优质服务

1992年6月，江苏省张家港保税区筹备委员会成立，下设办公室、规划建设部、经济贸易部、财务部。是年12月，根据江苏省人民政府《关于张家港保税区有关问题的通知》和江苏省人民政府《江苏省张家港保税区管理办法》，明确张家港保税区是江苏省的保税区，张家港保税区管理委员会是江苏省人民政府的派出机构，负责管理保税区内的行政事务。管委会成员由江苏省、苏州市和张家港市人民政府共同商定后，由江苏省政府任命。江苏省政府委托张家港市政府管辖张家港保税区。

张家港保税区管委会实行主任负责制，设主任1人，副主任和委员若干人。保税区管委会内设机构按照精简、高效、统一的原则设置，包括办公室、经济发展局、规划土地局、财政局、工商行政管理局、国家税务局。同时成立保税区开发总公司，从事区内基础设施建设、房地产开发经营和投资项目建设。

保税区建有相应的党组织。1993年2月18日，经中共张家港市委常委会研究决定，建立中共张家港保税区机关委员会。1996年12月24日，设立中共张家港保税区党组。1999年9月23日，中共苏州市委批准设立中共张家港保税区工作委员会，下设办公室，负责保税区党务工作。

张家港保税区内设有金融、保险机构，有工商银行保税区支行、农业银行保税区支行、建设银行保税区支行、中国银行保税区支行和中保财产保险公司保税区支公司。涉外机构有海关、检验检疫等监管机构。有为区内企业提供服务的劳务、法律事务、会计、仲裁等机构。还组建有保税区保安队伍，负责区内治安和安全管理。

张家港保税区机构的运作，坚持一个窗口对外，在投资咨询、项目审批、规划选址、工商登记、海关监管及金融服务等方面实行"一站式"管理和"一条龙"服务,为中外投资者提供优质、高效服务。保税区管委会运用江苏省政府授予的10项权限,负责编制发展战略和总体规划,制定产业政策和管理细则,审批区内生产性项目,对区内土地批租、房地产转让、生产资料进出口及干部工人招聘、出国(境)人员等进行审批。

1999年9月,张家港保税区党工委、管委会行政级别明确为副厅级。2000年1月,保税区管委会在编人员列入国家公务员管理序列。组织机构升格后,保税区进一步在加强管理和提供优质服务上下功夫。2000年,先后制定10余项规章制度;组织清理各部门自建房产,变分散管理为集中管理;认真清理内设局办公司,实行局办公司与行政机关脱钩。各职能部门改进方法,不断提高服务质量和工作效率。

3. 加强宣传,多措并举,广泛开展招商引资

张家港保税区一建立,就利用优惠政策和区位优势,主动出击,外引内吸,助推保税区快速发展。一方面加强对外宣传,另一方面组织招商团到国内外各地招商引资,使保税区很快成为中外客商踊跃投资的热点。一是国内招商与国外招商相结合。1992年11月6日,张家港保税区管委会赴中国香港举行保税区新闻发布会,会议期间洽谈出口业务20余笔,成交480万美元,签署合作意向项目12项,总投资6亿美元。11月20日,又赴北京召开新闻发布会,向党和国家领导人、有关部门负责人、国内外主要新闻单位及外国驻北京使馆商务参赞等介绍张家港保税区的区位优势、政策优势和发展前景。1993年,前往新加坡、美国和日本等地开展招商引资活动。二是"筑巢引凤"和"引凤筑巢"相结合。1992年、1993年,在完善基础设施、改善投资环境的同时,保税区投资2 500余万元,建设高8层的商务中心楼,投资350万美元建造1.6万平方米的标准型工业厂房,投资120万美元引进2万平方米的轻钢结构标准型仓库,为张家港保税区实质性启动提供必备条件。香

港亚洲汇泰集团公司与保税区开发总公司合作投资近1亿美元对保税区1平方千米实行成片开发。另外，有一批在保税区内注册的企业，专门从事区内房地产的开发。三是项目引进与土地批租相结合。在土地批租时，坚持以项目定土地，并通过项目会办制度，对进区项目严格论证把关，确保项目质量。至1995年年末，张家港保税区共批准进区项目460项，总投资13.03亿美元，到账资金6.97亿美元，合同利用外资和港澳台资7.29亿美元。投资客商遍布美国、日本、新加坡、泰国、马来西亚、意大利，以及中国香港、台湾、澳门等20余个国家和地区。投资领域包括兴办码头、仓储运输、国际贸易、出口加工、房地产开发等。累计批租土地237万平方米。

1996年，在保税区政策优势明显减弱的形势下，张家港保税区管委会积极调整招商思路，拓展招商领域，在巩固和发展现有招商成果的同时，充分利用欧美外商开始落户区内的契机，积极向欧美国家拓展。在招商项目上，坚持以生产型项目为主，重点引进一批规模大、科技含量较高的工业加工型项目。在招商方法上，由"大呼隆"招商变为"小部队"招商，改坐等招商为登门招商，有的放矢地走出去、请进来，并采取定向招商、随团招商、上网招商、委托招商等灵活多样的方法，全方位展开招商。年内新批进区企业206家，投资总额3.92亿美元，合同利用外资和港澳台资2.95亿美元，到账外资和港澳台资3.06亿美元。1997年新批进区的35家外商企业，平均每家投资额350万美元。其中南港轮胎首期投资2 780万美元，总投资额超4亿美元；雪佛龙聚苯乙烯、和鑫化工两个项目投资额均超5 000万美元。张家港保税区初步形成以出口加工工业为主的新格局。

1998年，张家港保税区积极克服东南亚金融风暴的影响，以招商引资、项目建设为重点，大力拓展保税区的三大功能。累计批准各类中外投资企业313家，其中"三资"企业88家，投资总额1.6亿美元，合同外资和港澳台资 1.21 亿美元，到账资金 1.4 亿美元。南港轮胎、顺德工业、优尼科能源、雪佛龙聚苯乙烯 4 个项目相继开工。2000 年，总投资 2 500 万美元的泰亿机械项目、投资 3 000 万元的意通项目、投资 400 万元的国贸股份化纤项目相继签约。同年 12 月，张家港保税区组织赴中国台湾招商，落实项目信息 10 余条，与台湾统一集团、高兴昌公司签署投资项目合同。

经过 8 年的艰苦奋斗，张家港保税区的基础设施逐步完善，国际贸易、出口加工、保税仓储三大功能全面启动。截至 2000 年年底，保税区共投入 7.9 亿元，用于通电、通路、通信、给排水和土地平整的"五通一平"及配套和基础设施建设，累计批准进区企业 2 172 家，实现合同外资和港澳台资 13.1 亿美元，实际利用外资和港澳台资 10.2 亿美元。

（二）功能拓展阶段（2001—2007 年）

进入 21 世纪，中国改革开放更加深入。对外贸易、房地产和基础设施投资、个人消费的快速增长，使中国经济，特别是苏南经济进入新一轮的高速增长期。国际制造业巨头看准中国稳定的政治环境、低廉而高效的生产要素和经济增长潜力，生产力加速向中国，特别是华东地区转移。张家港保税区及其配套设施经过十多年的建设，投资环境得到显著改善，一批前期投资的企业开始进入产出期。

1. 依托优势，加快建设江苏扬子江国际化学工业园

1992 年建设初期，张家港保税区已经开始建设化学品专用码头和配套的液体化学品储罐。1997 年，江苏省计经委向国家计委报批雪佛龙聚苯乙烯、陶氏化工项目时，确定将张家港市作为江苏省的聚苯乙烯生产基地。为充分发挥沿江区位优势和原有化工产业优势，进一步壮大保税区化工产业，张家港保税区管委会决定建设配套工业区——化学工业园。2001年5月21日,江苏省政府下发《关于设立江苏扬子江国际化学工业园的批复》,同意设立江苏扬子江国际化学工业园,并要求园区充分发挥产业集聚作用,吸引大型、高科技含量、高附加值化工项目进区,同时要严格控制污染,优化产业结构,积极发展成为张家港保税区的配套服务区。

2002年年末,经过一年多的开发建设,江苏扬子江国际化学工业园已初具雏形。雪佛龙公司、陶氏化学公司、优尼科能源公司、杜邦—旭化成公司等企业的大批化工项目陆续建成投产或开工建设。随着国内外许多化工项目陆续选址落户,初期所设定的6.64平方千米规划面积被企业和项目布满,原有规划用地已无法满足要求,日益成为产业发展的制约因素。2002年12月,张家港市将江苏扬子江国际化学工业园控制规划区由13.8平方千米扩大到24平方千米。

江苏扬子江国际化学工业园建立后,园内产业集聚,安全环保,具有多条产业链,形成集物流、交易市场和工业生产三位一体的产业链,在循环经济和生态环保方面成效显著,成为江苏省循环经济试点园区和全国首批生态工业示范园区,加上沿江区位优势和保税区功能优势,竞争优势显著,吸引很多国内外化工厂商前来投资发展。截至2005年,

▲ 江苏扬子江国际化学工业园

江苏扬子江国际化学工业园吸引包括美国陶氏、道康宁、杜邦、雪佛龙、优尼科、旭化成，德国瓦克，挪威佐敦等10多家世界500强企业及国内外知名企业。2007年，江苏扬子江国际化学工业园24平方千米区域被苏州市人民政府确认为苏州市化工集中区，并被评为"2007年绿色化工特别行动优胜单位"。

2．创新思维，快速建成保税物流园区

在形态布局上，全国13家保税区都与港口相互隔离，导致进出口货物出现二次报关问题，即货物由两个海关监管、需两次报关、两次查验、两次放行。保税区与港口缺少联动，降低了通关效率，增加了物流成本，既限制物流业的发展，也增加相关企业的运营成本。2002年10月，国家海关总署首次提出建设"区港联动"试点的想法。2003年12月8日，国务院正式批复海关总署，同意《上海外高桥保税区港区联动试点方案》。2004年8月16日，在上海试点的基础上，国务院进一步扩大保税区与港区联动试点范围，张家港等7家保税区成为第二批区港联动试点。

保税物流园区的实质就是"区港联动"的实现，即在保留原有保税区大部分功能的基础上，实现港口的部分功能。通过保税区与港口之间的"无缝对接"，实现货物在境内外的快速集拼和快速流动，降低生产性企业物流成本。对张家港保税区而言，保税物流园区的建立，既有利于完善化学工业园的整体配套功能，也有利于充分利用保税区现有的基础设施和服务体系，促进临港经济提速发展。为此，张家港保税区管委会对"区港联动"高度重视，将保税物流园区建设列入重点工作，成立了专门的建设与管理机构。在全国批准的"区港联动"的保税物流园区中，张家港保税物流园区的面积最大，达到1.53平方千米，分东区和西区，东区0.64平方千米，西区0.89平方千米。张家港保税区海关"区港合一"的监管模式保障进出园区的货物在2分钟内完成报关手续，卡口通道在1分钟内完成自动扫描、自动放行，进一步简化了货物通关流转手续，提高了货物流转速度，大大降低了企业成本，促进了国内、国际物流要素的集聚和辐射，促进了港航产业、仓储产业和物流产业的提速发展。

3. 转变理念，择优引进知名外商投资

随着全球经济一体化及中国融入世界经济步伐的加快，中国经济蓬勃发展。国际资本看好长三角地区，这为张家港保税区招商引资带来了历史性的机遇。这一阶段，张家港保税区的招商引资逐步深化，招商方向和理念发生改变，招商部门顺应园区可持续发展要求，逐步实现从广泛的"招商引资"向有针对性的"招商选资"的历史性转变。主要体现三个方面的特点：一是注重"招大"。在产业发展上，坚持集聚大项目，集群发展。把招商的重点锁定世界500强企业、国内100强企业及"国"字号大企业、大集团等，深入研究大公司的意向、大资本的动向和大项目的趋势，做好大项目的前期论证，坚持大项目带动，增强投资密度，提高土地集约利用水平。二是突出"选优"。抢抓经济全球化和国际产业转移的机遇，提升改造传统产业，培育高新技术产业，优先发展产业链长、关联度高、驱动力强的项目。三是着力"引强"。世界500强企业如有1—2个带动力强的项目落户，能够明显带动整个产业及各类资源要素的高度集聚，会不断为经济社会发展增添动力和后劲。因此，保税区招商时不断引进关联度高、带动性强、发展前景好的基地型、旗舰型、龙头型项目落户，注重引进一批与现有大企业协作配套的前延后伸项目，努力形成招商引资的"葡萄串效应"。

2005年，张家港保税区共引进外资和港澳台资项目50项，到账外资和港澳台资1.3亿美元。引进的50个外资和港澳台资项目中，总投资超500万美元以上的有25项，超1 000万美元以上的项目21项，超2 000万美元以上的项目16项。全年开工项目42项，为历年之最。在企业服务上,各职能部门以服务客商为己任,坚持"首问负责制""工作日办结制度",开通24小时服务热线,对外商提出的问题、碰到的困难,急事急办,特事特办,寓服务于招商之中。同时采取多项举措推介张家港保税区,除在国内外组织多次专题招商推介活动外,完成了数字张家港保税区网站的全面改版,并挂靠新加坡《联合早报》网站和日本化工网站;制作了与保税物流园区、保税区招商引资相关的多媒体资料并翻译成英、日、韩等语种,对外发稿400余篇次。

2007年,张家港保税区注重内抓管理强实力,外抓服务树形象,打造精品投资软环境。在招商引资上,坚持以特色增强引力,以特色集聚优势,以特色放大效应。久泰二甲醚、新能二甲醚项目相继开工建设,成为入驻张家港保税区的第一批新型能源项目。道康宁项目一次性到账外资1.36亿美元,成为保税区第一个一次性到账外资超亿美元的项目。2007年年末,引进注册外资超1 000万美元的项目31个、超1亿美元的项目1个。全年注册外资和港澳台资7.53亿美元,实际利用外资和港澳台资2.63亿美元;开工项目15个,总投资5.7亿美元,竣工项目6个,主要包括PPG涂料项目、久泰能源项目、法液空电子特气项目、富美实特殊化学品项目。实现业务总收入1 483亿元,工业产品销售收入401亿元,地区生产总值127.92亿元,进出口贸易额68.2亿美元,财政收入22.72亿元。

(三)转型提升阶段(2008—2019年)

张家港保税区高举习近平新时代中国特色社会主义思想伟大旗帜,主动适应新形势,凝心聚力求发展,加速推进功能转型升级。对内持续深化改革,对外推动政策创新,加快构建体制机制新优势,抢抓每一轮发展机遇,全力做好改革发展稳定各项工作,经济社会保持了稳中向好的发展态势。

1. 高瞻远瞩，全力推动保税港区转型升级

为了构筑张家港保税区新的发展优势，2006年，张家港保税区管委会确立申报保税港区的战略目标。2007年，在申报工作异常激烈的情况下，张家港保税区管委会按照"整合转型"的思路，全力以赴推进保税区功能升级。2008年12月，经国务院批准，张家港保税区、张家港保税物流园区转型升级为张家港保税港区，服务功能拓展为仓储物流，对外贸易，国际采购、分销和配送，国际中转，检测，售后服务维修，商品展示，研发、加工、制造和港口作业等9项。保税港区实行"三合一"叠加政策，即保税区、出口加工区、保税物流园区的优势政策在保税港区都适用。具体说来，保税港区有口岸功能，保税物流功能，保税加工功能，保税贸易功能，生产性、流通性服务贸易功能等五大功能。

2012年，张家港保税区明确以打造"江苏外高桥"为发展目标，成功获批全省唯一的进口汽车整车口岸和进口商品集采分销中心，正式发布中国·张家港液体化工指数，汽车口岸和石化期货交易所建设列入国家苏南现代化建设规划草案，在江苏省内率先启动保税仓储货物抵押试点工作，率先建立葡萄酒检测实验室，并成为全国最大的保税进口口岸。同时，启动打造国内第一个大宗商品在线进口分销服务平台和交易结算中心，黄金、珠宝、钻石运营中心和一达通全程外贸服务平台启用运行。

2018年，国家非自贸区汽车平行进口试点政策落地生效，助推张家港市成功入选全国供应链创新与应用试点城市（江苏省仅2家）。物润船联成为全国第一家获得授权代开增值税专用发票的无车无船承运试点企业，永嘉码头获启运港退税政策，成为全国5个新增启运港之一。

2. 整合资源,全面实施"区镇合一"管理体制

2008年9月,经上级批准,张家港保税区与金港镇的管理体制做了调整,保留张家港保税区、金港镇建制,由张家港保税区党工委、管委会对区、镇实施统一领导和管理,做到统一审批权限、统一规划建设、统一经济发展、统一财政结算、统一组织人事管理、统一社会公共事务管理。按照张家港市委、市政府的工作要求,以"精简机构、整合职能、扎口管理、按线分工、优化体制、整体到位"为基本原则,将区、镇机构职能总体按经济工作、规划建设、社会事务和党建工作四块进行整合归并。经济工作、规划建设、安全环保、党建工作等以保税区下属局室为主进行扎口管理;社会事务等工作以金港镇政府为主扎口管理;区镇财政统一管理、业务体制不变。

"区镇合一"有利于区镇统一规划,加快建设新港区;有利于区镇协调配合,提高行政效能;有利于拓宽发展空间,做强临江经济板块;有利于提升园区实力,进一步带动大金港经济的发展,壮大大金港片区的经济总量,成为真正意义上的张家港市副中心。"区镇合一"后,张家港保税区的发展空间拓展到147平方千米的大金港片区,张家港保税区管委会对大金港区域规划进行重新定位,构建了滨江新城、保税港区、扬子江国际化学工业园、环保新材料产业园、资源再生利用示范园、段山港重型装备产业园、双山香山旅游区等"一城六区"发展格局,空间布局更加合理,载体结构更加完善。

3. 精心谋划,加快发展战略新兴产业

张家港保税区建立以后,日益完善载体建设,纵深推进转型升级,持续强化招才引智,不断加大人才引进和培养力度,全力扶持高科技项目落户,有效推动人才集聚。新兴产业发展经历了从无到有,规模从小到大,技术从简单引进、应用到消化吸收,再到自主创新,布局从分散到相对区域集聚的发展过程。2012年,张家港保税区共有国家火炬计划重点高新技术企业6家，省级高新技术企业47家，省级以上高新技术产品226个，其中国家重点新产品4种。被列入省级以上的科技计划项目71项（国家级50项、省级21项），其中有5项被列入国家863计划项目（其中4项列入重点项目），19项被列入国家级火炬计划项目，3项被列入省级重大科技成果转化项目，有中国驰名商标2件。建成省级科技创业园区1个，培育3个超10亿美元的新兴产业基地、32家超10亿元的重点科技骨干企业，形成3个重点战略性新兴产业。全年完成新兴产业产值558.2亿元，占地区生产总值的39.22%，高新技术产业产值占规模以上工业企业销售收入的比例达到50%。2019年，新兴产业产值749.13亿元，占工业总产值的53%。张家港保税区获评省"双创计划"人才4人，累计34人；获评姑苏创新创业领军人才8人，累计50人；获评张家港市领军型创新创业人才20人，累计182人。新增省级科技项目3项，累计40项；新增省高新技术企业26家，累计120家。灿勤科技跻身国家级"科技小巨人"企业，其项目获评张家港市唯一省重大科技成果转化项目。迪克化学、润英联、瓦克化学、华盛化学、益江粮油、中粮东海6家企业车间被评为苏州市智能车间。华昌化工、陶氏化学、长江润发等16家企业车间获评省级示范智能车间。

4. 高度重视，不断强化党建工程

张家港保税区在大力发展经济的同时，积极探索实践党建工作新路子，深入实施"新时代新接力"党建引领工程，以高质量党建强基础、保民生、促发展、增活力。2008年，保税区继续扩大非公企业党组织的覆盖面，各级党组织积极开展主题党日活动，重点推进党员网格化教育，加强结对共建力度。2009年，保税区启动实施"小区域、大党建"新模式。2012年，保税区深入开展"走千家、访万户、解百忧"活动，规范开展"一报告两评议"和"基层组织联述联评联考"工作，干部队伍服务发展的能力、企业家融入大局的意识、人民群众建设美好家园的热情不断提升。2013年，保税区以完善强化挂钩包干制、首问负责制、限时办结制等制度为依托，扎实开展"转作风、亮实招、惠民生"和"走千家、访万户、解百忧"等活动，打造外企、非公企业党建新模式。2014年，保税区以深入开展党的群众路线教育实践活动、贯彻落实中央八项规定为统领，扎实开展"民生面对面"和"走千家、访万户、解百忧"等活动，深入推进服务型党组织建设。2015年，保税区认真开展"三严三实"专题教育，出台《基层党组织书记抓基层党建工作责任清单》，成为张家港市唯一获评"苏州市先锋镇"的区镇。2016年，保税区深入推进"党建引领三治融合"项目，初步构建以党组织为核心、其他组织协同参与的基层治理格局。在张家港市率先开展农村党支部规范化建设。启动区域党群工作站"一站一品"建设，外企工作站获评苏州市示范站。2017年，保税区扎实推进"两学一做"学习教育常态化制度化。启动党风带民风提升工程，深化党建引领三治融合，形成"睦邻家园""民生茶馆"等一批基层治理品牌。2019年，保税区扎实开展"不忘初心、牢记使命"主题教育，将主题教育与"张家港精神"再弘扬相结合，与新时代"三超一争"相结合，深化落实"书记亮相""书记接待""书记走访"和"书记在线"四项制度。积极推进服务型党组织建设，深入实施"红色引擎助推民营企业高质量发展"党建项目，切实完善"书记项目秀"运作机制，持续擦亮"民生茶馆""睦邻家园"等党建品牌，东海粮油党建案例入选中组部党员教育培训教材。

二、张家港保税区发展的主要成就和经验启示

张家港保税区经历了20多年的探索、实践、发展，取得了巨大的成绩，这也从一个侧面反映了中国深化改革、扩大开放取得的成就。张

家港保税区发展的主要成就具体体现在以下七个方面。

（一）综合实力日益增强

张家港保税区坚定不移高举"张家港精神"这面伟大精神旗帜，在金融危机面前不畏难，在区域竞争面前不退缩，扎实推进"绩效比拼""'张家港精神'再教育、再弘扬、再实践"等主题活动，紧扣"决战现代化，争当排头兵""打造江苏外高桥""'港城发展升级版'建设排头兵""争当新时代'三超一争'排头兵"等宏伟目标，高扬干事创业的主旋律，强化攻坚克难的硬担当，发扬狠抓落实的好作风。从1992年确定建设张家港保税区起，保税区的建设者们就坚持认真执行国家的各项方针、政策，并充分利用国家给予保税区的各项优惠，按照"率先发展"的要求，努力把现实的压力转化为发展的动力，把竞争的优势转化为发展的优势，保税区经济社会迅猛发展，综合实力不断增强。2010年，张家港保税区综合建设水平在全省国家级开发区中排名第六位；张家港保税港区一期封关运作，并被评为"中国最具投资潜力经济园区"第四名；江苏扬子江国际化学工业园成为全国首批"国家生态工业示范园区"。2019年，张家港保税区完成地区生产总值1 190亿元；完成全口径财政收入103.91亿元，其中公共财政预算收入54.39亿元，入库税收100.03亿元。完成全社会固定资产投资90.78亿元，其中工业投资50.86亿元、服务业投资39.92亿元，新兴产业投资42.28亿元。实现到账外资2.1亿美元，到账内资33.27亿元。保税区在全省开发区科学发展综合考核中位列第九名。金港镇跻身全国千强镇第四名，获评江苏省文明镇。

（二）招商引资跨越发展

张家港保税区始终坚持"务实、创新、高效"的原则，牢固树立

"软环境就是生产力""为投资者服务就是为发展服务""人人都是软环境"的理念,大力营造"亲商、安商、富商"的浓厚氛围,"全方位、全过程、全天候"为企业提供各类服务。保税区分层次、有重点地组织各类招商活动,明确招商目标,分解招商任务,既注重引进国外优势资本,也注重培育壮大本土经济,促进外资和港澳台资与民资,世界500强、行业龙头企业、央企、大型国企和优秀民企的协调发展。美国陶氏、杜邦,日本丰田、住友,德国梅塞尔、瓦克,英国英力士,法国路易达孚,荷兰孚宝,中国台湾统一集团等30家世界500强企业和一批跨国公司入区投资,道康宁销售总部、佐敦研发中心等一批外资和港澳台资区域性总部成功落户。中粮集团北大荒等企业先后落户。同时,培育了东华能源股份有限公司、江苏华昌化工股份有限公司、长江润发医药股份有限公司、苏州天沃科技股份有限公司、张家港保税科技(集团)股份有限公司等5家本土上市公司。全球最大的物流地产商普洛斯、全国最大的橄榄油分拨基地世纪康鑫、国内粮油企业龙头北大荒江苏总部等一批重点服务业项目相继落户保税区。张家港保税区成为全球最大锂电池材料生产基地、最大的有机硅生产基地和亚洲最大综合性粮油加工基地。2019年,以"招商突破年"为工作主线,围绕中车、陶氏、杜邦等一批重大项目和重大事项,成立11个工作专班。设立上海招商联络处,靠前承接上海的"溢出效应"。紧盯世界500强、全球行业领军企业和国内知名企业,积极抢抓长三角一体化战略机遇,主动出击赴上海、深圳、美国、欧洲等地开展招商引资活动,总投资270亿元的尤尼威尔高端新材料、中车产业、灿勤科技园、易高碳纤维、彤程新材料、奥洁生物、汉璟基因工程等32个优质项目签约落地,总投资156亿元的中集圣达因、陶氏有机硅、庄信万丰、梵创产业基地、胜牌润滑油、PPG三期、开米科思等16个项目开工建设,总投资超30亿元的华奇化工、芬美意、奥斯佳等8个重大项目竣工投产。

（三）经济结构不断优化

张家港保税区始终坚持高端制造业与现代服务业"双轮驱动"战略，推动第二、第三产业互动并进。2012年，三次产业比重达到0.62：54.89：44.49，工业和服务业增加值占地区生产总值比重分别为53%和45%。在制造业方面，形成了化工、粮油、机电、纺织、装备五大支柱产业，建有全球最大的有机硅综合生产基地、锂电池电解液生产基地，亚洲最大的综合性粮油加工基地，国内最大的废钢加工生产基地、电梯导轨生产基地、氨纶纱生产基地等，年销售超1亿元的企业超过120家，销售超10亿元规模的企业达到33家。在服务业方面，口岸物流优势突出，功能创新不断突破，保税港区进出区货运总量连续多年位居全国同类园区前列，形成了化工品、纺织原料、粮油、木材、进口消费品等多个专业市场。服务业投资45.32亿元，服务业增加值247.6亿元。江苏丰立集团、东华能源等7家企业入选"中国服务业500强"，占张家港全市入选数的一半。在新兴产业方面，大力发展新材料、新装备、新能源，新兴产业投资101.2亿元，占工业投资总量的95.46%。新兴产业产值558.2亿元，占工业产值的39.22%。区内省级高新技术企业数量达到47家。2019年，新兴产业投资42.28亿元，占工业投资总量的83.13%；新兴产业产值749.13亿元，占规上工业产值的62.95%。服务业投资39.92亿元，占工业投资总量的78.49%。持续扩大"互联网+产业"应用，成功引进京东数科，化工、纺织、粮油和名贵木材四大专业市场依托易棉购、无锡飞鸟、豆粕团等一批新型产业互联网平台，市场交易实现放量增长。不断强化口岸物流载体支撑，总投资5000万美元的嘉里物流项目正式签约，密尔克卫化工供应链一体化基地建成投运。长江航运交易中心、电子口岸入选省道路运输无船无车承运人试点企业，作为全国首批无船无车承运人试点企业的物润船联进一步放量，税收达 1.2 亿元，无船无车承运新业态集群正在形成。

（四）辐射效应持续增强

最初的张家港保税区与港区相互分离，两次报关，难以适应现代物流业的发展和企业的需求。为了实现"区港联动"，保税物流园区应运而生。保税物流园区的设立有助于细化市场的专业化分工、加快周边区域产业结构调整、促进产业集聚。保税物流园区的现代物流管理先进理念和成功经验，对周边物流企业起到积极的示范和带动作用。现代物流运作大幅度降低了周边企业的物流成本，给企业带来了实在利益。从保税物流园区进口的货物源源不断输送到华东地区，甚至全国各地，还通过 GPS（全球定位系统）实现与其他海关特殊监管区的联动，同时与周边区域开展联动。通过放大保税物流园区的辐射效应，为周边地区的企业解决物流"香港一日游"、产品深加工结转等难题。2008 年，张家港成功申报保税港区。从保税区，至物流园区，再至保税港区，园区功能日益完善，辐射效应日益提高。

（五）体制机制更趋优化

张家港保税区始终向创新的思路要竞争实力、向创新的机制要发展活力、向创新的举措要决胜成果。2001 年，为充分发挥沿江区位优势和原有化工产业优势，进一步壮大保税区的化工产业，保税区决定建设江苏扬子江国际化学工业园。保税区与港口分离，加工区又与保税区分离，两次报关，难以适应现代物流业的发展和企业的需求。为此，张家港保税区将保税物流园区的建设列入重点工作，并成立了专门的建设与管理机构，2004 年 8 月，张家港保税物流园区成功获批。2006 年，张家港保税区针对国家宏观调控趋紧的新形势，沉着应对，科学谋划，构筑"一区三园"（保税物流园区、江苏扬子江国际化学工业园、环保新材料产业园、重装产业园）联动发展的大开发格局，形成产业多元化的集聚效应，加速产业结构优化升级，及时确立申报保税港区的战略目标。2007年12月，张家港保税区按照海关总署的思路，重新调整保税区和保税物流园区区域整合方案。2008年11月18日，张家港保税港区正式获批，成为中国开放度最高、政策最优的特殊区域。

2018年，保税区整合组建市场监督管理局，全面消除保税区与金港镇"两张皮"的市场监管状况。实质性推进双山香山一体化管理并正式运作。深化省级相对集中行政许可权改革试点，全力推进首批集中和全链审批赋权事项落地生效，实现"一枚印章管审批"；同步加快实施行政审批事项流程再造，上线运行政务服务网上办件平台，探索推行"不见面"审批模式，全面开展"一窗式"受理，行政服务效能显著提升。2019年，保税区启动建设供应链科创中心，在国内试点单位中率先上线供应链公共服务平台，供应链公共服务平台、电子口岸智慧物流供应链平台入围苏州市供应链体系建设试点名单。整合区镇执法资源，挂牌成立综合执法局，在"一枚印章管审批"的基础上加快实现"一支队伍管执法"。正式组建社会综合治理网格化联动分中心。实体化运作区镇"治违、治污、治隐患领导小组办公室"。

（六）港产城融合加快推进

张家港保税区始终坚持区镇发展大局，高点定位，科学决策。张家港保税区位于张家港市金港镇内，一直以来，两者相互独立。保税区成立之后特别是2000年之后的快速发展，逐渐出现了空间资源承载不足等问题，影响到了区域的后续发展。2008年，张家港保税区与金港镇实施一体化管理，在更大范围统筹生产力布局，实施区、港、镇一体化规划建设。2012年，按照"整合职能、扎口管理、体制优化"的原则，进一步深化改革区镇管理体制，实现区镇深度融合。与此同时，张家港保税区更大力推进产城融合，着力提升区域商务配套能力。在改造提升原有10平方千米的老城区基础上，高起点启动了规划面积8.5平方千米的滨江新城和7平方千米的香山风景区的开发建设，新城建设框架全面拉开。2012年，滨江大厦、金科地产高档商住小区、香山"一湖两路"工程全面启动，具有约8 000年历史的东山村遗址博物馆概念性规划方案正式确定，从保税区沟通其他高速公路的疏港高速公路正式开工，滨江新城和香山开发雏形初显，张家港保税区国际商务配套能力和宜居水平快速提升。

2019年，保税区高标准推进"退港还城"项目，着力打造一个港、产、城融合的生态滨江新城，逐步形成了"一港"（张家港港核心港区）、"一城"（滨江新城）、"三区"（保税区、保税港区、双山香山旅游度假区）、"六园"（扬子江化工园、扬子江装备园、环保新材料产业园、半导体新材料产业园、汽车改装产业园和总部研发园）的多元载体发展格局。完成概念规划和城市设计方案，启动控制性详细规划编制，与中建三局正式签订合作协议，PPP（政府和社会资本合作）项目成功入围省级项目库。

（七）民生福祉不断提升

张家港保税区始终坚持"以人民为中心"的发展思想，紧扣群众需求，办好民生实事，着力解决"不平衡不充分"的问题，切实增强群众获得感、幸福感和安全感。2019年年末，总投资6.6亿元的七大类30项民生实事工程有序推进，累计实施"民生微实事"项目53个。扎实推进江苏省健康镇创建，深化上海第十人民医院、金港人民医院和社区卫生服务中心医联体建设，南沙香里乡亲生活馆建成全省首个家庭健康服务中心，马桥社区建成全市首个智能化家庭医生工作室。总投资4.5亿元的金港文化中心基本完成室内装潢和室外配套工程，张家港市域范围内跨径最长的内河桥梁——镇山大桥即将通车。完成安置房分房4 500余套，6个老小区超9 000户居民实现天然气改造入户。保税区有医疗卫生机构62个，其中医院5家、社区卫生服务机构35家。有体育场馆2座、健身广场56个、健身房58个，村、社区有篮球场48片、面积4.98万平方米。新时代文明实践站所实现全覆盖，有效构筑"线上+线下""固定+流动"的服务模式，重点打造行政服务中心、金港中央广场"千百度"等一批文明实践点。针对718户大病困难群众家庭、计生特殊困难家庭进行家庭医生签约，服务覆盖率达99.86%。"家庭健康服务中心"及"暖心家园"示范项目点获评国家级项目。有公共自行车点位59个、锁柱1 316个、投放自行车1 052辆。整体转换数字电视81 850户，整转率为99.98%。新建261个集中充电棚，可集中停放、充电电动自行车5 200余辆。全年提供就业岗位1.1万个，开发公益岗位142个。有养老服务机构4家，床位1 124张，新增护理型床位584张。累计居家养老服务中心10家，居家养老服务站32家，老年人助浴点2个，规范化助餐点4家。

三、张家港保税区发展愿景展望

当今世界风云变幻，面对各种风险挑战和复杂形势，张家港保税区将以习近平新时代中国特色社会主义思想为指导，抢抓"一带一路"、长江经济带建设、长三角区域一体化发展等重大发展机遇，加快推进产业转型升级，深入实施"港、产、城融合"，做强经济业态、做优城市形态、做美沿江生态，全力建设协调发展的临港制造业样板区，构筑辐射效应强劲的现代服务业新高地，打造长江流域生态宜居的滨江商贸新城，争创"港、产、城融合"新样板。

（一）优化创新转型，打造更高质量的"现代产业新高地"

着力构建现代产业体系，加快推动临港制造业从全球产业链中低端向中高端迈进，全力打造现代产业新高地。一是突出园区建设，提升产业发展能级。以"三个主力园区"（扬子江化学工业园、扬子江装备园、环保新材料产业园）为发展依托，加快提升产业发展能级。扬子江化学工业园将围绕现有主要产业链进行补链强链，在做大做强现有陶氏、霍尼韦尔、瓦克、PPG等生产基地的同时，再打造杜邦、庄信万丰、润英联等世界级的生产基地，着力打造千亿级具有国际影响力的高端专业园区。扬子江装备园加快引进一批高品质大型装备项目，确保三年内出形象、出规模、出效益，打造国内一流的临港重型装备产业基地。环保新材料产业园依托现有产业基础，加快推进灿勤5G基地建设，全力引进一批基地型、旗舰型项目，打造国内有影响力的新材料产业基地。同时，以"三个特色园区"（汽车改装产业园、半导体新材料产业园、总部研发园）为发展方向，注重现有企业培育壮大和优质项目招引。在已有一批总部和研发中心的基础上，力争再引进几家功能性机构和总部，尽快形成气候。同时，加快推进医药产业园的建设。二是突出平台支撑，放大流量经济份额。继续放大长江沿线最大国际贸易商港的优势，进一步推进"区港联动"，做强一批港口物流企业，努力使物流经济在发展支撑中贡献更大份额。全力壮大"化工、纺织、粮油、木材"四大传统市场集聚效应，全力拓展"进口汽车、冷冻品"两大新兴消费品市场规模。其中进口汽车用足、用好平行进口试点政策，完善车城平台功能，全力打造全国领先的汽车平行进口全产业链生态圈；冷冻品加快温控产业园建设，全力扶持珍鲜等项目加速成长，全力打造冷冻品存储、加工、销售"一条龙"完整的产业链，成为苏南地区最大的冷链产业基地。同时加快港口"智慧"升级，加快打造一批产业互联网平台集群，无车无船物联网运输企业税收突破4亿元，智慧化通关、运输、港口服务基本形成。三是突出创新驱动，加快转换发展动能。坚定不移实施科技创新发展战略，不断构建全方面、多层次、宽领域的科技创新格局。加大科技人才引进力度，推进科研成果产业化步伐，使人才优势尽快向产业优势转化，着力打造一批细分行业的"领头羊""独角兽"企业。强化企业创新主体地位，全面激活企业创新发展动能。着力推进PPG中国应用创新中心、迪爱生树脂技术中心、中科院兰化所华昌功能新材料研究院和长顺新材料研究院等研发机构建设。大力推进创新载体和公共平台建设，科创园二期、磁传感产业园二期、上海工研院张家港磁传感器创新中心建成投运，全力构建富有活力的科技孵化体系。

（二）优化政策功能，打造更具优势的"改革开放新高地"

张家港保税区将积极对上争取先行先试，持续放大试点政策成效，努力以关键领域改革突破构筑创新转型的先发优势。综保区2.0争取2020年成功获批，探索打造成为全国综保区新样板、全国海关特殊监管区智慧化改革示范区。供应链创新与应用试点努力实现从"试点城市"向"示范城市"的跨越提升。行政审批制度改革继续探索实施创新服务举措，确保审批服务效能始终在全省同级开发区中名列前茅。抓住用好国家战略叠加带来的重大机遇，力争实现与上海外高桥保税区、洋山保税港区汽车整车口岸进口汽车通关一体化合作，复制推广自贸区的一批创新政策，提升特殊监管区的贸易便利化水平。

（三）优化生态宜居，打造更有魅力的"城市功能新高地"

张家港保税区将瞄准长江经济带"港产城融合"新样板的目标，深化打造新城布局更加合理、生态环境更加友好、城市功能更加完善的现代化滨江新城。一方面,做美沿江生态。高标准推进"张家港湾"建设,形成绿色生态、滨江亲水、优美亮丽的最美风貌。更大力度实施大气、水、固废等环境综合整治,深入开展"三高一低"企业清退,持续推动沿江环境整治及"三化"专项行动,全面打赢"蓝天、碧水、净土"三大保卫战。加快推进化工园软硬件升级改造,完成封闭化管理,建成投用安全环保监控应急响应中心和投资5亿元的全国第一家危化品运输综合服务中心,全面提升园区环境和安全管控能力,为园区绿色发展提供强有力支撑。另一方面,做优城市形态。加快推进滨江新城建设,滨江生态提升工程全面完成,投资47亿元的快速环线开工建设。深化"双山香山一体化"建设,完善整体规划,整合旅游资源,加大项目招引,全力争创国家级旅游度假区、全域旅游核心区、生态文明示范区。

▲ 张家港湾

（四）优化民生事业，打造更富内涵的"民生幸福新高地"

张家港保税区将坚持以人民为中心的发展思想，不断提升民生福祉水平。一是聚焦富民增收。推进镇村工业集中区建设，打造村级经济发展联合体，增强村级经济造血功能，推动村均可用财力稳定和农民人均纯收入稳步提高。二是完善公共服务。瞄准与区镇群众生活息息相关的教育、医疗、养老等问题，全力做好普惠性、基础性、兜底性民生建设，不断提升公共服务质量和均等化水平。三是创新社会治理。积极探索社会治理新模式，完善社会治理综合信息平台，持续推进法治德治自治"三治融合"，有序引导社会力量参与基层治理，全力化解信访积累，确保社会和谐稳定。

延伸阅读

"张家港精神"引领高位再出发

7月15日,张家港保税区高端新材料国际招商会在上海举行,霍尼韦尔项目、PPG第四期一体化高性能涂料生产基地战略合作项目、瓦克化学张家港有机硅生产基地扩建项目等16个项目集中签约,投资总规模超80亿元。

一大批高端新材料产业"头部"企业站台助力,彰显出这一老牌开发区的"硬核"实力。

1992年,张家港保税区"横空出世",成为"张家港精神"的闪亮标签。

28年间,张家港保税区以万里长江一往无前的气概,在改革开放的大潮中浩荡前行,以张家港近六分之一的土地,创造了27%的地区生产总值、22%的财政收入,集聚了42%的百强企业,成为张家港当之无愧的龙头板块。

如今,面对新时代"三超一争"的时代之问,站在传统产业转型升级、"港、产、城"融合发展的新起点,张家港保税区掀起项目潮,打通供应链,做优生态圈,开启"二次创业"新征程,用火热的奋斗激情助燃干事创业的火红年代,在聚焦聚力"三标杆一率先"中争先锋、拔头筹。

一个"全球领先"切准"弯道超车"新角度

6月19日,在张家港保税区2020年第二季度项目集中开竣工活动现场,总投资168亿元的11个项目集中开竣工,标注出张家港保税区高质量发展的"含金量"。

其中，总投资25亿元的灿勤科技5G基地项目十分引人注目。灿勤科技专精陶瓷介质波导滤波器、谐振器和天线的研发与生产，产品广泛应用于全球移动通信、卫星导航与定位、航空航天与防卫等领域。5G基地项目的实施，标志着灿勤科技将成为首家实现微型5G商用介质波导滤波器产业化的民族企业，对于我国通信技术突破国际壁垒、在5G领域实现"弯道超车"具有重要意义。项目达产后，可年产20 000万只介质波导滤波器，新增销售收入30亿元，税收5亿元。

2020年上半年，张家港保税区总投资超180亿元的远洋资本大数据中心、丰倍生物、挪威家居等24个项目签约；总投资超60亿元的玛顿重工、润英联、危化品道路运输综合服务中心等9个项目竣工；总投资超300亿元的有机硅一体化基地、贝内克长顺、中车氢能、润邦半导体等21个重大项目开工。这些项目投资强度大、科技含量高、带动能力强，成为高质量发展的"金种子"。

不仅如此，霍尼韦尔中国工程研发中心、陶氏投资中心、佐敦涂料亚太研发中心、贝内克销售研发中心、利柏特股份公司总部等一批功能性机构和企业总部的接连进驻，更让张家港保税区加速从生产型枢纽向创新型枢纽转型，进一步增强了在全球产业领域的话语权和吸引力。

张家港市委常委、张家港保税区党工委副书记、管委会副主任石锡贤表示，将进一步提升创新转型的经济质态，在产业布局、载体平台、服务配套等优势中谋求新突破，打造具有引领性和竞争力的全链式产业高地，形成"新材料、新装备、新能源"三大千亿级产业集群。

"硬核"项目加速落地，招商引资捷报频传。

2020年5月，张家港保税区在苏州工业园区开展生物医药产业招商推介，不仅促成了"苏州工业园区-张家港生物医药产业基地"落地，更与11个生物医药产业项目达成合作；6月，走进上海，与知名

▲ 张家港保税港区汽车整车进口口岸

中介机构开展商务恳谈，进一步扩大"对接大上海、融入长三角"的招商引资"朋友圈"；7月，再赴上海，举办高端新材料国际招商会，总投资80亿元的16个项目集中签约……

此外，张家港保税区还着力打造平台经济创客空间，成功引入中汇金、汇活、国本等优质企业，大力培育数字经济、流量经济、平台经济等新产业新业态新模式，为打造"经济高质量标杆"积蓄澎湃动力。

一条现代供应链重构产业协同"生态圈"

地处江尾海头的张家港保税区，是长江流域重要的国际资本承载区、现代产业集聚地和大宗商品集散中心。

近年来，张家港保税区以张家港市入选现代供应链创新和应用国家试点城市为契机，全力打造以传统产业升级为核心的产业供应链，以港口物流优化为目标的运力供应链和以大宗贸易繁荣为导向的商品供应链，绘制出一幅具有张家港特色的现代供应链生态图，将大江大河带来的产业、资源、市场等集聚优势链入"云端"。

2020年4月,商务部等8部门发布首批供应链创新与试点应用典型经验做法,并向全国推广。张家港保税区供应链公共服务平台以及区内企业物润船联入选其中。在试点中期评估中,张家港获评"优秀"。

登录张家港保税区智慧供应链云平台,行业指数、产品展示、大数据中心、企业征信、人才智库等功能模块一目了然。平台通过链接相关政务、商务数据,对接产业互联网平台,通过将物流、信息流、单证流、商流和资金流五流合一,为大宗商品交易找回"迷失的信用"。

该平台还整合连接了苏交网、易棉购、聚棉网、物润船联等一批产业互联网平台,实现从前端推广、展示,到后端物流、融资等一体化建设布局,打造张家港的大宗交易"超市"。

张家港保税区在产业互联网领域的精耕细作,不仅让企业的供应不掉"链",更让"供应"的每个"链接"互联互通,极大增强了整个产业链抵抗风险的能力。

2020年年初,突如其来的新冠肺炎疫情,对企业供应链和供应链企业造成巨大冲击,然而张家港保税区的一大批产业互联网企业却频频上演"逆袭"。

作为专业的大宗棉花线上交易平台,"易棉购"二季度累计实现销量13万吨,成交额达16亿元,还顺利完成了A轮融资;物润船联一季度业务增长30%;主营大宗商品线上交割的"苏交网",4月份交割服务量已恢复至去年最高峰……

"正如SARS疫情促使消费者通过互联网购物,从而使消费互联网站上经济和社会的舞台中央,新冠疫情倒逼产业界反思供应链模式,更多企业将接纳、选择'无接触式'的高效、短链、低成本产业互联网模式。"张家港保税区党工委委员、管委会副主任季冬说。

在危机中育新机,于变局中开新局。

目前，张家港保税区已联合上海大学、江苏银行等多方共建张家港保税区数字供应链创新实验室，进行供应链公共服务平台二期开发建设，通过打通银行在线放款系统、产业互联网平台系统、智慧云仓储系统，解决区内大宗商品交易中的结算融资、仓储产业低效利用和信息孤岛等问题，打造多维度的数字供应链产业生态体系，让现代供应链为产业链全效赋能。

一个新"摩尔定律"展现营商环境"最舒心"

3月23日，世界500强企业陶氏公司与张家港保税区签署战略合作备忘录，计划在未来5年增资3亿美元，通过实施扩产项目深化与张家港市的长期合作，大幅提升陶氏公司有机硅中间体和产品的产能。这既是双方深化合作友谊的生动诠释，更体现了陶氏公司对张家港保税区投资环境的充分认可和信赖。

在计算机领域有个被称为第一定律的摩尔定律，指的是集成电路板上可容纳的晶体管数目，约每隔18个月便会增加一倍，性能也将提升一倍。对于1998年就与张家港保税区结缘的陶氏公司来说，在过去的20多年中也创造出了属于自己的"摩尔定律"，那就是"平均每18个月新建一家工厂"。

"当初我们来张家港保税区考察，看中的是这里便利的交通网络，但最终打动我们的，还是这里优良的营商环境，所以我们才会不断地在张家港投资扩建新项目。"陶氏公司全球政府事务和公共政策副总裁柯乐文告诉记者，这些年来，每当陶氏张家港基地遇到困难时，张家港保税区便会立即成立专项工作组，第一时间帮助企业协调解决问题。"这里给陶氏公司创造了一个非常好的、可预期的投资环境。"

作为第一批进驻张家港保税区的世界500强企业，如今陶氏公司张家港基地的总投资已超过25亿美元，建成了醇醚、电子材料、催化剂、有机硅等一批全球领先水平的生产线,不仅是张家港保税区最大的外商投资企业,更成为陶氏在中国最大的制造基地。

一段政企携手、互信共赢的发展传奇,成为张家港保税区打造最优营商环境的生动注脚。

张家港保税区坚持"无事不扰、有求必应"的原则全力护航企业发展,建立项目推进服务专班制,对重大项目从项目审批到建设再到投产、运行,实行专班负责"一条龙"全过程服务。为及时了解企业生产经营状况,建立领导重大项目挂钩联系制度,推行"走千企访百厂"活动,定期或不定期走访企业,一方面向企业宣传相关政策,另一方面及时帮助企业发现问题、协商解决问题。

"对于企业的需求,我们坚持只要在法律允许范围之内、客观条件具备,就一定满足,确保企业有宽松良好舒适的发展环境。"石锡贤说。

作为改革开放的"试验田",张家港保税区大胆创新,勇于探索,积极抢抓机遇对接自贸区建设,已成功复制推广92项自贸区政策;深化行政许可权改革试点,加快推进赋权事项承接,目前已承接251项;积极推进"一件事"套餐服务,实施规划用地合并办理,以提前介入、全程辅导、专人帮扶等务实举措服务重点项目落地;建立行政审批与监管信息双向推送机制,在实现"3550"的基础上,整体实现"2330"常态化运作,努力把改革红利转化为营商红利。

(《苏州日报》,2020年7月30日,杨溢、潘建伟)

张家港经济技术开发区

栉风沐雨　砥砺奋进
书写开发区高质量发展新华章

张家港经济技术开发区（以下简称"开发区"）地处"张家港精神"发源地——张家港市杨舍镇。1993年开发区在仅仅0.55平方千米的阡陌农田上起步；经过27年的发展，如今已与主城区融合为一体，区域总面积153平方千米，人口53万。培育并形成了以化合物半导体、新能源汽车、绿色能源、光电和智能装备为主导的现代产业体系，吸引了世界500强及知名跨国公司50多家，先后获批国家影视网络动漫实验园、国家再制造产业示范基地、国家新型工业化产业示范基地、国家级绿色园区、国家知识产权示范园区、国家高新技术创业服务中心、国家级优秀科技企业孵化器。2019年，开发区在全国219家国家级开发区综合考评中位列第三十二位，在县域国家级开发区中位列第二位。

昔日蛙声一片，今日都市繁华。壮美嬗变的背后，是开发区27年如一日，与时俱进大力弘扬"张家港精神"的优良作风，是一代又一代建设者栉风沐雨、砥砺前行、拼搏奉献、勇争一流的创业精神！

一、张家港经济技术开发区的发展历程和主要成就

（一）发展历程

回顾总结开发区 27 年的发展历程，大致分为四个发展阶段。

1. 初创起步阶段（1993—2002 年）：十年磨一剑，开发区异军突起

（1）抢抓开放先机创立开发区。 20 世纪 90 年代初，中共中央、国务院宣布开发开放上海浦东，并做出"以上海浦东开发开放为龙头，进一步开放长江沿岸城市"的决策。张家港市委、市政府敏锐意识到新一轮发展机遇的来临。为加速同上海浦东开发接轨，张家港举全市之力建办张家港保税区，1992 年 10 月 16 日，经国务院批准，张家港保税区正式成立。为主动接受上海浦东的辐射，与张家港保税区的发展相配套，1993 年 6 月 13 日，张家港市政府向苏州市政府及江苏省政府呈文申请设立张家港经济开发区。当年 11 月 11 日，江苏省政府批复，同意设立江苏省张家港经济开发区（省级），规划面积 4.62 平方千米，其中起步区 0.55 平方千米，其功能定位为全市高新技术产业密集区、张家港保税区工业出口加工配套区和现代化新城区。1993 年 11 月，张家港经济开发区委托省城乡规划设计研究院编制《张家港经济开发区规划》，规划面积 6.2 平方千米。在机构设置上，1993 年 12 月 26 日，经省委、省政府批准，成立中共张家港经济开发区工作委员会和张家港经济开发区管理委员会。1994 年 1 月 31 日，经张家港市政府批准，成立张家港经济开发区实业总公司，实行党工委、管委会、总公司"三位一体"的领导体制。

（2）高起点定位、高标准规划。 根据开发区特定的地理位置和城市总体规划的要求，并借鉴周边县（市）开发区建设的经验，张家港

市委、市政府要求开发区以"90年代起步，50年不落后"的目标确定发展定位。开发区党工委、管委会经多方论证，确定开发区开发建设的方针：以工业项目为主，实行综合开发；以沿路（张杨公路）建设为主，逐步滚动发展；以利用外资为主，实行内外资并举；以高新技术为主，重视劳动密集型；以集体经济为主，鼓励个体私营经济发展，并力求将经济开发区建成全市高新技术产业密集区、保税区工业出口加工配套区和现代化的新城区。

（3）主动出击，招商引资工作取得突破。 开发区成立后，每年都组织团队赴日、韩、港、沪等国家和地区招商，并举办投资说明会。1995年12月1日，张家港经济开发区驻上海办事处成立，成为开发区对外招商的一个窗口。到2002年年末的短短10年时间，开发区的招商引资工作便取得骄人业绩，全区累计批准进区企业265家，其中外资及港澳台资企业30家；历年累计进区企业总投资61.09亿元，其中外资及港澳台资企业总投资6.40亿美元。外资企业中包括陶氏化工、杜邦—旭化成聚甲醛、冈本制袜、恩斯克精密机械等投资额较大的项目。其中，最大的项目陶氏化工基地是由美国著名跨国公司陶氏化学公司独资建办，占地0.5平方千米，总投资4亿美元。同时，区内也引进了一批规模较大的内资企业，主要有中凯化工有限公司、迪克汽车化学品有限公司、金利实业公司、沙钢制药厂、华芳集团、宏图织造厂、宏宝科技工业园等。

由于大量企业入驻，开发区可用空间日益紧张。2000年10月，张家港市委、市政府决定，把开发区邻近的杨舍镇民营科技园纳入开发区统一管理，开发区规划控制范围扩大到10平方千米。

开发区在创建初期，始终坚持抓投资环境建设不懈怠、抓招商引资不放松、抓强化服务不停步，取得了初创起步和开发建设各阶段的良好局面。2002年，全区实现业务总收入50.63亿元，其中工业产品销售收入43.64亿元；地区生产总值10.13亿元；进出口总额3 100万美元；利税总额2.27亿元，其中利润1.58亿元；财政收入1.62亿元。

2. 加速发展阶段（2003—2008年）：在扩张中裂变，在创新中成长

（1）**北扩南延、整合拓展**。通过10年的开发建设，开发区的投资环境日臻完善，一批前期进区的企业开始进入产出期和增资发展期，更多外商看好开发区的地域优势和良好的投资环境，纷纷进区创业发展。为充分发挥开发区的辐射和带动作用，进一步促进周边地区的经济发展，2003年3月，张家港市委、市政府决定将位于杨舍镇塘市的欧洲工业园并入开发区。园、区合并后，开发区的规划面积一下子扩展到30.8平方千米。实践证明，开发区和欧洲工业园的合并，有利于做大、做强开发区和杨舍镇，有利于加快市区周围的开发建设。针对开发区与所在镇管理上的矛盾问题，张家港市委、市政府决定实行开发区和杨舍镇区镇联动、协调发展、优势互补、资源共享的模式，拓展开发区的发展空间。

随着入驻企业的不断增多，开发区发展再次遇到空间不足的瓶颈。为此，2006年10月，张家港市委、市政府再一次拓展开发区发展空间，实施南延、北扩综合开发，决定将杨舍镇塘市办事处全境（7个村）及城南街道所辖旺西村和乘航办事处所辖民丰、勤星、新民3个村，统一划归开发区管理，规划范围包括南区约35平方千米、北区10平方千米，区北预留15平方千米，总体规划面积达到57平方千米。至此，开发区在经过数次扩张后，拥有南区和北区两个板块。

（2）**内外并举抓招商**。开发区经过合并整合，极大地拓展了发展空间，为加快发展创造了有利条件。2003年4月，开发区党工委、管委会提出"以外为主，内外并举，加速发展"的方针，同时成立开发区内资招商局。面对国内外客商纷至沓来的良好局面，适时调整招商引资方针，逐步从广泛的"招商引资"向有针对性的"招商选资"的转

变,并提出了招商的重点:

一是锁定世界500强企业,注重"引强"。开发区深入研究世界500强企业的投资意向,做好大项目的前期论证和考察,增强投资密度,提高土地集约利用水平。2005—2008年,日本住友公司华友钢管、韩国SK集团、德国大陆集团汽车电机、加拿大麦格纳公司电子、美国辛普森公司建筑五金等世界500强企业的项目先后落户开发区。

二是瞄准世界行业领先企业、世界著名企业,加速"选优"。开发区不断引进带动性强、发展前景好的基地型、旗舰型、龙头型项目,形成大项目集聚、集群发展。2003—2008年,韩国东熙汽配、韩国南阳汽配、日本绿川化成克蕾璐化工、香港荣德不锈钢、美国马尼托瓦克起重设备、日本三和涂料、英国伊萨焊接、韩国大起善翱汽配、日本广贤电子、日本油研液压机械、韩国大明精密轴承、德国海德思特种工程用布、美国美利肯公司工程用特种纺织品、韩国太阳金属等一大批世界行业龙头企业及欧美、日韩等国的著名企业相继在开发区投资落户。

三是加强对内资项目的招商力度,形成内外资同步发展。江苏国泰国际集团、江苏新美星包装机械有限公司、张家港海高投资有限公司、张家港五洲变压器有限公司、龙杰特种化纤有限公司等企业的投资建设项目均在1亿元以上。

2003年3月至2008年8月,开发区累计新批外资及港澳台资项目271个(其中增资项目14个),有66个项目投资额超1 000万美元;累计合同利用外资及港澳台资14.29亿美元,到账外资及港澳台资5.17亿美元;其中,马尼托瓦克起重设备(中国)有限公司累计总投资10 891.18万美元,注册资本6 500.24万美元。全区累计新批内资项目1 708个,注册资金53.61亿元。

自开发区和欧洲工业园合并及与杨舍镇实施区镇联动、协调发展以后,开发区和杨舍镇均以此为契机加快经济发展步伐,着力培育支柱产业和规模型企业，区镇基本形成了纺织化纤、冶金、金属制品、轻工、机械、化工、食品、汽配八大支柱产业，规模型经济在区镇经济中处于主导地位。2004年，原市属29家企业划归杨舍镇属地管理，进一步扩大了区镇规模型企业的经济总量。至2007年，区镇共有工业企业2 837家，完成工业总产值526.16亿元，利税总额32.95亿元；年销售收入超2 000万元的规模以上企业有254家，完成工业总产值402.86亿元，利税总额16.65亿元，分别占区镇工业总产值和利税总额的76.57%和50.53%。

在引进工业项目的同时，开发区还注重三产服务业的发展，先后引进了金茂名家、惠华实业、上海锦江之星等一批税源型商贸流通三产项目，使全区的经济建设形成了"内外资并驾齐驱、二三产业同步发展"的新格局。

（3）创新管理模式，建立"区镇合一"管理体制。随着规模越来越大，开发区整合了大量的社会管理功能，影响了经济建设这个中心任务，发展遇到新的瓶颈。2008年9月，张家港经济开发区与杨舍镇实行"区镇合一"的管理体制，行政区域面积拓展到了153.09平方千米，区镇内设机构也进行了改革调整、深度整合，社会保障、工青妇、计划生育、环境保护、安全生产、流动人口服务等社会管理职能全部由杨舍镇接管；招商引资、基础设施建设、经济服务等经济工作则由开发区负责，实行"一套班子、两块牌子"，各司其职、各尽其责。

"区镇合一"后，开发区空间变大了，招商引资的底气更足了。更重要的是，开发区可以轻装上阵，全力做好经济发展工作，为进一步快速发展壮大创造了有利条件。

3. 晋升跨越阶段（2009—2012年）："345"战略开启转型升级征程

实行"区镇合一"管理体制后，开发区紧紧抓住有利机遇，大力弘扬"团结拼搏、负重奋进、自加压力、敢于争先"的"张家港精神",主动应对各种挑战。开发区加大基础设施建设投入,加强招商引资工作,加快新兴产业发展,加速体制机制创新,全面实施"345"战略(三新产业:新材料、新能源、新装备;四个新城:城北科技城、城西生态城、城南商务城、城东文化城;五大基地:玻璃基板、现代装备、特种纺织、新型能源、科技创新)。开发区步入了转型升级、产城融合的新阶段,探索出了一系列成功经验,创造了卓越成就。2011年5月获"2011年中国最具发展潜力园区"前十强。

2011年9月25日,张家港经济开发区又迎来一个历史性的转折,经国务院批准成功升级为国家级经济技术开发区,并更名为"张家港经济技术开发区",全面享受国家级经济技术开发区的各项优惠政策,为其创新利用外资方式、优化利用外资结构、着力提高开发开放水平创造了新的条件。

这一阶段经济发展呈现以下几个特点:

一是现代产业集群强势崛起。升级为国家级经济技术开发区后,开发区进一步转变发展方式,加快推进产业转型升级,大力推动主导产业向高端化转型,新兴产业向规模化集聚,科技成果向产业化发展,全区重点打造智能装备(机器人)、绿色能源和照明、智能电网、芯片等六大产业集群,初步形成了以机械装备、绿色能源、特种纺织等制造业为支撑,以商贸物流、服务外包、软件动漫等现代服务业为特色的现代产业体系。

在招商引资方面,继续坚持招强选优。以基地型、旗舰型、规模型项目为目标,主攻世界500强企业和世界行业龙头,先后吸引了美国马尼托瓦克、德国西马克、日本那智不二越等世界500强企业和一大批世界著名企业落户。区内拥有亚洲最大的帘子布生产基地——江苏骏马集团有限责任公司,全国纺织行业前五强企业——澳洋集团有限公司,核电装备制造领域的新锐——苏州海陆重工股份有限公司,全国LNG产业和再制造的龙头企业——张家港富瑞特种装备股份有限公司,国内第二大LED外延片、芯片生产企业——华灿光电(苏州)有限公司等标杆企业。

在转型升级方面,重点推动新兴产业向规模化集聚,逐步形成了再制造产业基地、机器人产业园、光伏产业示范基地,以及现代装备制造产业园等产业载体。其中,再制造产业基地有富瑞特种装备公司等企业,初步形成了以汽车发动机再制造为主,冶金设备、精密切削工具和水泵再制造为辅的产品体系,在全国、全行业具有一定的引领和示范作用。张家港机器人产业园拥有日本那智不二越、英国伊萨焊接、先锋自动化机械、港星方能超声科技等多家国内外知名机器人及部件生产企业入驻。电力电子产业是张家港经济技术开发区新兴产业中的支柱产业,华灿光电和能华微电子是开发区电力电子产业中的佼佼者,也是开发区多年重视电力电子产业发展的成果。

二是着力打造开发开放先导区。在进一步拓宽开放领域的同时,开发区更加注重形成与国际接轨的管理体制和运行机制;在引进境外资金、技术的同时,更加注重拓展新的合作发展空间,积极促进开放型经济的转型升级和协调发展。随着开发区经济国际化进程的日益加快,一大批国际著名大公司纷纷至开发区投资兴业,诸如全球最大的起重设备生产商之一的美国马尼托瓦克集团、世界精密轴承生产前三强企业日本精工株式会社、日本著名精密机械公司不二越株式会社、世界最大的精纺毛纱公司德国南方毛业、意大利康维明工程薄膜(张家港)有限公司、世界500强企业韩国现代汽车,等等。至2012年年末,全区累计引进外资及港澳台资企业320余家,其中世界500强企业19家,累计利用外资及港澳台资超过30亿美元。

三是着力打造科技创新示范区。开发区大力实施创新驱动人才战略,区内高层次人才集聚度和影响力不断提升。至2012年年末,区内拥有各级、各类专业技术人员3万余名。其中自主培育国家"千人计划"人才3名,柔性引进国家"千人计划"人才15名,江苏省"双创"人才14名,苏州"姑苏"领军人才12名,张家港市领军型创新创业人才67名。"培育和引进一个人才,带出一个团队,成就一个企业"的例子在开发区举不胜举。2011年,开发区自主培育的国家"千人计划"特聘人才、海外归国博士陶军华,在区内成功创办苏州迈泰生物技术有限公司和苏州汉酶生物技术有限公司。苏州汉酶生物技术有限公司被评为全国"最具成长潜力的留学人员创业企业"。

科技创新需要人才的智力支撑,吸引人才需要优质的创新创业载体。至2012年,区内已建成国家高新技术创业服务中心——张家港科技创业园、江苏省科技企业孵化器——沙洲湖科技创业园、海外人才中国创业示范基地——华东国际技术创新园等多个优质载体,吸引国内著

▲ 沙洲湖科技创业园

名高校和科研院所至区内设立科研机构,并通过"政府搭台、企业唱戏"的方式,大力推进"学科链、技术链、产业链"与企业无缝对接,帮助企业进行技术攻关,解决技术难题,促进科技成果转化。

四是着力发展循环经济生态区。在引进项目过程中,实行严格的环保准入制,在现有企业中,坚定不移地淘汰落后产能。2008—2012年,全区共关停并转落后产能企业185家,"腾笼换凤"盘活土地2.33平方千米,近百个不符合相关规定的项目被环保"第一审批权"一票否决。同时,开发区还建立了完善高效的环保监管体系,全区导入了安全工作应急机制。区内所有"三废"排放企业均设有收集或处理装置,重点排污单位全部安装在线监测设施。在尊重自然、顺应自然、保护自然的理念引领下,开发区严守"生态红线",加强生态修复,织出了一张遍布城乡的生态保护网。

2010年以来,由于开发区在大开发、大建设、大发展中取得显著业绩,在全国开发区中不断进位,成为全市学习赶超的标兵。为此,张家港市委市政府号召全市开展"学赶大杨舍、激发新动力、争当排头兵"活动,港城大地掀起了新一轮比学赶超的热潮。

4. 高质量发展阶段(2013—2019年):新兴产业强势崛起、新旧动能加速转换

党的十八大以来,开发区秉持科技、绿色、智能等新发展理念,进一步加大科技创新力度。张家港经济技术开发区步入高质量发展新阶段,全区逐步形成"核心技术引领、产业特色鲜明、规模企业支撑、二产三产协调发展"的生动局面,构建了具有鲜明特色和强大竞争能力的产业体系。

党的十九大以来,开发区在习近平新时代中国特色社会主义思想指引下,加速推进高质量发展进程,制订《提振精气神·开启新征程——区(镇)三年行动计划》,提出了"'张家港精神'最足、改革创新最活、经济质态最优、动能转换最快、城乡统筹最强、文明程度最高、群众获得最多、干部面貌最佳"的"八个最"目标愿景,力求打造一支特别肯吃苦、特别能战斗、特别懂创新、特别讲奉献、特别守纪律、最具新时代"张家港精神"特质的干部队伍。为加快新旧动能转换,开发区出台"高质量发展十五条",每年安排1亿元引导资金,聚焦"产出效益、结构优化、科技创新、开放合作、绿色生态"等经济高质量发展重点要求,放大杠杆效应,加快升级步伐。在深化改革方面,主动对接国家级开发区全链审批赋权,积极探索行政执法向基层延伸。提升"网格化、智能化"水平、"五统一、两提升"标准,推动管理重心下移、服务关口前移。

这一阶段开发区的建设发展呈现出以下新特点:

一是形成"一镇两区"管理新体制。自2017年张家港高新区获批,原来的"区镇合一"的体制成为"一镇两区"新体制,在"四不变一共享"的发展框架下,"一镇两区"深度融合,同步发展。在全省25家在高新区(筹)中,张家港高新区率先去筹,正式成为省级高新区,全省排名累计前进11位。虽然高新区在2020年再一次调整归属,但其在短短三年时间里为开发区的高质量发展发挥了巨大的作用,先后成功举办了宽禁带大会、第三代半导体产业技术创新发展大会等具有影响力的重大活动,在创新发展、人才集聚、平台建设、产城融合等方面取得了开拓性、引领性的成绩。同时,高新区还加速了城北智慧科技城的发展壮大,为推动整个城北区域开发建设注入了强劲功能。

二是新兴产业快速集聚,新旧动能加速转换。2013年以来,开发区重点发展智能装备(机器人)、节能环保、再制造、智能电网、芯片制造和汽车零部件等六大新兴产业。2018年,开发区招商引资工作获得历史性重大突破,由中德两国领导人见证、总投资达51亿元人民币的长城宝马光束汽车项目落户张家港高新区,引起世界关注。2018年

▲ 长城宝马光束汽车项目效果图

8月13日,张家港市人民政府与长城汽车股份有限公司签署整车合资项目投资协议,2019年项目建设正式启动。

经过连续多年的转型升级,开发区实现由传统产业向现代产业的华丽转身,到2019年年末,全区新兴产业产值占规上工业产值比重达到70%。

三是技术创新体系日益完善,科技引领功能不断增强。开发区依托坚实的产业基础,实施创新驱动战略,引进各类专业人才,集聚创新资源要素,加快载体平台建设,全面构建"政府推动、市场驱动、企业主动"的创新体制机制,累计建成超百万平方米的"双创"载体。2014年,张家港科创园三期启动,获评省级中小企业五星级公共服务平台和小企业创业示范基地。同时,建成综合性科技创新创业园区沙洲湖科创园,集孵化培育、技术研发、成果转化为一体,先后成功引进清华大学、哈尔滨工业大学、西北工业大学、南京理工大学等国内一流高校研究院,建办智能电力、锂电、机器人、3D打印等自主研发生产中心,并承担培育高新技术企业、国家"千人计划"人才、省"双创"人才、姑苏领军人才、市领军型创新创业团队的重任。

四是更加重视绿色制造,创建生态开发区。开发区于2012年年初启动国家生态工业示范园区创建工作,2013年6月建设规划经修编后报环保部预审。规划以打造"新兴产业集聚地、生态工业典范区"为目标，以科技创新为支撑，以发展低碳经济进行生态化改造为途径，明确"建设国家生态工业示范园区"的总体目标。为了实现这一目标，开发区实施产业升级与生态工业、基础设施、能源集成、水资源集成、环境管理和生态文化等六大工程，从2012年开始加大"腾笼换凤"力度，先后淘汰低端低能效落后企业127家，腾退土地0.64平方千米，实施节能减排项目24个，淘汰落后用能设备104台（套），全区有7家企业列入国家"万家企业节能低碳行动"。开发区于2013年获批省级生态工业园区，2014年12月1日获环保部、商务部、科技部批准建设国家生态示范工业园区，2018年获评国家级绿色园区。

五是现代服务业快速崛起，新经济、新业态、新模式蓬勃发展。党的十八大以来，开发区按照高质量发展的要求，加快现代服务业发展步伐，重点发展国际商贸、服务外包、软件动漫、研发平台、总部经济等。2012年以来先后建成软件（动漫）产业园、沙洲湖科创园两大现代服务业载体。其中软件（动漫）产业园包括国泰金融广场、爱康大厦、如意通大厦、华东国际大厦、未来比茨科创大厦、银河龙芯科技大厦等主体项目。截至2019年，全区拥有现代服务企业近400家，其中，入选中国服务业企业500强2家。

（二）辉煌成就

经过27年的发展，开发区实现从无到有、从小到大、从弱到强、从单一开发区到产城融合的壮美嬗变，走出了一条快速高效、可持续发展之路，取得辉煌的发展成就。

构筑了一方现代产业高地。开发区自1993年设立以来，因其招商引资的巨大成就，持续成为全市招商引资的主阵地、经济发展的强引擎。在成立后短短10年便取得巨大成就，到2002年就引进200多家企业，年均引进20多家。

2003年开始，张家港经济技术开发区调整发展思路，招商引资转向招商选资，着力引进、培育支柱产业和规模型企业，基本形成了纺织化纤、冶金、金属制品、轻工、机械、化工、食品、汽配八大支柱产业。2011年跻身为国家级开发区以来，大力推动主导产业向高端化转型，新兴产业向规模化集聚，科技成果向产业化发展，重点打造LED、太阳能、机器人、绿色能源、高端装备等新兴产业集群。

截至2019年年底，开发区拥有28 930家企业，其中规上工业企业440家，世界500强投资企业20家，上市公司11家，国家级高新技术企业224家，2019年实现地区生产总值960.84亿元、财政收入208.22亿元。更可贵的是，张家港经济技术开发区运行质量十分优良，是全国国家级开发区中负债率最低的开发区之一，同时也是税收贡献率较高的开发区之一。

建设一批产业示范基地（园区）。 27年来，开发区通过打造专业化制造基地，拉长产业链，形成产业集群。2012年以来，先后获批国家级新型工业化产业示范基地、再制造产业示范基地、国家循环化改造示范试点园区、国家火炬张家港节能环保装备特色产业化基地；张家港机器人产业园被列为"国家重点支持建设园区"；光电产业建成了较为完善的产业链，获批中国光伏产业示范基地。

加强产学研协同发展，先后获批国家级中国产学研合作创新示范基地、张家港国际科技合作基地、国家知识产权示范园区，省信息化与工业化融合示范区、省再制造与智能制造产业产学研协同创新基地。沙洲湖科创园获批国家级科技企业孵化器，张家港软件动漫产业园获评国家影视网络动漫实验园，智能电力研究院获批省级技术产业研究院。

现代服务业是开发区重点发展的新兴产业之一，包括现代物流、软件研发、服务外包、文化创意、电子商务等。2012年张家港软件（动漫）产业园被批准为"国家影视网络动漫实验园"。

培育、引进一批著名科研机构、人才。 多年来，开发区坚持科技领航、人才强区，全力打造科技创新示范区，推动经济发展由要素驱动向创新驱动转变。区内先后建成国家高新技术创业服务中心——张家港科技创业园、江苏省科技企业孵化器——沙洲湖科技创业园、海外人才中国创业示范基地——华东国际技术创新园等多个优质创新创业载体，吸引国内多家著名高校和科研院所至区内设立科研机构，如清华大学张家港智能电力研究院、清华大学江苏华东锂电技术研究院、北京大学科技成果转移中心、南京理工大学张家港工业技术研究院、苏州大学张家港工业技术研究院等。截至2019年年底，开发区先后与中外100多家科研机构建立产学研合作关系，建成院士工作站8个、研究生工作站122个、博士后工作站25个；拥有人才总量突破1万名，其中自主培育国家级领军人才12名，省"双创"人才62名，涵盖生物医药、环保、新能源、新材料、电子信息、智能装备、智能电网等众多领域。

目前，开发区自主创新成效显著，拥有国家高新技术企业226家，承担省级以上科技项目239项，其中国家863计划4项，并获批国家知识产权试点园区、中国最具创新力园区前十强。

27年栉风沐雨，从起步区0.55平方千米到目前"一镇两区"153平方千米，从单一工业加工区到目前的城北科教新城、城西生态新城、城南商务新城、城东文化新城"四大新城"，从创办初期的传统产业到目前新能源、新装备、新材料、现代服务业等新兴产业，从开发区独立运作到"区镇合一"的管理体制，张家港经济技术开发区在全体干群拼搏、奋进、创新中扩张、裂变，走过了一条超常规、跨越式、可持续发展之路，创造了无愧于时代的骄人业绩！

助力主城区的扩张与升级。 多年来，开发区与杨舍镇实行"区镇合一"的管理体制，走出了"以产助城、产城融合"的发展之路，使张家港主城区规模随着开发区的壮大而不断扩张、城市品质不断提升。原张家港市老城区面积较小，随着新兴产业的导入和集聚，在城南暨南湖畔，现代服务业的集聚催生了张家港市城南商务新城；在城北沙洲湖畔，高校、科研院所的集聚催生了张家港市城北科教新城；在城西，则规划建设了以生态、居住、商业为主的城西新区；在城东，规划建设了文化新城。目前，张家港主城区面积达 153 平方千米，比 1993 年开发区成立时扩大了 278 倍。

二、张家港经济技术开发区发展的实践特色和经验启示

开发区成立 27 年来，坚持开拓创新、不断探索、大胆实践，呈现出许多特色亮点，并创造了经济高速发展和高质量发展的宝贵经验。

（一）实践特色：大胆探索创新，闯出特色发展之路

富有前瞻性的规划定位，引领开发区始终走在全国开发区前列。张家港建办开发区相对较晚，但能够后来居上，多年来牢牢占据全国县级国家级经济技术开发区第二名，一个重要的原因是有着超前的眼光和规划定位。1993 年开发区白手起家时，即提出"90 年代起步、50 年不落后"的目标定位，高起点规划建设。进入 21 世纪，在招商引资刚刚取得突破、经济刚刚起步之时，开发区就明确了新技术、新能源、新材料的新兴产业定位，并在招商时设置门槛，实行招商选资，重点瞄准世界 500 强企业和产业关联度高、行业带动性强的旗舰型项目企业。

2011 年，张家港经济开发区跻身国家级开发区行列后，站在全球产技前沿不断提高产业层次，规划了化合物半导体、新能源、光电等新兴产业，在招商引资方面围绕新兴产业集群招大引强、强链补链，坚持这一产业定位和发展目标决不动摇。通过久久为功的不懈努力，近几年

收到明显成效，包括宝马光束在内的一个个大项目、优质项目快速落地，呈现了新兴产业加速集聚的良好局面。

多元化的招商模式，成为开发区快速崛起的重要保障。开发区作为张家港对外开放的主战场、主阵地，其招商引资工作至关重要，这也是开发区发展的关键。20多年来，开发区在招商理念、方法和路径上，随着宏观形势的变化和自身的发展壮大，不断创新思维和模式，使招商工作始终保持良好的态势。开发区成立于邓小平同志南方谈话之后，彼时中国正掀起新一轮改革开放热潮。鉴于这样的宏观形势，区领导及时提出"内外并举"的招商思路。在初创阶段，开发区的发展是粗放式的，招商引资方法也十分简单，采取蹲守、紧盯等原始方法。对招引的项目也没有设立门槛，"捡到篮子里就是菜"。这种方法在当时开发区处于一张白纸、从零开始的情况下，是行之有效的。正是快速有效的招商，使开发区经济迅速起步，有了初步积累。

随着外资的增多，开发区探索出"以外引外"的招商方式。在利用外资方面，鉴于外商与外商之间相互信任度高，由他们牵线搭桥项目成功的概率就会大大提高，招商部门探索出"以外引外"和产业链招商的新举措，大大提高招商成功率，不断提高外资利用水平。1994年，开发区在同国际著名的法国霞日纺织公司合资万吨毛条项目时，通过外方老板介绍结识了德国南方毛条公司老板克劳斯父子，开发区招商人员主动提供招商材料，并不断跟踪访问，最终德国南方毛条公司在开发区建办了投资2 500万美元的企业。此后，克劳斯在张家港期间被这里高效的工作和良好的投资环境所感动，又先后介绍多家当地企业来张家港投资兴业。为了做好"以外引外"工作，招商人员对区内合资企业或者有业务往来企业一一排队，特别是对跨国公司一一登门访问，请他们提供信息或推荐企业来张家港投资，形成了办好一个、引进一批、形成一片的良好效应。

进入21世纪，随着中国加入世界贸易组织，张家港经济技术开发区进一步调整招商思路，于2003年4月提出"以外为主，内外并举，加速发展"的方针。开发区招商部门面对国内外客商纷至沓来的良好局面，适时调整招商引资方针，在项目的引进上逐步实现从广泛的"招商引资"向有针对性的"招商选资"转变，加强了对项目的论证、评审和筛选，注重项目的投资规模、科技含量、产出效益和生态影响，主要锁定世界500强企业，深入研究世界500强企业的投资意向，做好大项目的前期论证和考察，增强投资密度，提高土地集约利用水平。同时瞄准世界行业领先企业、著名企业，实施"招大"，不断引进带动性强、发展前景好的基地型、旗舰型、龙头型项目，形成大项目集聚、集群发展。

2011年开发区跻身国家级经济技术开发区后，在招商思路和模式上进一步转变，随着新兴产业集聚度的增强，产业链招商成为重要的方法。

2017年党的十九大召开后，开发区步入高质量发展新阶段，在招商模式上再次创新，在招商引资模式上，引进基金公司，通过高科技项目吸引产业资本，实现金融与产业的高度融合，闯出了一条资本招商的新路，促进一个个大项目、好项目纷纷落地，从而开启了招商引资的新局面，仅2017年就引进7家世界500强企业。

与时俱进的管理体制。成立初期，开发区在不断发展壮大过程中也遇到一些新问题、新阻碍，诸如与周边镇存在重复建设、资源争夺、发展失衡等问题。开发区是对外开放窗口，是经济体，属于城市型产业基地；而周边镇则属于农村地区产业和综合服务中心，两者各自为政，很难协调，特别是涉及拆迁问题，往往产生矛盾，容易导致城乡分割，不利于城乡融合发展。张家港市委、市政府为了做大开发区，提出"举全市之力支持'两区两园'建设"的战略决策，加快实现打造若干个千亿级产业基地的发展目标，而开发区与杨舍镇各自为政，显然不利于同步发展。张家港市委、市政府及时发现这些问题，2008年9月，经省政府批准,对张家港经济开发区和杨舍镇实行管理体制调整,调整的主要内容为:保留张家港经济开发区和杨舍镇建制,实行区、镇合署办公,由张家港经济开发区党工委、管委会对区镇实施统一领导和管理。开发区重点负责区、镇的组织人事、规划审批、经济发展和财税宏观管理等,杨舍镇重点负责区、镇的社会公共事业管理、农村工作等。2009年10月,开发区党政机关各局(室)及杨舍镇党政机关各科室搬迁至国泰南路9号新大楼,正式实行合署办公。

2012年7月,张家港市委、市政府根据苏州市编制委员会《关于印发〈张家港经济技术开发区党工委、管委会主要职责、内设机构和人员编制规定〉的通知》,为进一步深化改革,理顺区、镇的管理体制,党政领导干部、机关工作人员在各局、室相互交叉任职、兼职,实现了真正意义上的"区镇合一、合署办公、一体化管理"。

"区镇合一"的管理体制使开发区与镇优势互补,有利于加快城乡融合发展,有利于实现以产业促进城市发展、以城市发展带动产业壮大升级的良性互动。正是通过不断创新,开发区的管理体制机制始终符合生产力发展要求,始终保持强大的发展活力。

产城融合的发展模式。进入21世纪,在经济社会转型的大背景下,单一的开发区产业发展模式遇到瓶颈。产业没有城市依托,即便再高端也只能"空转";城市没有产业支撑,即便再漂亮也就是"空城"。城市发展应寻求与产业的匹配。开发区领导敏锐意识到这个问题,在实行"区镇合一"的管理体制后,立即走上产城融合发展的新道路。

2010年11月,开发区提出建设"四大新城",以新城建设来承载和带动产业升级,这四大新城分别是城南商务新城、城北科教新城、城西生态新城和城东文化新城。其中,城南商务新城建设目标是成为区域最具创新力和影响力的智慧新城、最具活力和人气的精品新城。城北科教新城建设目标是打造集"生态居住、科技服务、商业休闲、商务办公"等功能为一体的新区。

2010年以来,城南商务新城先后建起软件动漫产业园、新城吾悦国际时尚广场、九洲家居广场、百信生活广场、红星美凯龙、麦德龙等现代服务企业。其中总投资50亿元的软件（动漫）产业园主要发展总部经济、软件研发、文化创意产业等。

与城南商务新城遥相呼应的是城北科教新城,拥有江苏科技大学苏州理工学院、沙洲工学院等高校;有开发区"最强大脑"——沙洲湖科创园,园区拥有清华大学张家港智能电力研究院、清华大学江苏华东锂电技术研究院、哈尔滨工业大学张家港智能化装备及新材料技术产业化研究院、西北工业大学张家港智能装备技术产业化研究院等,未来将重点引进国家级和省级检验检测机构、高新技术研发和成果转移机构及高新技术孵化企业,使其成为"企业研发总部基地、海内外高层次人才创新创业基地、高等院校和科研院所产业技术转移基地"。2019年,城北科教新城再一次发力,"张家港智慧科学城"项目全面启动。这个项目是开发区与中国金茂联手打造的产城融合项目,总投资约300亿元,总面积约11.36平方千米。整个项目立足高端定位、精品路线,主打绿色生态、时尚轻奢,着力打造宜居、宜业、宜学、宜游的现代化高科技城区。

（二）经验启示

始终保持解放思想的勇气和改革开放的锐气。改革是发展的最强驱动力。27年来,张家港经济技术开发区领导班子勇于改革、善于改革,始终坚持用改革来破解发展难题、激发动力、推动经济社会的跨越发展。在管理体制上通过改革不断探索新模式,从过去开发区"孤军奋战"到2008年开始实施开发区和杨舍镇"区镇合一",不仅为这方热土拓展了发展空间,同时也破解了各自为政的弊端,增创了发展新优势。

在不断深化改革的同时，坚持发展开放型经济，在全球范围内开展招商引资，着力打造开发开放先导区，构筑全市对外开放新高地。进入21世纪，开发区积极适应经济全球化的新形势，以世界目光、全球视野来定位开发区的未来，更加注重结构调整和质态提升；在进一步拓宽开放领域的同时，更加注重形成与国际接轨的管理体制和运行机制；在引进境外资金、技术的同时，更加注重拓展新的合作发展空间，积极促进开放型经济的转型升级和协调发展。随着全区经济国际化进程的日益加快，一大批国际著名大公司纷纷至这里投资兴业。

党的十八大以后，开发区的对外开放有了新的特点，从过去的招商引资到鼓励企业走向全球，重点布局"一带一路"沿线国家，充分利用国内国际两个市场、两种资源，在世界范围内配置资源。几年来，开发区发挥江苏东渡集团在全球许多国家的制造业基地的桥梁纽带作用，支持更多企业到国外设立分厂车间，实现企业由加工贸易向对外协作配套转型。

始终弘扬敢拼敢抢、勇争一流的"张家港精神"。开发区所在地杨舍镇是"张家港精神"的发祥地。27年间，区领导班子成员更迭，但"张家港精神"这面鲜亮的旗帜始终高高飘扬。"团结拼搏、负重奋进、自加压力、敢于争先"成为开发区争先领先的动力之源和制胜之道。27年来，每一次主要领导更替，一项重要的工作就是召开大力弘扬"张家港精神"动员大会，不断激发拼搏奋进、干事创新动力。据统计，自2000年以来，全区先后召开6次以弘扬"张家港精神"为主题的区镇干部大会。

"争先、率先、领先"，是"张家港精神"的重要特质之一。开发区成立之初，在目标设定上坚持高起点定位、高标准规划，以国内一流开发区作为发展目标。根据特定的地理位置和城市总体规划的要求，借鉴周边县（市）开发区建设的经验，张家港市委、市政府要求以"90年代起步，50年不落后"的目标确定开发区的发展方针，力求将经济开发区建成全市高新技术产业密集区、保税区工业出口加工配套区和现代化的新城区。27年来,这一目标定位引领开发区不断迈向更大、更强、更高、更新。

"敢拼敢抢、负重奋进"是"张家港精神"之魂。开发区的干部用27年如一日的执着、拼搏诠释了张家港精神的真谛,他们充分发扬"四千四万"的拼搏精神,展现了特别能吃苦、特别能奉献的优良品格。在引进第一家外商投资企业的过程中,招商人员为了找到客商,从张家港追到上海,在不知道客商住地的情况下开着车一家家宾馆寻找,以至于磨破了一条车轮胎,在得知客商已到广州后又马不停蹄追了过去,费尽周折最终找到客商。客商被张家港人的诚心所感动,决定到张家港经济开发区建办一家中外合资企业。20多年来,这家企业不断发展壮大,目前已成为区内重要骨干企业。

日本加特可自动变速箱项目是开发区2018年的重点项目之一,作

▲ 加特可(苏州)自动变速箱有限公司

为世界三大变速箱生产商之一,全球一半的无级变速器都是由加特可生产。依靠领先的技术优势,该企业已经成为日产、三菱、铃木、雷诺等全球知名汽车企业的供应商。张家港工厂是加特可公司在中国的第二个工厂。为了引进这个全球变速箱行业龙头项目,开发区招商人员紧紧盯了6年,大家齐心协力、上下一心,铆足一股劲、拧成一根绳,经过长期坚持不懈地"奋战",最终成功拿下这个重大项目。由中德领导人见证的长城宝马光束汽车项目曾是国内各地都在争取的项目,竞争十分激烈,开发区凭借科学的工作方法和坚韧不拔的意志,在激烈的竞争中争得这个项目,在中国乃至全球都产生较大的影响。

始终营造一流的营商环境。开发区在创办初期就十分重视企业的服务工作,选派工作组对区内企业一一走访,了解需求,现场解决问题。多年来开发区一直秉持"服务项目、服务企业、服务客商"的观念,严格"一书两证"(项目选址意见书、建设项目用地许可证、建设工程规划许可证)发放制度,成立规划审批窗口和外商投资企业服务中心,开设服务电子信箱和服务热线,制作企业服务联系卡。开发区创办初期对注册外资超500万美元的企业和总投资超500万元的内资企业,采取召开业主座谈会、委托专人负责或成立专门工作小组等方式,全过程跟踪服务,帮助企业解决通电、通水等具体问题,使企业尽早开工建设。

2019年9月,开发区在提升营商环境上又有大手笔——投资1亿元建设政务服务中心,打造一个布局合理、功能齐备、交通便捷、环境优美、节能化的现代政务服务平台。该中心作为推动营商环境更加便捷、高效、优质的有力载体,集行政审批、行政服务和网格化社会治理指挥调度于一体,把分散在多地的各项政务服务集中到一起,为区镇群众提供更加便捷、更加多元、更加优质的服务,提高效率和水平,打通服务群众"最后一公里",解决群众"办事难""办事慢"的问题。

良好的营商环境不仅能促进招商引资,同时还产生二次招商的良好效果，一些企业入驻后得益于良好的营商环境而不断增资扩股，如采埃孚连续增资扩股，规模不断扩大。

始终秉持绿色发展理念。与一些开发区"先发展后治理"思路不同，张家港经济技术开发区始终践行"绿水青山就是金山银山"的理念，一直把优化环境放在关键环节，由单纯的工业开发模式向新型科技生态功能园区转变，围绕建设国家生态工业示范园区和国家级新型工业化产业示范基地，大力发展循环经济和资源再利用产业，实现环境和经济的良性互动和共赢发展。2010年以来，开发区加速推进"腾笼换凤"，以铁的手腕淘汰落后产能，仅在"十二五"期间就关停了澳洋和金柳两个热电厂、东莱和塘市两个印染小区，5年累计淘汰落后企业228家，"腾笼换凤"土地超3平方千米，实施节能技改项目64个，万元地区生产总值能耗下降50%，新增清洁生产企业48家，减排COD（化学需氧量）3 385吨、二氧化硫1 603吨、氨氮512吨，获批省生态工业园区。2014年3月，国家生态工业示范园区建设领导小组办公室同意通过《张家港经济技术开发区国家生态工业示范园区建设规划》。

三、张家港经济技术开发区发展愿景展望

站在"两个一百年"的历史交汇点，苏州全市上下正奋力夺取高水平全面建成小康社会的"决定性胜利"，开启全面建设社会主义现代化国家的新征程。长三角一体化发展、苏州自贸片区的加速推进、张家港三铁交汇等一系列重大利好都为张家港经济技术开发区带来千载难逢的发展机遇。作为张家港市的开放主阵地、现代化建设先行军，开发区将大力弘扬"张家港精神"，一如既往坚持"争先、率先、领先"的发展需求，确保走在高质量发展前列和"强富美高新江苏"前列。

（一）未来目标定位

面对区域竞争愈加激烈、各开发区千帆竞发的赶超态势，地处"张家港精神"发祥地的开发区将锚定"八个最"，阔步迈向国内一流开发区。在未来一个时期的发展中，将以奋力赶超为使命，以深化改革为动力，动员全体党员干部，自觉肩负新时代的历史重任，不忘初心再出发，牢记使命勇担当，思想再解放、改革再出发、目标再攀高，再创一个激情燃烧、干事创业的火红年代，以新面貌新作为新业绩，谱写高质量发展新篇章，努力实现"八个最"的目标。

（二）产业空间布局

根据未来的发展目标，开发区在产业规划上确立了"三园三城"新格局，"三园"为化合物半导体产业园、氢能产业园、光电及智能产业园，"三城"为新能源汽车城、智慧科学城、文明示范城。

化合物半导体产业园： 位于主城区西北部，规划占地面积6.6平方千米。近年来，开发区着力打造LED、磁传感、化合物半导体、功率半导体等四大类半导体特色产业集群。同时与中科院清华大学上海集成电路技术与产业促进中心、第三代半导体产业技术创新战略联盟、中国宽禁带功率半导体及应用产业联盟等行业知名机构已达成深度合作，"世界半导体之都"雏形初现。目前，在化合物半导体领域已经自主培养国家千人计划专家7名。产业园建成后，计划三年内再引进国际国内化合物半导体和集成电路领军企业与人才企业50家，专业人才800名。以中科院张家港纳米产业园建设为核心，着力打造全球领先的化合物半导体协同创新平台，构建完善的协同创新"生态圈"，打造一个国际国内具有较高知名度和影响力的化合物半导体和集成电路产业基地，积极培育具有标杆性的产业"高原"和企业"高峰"，终极目标是参与解决中国"卡脖子"尖端产品——芯片。

氢能产业园：位于主城区东南，规划占地10.1平方千米。近几年来，张家港市把氢能产业作为一个重要的新兴产业来规划发展，致力于打造全国重要的氢港。为此，张家港市规划了"一核、四区、多点"的氢能产业空间布局，开发区便是其中的"一核"。目前开发区已集聚了涉氢企业20余家，基本覆盖了制氢（氢源）、氢气储运、氢燃料电池电堆及系统、燃料电池大巴及加氢站等氢能产业关键环节，并建有2个加氢站和5个氢能产业研究院。未来氢能产业园将主要承载氢能技术研发、检测服务，氢能装备制造、氢燃料电池及汽车制造、氢能应用示范等。

光电及智能产业园：位于主城区东南，规划占地面积15.3平方千米。接下来开发区将以腾讯云为龙头，围绕新经济和智能制造产业链，建强高端平台载体；以7.5万平方米纳米产业园为核心，聚焦"5G通信、智能驾驶、智慧物联"，建设国家火炬化合物半导体特色产业基地；以7.5千米南横套为廊道，聚焦"人工智能、大数据、云计算"，打造长三角有影响力的新经济走廊。

新能源汽车城：位于主城区北部，规划占地面积7.8平方千米。以宝马光束汽车项目为核心，拓展产业链，重点建设长城汽车零部件制造基地。

智慧科学城：位于张家港主城北部沙洲湖畔，规划占地面积20.1平方千米，是张家港创新发展的引领区和高端要素的集聚地，也是张家港着力打造的未来核心区域。该项目是与全国一流的城市运营商中国金茂联手打造的张家港版"浦东新区"，将成为央企与地方政府深度合作的成功典范、全国产城融合标杆。根据项目规划，南区重点建设沙洲湖中央商务区，内容包括高端智能摩天大楼、高端国际连锁酒店、高端城市商业综合体、高端国际品质社区；北区重点建设南横套生态廊道，内容包括对南横套河进行拓宽改造、生态再造，精心打造"沙洲之眼"等 8 个景区功能板块，沿线布局创新创业、国际学校、高端医疗、商务服务等各种新模式、新业态。整个项目立足高端定位、精品路线，主打绿色生态、时尚轻奢。未来这里将成为宜居、宜业、宜学、宜游的现代化高科技城区。

文明示范城： 以目前的主城区为主体，规划占地面积 49.4 平方千米。这里不仅是整个城市的核心区，更是创建文明城市的主阵地，展示张家港文明城市形象的主窗口。

（二）方法、路径

增加产业用地，扩大发展空间。 目前，在与杨舍镇"区镇合一"的管理体制下，开发区全域总面积为 158.09 平方千米，其中城市建设用地为 102.20 平方千米。从产业空间规划来看，工业用地面积为 16.87 平方千米，占城市建设用地的 16.51%，而国标范围为 15%—30%。开发区的规划工业用地占比基本处于国标下限，明显偏低。鉴于这一情况，开发区在布局未来的产业空间规划时，计划在现有产业空间布局规划的基础上，适当向周边扩张，增加 7.7 平方千米的城市规划区，使未来城市规划区面积达到 119.9 平方千米，并构建"三园三城"新的产业空间布局。

按照"三园三城"的格局，未来开发区规划工业用地面积将从目前的 16.87 平方千米增加到 24.1 平方千米，占城市建设用地的比例将从目前的 16.51% 提高到 21.93%，而居住、商业、办公及相关配套设施用地面积占比将从 83.49% 降低至 78.07%。通过提升规划工业用地占比，进一步为实体经济发展创造有利条件。

打造更高层次创新平台。 围绕新基建风口，借力腾讯工业云，开发区将加快布局 5G、物联网、人工智能等领域，招引高端项目和人才，加快推进总投资110亿元的5G和创新中心，打造50万平方米创新走廊。开发区按照"国家创新型县市主阵地、策源地"定位，坚持化危为机，探索路径，创新引领高质量发展。

进一步招大引强，推动一批旗舰型大项目落地。目前已经储备的项目包括投资11亿美元的偏光片、投资50亿元人民币的长城汽车零部件等。下一阶段开发区将加大力度，力争早日签约落地，早日开工建设。开发区"双创"载体的打造也在同步推进中。

强化工业服务业的发展，为高端制造业提供良好的配套服务。开发区专门在城区西部疏港高速公路东侧规划了面积约为0.86平方千米的2.5产业园，用于发展现代服务业等产业。

加快体制机制创新，探索建立与经济发展相适应的去行政化管理体制。经济基础决定上层建筑，上层建筑又反作用于经济基础。开发区创办初期，根据当时的形势和政策，建立了纯粹的经济开发区的发展模式。随着经济规模的扩大，这种"单打独斗"式的管理体制机制渐渐显现出诸多弊端。为破解这一难题，2008年张家港市委市政府决定，把张家港经济开发区和杨舍镇合并，实行"区镇合一"的管理体制，由开发区负责经济建设工作，而行政管理职能则由镇承担。这一新的管理体制为开发区快速发展提供了更加宽松的环境和广阔的空间。经过10多年的发展，"区镇合一"的管理体制虽然为开发区建设发挥了重要作用，但行政色彩过于浓厚，与当前开发区改革发展不相适应。未来，开发区将探索去行政化管理新体制，以疏解社会管理负担为核心、以激活干部队伍为目标、以内部管理考核科学化高效化为手段，引进企业化的干部管理机制，由目前的行政任命制的模式，逐渐探索全员聘用制的干部管理新模式，进一步激发干部队伍干事创业的积极性。同时，在招商机制、模式上进行创新探索市场化道路，通过全面深化改革，激发新活力、再造新优势。

抢抓长三角一体化战略重大机遇。开发区将以建设区域交通枢纽和高铁新城为机遇，积极主动接受上海、南京、杭州、苏州的辐射，围绕产业协同协作发展，对区域内的产业进行补链强链，提高产业集中度和集约化水平。围绕三大主导产业，持续招引世界500强和行业标杆，尤其注重产业链精准招商。新能源汽车产业要发挥光束汽车龙头带动作用，大力招引驱动电机、动力电池、汽车电子等配套项目；化合物半导体产业要加速产业集聚，主攻LED芯片终端应用、半导体分立器件、集成电路；氢能产业继续加快布局，引进氢能装备、燃料电池、终端应用等领域的龙头项目，尽快形成地标性产业集群。

进一步优化提升营商环境。开发区将加快政务服务中心建设，力争早竣工、早投运；结合"暨阳"地域特色和文化底蕴，打响"暨时办"帮代办服务新品牌，打造更加高效快捷、优质便利的政务服务环境。针对重大项目、重点工程及其他产业投资建设项目启动"暨时办"服务，针对项目立项、建设工程规划许可证等11项行政审批事项提供"一对一"咨询、指导、协调、代办服务。未来几年里，开发区将围绕"打造全市投资首选地"，牢固树立"人人都是营商环境、个个都是区镇形象"的理念，主动作为，不遗余力，把优化营商环境工作做到极致。

大鹏一日同风起，扶摇直上九万里。开发区全体干部群众将始终坚持以习近平新时代中国特色社会主义思想为指导，始终瞄准建设全国一流国家级开发区目标不动摇，始终坚持新发展理念，始终坚持以人民为中心的发展思想，始终与时俱进弘扬"张家港精神"，思想再解放、改革再深化、开放再出发，书写开发区高质量发展新篇章！

延伸阅读

张家港经济技术开发区以实招育新机开新局
"项目引擎"轰鸣,高质量发展提速

面对复杂的经济形势,作为"张家港精神"发源地的张家港经济技术开发区,又掀起了一股火热的"项目潮",令人为之振奋。

2020年以来,总投资超10亿美元的韩国偏光片、总投资30亿元的国泰新点软件中央研究院、总投资10亿元的日本汽车环保新材料等一批"高大上"大项目纷纷签约落地,投资总额超过130亿元,其中投资额超亿元的项目达20个。翻开"项目清单",不难看出,这些项目尽显"位于产业链高端""投资规模大""推动转型发展迈上新台阶"等特点。

"实现经济高质量发展,归根结底都要落到一个个高质量项目上。"张家港经开区党工委副书记、管委会副主任、杨舍镇党委书记卢懂平表示,开发区是经济发展的重要载体,越是在外部环境错综复杂、经济下行压力加大的特殊时期,越要坚定信心,迎难而上,以高质量项目蓄积高质量发展新动能,从而为奋力夺取疫情防控和经济社会发展双胜利多做贡献。

抓项目,就是稳增长,就是谋未来。这一点,张家港经济技术开发区号得准、干得实。

此前,聚焦化合物半导体、绿色能源、智能装备三大战略性新兴产业,张家港经开区陆续引进了国家重点项目长城宝马光束汽车、全球排名前三的自动变速箱生产商加特可、全球汽车零部件领军企业采埃孚、外延芯片单体产能居全国第一的华灿光电等一批龙头企业,为经济高质

量发展锻造了一个个"能量块"。

2019年10月，张家港提出，聚焦聚力"三标杆一率先"，奋力开启又一个干事创业"火红年代"！面对新使命，张家港经济技术开发区一马当先，瞄准"三赶超""八个最"目标，挥写高质量发展新篇章。疫情发生以来，张家港经济技术开发区保持战略定力，聚精会神抓项目，全力对冲疫情带来的影响，朝着既定目标奋力前行。

3月27日，张家港经济技术开发区相关负责人与芬兰佩克集团总裁和企业亚太区总裁分别在张家港、芬兰拉赫蒂、澳大利亚悉尼三地进行了一场跨越大洋彼岸的"云"签约。该项目总投资3 000万欧元，进行智能装配式建材连接系统的研发、生产和销售。

通过微信网络会议跟外商保持紧密联系；"面对面"洽谈改为"屏对屏"洽谈；见面签约改为网上签约、快递签约……疫情期间，一系列"云"招商方式，确保了张家港经开区项目推进"不断档"，产业发展"不掉线"。

2020年一季度，张家港经济技术开发区实际利用外资2.2亿美元，同比增长240%，提前9个月完成全年任务。"我们还储备了一批投资总额超300亿元的27只强链补链项目，目前正在加速对接推进，逐个落实，确保月月有信息、月月有签约、月月有报批、月月有开工，始终抓牢招商引资的主动权。"张家港经济技术开发区招商局相关负责人说。

沉着应对，以变应变，不仅实现了项目引进"大突破"，也跑出了项目建设"加速度"。

来到全球汽车零部件龙头企业德国采埃孚集团在张家港经济技术开发区投资的第三期项目——采埃孚底盘项目建设工地，只见厂房主体建筑已基本完成，正在进行内部装修和设备安装调试，预计2020年7月上旬工程竣工。采埃孚汽车科技（张家港）有限公司总经理宋术才介

▲ 采埃孚汽车科技（张家港）有限公司

绍，该项目是采埃孚集团在张家港经开区投资的第三个超亿美元项目，主要生产汽车底盘零部件，一旦全部达产，采埃孚张家港制造基地将成为采埃孚集团在亚太区最大的生产制造基地。得益于张家港经济技术开发区的大力帮助，疫情带来的影响降到了最低。

统计显示，2020年一季度，张家港经济技术开发区实现固定资产投资46.8亿元，增长7.8%；工业投资6.6亿元，增长9.8%；新兴产业投资5.5亿元，增长18%。总投资275亿元的光束汽车、日本汽车环保材料、芬兰佩克智能建筑、韩国CTR二期等14只超亿元项目，也将于二季度全面开工。

无论是项目引进，还是项目建设，甚至是企业发展，张家港经济技术开发区始终保持韧劲，一个环节一个环节去盯，让项目早日释放出高质量发展的新动能。

走进位于上海电气集团（张家港）变压器有限公司，只见一片忙碌景象。自 2019 年年底开工以来，累计订单便达 3 亿元。"生产订单已经排到 8 月，全员加班加点还来不及生产。"公司副总经理张勇遭遇了"幸福的烦恼"。得知了企业的困难，张家港经济技术开发区一方面开放绿色通道，协助企业员工返程复工；另一方面，协助企业前往外地招聘，缓解企业生产压力。

在苏州锴威特半导体有限公司的实验室，研发人员正在对即将发布的碳化硅半导体芯片新产品进行测试。短短五年间，锴威特从当初的 4 人研发团队发展成为国内高端半导体芯片设计领域领军企业，2019 年实现营业收入 1.2 亿元。"张家港经开区提供了一系列人才、金融优惠政策，让我们在行业中站稳了脚跟。"苏州锴威特半导体有限公司总裁丁国华说。

"我们公司研发和生产基地设在了张家港，销售中心则在上海。通沪铁路即将通车，将大大节省交通成本，对企业投资布局十分有利。"说起企业的发展前景，铁歌科技有限公司国内营销总监许娴红充满信心。目前，企业正在朝着全球新型 LED 显示屏领军企业这一目标挺进。

……

"项目引擎"轰鸣，发展动能澎湃，张家港经济技术开发区正在昂首驶入高质量发展快车道！

（《新华日报》，2020 年 6 月 12 日，李仲勋、雷霆、陆洁晴）

常熟经济技术开发区

用汗水浇灌干事创业土壤
以智慧照亮区域发展前路
勇担虞城经济"主引擎"

弱者等待时机，强者创造时机。

2500多年前，孔子门下72贤中唯一的南方弟子言偃，将儒学礼乐带回家乡常熟，道启东南，文开吴会。从此，崇文重教、勤思善成的文化基因，成为一代又一代常熟人建设家乡、创造历史的不竭动力。

20世纪80年代，言偃后人创造时机、抓住时机，在常熟东北之隅走出了一条"碧溪之路"，让这座千年古城在改革开放的浪潮中闻名全国，成为"苏南模式"的重要源头。

10多年后，也是在碧溪这片解放思想、敢闯敢试的沃土上，常熟人从荒地建起、靠白手起家，以江南人的聪慧和韧性孕育出常熟第一个"国字号"开发区：常熟经济技术开发区（以下简称"经开区"）。

近30载的筚路蓝缕，几代经开区的开拓者、建设者，用汗水浇灌干事创业的土壤，以智慧照亮区域发展的前路。当年的一个江边渔港，如今已发展成一座现代化的新兴港口城市，产业基础雄厚，创新能力出众，开放力度亮眼，设施配套完备，生态环境宜居，人文气息浓郁。

如今，在经济社会综合实力上，发展能级不断提升的经开区早已跻身省内"第一方阵"，成为全省经开区科学发展综合考评中排名前五的

"五虎上将"之一。这片长江之畔的创新发展高地,正以自身的产业优势、综合实力,勇担城市经济"主引擎"的历史使命,成为常熟高质量发展之路上的经济"压舱石"、开放"探路石"、改革"试金石"。

一、常熟经济技术开发区的发展历程

"七溪流水皆通海,十里青山半入城"诉说着常熟的千年风物,十里青山滋养后人,仲雍、言偃长眠于斯;七条古河穿城而过,随扬子江水汇入东海。七溪汇流入海处,正是虞城高质量发展"主引擎"的所在地。

20世纪八九十年代,伴随着改革开放的春风,苏南地区掀起扩大改革、深化开放、大力发展外向型经济的热潮。常熟也瞄准机遇,拉开了常熟经济技术开发区的建设大幕,属于这座江南古城的开放型发展乐章由此奏响。

(一)启·起步:"摸石过河"迈开开放发展"第一步"(1992年8月—2001年7月)

1991年6月24日,为加快全市工业结构调整,提高工业发展水平,增强发展后劲,搞好配套建设,常熟成立了一个重点项目指挥部和常熟市经济技术开发区指挥部,首次提出了"开发区"这个概念。

1992年8月6日,常熟市委、市政府的一项决策打破了常熟城区东北部的沉寂——组建成立"常熟市经济技术开发区管理委员会";8月8日,常熟市经济技术开发区管委会正式成立;11月18日,经开区举行夏普办公设备、通港路等88个重点项目集中开工奠基仪式,经开区正式向海内外推出,并在之后引进了新加坡泛联集团的建港项目、印度尼西亚金鹰集团的纸业项目(芬欧汇川纸业项目前身)、香港华润集团的液化气和油品项目等一批为经开区前期发展奠定基础的重点项目。

由此,经开区从无到有,走上了白手起家、艰辛创业的道路,常熟的开发开放也进入了一个崭新的时代。

刚起步,困难显而易见。经开区建设没有现成的经验,只能"摸着石头过河"。有些人对经开区的前景心存疑虑:大量的载体建设、基础工作、道路"三通一平"都需要资金,这笔"启动资金"从哪里来?勤勉务实的常熟人不怕难,经开区班子成员也不怕难。说干就干,成立伊始便担负着在常熟主城北部"开疆辟土"扩建任务的经开区,用9年左右的时间建起了主城区北部九横八纵的区域主干道路框架,一座24平方千米、富有现代化气息的新城区初具规模。

之后,良好的载体建设和配套服务吸引了众多外资企业在这一阶段纷纷落户常熟,全市利用外资驶入了快车道。接着,常熟市委、市政府做出战略决策,提出要扬长避短,发挥优势,充分利用常熟长江岸线的有利条件,"以港兴市、建港开埠",规划建设沿江工业园区,加快建设通港路,迅速打通了城区通往港区的快速通道,从而形成了常熟全面开发开放和经开区大干快上的局面。

1993年1月6日,根据当时市委、市政府提出的"以港兴市"战略,常熟市经济技术开发区更名为常熟市沿江经济开发区。11月4日,江苏省人民政府批准常熟市沿江经济开发区成为全省首批11个省级经开区之一,并将其命名为江苏省常熟经济开发区。

1996年11月16日,国家一类对外开放口岸常熟港正式开港。从1992年到1996年的5年间,全市共批准外资企业1 000多家,总投资超过34亿美元。经开区在全市对外开放发展中的辐射带动效应日益显现。

(二)承・北上:"二次创业"跨出滨江开发"第二步"(2001年7月—2010年11月)

回顾经开区的发展历程,有两个重要的节点不得不提。第一个节点是经开区的成立,标志着常熟开发开放进入新的阶段。在这9年间,第一代经开区人搭建起了常熟城北的工业和城市框架，在沿江的一片荒芜中建起了常熟港，引进了常熟发电厂等大型项目。

第二个节点是常熟市委、市政府"退出城区，进驻港区"的重大决策，让经开区涅槃重生，为如今的区域高质量发展打下了战略基础。在这第二个9年间，经开区退城进港、"二次创业"，拉开了沿江发展的大幕，引领常熟朝着更为开放的江海城市跨步前进。

1997年亚洲金融危机以后，国际经济发展形势普遍低迷，经开区的发展空间也同样受到制约。常熟市委、市政府一直思考着"经开区的希望和未来在哪里"的紧迫问题，这不仅关系经开区的发展方向，而且影响城市整体经济发展的大计。进入21世纪时，经开区的发展空间是市区三环路以内、金沙江路以北的8平方千米范围，且这一区域的城市空间以行政、居住等功用为主体，真正可用于工业发展的空间几乎没有。在这种情况下，经开区名有开发建设功能，实则无载体依托、缺成长空间，不得不另觅出路。到了2001年，经开区面临两种选择，一种选择是继续待在城区扩展，另一种选择就是迁往常熟东北角的沿江地带。

当时，常熟港已经具有了一定的产业基础，沿江高速公路已经在建，苏通大桥建在常熟境内，这就是优势和机遇。基于对常熟沿江交通区位优势、港口资源优势、临江产业优势及人才支撑优势的科学分析，2001年7月12日，常熟市委、市政府做出了具有深远意义的决策——退出城区，进驻港区，全力发展沿江经济。经开区经济重心进行战略性大转移，开启了"移师北上"的步伐，来到"碧溪之路"的发祥地，以港口附近、苏通大桥两侧的区域作为开发主体，全面实施"沿江开发"战略。

这一招"移师北上"的妙棋，让经开区成功突破发展瓶颈，驶入了产业布局、开发开放的快车道，并逐步形成了以电力能源、钢铁建材、精细化工、高档造纸等为主的现代临港产业体系。

2001年的盛夏酷暑，经开区人一着不让地用汗水奏响沿江大开发的序曲。8月，经开区整体搬到沿江。按照规划，经开区重点开发"东区西园"。"东区"为沿江工业区，拥有优良的长江黄金水道岸线和国家一类开放口岸常熟港，苏通大桥连接苏嘉杭高速公路从区内穿越而过，苏嘉杭、沿江两条高速公路在区内交汇，形成了沿江工业区独特的大交通、大港口的资源优势。"西园"即江苏高科技氟化学工业园（现为新材料产业园），主要发展以氟化工为主的精细化工，以及功能高分子材料、生物化工和医药化工等产业。另外，毗邻"东区"的是高起点开发建设的面积为4.3平方千米的滨江新市区中心区，并以此为核心建设滨江新城。

"北上"之后，经开区对体制和机制都进行了大的改革，挣脱了以往"大而全"旧的管理模式，放弃了"什么权力都要，什么事情都揽"的"小政府"管理套路，走上了一手抓载体建设，一手抓招商引资的"纯开发建设型"的道路。

经过战略转移和体制改革的经开区，很快掀起了沿江大开发、大建设的热潮。在短短一年半时间内，被称为经开区"二次创业"的沿江开发得到高速推进，为之后的区域发展开了好头、布了好局。

在基础建设领域，投资10亿元的14平方千米基础设施建设全面展开；全长13千米的兴港路等"一横三纵"道路框架工程全线竣工通车；日处理6万吨污水的处理厂、日产20万吨的自来水厂及工业用水厂开工建设，220千伏金桥变电站、二类口岸、钢材市场等功能性设施建设全面启动。医院、学校等文教设施的配套快速推动，作为常熟市副中心的滨江新市区的建设也拉开了序幕。

在产业发展领域，"落子"沿江的第二年，经开区在招商引资上就实现了历史性突破。2002年全年合同利用外资26.5亿美元，超过了经开区成立以来前10年的总和，在全省80多个国家级、省级开发区中名列第三；引进超亿美元的"基地型"项目8项，列全省省级开发区之首。全市纳税大户、高层次人才汇集沿江，一座现代化港口工业新城迅速崛起。

2002年5月9日，常熟市委、市政府决定，常熟市沿江经济开发区更名为江苏省常熟经济开发区，保持性质、体制等不变。同年8月5日，鉴于经开区发展迅速，业务总收入、财政收入、自营出口额、实际利用外资等4项指标均居省级开发前列，省委、省政府决定：常熟经济开发区比照国家级开发区，赋予相应经济审批权和行政级别，经开区党工委、管委会继续实行属地管理。

随着发展的深入，"移师北上"5年后，经开区在属地"单打独斗"的管理模式开始"掣肘"自身和周边区域的发展。经开区周边的乡镇无法得到这片开放发展热土的带动和辐射，站在全市发展的角度看，这是一种极大的资源浪费。在这种情况下，一个新鲜而大胆的发展思维逐渐成熟了。

2005年7月26日，常熟市委、市政府做出决定，调整经开区与新港镇（碧溪地区）的现行管理体制，实行区镇互动、统分结合的新体制，经开区党工委、管委会受常熟市委、市政府委托，全面指导和管理新港镇区域内的各项工作。

2008年6月，经苏州市人民政府批准，新港镇更名为碧溪镇。2010年8月30日，为加快沿江的城市化进程，常熟市委、市政府进一步调整经开区与碧溪镇的现行管理体制，碧溪新区（碧溪街道办事处）正式挂牌成立。经开区负责管理碧溪新区（街道办事处），实行区域一体化管理，经开区侧重于经济发展、开发建设、招商选资等，碧溪街道侧重于社会公共事务管理、服务业发展、城市化和农村工作等。行政体制的优化调整，推动了沿江地区的城市化进程，促进经开区更好地发挥优势、加快发展，也带动了碧溪新区的社会管理水平的提升。

9年间，经开区紧紧抓住"沿江开发"这一战略机遇，依托得天独厚的濒江临港和"二路一桥"（苏嘉杭高速、沿江高速、苏通长江大桥）的交通区位优势，开发建设以沿江工业区、常熟出口加工区为核心的工业板块及综合配套服务沿江发展的滨江新市区，常熟港也发展成了国家一类开放口岸、全国十大内河港之一。经开区内生态环境和基础设施日益改善，产业层次和创新能力明显提升，跻身省内最成功的临港型产业园区之一。

数字的"成绩单"最能说明变化。2011年，经开区拥有外资企业近600家，而2001年"初入沿江"时只有194家；2011年，区内总投资超过185亿美元，而2001年只有20亿美元；2011年，经开区实现地区生产总值642.8亿元，2001年时只有29亿元；2011年实现财政总收入近90亿元，2001年时只有1.62亿元；2011年的进出口总额114.4亿美元，2001年为7.6亿美元……这些数字的变化，仅仅发生在9年间，经开区的发展速度可用"惊人"形容。

经过近20年的发展，经开区已逐步成长为企业数量众多、产品种类丰富、产业特色鲜明、设施配套齐全的高新技术产业区，成为常熟对外开放、产业带动、优势辐射的经济高地。

（三）转·转型阶段："转型升级"走好产城融合"第三步"（2010年11月至今）

2010年11月11日，经国务院批准，江苏省常熟经济开发区升级为国家级经济技术开发区，定名为常熟经济技术开发区，实行现行国家级经济技术开发区的政策。"常熟"前面区域定语的省略，把常熟置放在了整个中国的大背景下，从此，这座江南名城的名字成为经开区的响亮名片，而经开区也成为常熟最前沿、最闪亮的窗口，面向全球展示这座千年古城"崇文、尚和、创新、超越"的城市精神。

经开区升格后，肩负更为重大的责任，面临更为繁重的任务。站在新的发展起点上，经开区人以更高的定位、更新的思路、更实的举措，努力建设一流的国家级经济技术开发区，为常熟高质量发展打造更为强大的"主引擎"。

如果说经开区的前18年还是起步和创业阶段，度过"摸着石头过河"的初创期后，下一个10年，经开区的各项发展指标持续攀升，产业结构不断优化，经济社会综合实力更是跻身全省经济开发区"第一方阵"。

1."两辆整车"

2011年至2020年，在历史长河中只是"沧海一粟"，但这10年对于经开区而言，发展变化之巨大，却是"沧海桑田"。

2011年至2015年的"十二五"，是全面建设小康社会的关键时期，是深化改革开放、加快转变经济发展方式的攻坚时期。经开区也迎来了产业结构的重要调整，"两辆整车"入驻常熟城。

在这一阶段，经开区取得了一系列成就：2013年，荣膺"江苏省工会工作模范园区"；2014年，创建国家生态工业示范园区；2015年，获得了"国家生态工业示范园区"称号，同年区内出口加工区整合优化为综合保税区。

随着总投资150亿元的观致汽车和总投资178.9亿元的奇瑞捷豹路虎汽车"两辆整车"及一批配套项目的相继落户，汽车及零部件产业成为这一时期经开区最具特色的优势主导产业。在已形成的电力能源、特殊钢铁、高档造纸、精细化工、汽车零部件五大产业的基础上，经开区在这一时期全力开发和培育汽车及零部件、装备制造、新能源、创新创意和现代物流等五大新兴产业，初步实现由制造向创造的转变。

2016年，中国进入"十三五"发展期，在宏观经济持续承压的环境下，经开区以供给侧结构性改革为引领，因势利导、多措并举，经济运行低开高走。汽车主导产业加速发展，奇瑞捷豹路虎全年贡献税收超

26亿元,成为常熟第一纳税大户;常熟科创园顺利通过国家火炬计划产业化环境建设项目验收,在国家级科技企业孵化器考核评价中获评优秀;海关总署正式批准常熟综合保税区封关运行;现代农业加快发展,建成"国家重大农技推广服务试点项目常熟蔬菜示范基地";在滨江新城建设上,"绿色呼吸""碧水滨江""绿色能源"三大工程,保障了区域环境质量的整体提升。

这些成果,都为经开区顺利"跻身国家级经开区第一方阵"奠定了基础。2016年,经开区财政收入跃居常熟全市各板块第一,被省委、省政府表彰为"全省先进开发区"。也是在这一年,经开区被列入国家循环化改造重点支持园区。

肯取势者可为人先,能谋势者必有所成。在"两辆整车"项目的带动下,经开区催动60多家汽车零部件企业集聚发展。2017年,奇瑞捷豹路虎共销售整车8.38万辆,贡献税收43.8亿元,继续担当常熟纳

▲ 奇瑞捷豹路虎汽车的车辆驶下生产线

税第一大户。至2018年年底，经开区汽车产业占比超过30%，税收占比超过47%。

2. 产业森林

跳出汽车及零部件产业看，近年来，经开区的产业布局越来越呈现出"多点开花"的结构优势。

进入2018年，经开区已拥有20多个国家和地区投资的外资企业近600家，外资总投资达356亿美元，注册外资150亿美元，其中29家世界500强企业投资项目有58个，投资额超亿美元项目有56个。当年，经开区实现地区生产总值927亿元，完成财政总收入206亿元，实现工业总产值2 509亿元，在全省经开区科学发展综合考评中位列第五位。

在巩固提升传统制造业的基础上，2019年，总投资102亿元的立讯智能科技产业园项目落户经开区，区内的电子信息产业开始带动传统制造业进一步加快转型步伐。随着互联网、大数据时代的到来，新经济电商企业日渐崛起，2019年年末，注册资本3.6亿美元、总投资约80亿元的每日优鲜华东总部项目落户经开区，成为苏州近年来引入的注册外资规模较大的现代服务业项目之一。

紧随其后，2020年4月23日，又一新经济电商企业——首期注册资本2亿美元的江苏云杉世界总部项目也落户经开区。

以每日优鲜、云杉世界等为代表的平台经济，以万国数据、华为云等为代表的数字经济，以住友、达涅利等为代表的总部经济，正兴起各自产业的集聚效应，推动经开区产业能级实现新跨越。

如今的经开区内，以"燃油汽车、电力能源、化学工业"为代表的传统产业，正向更具爆发力、多元化、撬动性的新一代信息技术、互联网经济、新动能汽车及零部件、海洋经济、绿色化学、5G新材料、超高清显示等七大方向转型延展。通过积极布局前瞻性、战略性产业，经开区正在培育一片具有较强韧性和抗风险能力的"产业森林"。

3. 龙头效应

随着产业的不断发展以及城市用地的约束，发展总部经济成为不少城市经济转型升级的一个重要举措。在经开区，工业、人才、高端服务业等要素聚集，通达的交通网络及宽松优质的营商环境，都为总部经济的发展奠定良好基础。住友橡胶（常熟）有限公司是较早落户经开区的汽车零部件配套企业，由世界第六大轮胎公司——日本住友橡胶工业株式会社投资建办，主要生产在日本排名第二位的"邓禄普"子午线轮胎。2010年12月，中国区事业运营总部"住友橡胶（中国）有限公司"在经开区成立，注册资本5.34亿美元，成为落户常熟的首家跨国公司总部经济企业。近年来，住友橡胶（常熟）工厂依托总部经济不断扩大产能，资源配置也更加高效优化，整体实力和企业竞争力得到了大幅提高。

如今的经开区，拥有国内最大的高档文化用纸生产基地和氟化物生产基地，华东地区重要的子午线轮胎、新型建材生产及钢材进出口基地；已建成夏普办公设备、芬欧汇川和诺华制药等三大世界500强企业研发中心。世界500强企业住友橡胶中国区总部，芬兰在华的最大单体投资项目——芬欧汇川均在经开区内取得了长足发展。

越来越多的企业选择在经开区设立总部，经开区总部经济的规模不断壮大，总部经济辐射能力明显增强。总部经济快速壮大产生的"龙头效应"也为生产性服务业发展提供了必要的条件。2010年以来，经开区的商贸、物流、房地产等产业发展壮大，科创研发及成果快速转化，区内服务业的发展步伐不断加快，沿江核心区第三产业增加值占比从原来9.5%扩大到如今的21%，服务业开票收入年均增幅达26.8%。

4. 中国声谷

进入 2020 年,经开区的转型发展步伐持续加快,结出的硕果愈发引人瞩目。2020 年上半年,经开区实现注册内资 72 亿元,注册外资 10.3 亿美元,到账外资 3.4 亿美元,提前完成全年目标。

除了肩负着常熟城市经济"主引擎"的历史使命外,9 月 9 日,经开区又瞄准了另一个"引擎"目标:打造中国乃至世界声学产业发展的"引擎"。

为进一步推进常熟创新链、产业链的深度融合,助力经济社会高质量发展,常熟携手南京大学,联合中国声学学会、常熟理工学院、中国国际经济交流中心、南非飞力通控股、长城国瑞投资等多元主体,在经开区内共同打造"苏州·中国声谷"。这一项目将在常熟建设引领未来的国家级创新平台,塑造具有创新内核的优势产业,围绕产业链部署创新链,围绕创新链布局产业链,打造集人才培养、技术创新、产业集聚、产城融合发展为一体的"苏州·中国声谷"。

经开区作为这一重大项目的核心区,将启动建设国际声学产业技术研究院,以创新的体制机制和人才、产业政策,集聚创新资源,攻克转化一批声学产业前沿和共性关键技术,培育创新生态,打造声学领域的创新型产业集群,争创声学领域国家技术创新中心,使之成为中国乃至世界声学产业发展的"引擎"、全球领先的声学科技创新"尖点"和人才"高地",成为长三角地区具有国际影响力的国家级现代化产业示范区。

二、常熟经济技术开发区发展的主要成就和经验启示

习近平总书记指出:"只有回看走过的路、比较别人的路、远眺前行的路,弄清楚我们从哪儿来、往哪儿去,很多问题才能看得深、把

得准。"

立足当下波诡云谲的国际形势和改革进入深水区的国内形势,越来越多的声音开始强调新形势下再提"艰苦奋斗,自力更生"的必要性,强调"行百里半九十后"的"归零"心态。

核心技术买不来、换不到,发展路径不能"画葫芦""抄作业",上至国家,下至企业,如何在既有规模和体制下走出自成一体的创新发展之路?这既需要我们立足当下审时度势,进行机制体制的创新,也需要我们以史为镜,总结一路走来的经验和成果。

在一个区域的产业发展中,招商是龙头,项目是生命,载体是基础,服务是保障。站在20世纪90年代初的时间节点上看,拼招商、抓项目、建载体,对于常熟、对于经开区来说,都是开城市历史先河的尝试。经开区的建设和成长既没有成熟平台的依托,也缺少成功模式的示范,招商引资更是不同于以往的全新实践,这座产业新城的一切都是从长江之畔的泥地杂草上建起的。

在常熟市委、市政府做出了"退出城区,进驻港区"的历史决策后,经开区抢占发展先机,掀起了沿江大开发、大建设的浪潮。升级为国家级开发区后,经开区又积极转变思路做出了一系列战略部署。实践证明,在每一次转型发展的关键节点上,经开区都顺应了时代发展的新形势、新要求,及时转换发展动能、优化产业布局,为经济社会发展提供了不竭动力。

"开发区是经济建设的主战场、改革创新的试验田、率先争优的主阵地",回望常熟经济技术开发区28年爬坡过坎的成长之路,面对发展中不断出现的新形势、新要求,正是锚定这样的初心和定位,扎根"碧溪之路"发祥地的经开区建设者们,才能不断翻越思想藩篱,突破发展瓶颈,践行历史使命,以解放思想、敢闯敢试的精神传承,走出了属于经开区的从无到有、从弱到强、思想再解放、改革再出发的高质量发展路径。

（一）开放引领产业与创新

28年的发展，经开区以始终如一的开放包容姿态构建了独具特色的开放型经济体系，并形成了以下主要特色：

一是开放型经济蓬勃。 依托"濒江临港、两路一桥"的区位优势，经开区吸引20多个国家和地区投资的600多家外资企业落户，外资总投资382.8亿美元，注册外资159亿美元，其中29家世界500强企业投资的项目有59个，投资超亿美元项目58个，总投资超百亿元的特大型项目5个。

二是制造业家底厚实。 "十二五"以来，经开区引进了观致汽车和奇瑞捷豹路虎"两大整车"项目，带动60多家汽车零部件企业集聚发展。2019年，总投资102亿元的立讯智能科技产业园项目落户。目前全区已形成以汽车及零部件、海工装备、电力能源、高档造纸、精细化工、特殊钢铁为代表的特色制造业集群。

三是新经济蓄势待发。 2019年以来，经开区先后引进总投资80亿元的每日优鲜华东总部项目和首期注册2亿美元的云杉美菜网项目，不断叠加功能项目，做大平台经济产业链。新经济总部大厦于2020年投用，目前已集聚每日优鲜、云杉美菜网、长江供应链、神州通等企业，注册资本突破10亿美元，上半年实现开票66亿元，力争入驻企业首年开票超200亿元。依托万国数据、华为云、华傲数据等项目，数字经济产业链正在区内加快布局。

四是物流业发展迅猛。 区内国家一类对外开放口岸常熟港已建成20多个码头、59个泊位，其中万吨级泊位24个，与全球53个国家和地区265个国际口岸实现通航通商，逐步形成了钢材、纸浆、木材及化工品等特色货种物流，年货物吞吐量7 000多万吨。2020年上半年，

▲ 常熟经开区新经济总部大厦

常熟港完成货物吞吐量3 830.3万吨,其中外贸货物吞吐量697.7万吨,集装箱11.5万标箱,分别同比增长13.3%、13.7%、11.6%,实现逆势上扬。

五是科创型要素集聚。 依托"国家级科技企业孵化器"常熟科创园,经开区先后引进海内外双创科技项目260多个,拥有市级以上领军型人才团队184个,南京理工大学等11所大学在科创园设立研究院。经开区已成为常熟领军型人才和留学归国创业人才最为集中的创业园区。

六是城市化功能完善。 经开区坚持"国际化、高端化、品牌化"视野,深化产城融合,引进总投资7亿元的常熟康桥国际学校,高标准筹建总投资6亿元的城市艺体中心。与华住、同程、艺龙等知名品牌合作、优化酒店、餐饮、文旅等业态档次，不断提升城市功能品位。

得益于一代代经开区人在谋划大布局、引进大项目、实现大发展上不断加快开放步伐，持续提升发展能级，区域内产业发展、城市建设、民生改善、环境提升、社会治理、党的建设等工作得以全面推进，才有了如今20多个国家和地区投资的600多家外资企业、一系列的世界知名品牌汇聚长江之畔，共建滨江新城的繁荣局面。

在经开区的成长史中，我们看到了与时俱进的发展激情，领悟到干事担当的胆识智慧，感受到不进则退的无畏气概。对这片续写改革开放新辉煌的水土而言，白手起家、勇立潮头的创业精神和解放思想、敢闯敢试的改革精神，始终流淌在经开区人的血液中。这笔巨大的精神财富，无疑是面对今时今日的新形势、新格局时，推动经开区挑战最极限、勇攀最高峰的巨大内生力量。

（二）产业转型

经开区是常熟对外开放的前沿阵地。改革开放之初，这片土地上的人们闯出了乡镇企业发展的"碧溪之路"，之后，建设者们又顺应时代开启了外向型经济的实践探索，推动经开区迈入"由重向优、由大转强"的产业转型之路。近年来，经开区激发内生动力，加快发展步伐，不管是传统产业、创新创意产业，还是高端装备制造业，都在转型升级的大潮中蓬勃发展，取得了显著成效，成为经开区经济发展的亮点。

海洋电缆创造世界纪录，冶金装备向全产业链延伸，智能生产助推装备制造迈向高端……作为常熟打造先进制造业高地的"主战场"，经开区一批产业特色鲜明、产品技术领先、市场竞争力强的装备制造企业已强势崛起，正形成高端装备制造产业集群。

▲ 常熟港

2018年4月13日，江苏亨通高压海缆有限公司交付世界上首根大长度500千伏交联聚乙烯光纤复合海底电缆，用于浙江宁波至舟山500千伏大陆联网工程。由此，这家常熟民企又一次刷新世界纪录，彰显了"常熟制造"的世界水平。

依托重大装备制造产业园，近年来，经开区引进亨通电缆、崴立机电、达谊恒、普睿斯曼海底电缆等一批高增长、高税收龙头骨干企业，形成了高端装备制造产业集群。经开区装备制造业不断迈向高端，重大装备制造产业园连续多年入围全省十大特色产业园区。

与此同时，持续的创新研发为千亿级的装备制造业"航母"不断蓄力。至2018年，经开区已经拥有高端装备产业高新技术企业18家、省级以上研发机构9家，其中省级工程技术研究中心4家、省级企业技术中心4家、省级工程中心1家，形成了常熟制造业创新高地。

2019年，亨通常熟国际海洋产业园启航，欧洲绿色产业示范园发布，华为云（常熟）工业互联网创新中心上线。经开区新增省级示范智能车间7家、苏州首批智能工厂1家，区内的工业机器人总量超

2 900 台。

区域内各类企业在科技研发上的投入也可以直观反映整个经开区创新发展的浓厚氛围。2019 年,经开区规上企业研发经费投入占全市比重达 28.66%。净增高新技术企业 36 家,占全市 30%;新增省民营科技企业 31 家;获批省级"三大中心"4 家。这一年,经开区还承办了首届常熟精英创业联盟大会,常熟精英创新创业广场开园,科技企业加速器封顶,北航智能硬件创新园竣工。

(三) 创新平台

改革创新是经济转型发展的必由之路。2008 年年底,经开区积极响应国家、省关于开发区转型发展的要求,在强力推进招商引资的同时,加大招才引智力度,成立常熟科创园,为高科技企业和高层次人才提供"双创"发展的空间载体和功能平台,推动招商引资与招才引智同频共振。

随着国家级科技企业孵化器、国家级海智基地、国家知识产权试点园区等创新平台逐渐成形,230 个科技创新创业项目先后落地,各类国家级荣誉纷至沓来。10 年后,常熟科创园已经成为撬动经开区创新创意产业发展的有力支点,为区域经济发展注入强大后劲。

科创园分设人才创业园、大学研究院区、民营科技园区、滨江生态园及综合配套区等多个功能板块,重点引进并扶持先进装备制造、高端医疗器械、新一代信息技术、节能环保及新材料等领域的"双创"项目及公共技术服务平台。多年来,作为经开区创新发展的主阵地,科创园始终围绕创业创新主线,通过一手抓载体与平台建设,一手抓项目引进和培育,努力打造区域高层次人才聚集地、高新产业培育区和创新创业主阵地。

为了集聚人才,科创园坚持瞄准精英创业,引进人才以博士、海归等高层次人才为主,先后吸引230多个科技创新创业项目入驻,园内拥有常熟市及市级以上领军型人才团队158个。

多年来,科创园产业化发展步伐稳健,在装备制造、新材料新能源、化工医药、新一代信息技术等四大产业集聚发展的基础上,建立了汽车电子、半导体、3D打印、特种高分子等七大细分领域的特色产业。

近年来,我国集成电路产业的发展越发引起各方关注,早在2010年,科创园就把发展集成电路产业作为产业转型的重点方向,引进相关配套企业,带动全产业链完善发展,经开区集成电路产业应运而生。发展至今,科创园已拥有在设计、压印、封装、切割、洗涤等领域具备较强综合实力的10余家重点企业,并初步形成较为完整的产业生态。园内企业数量并不多,但是每一家都是细分行业内的重要企业,它们掌握的核心技术有效填补了国内集成电路行业空白,打破了国际技术封锁和市场垄断。

(四)绿色发展

大力发展循环经济,并以此提升区域生态环境,这是经开区多年来强化底线思维,走绿色发展之路的一大特色。在推进高端装备制造业高速发展、创新创意产业引领转型升级的进程中,经开区积极实施对现有产业的生态化改造,完善公共服务平台建设,促进区内各企业之间、区内外企业之间共享资源和互换副产品,形成了独具特色的循环经济生态系统。

自建立之初,经开区就确立了"环境立区、生态兴区"的发展理念,积极探索生态可持续发展模式,坚守生态红线,注重发展和质效的同步提升,不以牺牲环境为代价,坚持走绿色、文明发展之路。

经过多年布局,经开区积极推行补链招商,成功培育出垂直整合生态产业链、高档造纸生态产业链、化工行业生态产业链等8条循环经济产业链，取得了良好的经济效益、社会效益、环境效益。通过落实370个污防重点项目建设，2019年，经开区的空气质量位列常熟全市第一方阵。

美锌（常熟）金属有限公司是经开区补链招商的成果。针对经开区热浸镀锌企业会产生锌渣，而区内轮胎企业需用氧化锌作原料的这一情况，2005年，经开区引进了总投资3 900万美元的美锌金属。企业采购区内外镀锌工厂产生的锌渣，生产氧化锌、锌锭等，并将氧化锌作为轮胎生产的耐磨填充剂提供给区内住友橡胶、华丰橡胶等，将作为生产原料锌锭将提供给区内镀锌企业，在经开区及全市范围内实现了含锌材料从原材料采购、生产到产品使用的循环。

这是经开区推进循环经济发展的一个缩影。在推进循环经济发展过程中，经开区采用横向耦合、纵向垂直整合的理念，推进企业内部和经开区各企业之间资源的循环利用，启用了常熟经济技术开发区循环经济公共信息服务平台，企业可以在平台上进行废弃物填报登记。平台不仅可以为企业共享资源和互换副产品"牵线搭桥"，还能为招商部门提供资源信息，有针对性地开展补链招商，从源头上进行绿色招商，拓展循环经济产业链。

此外，经开区积极开展污染集中治理，以项目化形式落实减少煤炭消费总量、治理船舶码头污染、治理挥发性有机物、治理环境隐患、提升环境监管能力等环保整治任务。通过循环化重点项目的推进，进一步推动了循环经济产业链的发展。

如今，芬欧汇川、美特钙业等一批企业已成为经开区绿色招商的典范；奇瑞捷豹路虎、烨辉科技、长春化工等公司成为企业内部资源综合利用、开展产业链垂直整合的标杆；达涅利、夏普等公司成为再制造产业发展的先行军。常熟滨江热力有限公司集中供热管网工程、滨江水源热泵区域供冷供热项目等的建设则拓展了经开区循环经济产业链。

作为国家级生态工业示范园和国家循环化改造重点支持园区，经开区还进一步加强土地节约集约利用，提高土地利用强度，通过实施节能项目改造，极大地提高了能源和资源的综合利用效率和园区环境的承载能力。经开区正成长为"经济快速发展、产业集聚耦合、资源高效利用、环境优美清洁、生态良性循环，在长江经济带具有典型示范意义"的现代化循环经济园区。

（五）港口经济

30年前，常熟港还只是一片荒滩。1992年，常熟确立了"以港兴市"的发展战略，拉开了常熟港建设的帷幕。1996年11月16日，第一艘外轮"润发"号靠泊常熟华润石油码头，常熟推开了对外开放的大门。

20年前，经开区"退出城区，进驻港区"的一个重要原因，就是看中了常熟港的港口资源优势。2001年，随着经开区进驻沿江，常熟港在发展上进入了新阶段。经开区依托常熟港的优势，加强招商引资的力度，吸引了包括芬欧汇川、诺华制药、住友橡胶等世界500强在内的企业落户，常熟港也因为这些企业的入驻实现了提档升级。

2008年以后，经开区依托临港优势，重点打造汽车及零部件、大型装备制造两大产业。常熟港也结合主导产业，不断做大、做强、做精港口经济。

在经开区沿江临港产业快速发展的过程中，位于经开区内的常熟港在降低沿江企业物流成本、提高产业集聚度和竞争力、助力招商引资等方面发挥了重要作用。有些企业因生产需要必须选址在港口附近，经开区成为他们的最佳选择。

在随后几年的发展中，经开区依托常熟港的优势，形成了电力能源、高档造纸、钢铁建材、精细化工等产业。

作为长江经济带和21世纪海上丝绸之路上重要的国家一类口岸、常熟市经济发展和临港工业开发的重要支撑，经过20多年的发展，常熟港不断拓展特色优势，加快基础设施建设，优化通关便利服务，推进绿色港口建设，已经成为接轨上海、对接长江经济带建设的重要地带和窗口。

截至目前，常熟港共建成泊位59个，其中万吨级以上泊位24个，最大靠泊等级10万吨级，对外开放码头泊位25个，港口综合通过能力5 156.4万吨。常熟港已与53个国家和地区的265个国际港口通航通商，是长三角区域进出口钢材、木材等货物重要的中转港和华东地区纸浆集散港口。

2020年上半年，面对国内外新冠肺炎疫情的严峻防控形势，常熟港进口纸浆271.5万吨、液体化工品96.6万吨、钢材92.6万吨，分别同比增长20.8%、49.5%和215%，实现进口量的逆势大幅增长。

为了更好服务区域内特色产业的发展，常熟港不断提升服务能力，口岸通关便利化水平持续提高。常熟口岸国际航行船舶联合登临检查工作机制的建立，常熟口岸国际航行船舶现场检查新模式的实施，减少了船舶在港期间接受检查频次，提高了船舶通关效率。通过开展口岸"单一窗口"项目建设，改进常熟口岸通关报检审批流程，创新通关协作机制和模式，提高通关作业无纸化水平，常熟港进一步推进口岸大通关建设，提升了口岸贸易便利化水平。

（六）汽车产业

汽车产业是常熟产业发展的重要方向，也是经开区的主导产业。近年来，常熟汽车产业发展迅猛，已逐步成为常熟增长速度快、发展潜力大、产业集聚度高的千亿级产业集群，而经开区作为全市汽车产业集群的核心区，在推进产业蓬勃发展中发挥了引领作用。

2008年以前，经开区的整车产业基础为零，零部件产业尚不成熟。2010年以后，随着观致汽车和奇瑞捷豹路虎汽车"两辆整车"及一批配套项目相继落户，汽车及零部件产业成为经开区最具特色的主导产业之一。2017年，经开区汽车及零部件产业实现产值347亿元，同比增长20%，产业占比达到30.4%。经过10年重点培育，一座中国最年轻、最具活力的汽车城跃然眼前。

一个产业串起区域转型链条，"两辆整车"带动上下游数十个行业发展，一个千亿级产业集群由此崛起。在奇瑞捷豹路虎、观致"两辆整车"带动下，经开区内集聚了60多家汽车零部件企业，成为区域经济发展的重要增长极。

经开区还坚持"变带头发展为带动发展"，积极推动汽车红利外溢，助推周边乡镇板块迅速转型，约20家本土企业为整车企业配套。为优化零部件产业布局，经开区引导一般非核心汽车零部件企业往周边乡镇转移，打造整车企业20千米零部件配套圈，进一步提高乡镇汽车产业比重。除了为董浜镇建立汽车零部件配套产业园外，2012年以来，经开区与周边乡镇实行"区镇联动"机制，累计为梅李镇招引项目5个，总投资23亿元；为董浜镇招引项目7个，总投资15亿元。

汽车产业的集聚壮大，离不开产业布局思维模式的创新。经开区放眼长远，不仅依托现有产业基础，而且敢于突破和创新，积极布局基础性、带动性强，科技含量、生态容量高的产业，从引进第一个整车企业开始，就看到了汽车产业未来的发展趋势，从而绘出了"汽车城"的蓝图，实现以点带面，全面转型升级。

近年来，经开区以提升服务效率、提高企业效益为目标，不断推动汽车产业链、创新链、价值链向高端攀升。与此同时，汽车产业的发展壮大集聚了一大批创新资源和人才资源，各类整车研发中心、企业技术中心的签约落地，正助力经开区打造"创新型"产业基地。

（七）传统焕新

近年来，经开区以供给侧结构性改革为抓手，积极推动原有传统产业的提档升级，不断优化产业结构，一批龙头企业在激烈的市场竞争中焕发新活力，助推经开区实现高质量发展。

经开区着力以"优"的方式做好"去"的文章。把"去"的重点放在去无效低端产能上，引导企业优化产品结构，提高传统产业有效供给的能力。传统产业的结构优化进程注重与经开区新兴产业发展的融合。长春化工是区内一家台资化工企业，主要生产电子及造纸用高科技化学品、工程塑料、半导体元器件等专用材料。随着经开区汽车产业的不断发展，长春化工转向汽车用锂电池负极材料、电子化学产品、电子容器产品、铜箔基板产品等高端领域产品的生产。

汽车及零部件产业在传统产业转型路上也有着重要的引领作用，钢铁行业加速向汽车钢板转型，建材行业加速向汽车镀膜玻璃转型，以汽车产业为龙头的现代产业集群正加速形成。

（八）贴心服务

优越的区位优势、叠加的优惠政策、便捷的交通网络、成熟的产业集群、完善的产业配套，这些都是众多企业纷纷选择在经开区落户和增资扩建的原因。除此之外，经开区为各类企业提供的一系列有"温度"的服务，也是这些市场主体"情定常熟"的重要因素。

2019年12月底，常熟经开区与生鲜"独角兽"企业每日优鲜签约，打造总投资80亿元的华东总部项目。每日优鲜项目签约落户常熟经开区后，正逢新冠肺炎疫情暴发，项目方人员无法到常熟办理注册报批等各项手续。为保障项目尽快落地，常熟经开区出台了"项目落户一条龙"服务机制，派出工作人员作为每日优鲜项目的联络员靠前服务，在项目方暂时缺位的情况下，代表企业和常熟经开区主动承担起报批工作，从对接市发改委、商务局、市监局及各家银行，再到工商注册、公章刻制、银行开户、办公场所落实，处处都有常熟经开区工作人员忙碌的身影。除此之外，政府还推动每日优鲜项目迅速融入当地发展，和江南集团合资设立了江苏每日江南科技有限公司，注册资本3 000万元。合资公司将对江南集团旗下部分菜市场进行智慧菜场改造，将为传统菜市场引进先进的市场经营理念、管理模式与管理方法，并根据实际情况为传统菜市场引入线上菜场运营平台，为菜市场进行信息化赋能。

实际上，经济区一直在为区内的企业提供高效、优质服务。2004年入驻的烨辉（中国）科技材料有限公司在建厂之初遭遇发展瓶颈，是经开区第一时间从土地供给和产业配套等方面为企业提供一系列精准的帮助，并从项目报批、建设及竣工验收等方面提供了一条龙式的服务，为企业树立了发展信心，助力企业进入良性发展轨道。2006年落户的常熟美桥汽车传动系统制造技术有限公司，曾受到2008年全球金融危机影响，又是经开区及时给予公司相应的人才培训与政策扶持，帮助企业渡过难关……

在经开区的发展热土上，企业犹如一棵树，它的成长需要土壤、阳光、空气和水，经开区的精细化、人性化服务就为企业提供了这些源源不断的成长能量。除了为企业量身定制其生产和经营所需的一条龙服务外，经开区还在硬件上提供了生活服务等方面的功能性配套设施，增加了入驻企业工作人员及其家属对经开区的认同感，创造了更优的营商环境。

（九）产城融合

从常熟通港路一直往东，经过农田、厂房和民居交错的镇区，就到了常熟经济技术开发区。这里道路宽直,绿荫成片,高楼林立,置身其中,不由得感觉到一股浓浓的国际范儿。多年来,经开区在建设发展中聚焦宜居宜业,高标准规划建设,为滨江新城高速发展奠定了良好基础。

经开区始终坚持规划先行,将空间布局与产业优化相结合,将新城建设与民生改善相结合,将城乡一体与资源集约节约利用相结合,为优化产业发展布局奠定了良好基础。

配合全市"多规合一"进程,经开区形成了"总体规划、控制性详规、专业规划、概念规划"四位一体的规划体系。以规划为蓝本,经开区逐步建立了以港口和沿江工业为依托,金融、贸易、科研、信息、居住、教育、旅游综合发展的国际社区式的现代化新市区,打造了常熟经济社会新的发展极。

以产业为支撑,通过产城融合,经开区致力于提升滨江新城城市功能内涵,提升配套服务水平,营造宜居美好家园,努力将4.3平方千米的核心区打造成为长三角地区最具特色的宜居宜业新城。

与此同时,以滨江邻里中心、江南印象、宝鸿商业广场等为代表的一批商业配套项目相继落地,高品质楼盘开发稳步推进。经过近几年的稳步开发,基本形成了由住宅小区群组成的滨江宜居生活带。

为了把这块原本是普通村庄的沿江土地建设成为生态绿色的幸福之城,经开区着力建设教育、医疗、商业、公园等配套设施,为新城建设锦上添花。仅是在绿化公园建设上,经开区就先后投资近16亿元,实施了滨江城市森林、滨江商业广场、科创园区、市镇道路的配套景观绿化,总面积达100万平方米,符合国家级生态工业园标准。以人为本的建设理念融入区内近80千米的道路工程施工,实现了管线全入地、雨污分流、路面黑化、全线亮化。

三、常熟经济技术开发区发展愿景展望

新时代展现新气象,新时代呼唤新作为。2020年1月3日,苏州市委、市政府召开开放再出发大会,对全市高水平开放进行大部署、总动员,以"新年第一会"的昂扬姿态,打响了以深化开放推动高质量发展的发令枪,宣示了全市上下坚定不移扩大开放的意志和决心。开放正成为苏州发展的最强支撑、最大优势和最亮标识。

开发区是一个地方经济发展的主战场,更是推动区域开放的最前沿。贯彻落实开放再出发大会精神,实现以开放推动创新发展,以开放促进产业转型,以开放强化有效投入,以开放优化营商环境,以开放塑造城市品质的奋斗目标,常熟责无旁贷,常熟经济技术开发区责无旁贷。

多年来走在改革开放前沿的经开区,秉持优良的干事创业传统,一着不让谋求高质量发展。如何在高起点上实现更好发展,推动更大开放?

回顾28年的创业奋斗历程,我们汇聚起重走长征路、开放再出发的力量;站在新的历史起点上,我们擘画"奋战一千天、再造一个经开区"的宏伟蓝图。

立足当下,积极融入长三角一体化发展国家战略,聚焦提升发展能级和核心竞争力,加快转变发展方式,优化产业结构,转换增长动力,是对标高质量发展要求和落实开放再出发大会精神的题中之义,也是经开区正在积极探索的再创业、再出发之路。

进入2020年,以"率先走出舒适区、争先打破瓶颈期、领先迈向高端化"为追求,经开区明确了"奋战一千天、大干一百个高质量项目向建区30周年献礼"的拼搏目标:到2022年,经开区力争在苏州

市国家级开发区排名中位列前三,在全省开发区排名中保五争四,在全国国家级开发区排名中进前三十。2020—2022年,力争实现年一般公共预算收入40亿元、50亿元、60亿元的递增目标,用3年时间,将这片开放争先的热土打造成汽车之城、生鲜之城、海工之城、数据之城、科创之城,努力打造一个新经开区。

(一)关键词:高质量

"高质量"被确立为今后几年经开区开放发展的核心要义。经开区将对照"争第一、创唯一"的标准,努力"干大事、干成事",聚力建设"六个有"的高质量经开区。

瞄准经济发展高质量,经开区将发展"有竞争力"的经济。"总量大,结构优,效益好,动力足"是经开区在发展方式上实现做优存量与做大增量并重的关键词。

瞄准改革开放高质量,经开区将坚持"有亮点"的开放。"开放要树标杆,开放要搭平台,开放要靠政策"成为经开区追求更高质量、更高水平开放的工作主旨。

瞄准城乡建设高质量,经开区将建设"有味道"的城市。"规划视野国际化,项目落地品牌化,城市管理精细化"是滨江新城建设的目标设定。

瞄准文化建设高质量,经开区将培育"有特色"的文化。"长江文化、汽车文化、乡土文化"是经开区打造开放多元、兼容并蓄、古韵今风、雅俗共赏的城市文化品牌的三大抓手。

瞄准生态环境高质量,经开区将打造"有天然气息"的生态。"空气更清新,河流更清澈,绿化更繁茂,区域更生态"是建设宜居、宜业、宜游"绿色滨江"的必经之路。

瞄准人民生活高质量,经开区将创造"有温度"的生活。让群众

"更安全,更舒适,更富裕,更文明",是经开区聚焦群众对美好生活的向往,不断提升群众安全感、幸福感、满意度的追求。

围绕"六个高质量"的目标定位,经开区已经锚定"经济规模""产业结构""城市生活"三大领域,谋划"大、高、美"的产城融合发展格局:

其一,用经济规模的"大"驱动发展。经开区将在重点实施汽车产业、常熟港、化工集中区"三个提升",推动新一代信息技术、互联网经济、城市经济"三个发展",狠抓先进制造业、现代服务业、科技创新"三个促进",建设各大特色产业园的基础上,不断发展总部、打造平台、理顺链条。未来将形成立讯智能科技产业园、新经济总部大厦两个千亿级,汽车产业园一个五百亿级,海工、5G新材料、超高清、绿色化学四个百亿级的产业集群。在三千亿级规模的经济总量基础上,推动存量骨干企业转型提升,推动区内新经济、新业态、新模式不断集聚,推动区域抗风险能力持续提升。

其二,用产业结构的"高"引领潮流。经开区作为全市经济的龙头,将把打造既有行业的龙头企业作为突围关键,全力支持立讯、亨通、云杉美菜等代表行业高峰的企业,进一步扩大领先优势。将把培育"高精特新"企业作为重要抓手,打造诺华全球研发中心等创新平台,落地网易联合创新中心等科创载体,助力企业转型。将把扶持企业上市作为转型依托,建立贝特利、锦艺、英特模等13家上市公司预备队,确保3年内实现3—4家企业上市,用资本市场的力量助推企业跨越发展。

其三,用城市生活的"美"回馈社会。发展的成果最终要落在百姓的幸福生活中,未来的滨江新城,将是产城密不可分的融合之城。汽车、生鲜、海工、数据、科创五个未来之城的构想,与城市的形态、交通、配套、文化相辅相成、相互弥合。未来的滨江新城,将是先进高标引领的品牌之城,台湾康桥国际学校、国际奥林匹克青少年中心、品牌酒店、高端康养,共同助力区内百姓的美好生活。未来的滨江新城,将是吸引人才扎根创业的魅力之城。经开区将打造最好的社会秩序、最美的环境生态、最优的文化品位,持续提升城市内涵气质和精神底蕴,为营商环境的打造提供坚实保障。

(二)发展"有竞争力"的高质量经济

经开区将加快转变经济发展方式和增长动能,从追求规模、速度的粗放型增长转向追求质量、效益的集约型增长;从以增量扩能为主转向调整存量、做优增量、做大总量并存的增长方式,推动经济发展高质量。

在强化科技创新战略支撑,建设现代化经济体系方面,经开区将力争实现招商引资更精准。围绕"总量大、税源型、少消耗、适当先进性"四个标准开展精准招商,完善配套政策,紧盯国企、央企、欧洲企业、上市公司,着力引进大项目、好项目、效益立现的成熟项目。要拓展经济业态,大力发展总部经济、平台经济、楼宇经济、展会经济,惜土如金,把有限的资源用在优质项目上。注重引项目与引先进的人才、管理、技术、模式相结合,提升招商引资质效。

加快形成独具特色的产业布局,是高质量经济的另一项要求。经开区将围绕存量做文章,推进汽车、化工、造纸、医药等传统产业提升改造、增资扩产,强化"亩均提升、集约发展"导向,开展低效闲置资源盘活"百日攻坚"行动,做好低层次工业小区整治提升,鼓励低效企业兼并重组,加快"腾笼换鸟"。经开区还将做好"错位竞争、差异发展",围绕行业分工和区域分片,做好特色产业规划、包装、布局,扶持能够牵引全局的骨干项目、重点企业,形成海洋经济园、数字科技园、汽车产业园等一批特色园区,发挥它们的专业化、集聚化、规模化优势，以商引商，以企招企，做大产业链。

科技创新是高质量经济的最强驱动力，对此，经开区将不断拓展科技创新内涵。区内科创工作将以市场需求为导向，更加重视氛围营造、专业运作和成果转化。通过举办高规格的平台招商活动，引进一批标杆型科创企业、研发平台、人才团队和投融资机构，落地一批"企业+科创"合作项目。

（三）坚持"有亮点"的高质量开放

对经开区而言，高质量开放意味着要以更大的勇气全面深化改革、高水平扩大开放，把改革、开放渗入经济、社会、文化、民生、党建、体制机制等各个领域，以改革激发活力，以开放激发动力，全面拓展未来发展空间，推动改革开放高质量。

具体来说，围绕高质量开放，经开区首先将优化区镇管理体制。进一步理顺经开区与碧溪街道的管理体制机制，围绕规划建设、安全环保、社会综治等工作，对相关机构职能进行归并或整合，提升运转效率，避免"两张皮"、两头管理。为了优化经济服务职能，经开区要求招商部门提供项目从引进、培育到竣工投产的"一站式"服务。经发部门将重点做好盘活存量企业、土地的文章，服务企业增资扩产、兼并重组、"腾笼换鸟"。

营商环境直接反映了一个地方的开放程度和开放质量。因此，经开区在打造开放营商环境上，将深化"放管服"改革，加快国资国企的实体化运作，激发市场活力、企业活力、人才活力。通过创新投融资体制，探索设立产业投资基金、科技创新基金，鼓励多元社会资本参与经开区建设运营。经开区还将学习借鉴上海、深圳等城市的发展模式，积极复制自贸区先行先试政策经验，建立公开透明的市场规则和法治化营商环境。

人才队伍决定了一个地方干事创业的能力和担当。为了推动高质量开放，经开区在营造干事创业氛围上，将发挥党建引领作用，把提升人才队伍综合素质摆在突出位置，着力建好党员之家、人才之家、干部之家，激励干部担当作为，为区域高质量发展提供人才支撑。

（四）建设"有味道"的高质量城市

产城融合一直是经开区发展的主要目标。为了推动城乡建设高质量，经开区将按照高质量发展和乡村振兴战略要求，完善城乡建设规划，优化空间布局，以建设国际化、高端化、品牌化的现代新城为定位，实现城乡融合发展。着力提升城乡生态环境、基础设施、公共服务、功能平台、特色内涵，不断增强区域的承载力、凝聚力、辐射力。

在具体的规划上，提升城市品位是建设"高质量城市"的首要任务。经开区将围绕"做大滨江新城名片"的目标，持续完善公园、学校、医院、广场、文创、商贸等以人为本、吸引人气的载体平台，上景观、上雕塑、上绿化，出作品、出功能、出形象。依托专业化的设计和运作，经开区将更加注重资源的整合、包装、规划和提升，拓展服务业形态，发展城市经济、展馆经济、旅游经济、文化经济，全力打造投资热土、安居福地。

安全是生产和生活的基石。对此，经开区将创新社会治理，牢固树立安全发展的理念，强化主体责任落实，注重发挥专业机构、行业协会和社会组织作用，强化专业化指导、科学化监管。

"高质量城市"离不开乡村振兴的助力。经开区将强化规划引领，做好动迁、保留村庄规划的调整，推进村庄环境整治。此外，为全力提升乡村面貌，经开区将同步推进新老村结合部、动迁新村、集镇危旧公房等重点区域的形态更新，农田道路、污水处理、垃圾分类收运等基础设施也将持续得到完善。

(五)培育"有特色"的高质量文化

文化是区域经济社会发展不可或缺的软实力。在建设经济发展高地的同时,经开区也致力打造精神文明高地,用好、用活本土历史文化资源,构建高水平、普惠性、可持续的公共文化服务体系和现代文化产业体系,推进文体旅融合发展;培养开放多元、兼容并蓄、古韵今风、雅俗共赏的城市文化品牌;打造新时代举旗帜、聚民心、育新人、兴文化、展形象的示范区,推动文化建设高质量发展。

为了营造浓厚文化氛围,经开区将充分发挥文化"教育公众、服务社会、引领风尚"的凝聚力,常态化开展群众喜闻乐见、参与性强、感受度高的特色文化活动,通过举办传统节日纪念活动、企业文化节、非遗展示节等活动,坚持送文化与"种"文化相结合,不断满足多层次人群的精神文化需求。

诗词文化、非遗文化、阅读文化、江上田园文化、特色产业文化、数字创意和影视文化是经开区的特色文化,经开区将不断丰富和提升这些特色文化的内涵,注重文化品牌的打造、文化团队的培养、文化精髓内涵的传承。

文旅融合发展是产业发展趋势,对此,经开区将整合区域内文化资源,系统规划全域旅游,打造集长江公园、时尚新城、科技文创、古镇老街、乡村人文、特色美食于一体的文旅融合路线,吸引更多的资本、技术、团队、产业进驻,专业化提升区内文旅产业的发展水平。

(六)打造"有天然气息"的高质量生态

推动生态环境高质量构建,就是要牢固树立"绿水青山就是金山银山"的理念,践行绿色发展、低碳发展、集约发展,重点把握产业发展、城乡建设和环境保护的关系,建设"宜居、宜业、宜游"绿色滨江,打造安全高效的生产空间、舒适宜居的生活空间、碧水蓝天的生态空间，推动生态空间与发展空间同步提升、生态优势向发展优势转化增值。

经开区将首先做好优化生态规划，在对全域生态资源进行梳理盘点的基础上，进一步优化区域生态规划布局，统筹建设生态湿地、园林绿化、旅游休闲、现代农业、特色乡村等生态功能板块，着力打造生态文明建设的示范区、样板区、引领区。

生态的高质量构建离不开生态治理的科学到位。经开区将严格贯彻"共抓大保护、不搞大开发"的要求，把长江生态环境保护和修复摆在压倒性位置上，统筹打好治水、治气、治土攻坚战，不断完善环境基础设施建设，提升专业化运营管理水平。融合推进生态环境改善、产业结构调整、资源节约利用和安全生产管理，最大限度减少生产生活对自然环境的干扰。

亮点和标杆的打造，有利于绿色发展理念的"成风化人"。经开区将加强整合设计、包装提升，统筹打好长江牌、绿化牌、城建牌、企业牌、乡土牌，"把珍珠串成项链"，把好的环境、好的底色、好的品牌亮出来，形成区域生态文明建设的整体优势和品牌竞争力。

（七）创造"有温度"的高质量生活

城市发展要以人为本，满足群众对美好生活的向往，是经开区的奋斗目标。为了推动人民生活水平高质量提升，经开区将以共建共享为追求，实施普惠性的民生工程，满足多样性的民生需求，解决结构性的民生问题，不断提升公共服务质量和社会治理水平，实现幼有善育、学有优教、劳有厚得、病有良医、老有颐养、住有宜居、弱有众扶的愿景。

为了满足群众生产、生活的需求，经开区将"面向大多数，关注最底层"，聚焦就业、教育、医疗、养老、居住、休闲娱乐等各类需求精准发力。在衣食住行各方面，解决群众诉求，重点推进医院、学校、道路、安置房等民生工程建设。经开区将集中力量解决事关群众生存发展的"头等大事",重视解决影响百姓日常生活的"关键小事",通过完善基础配套设施,提升公共服务能力,让改革发展的成果更多惠及群众。

发展为了人民,发展依靠人民。经开区将高度重视人的提升和发展,通过教育、宣传、培训、服务、帮扶等各种途径,培养人、承载人、服务人、提升人。发展农村集体经济,壮大村级财力,完善就业创业服务体系。同时,大力弘扬社会主义核心价值观,坚持文明典型引路,扶持社会公益组织,打造志愿服务品牌,营造崇德向善的社会风尚。区域内百姓的教育权、生存权、发展权将得到充分保障,从而享受尊严、感到幸福、充满希望,为高质量发展夯实群众基础,输送建设动能。

家是吸引人气、凝聚人心最温暖的港湾,高质量生活离不开美好的家园。经开区将以增进民生福祉为根本导向,以群众生活条件更加优越、公共服务更加优质、社会风气更加优良、治理体系更加优化为发展目标,努力打造生态的家园、和谐的家园、文化的家园、融合的家园,让群众更有归属感、安全感、幸福感。

延伸阅读

厚植"发展沃土" 长成"产业森林"
常熟经济技术开发区推动传统产业向"七大方向"转型

2020年8月初,常熟经济技术开发区召开2020年加强作风建设暨半年度工作会议,对今后一段时间的发展做出安排,力求以新布局重塑发展新优势。

近期以来,常熟经开区瞄准产业结构偏重,制造业占比较高,汽车产业竞争力不足,新兴产业、现代服务业布局滞后等问题,积极实施以"燃油汽车、电力能源、化学工业"为代表的传统产业向更具爆发力、多元化、撬动性的新一代信息技术、互联网经济、新动能汽车及零部件、海洋经济、绿色化学、5G新材料、超高清显示等七大方向转型延展,培育出一片具有较强韧性和抗风险能力的"产业森林"。

"一个新的经开区要有新产业、新模式、新格局,要用我们开放学习的心态,去大力融入、自我提升,努力打造领先性、标志性的产业生态和创新生态,为发展创造动力、后劲和未来。"

常熟市委常委、常熟经济技术开发区党工委副书记、管委会副主任史红亮说,常熟经开区将以"挑战最极限、勇攀最高峰"为追求,紧扣"三增三进"目标,始终保持干大事业的精神状态,树立做大产业的雄心,制定大框架的规划,形成大发展的态势,以自身的确定性应对外部环境的不确定性,努力交出"奋战一千天、打造一个新经开区"的首年答卷。

移大树,大项目催动产业大发展

不久前,立讯智能科技产业园顺利摘牌二期土地,即将开工建设厂房。总投资超100亿元的立讯智能科技产业园项目从签约落户以来,创下了157天首幢厂房封顶、5个月增资11.2亿元的"立讯速度"。产业园以生产智能移动终端模组为主,达产后将成为常熟新一代信息技术产业的引领者。

常熟经开区紧扣"总量大、少消耗、税源型、适当先进性"推进项目招引。"总量大是经开区招引项目的生命线,要用先导产业、头部企业、重点项目打出声势、造出影响。"

史红亮认为,常熟经开区聚焦当前新基建、内循环促"双循环"、常熟高铁新时代、常熟港再出发等发展机遇,和跨国公司、央企、上市公司、"独角兽"接轨,推动国际国内的优质资源向经开区集聚。

独木不成林,要想改变气候、抵御风暴,必须从"一枝独秀"变

▲ 常熟科创园

成"产业森林"。可毕竟森林养成期较长，怎么办？直接移栽大树。像立讯智能科技产业园这样投资大、产出快的项目就是常熟开发区当前所需要的大树。

如何移来需要的大树？产业链招商曾是各地开发区的普遍做法。常熟经开区不囿于单个产业链延伸，而是放宽视野，在做好链式招商的同时，拓展园区招商，常熟经开区引进了一批"产业园项目"，这些项目呈现出的特点就是：一个项目就是一个产业园、一个产业集群。

总投资20亿元亨通新能源科技项目，将聚焦船舶租赁及海洋工程施工作业，后续还会增加储热蓄冷、电储能、微电网、分布式光伏、节能、综合能源等新能源业务；

利用超高清产业园，与深圳前海创思特光电科技有限公司强强联手，打造创思特高端LED显示项目，建设高端智能显示产业基地，项目内容涵盖智慧云屏、全球最小间距户外5G智慧灯杆屏等；作为对德招商平台，中德（常熟）新兴产业示范园将打造与欧洲企业需求接轨的工业4.0示范园区……

从一组数据可以看出常熟经开区移栽大树造森林的成果。上半年面对疫情挑战，常熟经开区完成注册外资10.3亿美元，注册内资72亿元，到账外资3.4亿美元，三项指标提前完成全年预期目标。

优品质，从单打独斗迈向协同作战

2020年7月25日早上8点多，每日优鲜常熟长江路店的骑手出发送出企业落户常熟后的第一单货物，至此，每日优鲜正式走进了常熟市民的生活。2019年12月底，常熟经开区与生鲜"独角兽"企业每日优鲜签约，打造总投资80亿元的华东总部项目。仅用半年多的时间就完成入驻，目前已经实现销售超8亿元。

以每日优鲜为代表的现代服务业"生根发芽"，让常熟经开区着力打造的"产业森林"显得多元丰富，互补效应更为显著。

2020年以来，常熟经开区新经济总部大厦已入驻长江供应链、华安钢宝利、神州通等总部企业和每日优鲜、江苏云杉世界总部项目等平台经济企业，注册外资超10亿美元，预计入驻企业今年可实现销售开票超200亿元。

"大力发展现代服务业，不仅可以促进先进制造业的能级提升，也优化了产业生态，实现了整个区域的产业循环。"

史红亮认为，常熟经开区要坚定不移走好"制造业立区、服务业强区、科创兴区"三促进路线，以实打实的制造业项目夯实基础，以销售服务范围大的服务业项目扩大影响，以高精尖的科创人才项目拼抢未来。

在常熟经开区，产业发展不是"单打独斗"，而是"协同作战"。随着一大批瞄准补短板、强弱项的项目落地，先进制造业与现代服务业双轮驱动引领高质量发展的态势愈加明显。

华为云（常熟）工业互联网创新中心自2020年3月运营以来，已服务本地企业19家，达成合作意向企业48家。该中心基于华为云为本地制造企业提供数字化转型咨询、技术支持、培训、云解决方案推广等一站式服务，为常熟市标杆企业提供全领域、全流程的咨询服务和工业诊断服务，为企业转型发展提供数据支撑。

8月5日，在常熟经开区举行的绿色化学合作交流会上，绿色化学培训基地、绿色化学展示中心、绿色化学专家顾问团同时成立，促进区域化工产业链配套合作，营造化工科技、产业发展、生态生活三元共生的绿色经济发展模式，催生传统化工产业这颗"老树"长出"新枝"。

当前，常熟经开区在对新经济服务业龙头项目重点招商的同时，继续做大海洋产业，做好贸易物流企业招商，发展5G材料产业，实现对存量资源、存量项目的挖潜提升。

育新苗，为未来提供更多可能

走进常熟精英创新创业园，来到苏州真目人工智能科技有限公司，公司首席执行官王惺正在实验室内忙着新产品的开发测试。

2019年8月，毕业于美国康奈尔大学的王惺来常熟创业，通过自主研发图像预处理技术、创建新型模型架构，准确检测微小元器件瑕疵，为智能制造企业及智能工厂提供视觉系统解决方案，助力制造产业转型升级。

"这里产业基础雄厚，各种政策又降低了我们的创业成本，让我们非常专注地投身到研发项目之中。在未来三五年内，我们要在智能检测行业里能够占有一席之地。"王惺对未来充满信心。

对于常熟经开区来说，以王惺为代表的初创型企业，或是新苗，或是小树，或是灌木，与大项目一起构成高低错落、疏密有致的产业森林，终有一天他们也会在这片森林里拔节生长成参天大树。

在强力推进招商引资的同时，常熟经开区还依托科创园，加大招才引智、招院引所力度，集聚各类创新资源。至今，引来11个大学研究院平台，已经成为常熟经开区推进创新驱动战略的重要引擎，在技术转移及产业化、公共技术服务、产学研合作及高层次人才引进培养等方面成效显著。

常熟经开区还新近出台了《关于更好激励高层次人才实施细则》，拿出真金白银和真情实意，完善引才、育才、留才服务链。目前，科创园已引进海内外高层次人才创新创业项目300多个，已成为常熟加速科技创新、培育自主知识产权的主要载体。

在此基础上，2万平方米的常熟精英创新创业园应运而生，为在外常熟籍精英提供共叙乡情、共觅商机、返乡创业的综合性平台。

园区以"创新园"和"创业园"为核心区，汇聚了金融、商业、科教、文体等城市配套功能，建成精英园、加速器、商务独栋、人才公寓等功能载体，全方位开展引资、引智、引技合作。截至目前已入驻16个项目，并建立陈祥宝院士领衔的中国复合材料学会常熟工作站。

"我们对人才的支持要一视同仁，力争为所有落户人才提供同等待遇，但是在引进路径上要有创新。"

史红亮认为，建设常熟精英创新创业园就是要紧紧抓住国际人才流动的新趋势，更精准招才引智，人才集聚效果更显著。相比较而言，本地籍创新创业人才对当地的"水土"更为熟悉和适应，成长性更加突出，也更有利于带动和示范所有人才创新创业，从而"搅和"整个区域的发展环境。

新苗与大树携手并进、共迎风雨，共同造就郁郁葱葱的"产业森林"，成为常熟经开区高质量发展的宝贵资源与亮丽风景。

(《新华日报》，2020年9月4日，李仲勋、韩雷)

常熟高新技术产业开发区

勇挑重担　当好先锋
打造常熟经济发展主阵地
和科技创新核心区

常熟高新技术产业开发区（以下简称常熟高新区）前身是2003年5月经江苏省人民政府批准设立的江苏省常熟东南经济开发区，经国务院批准于2015年9月正式升级为国家高新技术产业开发区。10多年来，特别是党的十八大以来，在习近平新时代中国特色社会主义思想的指引下，常熟高新区抓住机遇、奋力拼抢，一着不让、乘势而上，勇挑重担、当好先锋，坚持实施"项目立区、产业强区、科创兴区"战略，积极发展高新技术产业和战略性新兴产业，实现了经济实力和科技创新能力的快速攀升，成为常熟市经济发展的主阵地和科技创新的核心区。曾被国家有关部门授予国家新型工业化产业示范基地、国家火炬汽车零部件特色产业基地、国家高技术服务产业基地核心区、国家高新技术产业化示范基地、国家知识产权试点园区、国家创新人才培养示范基地等称号，并成功获批建设国家创新型特色园区。2019年，常熟高新区在全国国家高新区综合排名中位居第七十二位。

一、常熟高新区的发展历程

(一) 创建探索阶段（2002—2003年）

2002年7月20日，中共常熟市委、市人民政府将江苏省常熟外向型农业综合开发区（1995年由省政府批准设立）、常熟市常昆工业园（2001年由常熟市委、市政府批准设立）、常熟市昆承工业园（1996年由常熟市虞山镇建办）、古里工业园（1993年由常熟市古里镇建办）整合，组建常熟东南经济开发区（以下简称"东南开发区"），规划面积约50平方千米。11月，建立中共常熟东南开发区工作委员会、东南开发区管理委员会。2003年4月，建立常熟东南开发区经济服务中心。5月，经省政府批准，常熟东南经济开发区成为省级开发区。

1. 政策优先，完善发展机制体制

2002年7月25日，常熟市委、市政府决定，对在东南开发区辖区内新办的外商投资企业、投资额（注册资本）在5 000万元人民币以上的内资企业等，执行财税扶持和优惠政策。9—10月，常熟市四套班子领导围绕东南开发区可持续发展这一主题，开展集体调研。调研指出，东南开发区在建设中尚存在体制不完备，难以推进总体规划；力量分散，难以协同作战；定位不明，难以形成特色；资金缺乏，难以确保后续建设；资源分散，难以共享等实际情况。同时，针对这些问题提出了解决对策：理顺体制、强化规划，确定发展模式；着眼长远、提高品位，提升园区档次；政府推动、市场运作，化解资金短缺；整合队伍、提高素质，健全管理和招商人才机制。

2002年12月16日，常熟市委、市政府决定，在东南开发区规划范围内的行政村、居住户实施"三个不变"：行政隶属关系不变，原有资产权属不变，征地（动迁）补偿渠道不变；对区域内开发建设及企

业管理实施"六个统一":统一规划,统一开发,统一建设,统一税费,统一管理,统一服务。并按照"起点要高、质量要好、速度要快、风气要正"的原则全力推进载体建设,2003年完成区内"三纵五横"主干道建设。

以上重大决策,对进一步理顺、完善东南开发区管理和发展机制体制、加强资源整合,起到了十分重要的作用。

2. 规划先行,获批为省级开发区

2003年2月23日,常熟市组织召开东南开发区总体规划论证会,着眼进一步扩展和提高城市竞争力、城市产业多元化和区域可持续发展的总要求,编制并通过开发区总体规划。接着,开发区先后完成并开始实施行政中心区、纺织科技工业园、高新技术园、外商配套服务区等规划,以及基础设施专项规划等。不久,一个全新的经济开发区在常熟东南部悄然崛起。

2003年5月7日,经江苏省人民政府批准,江苏省常熟外向型农业综合开发区调整规划并增挂"江苏省常熟东南经济开发区"牌子,实行"两块牌子、一套班子"的管理办法。同时按照"精简、高效、统一"原则,明确各自的职责,形成综合投资优势。调整后的开发区规划面积7.2平方千米,东至银河路、规划中的黄山路,南至苏嘉杭高速公路,西至横泾塘,北至苏家浜、北闸溻。5月8日,常熟市委、市政府主要领导亲自为开发区揭牌,标志着江苏省常熟东南经济开发区正式诞生。

3. 坚持"五高",实施基础建设"八大工程"

2002—2003年,东南开发区坚持"高起点规划,高品位建设,高速度推进,高效益招商,高水准管理"理念,特别是把载体建设作为重要工作,坚持又好又快,全力推进,取得了显著成效。

2003年,东南开发区共投入基础设施建设资金16亿元,建成区内各类道路96.5千米。其中主要是推进"八大工程"。一是路桥工程。建成各类道路近100千米，安装路灯260多套，建成桥涵35座，其中桥梁21座。二是拆迁安置工程。动迁农户和搬迁企业4 040多户（家），拆迁面积近70万平方米；清理鱼池380亩，搬迁坟墓6 300穴；规划居民花园新村6个，其中4个新村同时开工建设。三是水利工程。加高加固区内圩岸100千米，新建泵站3座，新开河道10千米。四是行政服务中心工程。东南国际大厦（管委会大楼）竣工，行政服务、商贸服务、外商生活服务等配套设施加紧规划建设。五是管线工程。实施自来水管、雨水管、污水管、电信管、有线电视管、天然气管、部分电力线管等入地工程。六是绿化工程。新增绿地面积7.2万平方米。七是板块填土工程。回填土方120多万立方米。八是入口形象工程。完成1个主入口、4个副入口建设，东南开发区初见形象。

4．强化特色，招商引资取得初步成效

东南开发区依托得天独厚的区位交通优势，根据功能定位，全力增创产业特色，重点发展电子信息、精密机械、生物医药、新型材料、高档轻纺和外向型农业等六大产业。与此同时，东南开发区积极采取"走出去、请进来"的方式，分别在广东东莞、上海和苏州市区等地设立招商联络处，在日本大阪设立招商事务所，并通过网上招商、中介招商、代理招商等商业化、专业化招商方法，拓宽招商范围，注重招商实效。

2002年8月，扬宣电子（苏州）有限公司在东南开发区举行奠基仪式。12月，江苏常熟发电有限公司标准厂房落户东南开发区，这些标准厂房采用出租、转让、联合开发等形式，吸引电子、轻工、纺织等企业进行项目合作。12月30日，江苏中汇自然动植物生态园项目奠基仪式在东南开发区举行。该项目由常熟市中汇电器公司和香港中贯实业有限公司合资建办，为常熟市当时最大的农业利用外资项目。

2003年，东南开发区新批外资项目15个，合同利用外资3.04亿美元，注册资本1.23亿美元，利用内资、民资达20亿元。正在开工建设的项目70多个，计划总投资达22亿元；累计投资企业达到233家，其中外资31家、内资202家。

（二）快速发展阶段（2004—2011年）

2004—2011年，东南开发区坚持"项目立区、效益强区、创新活区"发展思路，大力实施招商引资与招才引智双向并举、先进制造业和现代服务业双轮驱动战略，开创了开发区产业项目提能提级、载体功能次第启动、创新创业竞相荟萃的崭新局面。从第一家外资企业入驻到丰田研发等龙头企业纷纷落户，东南开发区初步形成了汽车及核心零部件、先进装备制造、新一代信息技术、现代服务业四大主导产业。

1. 筑巢引凤，招商引资项目精彩纷呈

2004年3月，常熟东南开发区引进首个外资项目——常熟恩斯克轴承有限公司（日资）。该项目占地170亩（约0.11平方千米），分两期建设，一期投资注册资本1 400多万美元，总投资3 200万美元，建造厂房1.5万平方米，生产精密滚针轴承等汽车部件。该项目的落户有利于提高常熟精密机械及汽车零部件行业的档次，促进开发区"产业链"招商。2006年2月，常熟恩斯克轴承有限公司正式开业，为常熟东南开发区以精细化服务助推项目建设提供了良好的先例，同时也为开发区进一步做大、做强、做优汽车零部件产业，使汽车产业链前伸后延创造了条件。

与此同时，日本欧德克斯机械工业（常熟）有限公司、韩国殷昌（苏州）包装有限公司、韩国建和机械（常熟）有限公司、新加坡超煜电子科技（常熟）有限公司、台湾东佳精密光电有限公司、台湾台燔科技（常熟）有限公司、常熟华懋纺织有限公司、常熟中欧汽车电器

有限公司等纷纷落户东南开发区。2004年，东南开发区共新批外资项目45个，合同利用外资10亿美元，注册外资4.3亿美元，到账外资1.7亿美元；内资民资注册资本3亿元，总投资21亿元。

这一时期，东南开发区提出了"提能、提级，再造三个新东南；增速、增效，确保五年翻两番"的战略目标。至2011年，东南开发区新增各类内外资项目257个，其中外资新批40家，增资26家，完成注册外资7亿美元，到账外资3.51亿美元，均占全市总量的三分之一；内资新批217家，增资及迁入83家，完成注册资本54.87亿元，实现年度目标274.4%。

2. 加快发展，新设立出口加工区B区

出口加工区是国家划定或开辟的专门制造、加工、装配出口商品的特殊工业区。常熟出口加工区B区位于常熟东南经济开发区内，于2010年1月15日获国务院办公厅批准，并于同年8月5日通过国家海关总署、国家发改委、财政部、国土资源部等9部委组成的联合验收组验收。常熟出口加工区B区四至为东至银河路、西至富临路、北至富士康路、南至金龙河，一期规划面积0.3526平方千米。2011年6月9日，常熟出口加工区B区正式封关运作，规划面积0.1134平方千米的二期扩区计划同时向省政府申报。

常熟出口加工区B区区内铺设道路3千米，建成全长2419米的不间断全封闭永久性金属围网；沿围网建成总长2200米、横宽4米的巡逻通道；总建筑面积6242平方米的综合监管大楼建成启用。至2011年年底，一期累计出让土地约0.18平方千米，引进工业项目2个，综合物流企业6家，工业地产项目2个，累计注册内资2.17亿元，注册外资1600万美元。

自封关至2011年年底，常熟出口加工区B区累计报关单量4414票，进出口监管货值达1.15亿美元。

3. 着力创新，创建国家级大学科技园

在江苏省委、省政府科技特派员试点工作的大力支持下，常熟市委、市政府高度重视科技园建设，专门成立管理机构，拨付专项资金，于2008年5月开始启动一期建设工程。常熟国家大学科技园采取"多校一府"建园模式，即东南大学、南京大学、南京工业大学、南京艺术学院等十多所高校和常熟共建大学科技园。格局上采用"一园两区多基地"形式，"一园"即常熟国家大学科技园，"两区"即"综合孵化区"和"专业孵化区"，前者是常熟科技城核心区，后者包括新材料产业园、服装设计分园等专业孵化器，"多基地"指科技园辐射基地包括常熟市各个板块的产业化基地。

▲ 常熟国家大学科技园

2009年12月，常熟国家大学科技园通过省级验收，成为全国唯一设在县级市的省级大学科技园。2010年10月，常熟国家大学科技园成功创建全国县级市首家国家级大学科技园，成为教育部、科技部"高校学生科技创业实习基地"全国首批66个实习基地之一。当年，常熟大学科技园孵化面积超50万平方米，累计入驻企业500余家，培育新三板挂牌企业3家，孵化高新技术企业66家，承担各级各类科技项目100余项，拥有专利、著作权等知识产权超2 000件。2011年，常熟国家大学科技园成功引进和培养博士或正高职称人才82名，引进硕士或副高职称人才120名，获得常熟市领军人才项目19个（其中6个A类），省双创项目4个，姑苏人才项目2个，创新创业项目质量和层次显著提高。

常熟国家大学科技园有效地探索高校科技优势与地方产业需求的高效对接，为快速集聚优势科技资源和高端技术人才提供了坚实保障，成为常熟科技创新的活力之源。

4. 加速转型，变更为江苏省级高新区

2011年4月，经江苏省人民政府批复同意，江苏省常熟东南经济开发区更名为江苏省常熟高新技术产业开发区（省级高新区）。

常熟高新区主动克服资源瓶颈制约，不避不等，迎难而上，有效把握东南产业升级的关键期，在项目质量和创新转型上不断寻求新的突破。当年，常熟高新区各类工程新开工建设面积达116万平方米，占常熟全市总量的12%，位居第一。日本三菱电机系列项目、旭化成感光膜、全球最大清洗设备德国凯驰、世界顶级柴油发动机系统项目美国海力达和全球领先电梯生产商意大利思迈特电梯项目等总计投资超12亿美元的一批优质高端项目相继落户，新增世界500强投资项目4个，总量达13个。成功承办"3·22"常熟市现代服务业创新型项目集中启动仪式，中智云计算、海量声学、康纳思光电等一批具有高附加值、高知识人才、高技术含量特性的现代服务业项目相继落户，形成多领域、多层次服务外包及新兴产业集群。尤其是以中科招商、乔博基金、银基创投、金茂基金等10多家基金管理公司为代表的科技金融产业异军突起，合计管理资金超30亿元。

2011年，常熟高新区全年累计完成地区生产总值、工业总产值达167.67亿元和618.4亿元；实现地方财政一般预算收入17.28亿元；完成全社会固定资产投入110.19亿元，其中完成工业固定资产投资85.57亿元；民营经济注册资本在2010年增长183.8%的高起点上，再新增54.87亿元，为全年目标任务的2.7倍；实现注册外资7亿美元，到账外资3.84亿美元，占全市总量的1/3，为常熟市经济总量提升做出了新贡献。

（三）转型提升阶段（2012—2015年）

常熟高新区坚持以发展为第一要务，面对世界经济复苏趋缓和复杂严峻的宏观形势，坚持以党的十八大精神为指导，紧紧围绕建设"转型发展引领区、城市功能提升区、总部经济集聚区、争先进位示范区"的目标要求，始终坚持"稳中求进、好中求快"的总基调，以转型为主线，以创新为动力，在应对挑战中抢抓机遇、在创新实践中破解难题，在保持经济较快增长、加快产业转型升级、推进南部新城建设和促进社会和谐稳定等方面，取得了良好成绩。

1. 聚焦重点，做强汽车及零部件产业

早在2006年，经江苏省外经贸厅批准，常熟汽车零部件产业园在东南开发区正式挂牌建办。2010年，丰田汽车研发中心落户东南开发区。丰田汽车研发中心是日本丰田在海外设立的最大的研发中心，主要致力于节能环保、新能源汽车零部件的国产化研发，促进整车本地化生产。至2012年，丰田汽车研发中心项目吸附效应逐渐显现，首期投资2.85亿美元的丰田汽车自动变速器项目顺利开工建设，丰通合金、后藤金属、东乡弹簧、晓星GST等汽车配套项目纷纷进驻，汽车零部件产业由点扩面策略成功推进。2013年,丰田吸附效应加速释放,丰田汽车变速器项目完成1.5亿美元增资,累计投资总额达4.35亿美元。总投资1.78亿美元的丰田汽车新能源动力电池及电池箱项目配套跟进,吸引总投资4.9亿元的世界500强宝钢集团下属的宝升精冲、总投资3亿元的中欧汽车总部、总投资2.5亿元的宝泓汽车精密配件、总投资2亿元的雷克萨斯旗舰店等项目进驻,汽车及核心零部件产业在常熟高新区加速成型。

2013年12月,常熟高新区获批国家火炬常熟汽车零部件特色产业基地。

2014年,常熟高新区依托现有汽车零部件产业基础和"丰田系""大陆系""三菱系"等汽车零部件产业优势,引进宇量汽车动力电池、丰田汽车零部件三期混合动力汽车耦合器、华普汽车动力锂电池等项目。同时,还新引进了世界领先的汽车零部件供应商法雷奥精密电机及雨刮系统、马勒汽车空调系统等多个世界500强项目。2015年,常熟高新区又吸引了莎玛特汽车传动轴项目、恒瑞与西班牙卡布勒斯集团合作研发制造碳纤维汽车部件项目、汽车零部件一级配套商韩国三松常青汽车安全系统、韩国KOPLA车用工程塑料等项目先后落户。由此,常熟高新区汽车零部件产业链进一步完善,区域内汽车零部件一级供应商达到10家。

2. 着力开放,出口加工区成为综合保税区

2015年1月31日,国务院批复同意常熟出口加工B区升级为综合保税区B区。当年12月30日,常熟综合保税区B区通过由南京海关等10部门组成的省联合验收组验收,这标志着常熟高新区开放层次更高、优惠政策更多、功能更齐全、手续更简化。

常熟综合保税区B区面积0.35平方千米,通过更便捷的通关、商检和外汇管理,着力培育和引进一些高附加值的商贸、物流企业,并积极引进高端电子信息、装备制造、新能源等优质项目。常熟综合保税区B区拥有3.6万平方米标准厂房和2.6万平方米海关监管仓库，同时与宝钢、三星的核心供应商苏州利来钢铁积极洽谈，成功引进常熟汉德皮具贸易有限公司。2015年全年累计报关票数为33 359票，一线进出口总额3 536万美元，二线进出区总额18.27亿美元，缴纳关税2 862万元。还先后举办各种形式的政策宣讲会和区内企业座谈会5次，让企业及时了解海关、国检、外汇、工商等相关部门的最新政策法规及上海自贸区的相关政策。

至2015年年底，常熟综合保税区B区实现海关监管货值18.6亿元，完成海关税收2 862万元。区内共有企业13家，其中生产型企业2家，保税物流企业5家，保税贸易服务及检测维修企业共6家。全年实现工业总产值超过5亿元，实现企业经营总收入5.7亿元。

3. 内地唯一，成立中国常熟世界联合学院

世界联合学院是世界上唯一面向全球提供国际预科学历的教育机构，以"增进国际了解、促进人类和平、实现可持续未来"为教育理念，提倡将来自世界各地不同种族、宗教、政见或贫富背景的青年精英择优选拔、汇集在一起生活学习，先后在英国、美国等14个国家和地区建立校区，学生遍布全球140多个国家。2012年10月，世界联合学院中国国家理事会与常熟市人民政府举行世界联合学院中国筹办意向书签署仪式，决定在常熟高新区建设世界联合学院（常熟UWC）。

2014年3月，中国常熟世界联合学院举行奠基仪式。学校位于常熟高新区（常熟南部新城）核心区，占地面积（0.068平方千米），设国内部和国际部。这是世界联合学院在全球布局的第十五所分校，也是世界联合学院在中国内地设立的唯一校区。学校包括多功能表演艺术中心，体育健身中心，科学、技术、工程和数学中心，图书馆等教学生活设施，可同时满足520名学生学习、生活的全部需求。2015年9月，中国常熟世界联合学院举行首届新生入学仪式。同年11月7日，学校举行开学典礼，世界联合学院主席约旦努尔王后出席活动。2017年5月20日下午，中国常熟世界联合学院首届毕业典礼隆重举行。来自49个不同国家和地区的90名毕业生，以及学生家长、全校师生、员工、UWC校友及嘉宾共同见证了这一时刻。毕业生们获得了许多世界名校的录取通知书，其中包括哈佛、耶鲁、普林斯顿等常春藤大学，阿姆赫斯特学院和威廉姆斯学院等著名文理学院，以及清华大学等。

中国常熟世界联合学院的建成，对于提升常熟市和常熟高新区的知名度，吸引更多外资和创新平台落户常熟、精心打造常熟南部新城，具有十分重要的意义。

4. 提档加速，正式升级为国家高新区

常熟高新区抢抓省科技体制综合改革试点机遇，主动融入苏南国家自主创新示范区建设，在产业提升、科技创新、新城建设等方面取得新突破，实现了在新常态下的新跨越。2015年9月29日，经国务院批复同意，常熟高新区正式升级为国家高新区。

常熟高新区制订出台《科技信贷风险补偿专项资金管理办法（试行）》《科技创新奖励政策实施细则（试行）》等多个政策文件，对全区145家科技创新企业进行奖励。2015年，全年新获批高新技术企业27家，完成年度目标任务的270%；新批高新技术产品65件，完成年度目标任务的163%；新获批省民营科技企业38家，完成年度目标任务的190%；申报国家火炬计划项目11个，完成年度目标任务的183%；推荐省级科技计划项目23个，获立项项目6个。全年新引进国家重点人才2个；省双创人才3个、省双创博士9个，均占常熟市60%左右；入选省六大人才高峰项目1个；入选姑苏人才项目5个、姑苏创业天使计划项目8个；入选海鸥计划项目2个；入选常熟市领军人才17个；6名创业人才在第三届江苏创新创业大赛获奖，占全省入选名额的 1/10。

2015年，常熟高新区完成地区生产总值301.66亿元，完成公共财政预算收入31.74亿元；完成工业总产值、工业开票销售收入分别为965.38亿元、898.54亿元；完成全社会固定资产投资113.86亿元，其中工业投资64.14亿元；完成进出口总额48.24亿美元，其中出口31.63亿美元。

（四）创新发展阶段（2016—2019年）

2016年以来，常熟高新区坚持以习近平新时代中国特色社会主义思想和党的十九大精神为指引，加速新产业、新技术、新人才集聚，先后启动氢能源汽车产业园、人工智能科技产业园、中日创新合作产业园、昆承湖金融科技岛"三园一岛"建设，吹响进军高新技术产业的号角。截至2019年，常熟高新区已经形成了以科技创新为引领、以先进制造业为主体、以现代服务业为依托的现代产业体系。

1. 抢抓机遇，知识产权保护达到新高

2015年，常熟高新区通过江苏省知识产权试点园区考核验收。2016年上半年，常熟高新区获批江苏省知识产权示范园区，同年12月，获批国家知识产权试点园区，成功摘获第五块"国家级"品牌。国家知识产权试点园区试点工作周期为2017年1月至2019年12月。其间，国家知识产权局将试点园区作为相关工作的推进平台，予以政策倾斜和项目扶持。

常熟高新区成立领导小组，设立专项资金，进一步完善知识产权政策体系；完成知识产权服务广场建设，建立专利协同创造机制；促进知识产权运用转化，在重点行业、新兴产业开展专利导航工程；开展专利运营试点，搭建技术转移、专利运营平台，促进专利技术转移转化；探索实施知识产权金融服务培育计划，优化投融资环境；通过共建区域性

中高知识产权运营交易平台，为高价值专利实现成果转化提供有效途径。

2016年年底，常熟高新区专利申请年均增长5.8%，发明专利申请量年均增长39.5%，专利授权年均增长9.8%，发明专利授权量年均增长66.7%，万人有效发明专利达到48.8件。2019年上半年，常熟高新区紧紧围绕以汽车"三化"技术为方向的"一区一战略产业"，开展知识产权工作，知识产权服务体系建设初具规模，知识产权创造和转化能力明显提升。

2. 深度融合，产学研携手创办研究院

成立北京大学分子工程苏南研究院。2016年3月，江苏省人民政府与北京大学签署"十三五"期间战略合作协议，共同推动国家创新驱动发展战略。在此战略合作框架下，北京大学、江苏省产业技术研究院、常熟市人民政府三方决定共建北京大学分子工程苏南研究院。2017年5月，北京大学分子工程苏南研究院在常熟高新区正式揭牌成立。该研究院是北京大学"十三五"期间在全国范围设立的第一家专业研究院，也是北京大学与江苏省科技战略合作规模最大、影响力最深远的项目之一。研究院重点围绕新材料、新能源、生物制药、先进制造等领域，开展关键技术应用研究和集成创新，着力构建创新水平与国际同步、研发活动与国际融合、体制机制与国际接轨的"世界领先、国内一流"的现代产业科技创新基地。

成立江苏省产业技术研究院智能液晶技术研究所。2016年4月，江苏省产业技术研究院、常熟市人民政府、项目经理薛九枝团队三方正式签约组建智能液晶技术研究所。液晶所位于常熟高新区，由全球液晶科学界、产业界的顶级专家组成，为国际一流的智能液晶技术研究所。常熟市人民政府提供研发场地1.3万平方米。2018年1月，江苏省产业技术研究院智能液晶技术研究所正式揭牌。至2019年，研究所聚集了包括欧洲科学院院士、美国科学院院士、美国工程学院院士等业内顶

▲ 江苏省产业技术研究院智能液晶技术研究所

尖科学家，主要从事智能传感、生物医疗、智能玻璃、智能电子消费产品、智能复合材料等液晶产业新技术的研究与开发，积极推动科技成果的转移转化，衍生孵化科技型企业，培养创新人才，已产生强大的国际竞争力和产业集聚力。

3. 创新驱动，获批建设国家创新特色园区

常熟高新区把创建国家创新型特色园区作为推动国家高新区转型升级、高质量发展的重要抓手，大力推进高新区体制机制创新，积极推进创新核心区建设，加快培育发展"一区一战略产业"，加快集聚高端创新资源。

常熟高新区坚持项目引领，着力壮大特色产业规模。培育百亿级骨干企业，确立亩均税收100万元的产业目标，引导企业提高发展效益和贡献度。把壮大骨干企业作为重点，在稳固"丰田系""三菱系""大陆系"三家企业体系的基础上，加快培育"法雷奥西门子系""延锋系""马勒系"等重点企业集团。围绕新能源汽车和智能制造两大产业，依托丰田研发中心、宇量动力电池研究院等平台，常熟高新区通过加强政、企、研机构合作，深度整合生产、科研、市场等各方资源，着力搭建具有高新区特色的产业技术联盟，加快形成上、中、下游配套齐全的产业研发制造基地，形成创新集群效应。

2018年，常熟高新区成功签约总投资1.5亿美元的成鼎精密元件、总投资1.2亿美元的法雷奥西门子、总投资1亿美元的德克迅智能化物流装备等9个外资项目和总投资1.5亿美元的银泰科技、总投资6亿元的航天机电汽车空调、总投资5.2亿元的重塑科技氢燃料电池动力系统、人工智能"独角兽"臻迪科技、行业知名的匠岭半导体等8个内资项目。

2018年12月，常熟高新区获批建设国家创新型特色园区。

4. 着眼长远，新兴产业布局加速推进

2019年以来，常熟高新区积极适应经济发展新变化，加快布局氢能源、人工智能、金融科技、医疗健康和中日合作创新等新兴产业，加快推进各类特色产业园区建设。

依托丰田氢燃料研发、重塑科技氢燃料电池系统集成等头部企业优势，常熟高新区全力打造氢能源汽车产业园。截至2020年年初，已引进以上海捷氢、治臻、美国AP、奕森科技、擎动科技等为代表的氢能源相关项目20多个，形成了核心零部件研发与生产、储氢、加氢、示范应用于一体的产业体系，达产规模将超50亿元。

人工智能科技产业园充分发挥北京中关村RFC联盟的带动效应和相关项目在人工智能领域的全产业链优势，大力招引行业领军企业。截至2020年年初，常熟高新区已引进臻迪科技、一径科技、穿山甲机器人等近50家关联企业，产品涵盖服务机器人、智慧教育、无人机、激光雷达、智能安防等细分领域。2020年，建筑面积达16万平方米的人工智能产业园已开工，预计2021年建成投用，届时将再集聚50家以上人工智能企业。

发挥常熟世界联合学院资源优势，常熟高新区正打造昆承湖金融科技岛，以金融+科技为重点，吸引以数字资产为特征的互联网+、云计算、区块链及金融人才线上线下培训等各类产业。截至2020年年初，已成功引进上海高金研究院、吉风科技、径卫燕梳、云优送、反身文创等20多个项目。金融科技岛10万平方米载体正在开工前准备。

依托雄厚的日资企业基础，常熟高新区加快建设中日创新合作产业园，目前已引进超过80多家日资企业，包括丰田汽车、三菱电机、三菱重工、日立等12家世界500强企业投资的22家企业。日资企业累计注册资本达到18亿美元，总投资超过40亿美元。未来，中日创新合作产业园将以日本高端制造项目为重点，在智能制造、精密零部件加工、半导体设备、新材料等方面全方位开展对接合作，着力打造中日创新合作典范。

此外，常熟高新区医疗健康产业园已集聚30多家医疗企业与健康机构，包括哈佛医学中心、西门子医疗创新中心、爱因斯牙科、雅博尼西人工关节等，产业涵盖医用悬挂系统、骨科医疗器械、口腔医疗器械、康复设备、抗病毒溶胶等领域。同时，10万平方米的华复国际医疗产业基地已开工建设，高新区医疗健康产业园也将加快发展步伐。

二、常熟高新区发展的主要成就

常熟高新区建设发展10多年来，认真贯彻落实中央及省、市一系列重要部署和指示精神，在常熟市委、市政府的领导下，积极应对国内外复杂多变的经济形势，以提高经济发展质量和效益为中心，统筹抓好各项工作，实现了经济社会的平稳、健康、可持续发展。

（一）勇立潮头，经济总量快速增长

10多年来，常熟高新区积极解决发展中遇到的难题，有效出击，主动作为，实现了经济总量的快速增长。截至2019年年底，常熟高新区实现地区生产总值422.09亿元，实现一般公共预算收入50.52亿元，实现工业总产值1 365.96亿元、工业产品销售收入1 296.25亿元，实现全社会固定资产投资128.9亿元，其中工业固定资产投资69.65亿元，实现进出口总额54.18亿美元，其中出口34.28亿美元。全年共有28家工业企业亩均税收超50万元，14家超100万元；丰田汽车零部件等10家企业纳税超亿元。

2016年，在科技部火炬中心公布的全国国家高新区综合排名中，常熟高新区位居第一百二十六位，2017年位居第八十七位，2018年位居第七十八位，2019年再跃居至第七十二位，成为争先进位步伐最快的国家高新区之一。

（二）量质并举，重大项目扎实推进

10多年来，常熟高新区坚持"以实体经济为主、以特色产业为重、以品牌企业为支撑"理念，突出做好重点产业、品牌企业的招商引资工作。

注重项目质态，加快项目推进，不断提升产业层次。2019年，常熟高新区成功承办苏州市二季度重点项目推进会，延锋安道拓、科力美二期等13个项目竣工投产，正力电芯、重塑科技等27个市级重点产业项目全部开工建设且进展顺利。全年完成注册外资4.53亿美元，到账外资2.27亿美元，净增民营经济注册资本46.13亿元。

截至2019年年底，常熟高新区共有28家世界500强企业投资项目50个、12家全球汽车百强供应商投资项目20个、汽车零部件一级供应商63家。

（三）做优做特，产业结构不断优化

10多年来，常熟高新区紧紧围绕汽车及核心零部件、先进装备制造、新一代汽车技术、现代服务业等重点产业布局，不断优化产业结构，形成特色明显的创新型产业集聚区。打响特色产业园品牌，打造高质量特色产业园，持续壮大特色产业规模。发挥好"丰田系""三菱系""大陆系"等骨干企业的带动作用，不断扩大新的投资，增加新的产能；布局和拓展以新能源汽车"三电"为重点的汽车产业，推动新能源汽车产业联盟协同创新。2019年，高新区汽车产业开票销售总额达450亿元，先进装备制造产业开票销售总额达120亿元，新一代信息技术产业开票销售总额达135亿元。

常熟高新区在持续发力"3+1"支柱产业的同时，积极适应经济发展新变化，2019年以来加快布局氢能源、人工智能、金融科技、医疗健康等战略新兴产业，加快推进各类新兴产业园建设。

（四）完备要素，创新活力不断增强

10多年来，常熟高新区坚持把创新作为发展的核心动力，把人才作为支撑发展的第一资源，着力集聚各种创新资源，加速实现从要素驱动向创新驱动的动力转换。深入推进北大分子工程苏南研究院、江苏省产研院智能液晶所、先进金属所、中国智能车中心、上海交大常熟汽车轻量化技术研究院等创新平台建设，积极打造研发产业创新基地。

2019年，常熟高新区新增高新技术企业23家，总数达到110家。获得各级、各类项目立项21个，其中省科技成果转化项目2个，省工程技术研究中心2个。全年获得专利授权850件，其中发明专利授权70件，累计发明专利792件，万人发明专利拥有量达62件。获批"苏南国家科技成果转移转化示范区创新方法推广应用示范基地"。

▲ 昆承湖大桥

2019年年底,常熟高新区共有国家级重点人才15人,江苏省双创人才35人、苏州市姑苏人才59人、常熟市领军人才198人,成为落实国家高新区"十三五"发展规划纲要,在新时期实施创新驱动发展战略的中坚力量。

(五)精致规划,南部新城初步成形

10多年来,常熟高新区坚持产城融合发展,高起点规划,高标准建设,高效能管理,持续提升南部新城建设内涵。

2019年,常熟高新区科学推进南部新城东部中片区、核心片区等多个区域控制性详规修改,做好"三园一岛"载体设施规划编制。着力提升基础设施现代化水平,东南大桥重建、常昆公路改造、香江西路、武夷山南路改建、常清中学周边三条道路等顺利完工,银通路、金门路改造等工程快速推进,区内路网体系不断完善。

此外,高新区坚持以人为本,不断完善教育、文化、购物、休闲等公共设施。一批中高档住宅区、人才公寓相继建成,常熟国际学校、东

南实验小学、东南邻里中心、社区卫生服务中心、东南文化中心、永旺梦乐城等陆续投用,世界联合学院在中国内地唯一校区蓬勃发展,常清中学正式投用,启文学校加快建设。

(六)党建引领,队伍建设深入推进

10多年来,常熟高新区坚持将党要管党、从严治党贯穿于干部、队伍建设各方面,进一步凝聚党心民心,有力保障了各项事业的健康发展。

深入开展解放思想大讨论系列活动,扎实推进"不忘初心、牢记使命"主题教育,组织全区各基层党组织和广大党员深入学习贯彻习近平新时代中国特色社会主义思想和党的十九大、十九届三中、四中全会精神,全体党员不断增强"四个意识",坚定"四个自信",做到"两个维护"。结合区域科技、人才、教育集聚的特点,积极打造昆承湾党建联盟特色党建平台,构建"12345"党建工作机制,开展"红色走亲"开放式党日等特色党建活动。多措并举提升"两新"组织活力,基层党组织建设务实推进。制定《区管(股级)干部选拔任用工作规程》,完善精准科学选人用人和干部梯队建设机制。严格执行"三重一大"制度,紧盯工程建设招投标、拆迁征地、农村"三资"管理等关键领域,实行常态化督查,维护了风清气正的良好发展环境。

三、常熟高新区发展的经验启示

常熟高新区在常熟市委、市政府的悉心关怀及各部门的大力支持下,在不断地攻坚克难和埋头苦干中,逐步成为以科技创新为引领、以先进制造业为主体、以现代服务业为发展重点的重要经济板块,其成功经验和启示弥足珍贵。

（一）必须坚持以解放思想为先导，不断增强敢为人先、勇于突破的意识

10多年来，常熟高新区经历了国际、国内经济环境的严峻考验，也经历了政策调整的不适应、资金矛盾相对突出、土地资源供给紧张、局部体制不顺等带来的发展障碍。在各种矛盾和困难面前，常熟高新区坚持思想解放，迎难而上，敢为人先，勇于突破，在实践中逐步找准园区功能和产业的定位，从而持续推动重点产业的转型、招商区域的转向和开发区形象的转优。实践证明，解放思想无止境，唯有在解放思想中谋求突破，才是推动常熟高新区经济社会跨越发展的持久动力。

（二）必须坚持以艰苦创业为理念，始终发扬自我超越、争创一流的精神

10多年来，常熟高新区把创业、创新、创优作为最大的使命，以开拓者、排头兵为己任，永不满足，永不停歇。在创业初期克服了重重困难，开荒辟路，架线搭桥，抢时间，争速度，用辛勤的汗水和无私的奉献为开发区建设打下了坚实的基础，铸就了"自我超越、争创一流"的"东南精神"，成为常熟市效能建设的旗帜和表率。在经济发展进入新常态的情况下，全区上下振奋精神、团结协作、勇挑重担、奋力争先。实践证明，"艰难困苦，玉汝于成"，艰苦创业是成就事业的基础，是保持事业长盛不衰的重要所在。

（三）必须坚持以改革创新为动力，努力提升攻坚克难、科学发展的勇气

10多年来，常熟高新区把改革创新作为破解发展瓶颈、增强发展活力的根本途径。以产业和科技创新为关键，加快形成现代产业新体系和创新驱动新动力，不断提高经济增长质量和效益；以载体创新为依托，科学规划布局，促进资源整合、功能叠加，不断提升高新区承载力、集聚力和影响力。探索转型提升发展新路子，增添经济社会发展新动力，有力地推动了全区经济社会科学持续发展。实践证明，改革创新是开发区经济社会发展的根本动力，是破难题、增动力、拓空间，推动开发区发展的灵魂所系。

（四）必须坚持以务实高效为标准，大力弘扬真抓实干、锲而不舍的作风

10多年来，常熟高新区以"不讲条件、不讲客观、只比干劲"的工作要求，高标准谋划和推进各项工作，在拼抢中抓机遇，在实干中定标杆。始终以真抓实干求实效，锲而不舍抓落实。始终强化"言必信、行必果"的工作准则，以定则必干、干则必成、创则必胜的信心和决心，把务实高效作为立身创业的根本，把干多干好作为争先创优的标准，使各项工作真正落到实处、见到成效。实践证明，开发区发展的关键在于始终坚持务实重干、求实高效，在于积极作为、坚韧不拔，在于不断增强发展的动力和活力。

（五）必须坚持以活力高效为思路，全力构筑统筹发展、产城一体的环境

10多年来，常熟高新区按照"理关系、增活力、拓优势、强实力"的总体思路，不断完善行政管理体制。2012年2月，经江苏省人民政府批准，东南街道办事处成立。东南街道办事处和常熟高新区地域重合，接受常熟市和常熟高新区管委会双重领导。东南街道办事处主要负责区域内社会民生事业发展和社会治理等工作，常熟高新区管委会则侧重于经济发展、科技创新、城市建设等工作，并统筹区域社会事业发展。通过不断完善区域行政管理体制，推动了常熟高新区各项工作，特别是管理服务工作高效灵活运转，高新区各项事业由此得到了快速、全面、协调推进。实践证明，不断优化行政功能，是加快建成"特色产业新区、知名创新湖区、精致宜居社区"，实现高新区高质量发展的重要途径。

（六）必须坚持以队伍建设为抓手，着力营造敬业奉献、追求卓越的氛围

10多年来，常熟高新区不断加强领导干部和党员队伍建设。一批批高新人怀着对事业的执着追求、对工作的满腔热情，传承和弘扬"东南精神"，做到困难面前不徘徊、矛盾面前不回避、挫折面前不退缩；不断解放思想，大胆突破，努力提高在新形势下抓创新、敢突破、促跨越的勇气和能力。实践证明，始终强化党员干部的先锋模范意识，加强人员队伍的思想政治建设、作风纪律建设，牢固确立忠诚、干净、担当和创新创优理念，是推进高新区建设不断向前发展的重要保证。

四、常熟高新区发展愿景展望

（一）总体思路

以习近平新时代中国特色社会主义思想为指导，贯彻落实党的十九大和十九届二中、三中、四中、五中全会精神，牢固树立新发展理念，坚持"争先进位、高质量发展"为导向，以市县体制机制改革试点和创新型特色园区建设为抓手，以培育发展具有关键核心技术的企业和高新技术产业为重点，以智能制造为支撑着力培育园区新动能，提升产业发展现代化水平，将常熟高新区建设成为泛长三角开放创新引领区、智能制造样板区、未来城市交通试验区、国家创新型特色园区县级标杆。

（二）战略定位

坚持产业、创新、城市三位一体，同频共振、同步发展，打造"智·汽·氢·城"中国名片。"智"，围绕人工智能、智慧医疗、智能制造，建设智慧城市；"汽"，坚持汽车及核心零部件支柱产业；"氢"，积极发展氢燃料电池及汽车新能源等新动能产业；"城"，打造常熟南部新城。

（三）发展原则

首先，特色引领创新驱动。坚持从资源禀赋出发，聚焦特色园区建设，以科技驱动产业创新、以科技支撑经济社会均衡发展。

其次，高新引领产业递进。坚持高新技术产业定位，重视研发创新，保持持久耐力，长期投入，促进产业向中高端攀升递进。

再次，改革引领开放协同。以科技创新体制综合改革试点为基础，探索复制自贸区科技改革经验，引领区域协同开放发展。

最后，智慧引领绿色发展。以智能制造、智慧生活为目标，引领全区产城融合，坚持生态优先，引导产业绿色发展。

（四）发展目标

到 2025 年，常熟高新区产业布局更加优化，自主创新能力显著提高，开放创新环境持续改善；高新技术产业体系基本形成，科技型中小企业和高新技术企业愈加壮大，新型产业发展稳定，科技成果转化明显提高；智能制造和智慧城市区域领先，建成创新型特色园区县级标杆；基本实现园区治理体系和治理能力现代化。

高新区排名挺进新的方阵。至 2025 年，常熟高新区争先进位再攀升，全国高新区排名突破"5"字头，并保持在"5"字头前列。全社会研发支出占地区生产总值的比重达9%，高新技术企业数突破500家，高新技术产业产值占规模以上工业产值的比重达到70%。"三园一岛"有序推进，新兴产业稳步增长，产业核心规模超过100亿元。

产业地标再进一个新的量级。聚焦新能源汽车及关键核心零部件产业，主导产业产值达1 500亿元。10亿元以上龙头企业达100家，亩产税收超100万元的企业达50家。

经济发展再进一个新的台阶。不断提高园区经济发展水平和发展质量，至2025年，实现地区生产总值达700亿元，占常熟全市比例由现在的17.58%左右提升至23%左右。

社会治理再进一个新的目标。科技支撑社会治理更加进步，数字经济和新基建广泛用于经济民生和社会治理，坚持以人民为中心，不断增强人民群众的获得感和幸福感。

（五）工作重点

1. 立足现有，加快支柱产业转型步伐

继续围绕做强做精现有"3+1"支柱产业，积极发挥企业主体作用，把构建产业集群、发展智能制造、提升创新能力、淘汰落后产能作为推进支柱产业转型升级的主要路径，聚焦创新、精准发力，不断提升经济发展的质量和效益。

（1）强化产业集群效应。充分利用众多优势企业和优质项目，优化产业发展结构，推进产业集群发展，加快实现区内企业发展由简单集聚向内在集群转变。以汽车产业"绿色化、智能化、轻量化、网联化"为方向，推进汽车零部件产业转型升级，大力发展新能源汽车三电（电池、电机和电控）及关键零部件，延伸新能源车核心产业链。扎实推进与知名品牌企业的合作，加速形成产业技术优势和规模优势，推动产业结构由中低端向中高端攀升，力争五年内形成"丰田系""三菱

系""大陆系""三一系"四个"两百亿级"企业系和"延锋系""马勒系""法雷奥西门子系"三个"一百亿级"企业系,形成高质量千亿能级产业集群。把发展现代服务业作为促进经济增长、服务经济发展的重要抓手,重点抓好人力资源、数字经济、总部经济、金融科技等重点领域,实现先进制造业和现代服务业双轮驱动、融合发展。

(2)提升智能制造水平。突出"机器换人",坚持把发展智能工业作为提升产业层次的重要手段。依托菱创、阿为特等智能化服务平台,建设集科技研发、科技服务、成果转化、人才培养、产业孵化于一体的综合性智能制造园区,着力在智能工厂、智能车间、智能应用和智能管理等方面形成集聚优势;借助索特、延锋、大陆、三菱等建设工业4.0智能车间的契机,推进区内智能制造标杆计划,确保每年智能化改造投入不少于30亿元,建设一批省级智能示范车间,培育一批示范企业和试点企业。积极鼓励企业向价值链高端发展,加快技术改造和研发投入,加快前沿性、关键性技术装备升级,引导企业注重技术、品牌和模式创新,运用物联网、云计算、大数据等先进技术,促进实体经济与互联网融合发展。

(3)激发企业创新活力。实施创新驱动战略,使企业能更好地适应市场的变化。以规上工业企业、领军人才企业、科技型中小企业等为重点服务对象,加快培育一批有行业竞争力的高新技术企业。鼓励企业加大研发投入,依托丰田研发中心、马勒全球研发中心等外资研发中心的品牌效应,鼓励国外研发机构入驻,支持外资企业、规上工业企业建立高水平研发机构,重点推进正力蔚来新能源电池储能研发创新中心、延锋未来汽车座椅研发创新中心、凯驰清洁器具研发创新中心等一批企业研发中心建设。围绕主导产业发展需求,建设一批公共服务平台和共性技术平台、组建氢能源汽车、人工智能等产业创新联盟,引进知名院校与企业联合建设产业技术研究院等共性技术组织,为企业科技创新提供强力支撑。大力支持北大分子工程苏南研究院、省产研院智能液晶所和金属所、智能车中心等重点平台建设，开展关键共性技术开发、产业化技术研究和公共测试服务，进一步释放科技创新资源；积极推动平台市场化改造，通过建立"股份合作、团队控股、股权激励"等机制，充分激发科技人员创新创业热情。深化与省生产力促进中心的合作，引进并培育一批科技创业服务、技术成果转化、知识产权服务、人才培训等科技中介服务机构，加快培育一批省级以上院士、博士后工作站，重点培育专利示范企业，保持专利申请量和授权量在常熟的领先地位。扩大孵化加速载体面积，优化创业孵化服务，重点培育科技领先型企业群。

（4）倒逼企业转型升级。积极开展"退二优二"工作，结合"263"专项行动和"331"行动，实施"腾笼换凤"工程，借助社会和市场力量挤压淘汰落后产业产品产能，重点对不符合安全生产要求、不符合环保和节能减排要求的低效利用工业用地的企业进行清退。同时，大力推进基础资源的优先和优化配置，通过对现有工业企业开展综合评价分类，在租金、用电等方面进行杠杆调节，制定差别化的服务政策，实施分类指导，以亩产论英雄，优势企业优质服务，劣势企业成本倒逼，将发展的着力点转到提高质效上来。

2. 面向未来，培育引领发展先导产业

今后的一段时期里，常熟高新区要在全市转型发展格局中发挥引领性作用，就是要牢牢把握发展契机，加快布局先导产业，将高新区发展推向新高度。

（1）氢能源汽车产业。积极抢抓我国氢能源汽车商业化发展机遇，将首期规划嘉地现代产业园内4栋约4万平方米高标准厂房作为启动区，承接氢能源汽车产业研发及产业化项目。同时规划银河路以东1平方千米地块作为承载区，在已成功引进重塑科技、双晋氢燃料电池等优质项目的基础上,加快核心企业集聚,推动车辆示范运行。完善氢能基础设施,搭建研发与测试服务平台,突破燃料电池电堆、动力系统、关键材料与核心零部件等关键技术,完善氢燃料电池汽车技术链、产业链、价值链,打造集产业制造高地、技术创新中心和示范应用基地为一体的氢能源汽车产业园。力争通过5年时间,在氢燃料电堆、动力系统、核心材料与零部件的研发制造领域集聚关键企业50家以上,氢能源汽车产业链年产值超150亿元;建成3座以上商业加氢站,完成3条50台氢燃料大巴的公交线路运行,实现400台氢燃料物流车和50台环卫车的商业化运作,氢燃料商用车投放数量达到500辆;在研发层面实现制储氢、电堆、系统集成与控制等核心产品的关键技术指标达到国内乃至国际先进水平,集聚3—5家国内领先的氢燃料汽车研发机构,实现研发、创新、应用、产业化的综合发展,形成示范应用氢能源汽车的良好氛围。

(2)人工智能科技产业。依托臻迪在人工智能领域的全产业链优势,采取政府引导,企业市场化运作的双轨制模式,打造人工智能科技产业园,带动发展智能汽车、智能高端装备、智能医疗、智能机器人、智能终端产品等细分领域,形成特色人工智能产业集群,构建人工智能产业创新生态圈。当前将以大学科技园及同济广场现有2万平方米办公载体作为先行启动区,率先从臻迪及其投资产业生态中引入第一批人工智能企业或项目8—10家;并制定具有竞争力的人工智能产业政策和高端人才引进政策,成立人工智能产业投资基金。通过产业基金引导,将人工智能专利创新中心、创新孵化中心、共享实验中心、云计算及存储中心等平台引入常熟。力争5年内初步建成人工智能科技产业园,引进人工智能龙头企业3家以上,培育"独角兽"企业超过5家,初步建成若干具有较大影响力的开放创新平台,打造医疗辅助诊断、智能驾驶等新一代人工智能开放创新平台,以及智能无人系统、智能高端装备制造等开放创新平台，构筑人工智能开放创新平台体系，产业规模超过100亿元，综合税收10亿元，协同带动相关产业规模超过300亿元。

（3）中日创新合作产业。在现有日本企业集聚优势的基础之上，创新合作思路和方式、发挥互补优势、开拓新兴领域，从吸引直接投资向多角度、新领域、深合作的方向转变。在进一步增强现有新能源汽车及零部件、高端装备制造、创新科技、现代服务业等产业集聚度的同时，促进中日企业通过创新合作机制嫁接相关经济、产业、科技、金融和人才等资源，聚焦新经济、增创新动能，努力打造成集中日新能源汽车制造示范区、智能制造试验区、中日先进应用技术交易中心、中日创新孵化中心、中日招才引智与实用型人才培训基地、中日创新合作金融服务中心、中日智慧社区示范应用中心于一体的中日两国创新合作、协同发展的公共服务平台和典范型园区。目前以现有的10万平方米嘉地工业园高标准厂房设施为支撑，并另行规划1平方千米工业用地作为"中日创新合作产业园"的先进制造业载体基地。对于符合入园条件的日资企业，将在土地供应、载体租金、销售贡献奖励等方面提供要素保障及优惠政策，同时在一站式服务、人力资源保障、产业基金、生活配套等方面提供全方位、高效率、国际化的优质服务。力争至2025年，重点产业的产业链向两端得到充分延伸，人工智能、半导体、IOT、5G等新兴产业实现突破，完成重点新兴产业创新合作中心平台建设，形成中日产业合作新亮点。

（4）金融科技产业。以金融为依托，以先进的信息技术为核心，打造云计算、大数据、人工智能、区块链与金融业紧密结合的金融科技服务业态，有效集聚金融、科技、投资、中介等机构，形成先进信息技术产业、高效金融资本流动、产城融合服务三者有机统一和互动发展。当前将重点推出科创大厦、同济广场约2万平方米办公载体作为昆承湖金融科技产业发展的首期启动区，并做好昆承湖金融科技岛开发建设规划，通过搭建金融科技产业研究、人才实训等平台，吸引一批总部型的金融科技企业共同参与产业园的开发建设。力争至2025年，昆承湖金融科技岛框架基本形成，建设初具规模，引进10—20家全国标杆性金融科技企业，入驻超过百家金融科技企业，形成长三角区域高效化、高端化、现代化的"金融科技品牌"。

（5）在医疗健康产业方面，将加快推进建筑面积约10万平方米的华复国际医疗产业基地建设，力争至2025年，集聚百家以上医疗器械企业，产业规模达到50亿元。

3. 深化改革，做好关键要素服务保障

坚持问题导向，找准改革"靶点"，发挥改革对发展的"深刺激、强刺激"作用，努力走出一条改革创新、内生驱动的可持续发展之路。

（1）深化土地集约利用。结合"双百"行动，进一步研究完善高新区国土空间规划。加强与沙家浜镇等周边乡镇的区镇联动，在资源统筹、违法用地处置等方面开展合作，对存量资源进行了全面摸底，尤其对存量空地尽早落实用地计划。同时，进一步完善招商引资预评估体系，将项目的产业及产业链、项目类型、投资强度、税收贡献、技术含量、环境影响、资源能源消耗等方面纳入评估内容，用综合评价的方法科学设定入区项目和乡镇联动项目的门槛。健全建设用地集约利用的动态评估与考核体系，积极开展企业"零地增长"工作，重点加强对闲置土地的清理，盘活闲置建设用地。制定严格有效的土地退出机制。按照"高进低退"的原则，建立劣势产业存量资源转移机制，推动存量资源向高增长型产业有序转移，提高土地使用效益。

（2）丰富产业融资方式。加大政府投资力度，发挥政府财政杠杆作用，撬动更多社会资金参与产业投资和园区建设。深化银政企合作机制，积极探索新型融资模式，积极推动区内企业发行债券和融资信托计划，鼓励企业和金融机构联合探索信用融资、合同融资、项目融资等融资方式；鼓励企业开展海内外并购；实施"精品企业上市工程"，促进企业通过各种方式和途径在境内外上市。建立多功能产业基金体系，通过政府引导，推进金融投资和社会资金参与，设立中小企业扶持基金等创业发展引导基金、战略性新兴产业发展基金等产业发展促进基金等，为产业与企业发展提供融资、贷款贴息、直接补贴和奖励等多种形式的资金支持。设立创业投资引导资金，通过跟投、引投、参股创投企业、提供风险补贴等多种形式，加大对科技创业企业的资金支持。

（3）强化人才保障机制。加强人才引进。重点引进主导产业领域的战略科学家及其团队、高端领军型创新创业人才、海外留学生、草根创业者等产业人才；积极引进财会、咨询、法律等创业服务人才。强化人才培育。通过重大工程和重点项目的实施，完善创新人才和创新团队的培育机制。规范、整合园区现有培训资源，开展联合培养机制，加强与国内外高校、科研院所建立产学研联合培养人才试点。加强与常熟理工学院、职教中心的合作，推广校企联合的定制化人才培养模式。优化人才成长环境。建立人才引进专项基金和高端人才、项目奖励、研发扶持基金，鼓励企业申报各类人才项目；积极宣传、表彰和奖励有突出贡献的企业家，特别是创新型企业家，树立创新典型；加快国际化人才公寓建设，帮助解决住房、子女入学、配偶就业等实际问题；建立主导产业领域技术交流平台，举办专业性的全国学术交流会、产业发展论坛；依托龙头企业，探索产权多元化、知识产权化、年薪制、风险抵押经营、股票期权等长效激励机制等。

（4）提升园区公共配套。在区域竞争优惠政策日趋同质化的阶段，吸引投资创业的焦点越来越集中于对园区公共配套环境的比较，完善的公共配套已成为吸引高技术人才和高新产业落户的决定因素。抓住"十四五"期间常熟优化市域空间战略布局的契机，推进城市空间重组，融合生态、生产、生活协同发展理念，依托昆承湖生态优势，围绕住、学、医、购、娱、体,加速布局与建设一批中高档住宅社区、服务型人才公寓、医疗康养场所、体育休闲场馆、大型商贸综合体等生活必备设施。加快推进日航酒店、塔亚普拉运动酒店、波司登凯悦酒店3家五星级酒店的建设与运行。加快哈佛医学中心、新宁国际诊所投用,不断提升园区教育配套。围绕卫生、秩序、绿化、亮化、河道、园区出入口等重点,以"绣花"功夫抓好城市精细化管理,全力做好集贸市场、污水接管、燃气入户等百姓身边"关键小事"。健全各项公共服务资源配置等,努力创建和谐宜业、智慧宜商、文明宜居新城区,为辖区居民和外来人才营造良好工作生活环境。

(5)落实安全底线战略。督促企业开展环境隐患排查,深入开展环境风险评估。需摸清区内安全风险源家底,对生产、贮存、运输有毒有害及危险化学品和易燃易爆物的企业和放射源生产使用单位进行重点排查,包括危险性物质详细的物理化学特性、数量、存放地点,建立安全生产隐患监控档案和园区危险性物质数据库。对各类污染源重点是线路板、电子产品、印染企业生产企业调查和监控,督促各企业落实工艺设备、生产过程、危险化学品储运、电气电讯、消防及火灾报警系统、风险管理等各方面风险防范措施的要求,对污染防治和风险防范设施建设不到位的企业,加大管理处罚力度,进行限期停产治理或责令关闭。结合日常环境管理工作进行定期检查,针对重金属、危险废物的专项检查,进一步督促企业规范完善涉重金属、危险废物企业管理制度和台账,降低企业的环境风险。

(6)完善行政管理体制。深入学习借鉴周边先进开发区体制改革的成功经验,结合上级机构改革相关做法,进一步理顺常熟高新区及东南街道行政管理体制。推动高新区职能配置实现"两剥离、一加强",即彻底剥离社会事务管理职能,剥离开发运营职能,加强落实发展规划、促进产业发展、协调服务企业等经济管理职能。在机构设置上突出精简高效，建立更加符合高新区发展需要的组织架构，以充分聚焦主业、"轻装上阵"，在未来城市经济发展中更好发挥引领作用。界定好高新区与东南街道的功能定位，实现"相互促进"而非"两张皮"。建立激励竞争的干部人事制度，实行"干部能上能下、人员能进能出、待遇能高能低"，建立"以实绩论英雄、凭能力定岗位"的管理机制，解决高新区队伍专业能力不强、结构老化、人才流失的问题。薪酬总额与经济发展、税收增长、辐射带动作用等挂钩。

（7）强化党建引领工程。坚持在服务大局上求突破，把党建工作与改革发展稳定各项工作，与高新区中心任务一起谋划、一起部署、一起推进，确保重大项目建在哪里，基层党的组织就建在哪里、党的工作就覆盖到哪里，广泛凝聚组织力量，不断把党的政治优势、组织优势转化为发展优势、竞争优势。坚持在优化营商环境上求突破，积极搭建党员发挥作用的载体平台，围绕项目招引、代办、落地等，设立党建惠企"星火"专员，发挥党员先锋模范作用，引领全体党员干部围着项目转、盯着项目干，努力营造"最舒心"营商环境。组建一批一线攻坚"行动支部"，引导党员干部发挥主心骨和生力军作用，积极承担急难险重任务，带头建功立业，让党旗飘扬在发展第一线，红色堡垒筑在发展第一线。党员作用发挥在发展第一线。坚持在提升基层组织力上求突破，不断深化和巩固主题教育成果，把广大党员干部的动力、活力、战斗力充分激发出来。积极实施非公企业党建"星火炬力"行动计划，引导企业党组织抱团发展，进一步选优配强基层党组织带头人，推进企业党建与企业发展在实处、深处融合共进。

延伸阅读

常熟高新区：科创产业高地加速隆起

世上湖山、江南福地。作为苏南县域经济的代表，江苏省常熟市始终坚持科技创新与体制创新双轮驱动，以创新支撑经济转型升级，走在了全国县域经济高质量发展第一方阵。在常熟高质量发展版图上，日渐隆起了一块"常创常新"的科创产业高地——常熟高新区。

今年是常熟高新区升级国家高新区5周年。作为常熟市科技创新的核心区，常熟高新区始终保持锐意创新的勇气、敢为人先的锐气、蓬勃向上的朝气，坚持实施创新驱动发展战略和产城融合发展战略，打造高质量产业体系，培育高效益创新生态，构筑高品质营商环境，建设高颜值常熟南部新城，已经成为常熟市科技创新策源地和重要的经济增长极。

2019年，常熟高新区实现地区生产总值422.1亿元，同比增长7.6%；一般公共预算收入50.5亿元，同比增长13.1%，区域人均地区生产总值超过4万美元。在全国169家国家高新区综合评价中位居第七十二位，三年累计上升五十四位。

厚植双创沃土
孕育更多"创新高峰"

在常熟高新区有这样一家企业，将AI和无人机完美地组合在一起，开发出全球首款全场景AI相机——PowerEgg X。该款产品集AI自寻影、手持超级防抖相机、防水无人机于一体，让你在摄影时体验酷炫科技感。

提升企业投资和发展的信心，激发企业创新发展动力。

常熟高新区充分利用"互联网+"报批服务，鼓励企业选择"不见面"办理相关业务。推行项目全过程帮办服务，紧盯项目评估、施工许可、竣工验收、设备投资等重点环节，做好报关通关、水电气接入等服务，对重大项目开通"一事一议、特事特办"的"绿色通道"，为企业解决建设和生产过程中的实际难题。对有需求的企业，提供市场咨询服务，启动企业发展陪伴计划，为企业提供全生命周期定制化服务。

常熟高新区推动土地、融资、用工等资源要素向实体经济倾斜，深入推进"百亿强企"培育工程，着力加大对丰田系、三菱系、大陆系、延锋系、马勒系、法雷奥西门子系、三一系等规模骨干企业的服务力度。同时，落实好国家、江苏省、苏州市对实体经济发展的各类扶持、减税政策，加大政策宣传解读力度，既聚焦重点企业、规模企业，也兼顾中小企业、初创企业，让所有企业都能知晓政策、运用政策、享受政策。

常熟高新区各部门主动深入一线了解企业实际需求、掌握项目建设情况，每周召开工作例会，对企业反映的实际困难和相关诉求全力帮助解决。另外，出台相关政策文件，鼓励企业技术改造、扩大规模，走高质量发展之路，并通过政企通平台和微信群等建立快速便捷的沟通渠道，服务企业发展，营造出"围着企业转、盯着项目干"的浓厚发展氛围。

正是用"心"服务，换来了"新"发展。2020年上半年，常熟高新区累计签约项目42个。其中，5个世界500强项目，4个投资超10亿元的项目。到账外资完成年度任务的84%；注册内资完成年度任务的135%。

产城融合开新篇

"精致新城"聚人气

环湖一片绿,沿路一片景。如今,常熟高新区产业发展与新城建设双轮驱动,创新发展与环境提升相得益彰,让各类人才在这里快乐创业、幸福生活。

"常熟离上海很近,本地有职业学校,人文环境又好。"苏州全波通信技术股份有限公司李文华说,他的团队考察了上海周边城市,最终选择在常熟高新区开办了全波通信公司。

郑卫锋表达出了同样的观点:"常熟高新区得天独厚的人文环境,特别适合创新创业,是吸引我们落户的原因之一。"

以产兴城,以城带产,产城融合。近年来,常熟高新区深入实施产城融合发展战略,依托毗邻常熟主城区、内拥昆承湖的区位优势,以产业发展为核心,以产业需求为导向,坚持产业升级与城市塑造协调推进,高标准规划、高起点建设、高质量管理,优化环境,引进优质资源,不断完善交通、教育、商业、医疗卫生、文化体育等公共配套设施,推进产、城、湖的融合发展,努力打造成为常熟产业新高地、科技创新区和生态湖滨城,努力建成集创新资源、高端人才、现代产业、综合商务为一体,服务推动产业提升、辐射引领区域发展的功能型、复合型、品质型、生态化"精致新城"。

交通是城市的"血脉",内畅外联的路网是实现产城融合发展的重要保障。对外,常熟高新区是常熟城市南拓、融入苏州对接上海的桥头堡;对内,这里北邻常熟三环快速路,昆承快速路纵贯南北,连接常熟市区和常台高速沙家浜出入口。在此基础上,常熟高新区通过优化区内路网、增加高速公路互通、开设公交专线等措施,进一步提高区内外交通的可达性和便捷性。

同时,常熟高新区加速建设一批中高档住宅社区、服务型人才公寓

▲ 中国常熟世界联合学院

等生活必备设施，营造优质的生活环境，从而使产业人才留得住、住得下。目前，天玺人才公寓、常熟理工学院人才公寓已入住众多产业高新人才；昆承湖国际生活社区、昆承湖日航酒店等一批优质生活场所正在建设中；南部新城新地标——188米的波司登中国纺织大厦正在加紧建设，将成为常熟市服务业的新标杆；24万平方米的东湖京华商业商务区和60万平方米的金茂智慧科学城已动工建设，建成后将为园区创新创业提供优质的载体……

常熟高新区坚持以人为本，积极引入优质教育、商业、医疗卫生、文化体育等公共配套资源，提升公共服务水平。

在教育资源集聚方面，昆承湖畔的中国常熟世界联合学院是全球第十五所、中国大陆第一所世界联合学院，另外，还有世华学校、常熟国际学校、常清中学、东南实验小学等一批优质学校坐落于此，让这里的人文教育氛围日益浓厚。在商业配套方面，2017年，4万平方米的商业综合体东南邻里中心建成营业；2019年，18万平方米的日资百货旗舰永旺梦乐城正式对外营业，入驻永旺自有品牌超市、大型影城、美食街及150多家品牌专卖店，已成为广受欢迎的购物、休闲娱乐场所。在医疗卫生方面，常熟高新区陆续引入新宁诊所、华复医疗、哈佛BI医学创新中心等高端医疗创新项目。在文化体育方面，依托昆承湖，每年定期举办丰富多彩的各类文体活动，如龙舟赛、帆船赛、自行车赛、足球赛等，满足市民多样化、个性化文娱需求。

（《中国高新技术产业导报》，2020年9月28日，张亚明、叶伟）

太仓港经济技术开发区

江海筑梦新时代　勇立潮头谱新篇着力打造沿江先进制造基地

太仓港经济技术开发区（以下简称"太仓港经开区"）作为唯一的既沿江又沿沪的国家级开发区，陆域面积135.24平方千米，沿长江入海口38.8千米的黄金岸线呈带状分布，是太仓港的直接经济腹地。沿江，通江达海、双向开放。沿沪，融入上海、接轨全球。太仓港历史上曾被喻为"天下第一港"，是郑和七下西洋起锚地。地处长江和东海交汇处，拥有38.8千米长江岸线和-12.5米深水航道，是难得的天然良港。

一、太仓港经开区的发展历程

从太仓港经开区的开发建设历程来看，大致分为四个阶段。

（一）起步阶段（1992—2000年）

20世纪90年代初期，在港口开发经验缺乏、基础设施缺乏、开发建设资金缺乏的情况下，依靠政府搭台、港区唱戏、全市出力，披荆斩棘，克服困难，全力以赴开垦沿江"处女地"。经过"八年奋战"，港口发展初步成型,奠定了太仓港开发区发展的良好基础。

精心谋划起好步。1992年6月,太仓港区开发建设指挥部正式建立,专门负责太仓港的开发建设和管理,由此拉开了开发建设太仓港的序幕。1994年7月,太仓浏家港港口开发区管委会建立,太仓港开发建设管理体制第一次升格。1995年4月,江苏省人民政府发文批复原则同意《太仓港总体布局规划》。规划确定了太仓港"一港三区"(中远国际城港区、荡茜港区、茜泾港区)的发展格局,并明确了各港区的功能分工;拟建港岸线23.7千米,码头泊位114个,其中深水泊位61个,设计吞吐能力1亿吨,集装箱535万标箱。开展了陆域开发建设规划工作,确定区域范围:东至长江江边,西至浏浮公路向西1千米(即滨洋路),南至虹桥路,北抵杨林塘,用地面积8.3314平方千米。

港口运行具形态。1992年10月,万吨级长江石化码头工程正式动工,标志着太仓港的开发建设进入了实质性的启动阶段。1996年10月,太仓港顺利通过由国家口岸办组织的验收组的检查验收,港口实现对外开放。1996年,中央做出建设上海国际航运中心的决定,并且特别强调太仓港要加强扩能工作,明确太仓港的发展定位。1997年,中远国际城港区码头工程正式开工,标志着太仓港码头进入实质性建设阶段。同年,美孚石化码头同步建设。1998年,江苏华能电厂建设配套码头顺利开工。1999年,太仓港实现集装箱吞吐量达2万标箱,标志着太仓港集装箱吞吐量首次形成。2000年集装箱吞吐量达到4万标箱,翻了一番。到2000年年末,太仓港已建成码头4个,大小泊位16个,其中,万吨级以上泊位5个,1000—5000吨泊位5个。

临港产业强基础。20世纪90年代初,太仓市委、市政府审时度势,紧紧抓住浦东开发开放的历史性机遇,决定开发建设太仓港,并确立了"以港兴市"的发展战略,提出以港口码头建设为龙头,大力发展临港工业,相应发展各类商贸、物流产业。太仓港经开区按照市委、市政府的部署，坚持项目开发、功能开发和基础设施建设三位一体、整体推进，在沿江地区规划设计、招商引资、配套设施建设同步展开。1992年，江苏长江石油化工有限公司1.5万吨级的石化码头工程开工，标志着太仓港临港产业发展拉开帷幕。同年，美国华美集团国际控股公司入驻开发区，与挪威海德鲁公司、苏州化工农药集团、太仓石油化工公司共同出资成立了"苏州华苏塑料有限公司"，成为入驻落户的第一家中外合资企业。1993年，华苏公司一期工程2.4万吨/年PVC胶布项目正式奠基。之后，由世界500强企业——美国美孚石油公司投资建设的美孚润滑油调配项目及码头项目，由华能集团综合利用开发公司与美国阿莫科炼油公司、江苏长江石油化工有限公司共同出资建设的2×3.1万立方米冷冻液化气储罐项目，以及苏州工业园区华能（太仓）电厂项目、中远国际城码头项目等一批重大项目落户太仓港经开区，并先后启动建设，由此奠定了太仓港临江产业发展的基础。至2000年年底，累计完成固定资产投资71.5亿元，其中工业性投入57.62亿元；进区项目累计达到56个，总投资13亿美元，初步形成了石油化工和电力能源两大传统支柱产业。2000年，港区实现地区生产总值25.28亿元，工业总产值57.29亿元，三产主营业务收入6.59亿元；完成进出口总额4亿美元，实现财政收入2.23亿元。华苏、华能电厂、华能阿莫科、美孚等4家企业年产值均超过了5亿元，分别实现产值7.8亿元、5.84亿元、6.13亿元、5.7亿元，一跃成为太仓市工业企业的排头兵。

（二）推进阶段（2001—2007年）

进入"十五"时期，太仓港经开区开发建设乘势而上，向加快码头建设、提升集装箱吞吐量和形成一批临港工业的目标全面推进，取得了令人瞩目的成绩。

港口建设提速扩能。 积极组建"太仓国际集装箱码头公司"，万吨级以上泊位陆续开工建设。2002年先后有环保电厂3.5万吨级泊位、太仓港一期工程2个3万吨级集装箱泊位以及长江石化3万吨级和5千吨级专用泊位开工建设。2003年，新开工建设6个万吨级以上泊位和5千吨级泊位，建成投运2个3万吨级泊位和3.5万吨级泊位、5万吨级和5千吨级专用泊位。2004年，新建和在建万吨级以上泊位7个，竣工投运1个。2005年，玖龙纸业3.5万吨级码头和华能电厂3.5万吨级码头正式投运。泊位建设创历史新高。到2005年年底，太仓港累计建成各类泊位28个，其中万吨级以上泊位12个。货物吞吐量能力达到2 850万吨，集装箱吞吐能力达到55万标箱。

配套功能更趋完善。2002年，太仓港船舶服务有限公司成立，不仅改变了太仓港没有港作拖轮、港作交通艇、港口油污水接收船的历史，而且增强了港口水上救助和水上消防力量，为港口的高效生产提供了保障。2004年，长江石化仓储基地再次扩容，6万立方米储罐投入使用，液体化工品、成品的储存能力已达到25.2万立方米。太仓港长江水域危险品专用锚地的正式启用，标志着太仓港的港口配套功能更趋完善，港口综合竞争力得到进一步提升。2004年12月，太仓港开通至台湾航线，这既为苏州乃至苏南地区的对台贸易搭建了更高的平台，也为太仓港实现100万标箱创造了条件。2005年6月，太仓港保税物流中心开工建设，分为国际采购、国际配送、国际中转、件杂货仓储4个部分。整个区域以海关封闭监管为核心，具有进出口货物保税仓储、国际物流分拨配送、简单加工和增值服务、进出口贸易、转口贸易、物流信息处理等功能。太仓港开发区被中国石化协会评为"中国石油和化学工业最具投资价值园区"。

主导产业基本形成。2001年以后，江苏省委、省政府确立并加快实施沿江开发战略，太仓港的地位作用更加凸显。江苏省委主要领导对太仓港的发展提出了"以工兴港、以港兴市、接轨上海、服务苏南"

的总体要求，太仓市委、市政府进一步确立了"以港强市"发展战略，提出了"港口码头、临港产业、现代物流、新港城"四位一体、整体推进的发展思路。太仓港经开区坚持形态开发与功能开发同步推进、码头建设与陆域开发同步推进、项目建设与配套设施建设同步推进、先进制造业发展与港口物流业发展同步推进，临江产业进一步摆脱亚洲金融危机影响，进入了快速发展阶段。

2001—2007年，太仓港经开区先后引进了玖龙纸业、BP工业油品、中石油华东润滑油厂、中集集装箱、中化化工产业园、协鑫电厂、国华电厂、东特涂料、洛克伍德颜料、维阳塑胶、宇加纤维、雅本化学、旭川树脂、永辉高分子材料、佳方钢管、迪皮埃复材构件、法孚低温设备、北新建材等一批工业项目和现代货箱、隆兴物流、阳鸿石化、华东塑化城、BP油品分销中心、万方码头、武港码头、永德信永得旺物流等一批服务业项目。累计完成固定资产投资425亿元，其中工业性投入316亿元；注册外资28.4亿美元，实际利用外资13.3亿美元；注册内资71亿元。在临港地区基本形成了石油化工、电力能源、轻工造纸、金属加工、现代物流五大主导产业。

2007年，太仓港经开区完成地区生产总值97.8亿元；财政收入21.02亿元，其中一般预算收入7.5亿元；工业总产值290.68亿元；工业销售收入288.17亿元；实现三产增加值15.6亿元；完成进出口总额16亿美元。截至2007年年底，太仓港经开区共有产值超亿元企业22家、超10亿元企业9家、超20亿元企业5家、超30亿元企业2家。其中，玖龙纸业产值34.7亿元、华能电厂产值31.2亿元。缴纳税金超亿元的企业有华能电厂、协鑫电厂、国华电厂、玖龙纸业和埃克森美孚（太仓）石油有限公司。

港城建设拉开框架。太仓港经开区进一步创新了规划理念、完善规划体系、提升规划水平，先后完成新港城中心区控制性详规、建筑形体方案设计、七浦塘两岸城市设计、港城组团交通设施和工程管线综合规划、新港城行政商务区、港城之星公园、同觉寺公园等规划设计，规划先行为推进新港城开发建设奠定了基础，赢得了主动。同时，把加快新港城中心区的开发建设提上重要位置，商务中心主体工程已经结构封顶，商务楼全部进入主体工程施工。配套功能逐步完善。为吸引和集聚人气，优化港区的生态环境，重点打造"港城之星"公园和同觉寺公园两大工程。全面启动建设中心区"两纵三横"的框架道路，完成了新港公路、玖龙生态公园等100万平方米绿化工程。浏家港小学、消防特勤中队等一批社会事业项目快速推进。

（三）跨越阶段（2008—2012年）

这一时期，江苏省委、省政府和苏州市委、市政府高度重视和大力支持太仓港建设发展，港口实现了从喂给港到支线港的跨越，取得了远

▲ 2008年12月，海峡两岸海上直航（太仓港）首航仪式在太仓港举行

洋航线的重大突破。太仓港经开区顺利从省级开发区晋升为国家级开发区，太仓港综保区顺利通过验收实现封关运行。

港口能级持续提升。2010年5月国务院批复的《长江三角洲地区区域规划》明确，太仓港不仅是国家重点建设的"集装箱干线港"，而且是江海联运中转枢纽港，太仓港发展定位得到进一步提升。太仓市委要求港区在"十一五"期间，紧紧抓住江苏沿江大开发的机遇，按照建设上海国际航运中心干线港和江苏第一外贸大港的定位，全力以赴扩大港口规模，争分夺秒推进港区开发，千方百计加快项目建设，确保太仓港2010年集装箱吞吐量突破300万标箱，迈入亿吨大港行列，加快形成新港城和中心城区"一体两翼"的城市总体格局，以太仓港开发建设的战略性突破带动全市加快发展、迅速崛起。全力推进"区港联动"。在服务太仓港的实践中，海关、检验检疫等部门创新推出了"区港联动、虚拟口岸"快速通关模式，将太仓港港口功能延伸至内地各监管场所，货物在太仓港的各监管场所，实现"一次申报、一次查验、一次放行"。

港区发展全面提速。2012年太仓港经济技术开发区港区（含浮桥）实现地区生产总值216.8亿元；完成工业总产值736.04亿元（比2008年的368亿元增长1倍，工业产值实现4年倍增，平均增速达18.9%）；完成固定资产投入14 525亿元（固定资产投入连续4年超过100亿元，年均超过120亿元）；公共财政预算收入14.89亿元；实际利用外资2.42亿美元；内资新增注册资本48.5亿元；进出口总额55.13亿美元。传统产业加快提升。这一阶段，太仓港经开区实施了一系列技改项目，有效推进了传统主导产业内涵式提升，石油化工、电力能源、轻工造纸三大主导产业规模持续壮大，2012年全部进入百亿级产业基地行列。新兴产业迅速集聚。太仓港经开区先后引进了奥特斯维太阳能电池片及组件、协鑫晶硅切片及光伏应用系统集成、中建材装备

▲ 太仓港综合保税区

制造及太阳能太仓基地、瑞尔德LED封装、苏伟光能、润邦卡哥特科港口装卸设备、中集冷藏物流装备、天顺海上风电塔架、宝谊钢管、敦邦交通运输装备、宝洁华东基地、艺康科技、台玻LOW-E玻璃、盟迪薄膜科技等一批重大项目和新兴产业项目以及钢领（苏州）国际钢铁服务中心、西本新干线、铁山钢贸、新港物流、华商冷库、华能煤炭储运中心等一批现代服务业项目，总投资679.2亿元，使临港产业逐步向关联度紧密、竞争力较强的项目集聚扩展，形成产业集群。至2012年年底，太仓港经开区新能源、新材料、新装备产业共集聚了建成、在建、拟建项目63个，总投资346亿元，全部建成后产值将达1 150亿元；在建、拟建物流项目15个，总投资62.27亿元。企业集群更具特色。至2012年年底，太仓港经开区已经形成了三大特色企业集群。一是世界500强企业集群。集聚了12家世界500强企业投资的25个项目,总投资262.2亿元,其中外资世界500强企业6家,内资世界500强企业6家。外资500强企业主要有埃克森美孚、碧辟、宝洁、艺康、霍尼韦尔等。2012年,区内500强企业实现工业产值209.54亿元,缴纳税金14.6亿元。二是中央企业集群。集聚了15家中央企业投资的26个项目,总投资达260亿元,中央企业主要有中远集团、中国石油、中化集团、华能集团、神华集团、五矿集团、中集集团、中国建材、武钢集团、中国华孚、中国化工集团等。2012年,区内中央企业实现工业产值220亿元,缴纳税金9.9亿元。三是美资企业集群。集聚了12家美资企业投资的15个项目,总投资145亿元。主要有宝洁、艺康、埃克森美孚、迪皮埃、洛克伍德、格瑞夫、华美国际控股、玖龙纸业等。2012年,区内美资企业实现工业产值153.4亿元,缴纳税金8.03亿元。规划建设统筹推进。太仓港经开区组织编制《太仓港经济技术开发区(暨浮桥镇)城乡统筹规划》并完成中期成果。和平花园五期、144地块等安置小区,港城综合治理中心等约10.5万平方米公建配套设施,长江大道等11.2千米区内道路和平江河等5.5千米河道,七浦塘生态绿化景观等重点区域的市政工程设计完成。长江大道三期等10千米市政道路开工建设,平江路五期等道路建成通车,新通车道路里程约10千米。新修建河道6千米,浏家港围滩吹填岸线调整工程主体基本完工。竣工安置公寓房62万平方米。绿化保有量首次突破1 000万平方米。中兴商业街、港城综治中心、港城二小、浏家港中学教学楼扩建等功能设施开工建设,城市高端配套功能日臻完善。城乡民生不断改善。太仓港经开区制定出台《港区农村房屋拆迁安置补偿实施办法》《关于动迁企业安置的补充意见》等配套政策。合计动迁农户2 181户,动迁工业企业(含个体工商户)248户,搬迁248户。新分配安置公寓房4 777套、联体公寓256套,自建单体和连体公寓326户。安置2 429户,发放各类安置费用7.58亿元。村集体平均可支配收入增长至

462万元，农民人均收入达2 000元。

（四）繁荣阶段（2013—2019年）

进入新时代，太仓港经济技术开发区在习近平新时代中国特色社会主义思想指引下，认真践行新发展理念，牢牢把握长三角一体化发展、长江经济带建设等国家战略，按照全省开发区"一特三提升"要求，加快构建现代化产业体系，创新能级不断提升，沿江生态持续优化，各项工作取得了丰硕的成果。

港口发展实现高质量。2019年太仓港排名位居长江和全省第一位、全国第十位；完成货物吞吐量2.16亿吨，全年完成集装箱吞吐量515.2万标箱。港口生产稳中有进。进出港船舶11.78万艘次；进出境人员7.4万人次；通过高速公路进出港集卡48.4万车次。9家公用码头企业2019年全部实现盈利，实现营收同比增长6.6%、利润总额同比增长22.8%、利税总额同比增长14.1%、税收总额同比增长9.3%。特色业务持续发展，国际多式联运业务恢复运营，下关航线船舶舱位增加30%。航线航班量增质升。累计年净增航线9条（班），加密和升级运力4条（班），全港航线总数达209条（班）。内外贸出海能力进一步增强，以太仓港为枢纽的沿江和内河集装箱运输体系初步建立；近洋航线网络进一步拓展，沿海内贸航线不断发展，长江支线质量显著提高，内河支线快速拓展。项目建设取得突破。太仓港疏港铁路支线开工建设，集装箱四期工程水工部分建设基本完成，海通汽车码头陆域一期工程建成并启动适应性生产，完成项目投资13.35亿元。"智慧港口"建设扎实推进，太仓港电子口岸与海关、海事、引航等口岸单位及所有集装箱和件杂货码头企业实现数据对接；太仓港指挥中心、集装箱过闸无纸化系统、拖轮公共服务平台、智慧查验平台建成投运。港口运营稳定高效。《太仓港集装箱联合作业实施办法》修订出台，实施各集装箱码头对外服务公开承诺制，促进集装箱码头作业效率有效提高，班轮平均船时量同比提升2.8%，班轮平均等泊时间同比减少19.6%，驳船平均等泊时间同比减少33.2%，集卡进港平均作业时间同比减少12.3%。口岸环境优化提升。口岸通关更加高效，进口整体通关时间压缩46%，出口整体通关时间压缩76%，提前完成进出口整体通关时间压缩三分之一的任务。

港区发展实现高质量。经济质效不断提升。这一阶段太仓港经开区牢牢把握经济工作总基调，加强经济运行的调度与监测，工业总产值陆续跨越800亿、850亿和900亿台阶，物贸主营收入连续三年年均增长30%以上。2019年实际利用外资1.71亿美元，同比增长46%；注册内资51.7亿元，同比增长35.1%。高新、新兴产业产值占比分别为40.9%、59.2%。项目招商取得突破。太仓港经开区先后引进利洁时、扬子三井、苏宁环上海电商产业园、之宝中国等世界500强投资项目。2019年组织实施港区重点项目56个，完成投资85.08亿元。中化霍尼韦尔二期、中广核新材、旭川化学二期等项目竣工投产。太仓港集装箱四期、CJ荣庆中国总部、平伊大健康冷链综合产业园等一批物贸项目加快推进。跨境电商、保税展示交易等新经济、新业态蓬勃发展。建成玖龙智能装备产业园一期、生物港二期、江海联运物流园、亿达创智空间等20万平方米载体，欧美产业园一期项目入驻率超80%。科创动能持续集聚。《港区科技创新奖励实施办法》出台，规上高企研发机构建有率达100%，高技术制造业投资额居全市首位。实现国家级重大人才项目、省双创团队零突破，获评苏州市级及以上人才获评数居全市第一。改革发展取得实效。太仓港经开区成立行政审批局，承接国家级开发区全链审批赋权事项111项，开展相对集中行政许可权改革试点，营商环境持续优化。综保区复制推广一次备案多次使用、先出区后报关等自贸区改革试点经验。获评省级物流示范园区、省级生产性服务业集聚示范区和省级服务业综合改革试点地区。城乡环境显著提升。港城中心区控规、浮桥镇总体规划获批，完成浮桥老镇区更新规划，港城建成区面积达25平方千米。老闸、时思、九曲、牌楼和浏家港五个撤并镇管理区提档基本完成。组织实施沿长江生态提升工程，投资4亿元建设沿江绿廊和生态岸线，新增绿化面积2.8平方千米，"一核一廊二园三横三纵"生态系统基本成型。实施化工园区"一园一策""一企一策"，大气监控平台一期、"一厂一管"等项目稳定运行。建成净水湿地工程，取消长江直排口2个。河长制工作不断深化，入江支流水质均值达标，实现"河清""岸绿"目标。社会民生持续改善。公共文化服务标准化和均等化程度、居民综合阅读率达90%以上。建成浪港高标准农田近3.33平方千米，粮食全程机械化率达93%。土地集体流转率达86%。

二、太仓港经开区发展的经验启示

遵循建港规律和现代经济理念，为沿江经济的规模扩张和效益递增奠定了科学路径及操作方法。太仓港经开区的开发建设，成功地将现代经济理论运用于港口及腹地建设，以现代市场经济机制，探索水域经济与陆域经济联动的模式，以流量经济的理念，构造港口经济，充分体现了现代经济背景中港口经济体的发展规律。在太仓港的功能定位、发展模式和系统规划上，基于自然禀赋、历史意蕴和现实条件的综合框架，对资源禀赋、航运需求、现代港口经济的机制约束，以及港口发展与地方经济的内生关系等做出了均衡与效率分析，特别对于影响全局的基本要素界定和阶段性发展的重点，依据实际运行数据信息和现代经济分析工具，进行了系统化描述，在把握变量关系中适度做出修正，以保持太仓港经开区动态发展规划实施中的科学性。在沿江区域经济架构上，依据港口经济是航运经济及其相关产业经济集群的区域系统概念,准确地界定了港口航运产业与临港产业以及沿江产业之间、港口经济与港城经济之间具有的相关性和梯度性,并从突破性战略选择上,进行了全面的功能规划和设定,做出了可行性、操作性的充分论证,确保港口建设和港口经济的有序发展。在综合经济运作方式上,运用现代产权理论和市场化的操作方法,突出控制权对激励行为的影响,以及兼顾所有权权益的公平效率性,由此集聚了港口经济多元化的资本主体,展开了码头、航运、仓储、物流和工业等经济形态的建设。

始终坚持"以港强市"和"港城互动"战略实施,推动了沿江经济发展和地区经济社会和谐繁荣。太仓港经开区的开发建设,始终坚持沿江经济与主城经济的融合发展,从而推动太仓经济社会繁荣发展。仅以太仓港发展初期2004—2008年的5年人均GDP数值计算,太仓沿江产业带的相对发展率为2.86,高于沿沪产业带的1.49和中部经济圈的1.11,成为推动太仓工业化中后期发展的区域经济核心。在产业结构提升上,沿江经济初步形成了新能源、新材料、高端装备、健康医药、现代物贸等产业基地,逐步成为太仓现代港口经济和港口城市经济的核心产业。在资本发展形态上,沿江经济中的工业资本持续处于加速集聚的过程,表现了沿江经济形成阶段资本极化的典型特征,成为支撑全市经济空间发展的奠基性要素。在资源配置上,经济要素的极化与扩散过程,对全市经济资源做出了效率化配置和资源优化整合,吸引了其他经济资源对全市多元产业和经济形态的投入。在城市形态上,产业资本集聚和人力资本集中,促进了港城规模形态建设,从启动区3.6平方千米,发展到正在建设的52平方千米以至200平方千米以上的港城中、长期建设目标,初步形成了港口经济区和新港城基本元素和架构。

立足市场空间、释放更大的政策激励空间,始终保持创新发展和有序发展的活力。在市场主体层面上,太仓港经开区对其市场主体位置的预期，完全依据长三角经济均衡系统、市场价值水平，以及长三角经济发展趋势构成的模型，进行系统界定和行为模式构造，从而促进了长三角经济新次序的建设。在运作机制方式上，以沿江经济的市场规律为导向，解析长三角市场的竞争压力，以创业、创新和创优方式构造沿江经济内在运作机制，充分释放港口生产力，不断扩大沿江经济的收益边际空间，做大做强太仓港。在政策激励导向上，充分利用政策资源，最大限度地实现政策价值。依据开放性质和辐射经济特征，太仓港经开区积极地承接国家和地方经济政策的激励支持，依法规范建设，推动资源的市场配置，获得整体效益的最大化。

三、太仓港经开区发展愿景展望

在今后的发展中，太仓港经开区将以习近平新时代中国特色社会主义思想为指导，全面贯彻落实党的十九大和十九届二中、三中、四中、五中全会精神，统筹推进"五位一体"总体布局和"四个全面"战略布局，坚持党建引领，树立以人民为中心的发展思想，以高质量发展为核心目标，全面深化改革和高水平扩大开放，加快形成国际竞争新优势。把太仓港经开区建设成为产业发达、生态宜居、生活和谐的沿江先进制造基地、临港现代物贸园区和滨江新兴港口城市。

（一）致力打造沿江先进制造基地

工业是立区之本和强区之基。太仓港经开区将壮大战略新兴产业规模，推进优势制造业绿色发展，优化临港先进制造产业体系，2025年形成竞争力强大的临港先进制造业集群，实现"两千亿制造"目标。

加快发展战略新兴产业。壮大生物医药产业规模。重点发展体外诊断试剂、医疗器械、生物技术和生物制药、化学制药和医药外包服务。

促进产业链向医疗服务、医药物流贸易等后端延伸。引导企业建设健康体检服务中心，引进专业的医药贸易公司和销售公司，推进企业在保税区开展医药物流及贸易业务。建设现代化医疗物流中心和示范园区。发展医药冷链物流，加快平伊大健康冷链综合产业园建设。重点招引全国生物医药龙头企业、世界500强企业及"独角兽"企业。建设太仓港经开区健康医药孵化器，引进国家级实验室和省级科研院所等平台，鼓励企业加大研发投入，自主研发生产各类医药、医疗机械产品等。做强关键基础新材料。加强招商引资，延长金属新材料、先进高分子材料等优势产业链条，加快形成新材料产业集群。依托太仓港经开区新材料产业基地建设，针对海洋新材料、新能源材料、生物医用等潜力巨大的细分领域，精准引进代表国际先进技术水平的重大项目及细分领域的头部企业。在重点培育的先导型产业领域和重点提升的主导型产业领域，建设专业化孵化器，培育和孵化该领域的初创企业，"十四五"时期孵化一批创新能力强、成长速度快的中小型企业。提高产学研协同创新能力，加快技术创新和关键核心技术攻关，提前布局前瞻性技术专利，占据产业制高点。实施先进材料重大专项，鼓励引进国内外高端研发机构和创新团队，攻克制约先进材料产业发展的关键技术瓶颈，提高太仓港经开区在先进金属和高分子材料的产业竞争力。优化新能源产品结构。聚焦新能源设备制造、清洁能源开发利用和新能源汽车研发生产三大领域，优化产品结构。在新能源设备领域，重点发展智能电网、风电和其他新能源设备，以天顺风能为龙头，延链补链，聚焦智能控制技术为核心的智能风力发电整机和零部件制造及智慧风场运营。在清洁能源开发利用领域，加快发展风能、LNG冷能和生物质能等。在新能源汽车领域，重点发展新能源整车、车身及零部件、动力电池、电机、电子电控等。集中攻关新能源汽车整车制造重大项目，以新能源汽车整车制造项目带动核心零部件制造等。

增强高端装备制造业竞争力。"十四五"时期，太仓港经开区高端装备制造业向沿海工装备制造业、船舶制造产业、港口陆域装备以及航空航天产业四大方向发展，2025年形成高端装备制造业集群。创建特色高端装备制造基地。依托同高院、欧美高新技术产业园、玖龙智能装备产业园等载体，重点发展海洋工程装备及高技术船舶、物流装备、航空航天装备等。推进欧美产业园二期、玖龙智能装备产业园二期、航空制造产业园等产业载体建设。聚焦海工装备高附加值产品。策应数字化、智能化和绿色化是现代造船产业发展趋势，散货船、油船和集装箱船舶是船舶市场三大主导产品。以海洋石油钻井装备制造产业为主，向海工装备设计与配套延伸。在陆域装备产业领域，依托润邦重工等企业，研发制造生产高品质大型港口装卸系统和装备、重型配装备系统等。研发生产食品冷链、医药、烟草等专业物流装备，发展特种物流装备产业等。布局航空航天装备制造链条。利用中国商飞·长三角G60科创走廊国家级平台，依托西工大科研基础，发挥临江临沪、对外开放优势，积极布局航空航天装备制造产业，融入上海大飞机产业体系，引进航空人才、科研团队、优质企业项目，推动航空科技创新成果转移转化。引进国内外航空整机装备、核心零部件、航空新材料等高端制造环节，发展飞行培训、适航测试、航空维修等高价值服务环节，融入全球航空产业分工体系，建设航空高端制造创新基地。增强产业集群创新能力。聚焦高端装备制造产业链重点环节，引进高端技术和设备。建设新型研发机构，鼓励港区内企业与智能制造、轨道交通、高端船舶、航空航天等领域的知名高校开展合作，设立技术研发创新机构。支持重大装备设计研发及系统集成创新，实施技术联合攻关，支持企业对重大装备技术进行联合创新。加大新产品新技术应用示范，鼓励企业首购首用高新技术新装备，鼓励自主创新产品与项目投资方以项目科技合作研究及应用示范化项目等方式促进自主创新首台（套）装备推广应用。

重构临港制造业体系。聚焦高质量发展，构建高端绿色石化产业系统，提升轻工造纸产业发展质量，创建智慧园区，推动产业集群化发展，增强临港制造业竞争新优势。构建高端绿色石化产业系统。发展高端绿色石化产业。策应石化产业精细化、绿色化、一体化等发展趋势，以化工新材料、高端精细化学品为方向，推动太仓港经开区基础化工产品从工业级向电子级、医药级和食品级方向发展，研发生产高端专用化学品，重构太仓港经开区绿色石油化工产业体系。以高性能润滑油、专用润滑油、功能性材料、日用化工产品为重点，做强绿色石油化工特色产业集群，增强绿色石油化工特色产业链条竞争力，壮大高附加值产品规模。提升造纸业发展质量。优化纸品结构。对标世界造纸业领先技术，支持玖龙集团等造纸企业提升造纸工艺、设备及生产管理水平，重点发展文化用铜版纸、食品卡纸、轻型纸、特种纸、高档生活用纸、高档包装用纸和纸板及非木材浆纸产品，形成高、精、特、异的纸及纸板产品结构，提高产品附加值。"绿化"纸业系统。支持重点骨干造纸企业增强自主创新能力，减少资源消耗和污染物减排，加强污染物治理水平。研发绿色产品，创建智慧车间，生产环境友好型纸品，引导绿色消费。发展智慧电力能源产业。促进电力能源智慧化。支持电力龙头企业全方位开展信息化建设，加快大数据、人工智能、5G、物联网等现代信息技术与电力工业融合。提升发电装备智能化水平，研发智能工业机器人和仪表，利用智能工业机器人，以资本替代劳动力。提高机组运行灵活性，提高现有煤电机组的调峰幅度、爬坡能力及启停速度，提高锅炉低负荷稳燃能力。建设自动快速响应负荷变化的智能电厂，以信息技术赋能电厂运营管理。建设智能化能源生产消费基础设施，形成能源产业新业态。促进能源产业融合发展。支持电力公司利用工业蒸汽、副产品等发展装配式建筑，就地转化电力公司的粉煤灰、石膏、炉渣等废弃物。

（二）致力打造临港现代物贸园区

太仓港经开区将贯彻落实《服务业创新发展江苏行动纲要（2017—2025年）》，促进物贸产业量质并优，培育数字产业等，完善生活性服务业业态。2025年实现"两千亿"物贸产业目标，形成特色现代服务业体系。

促进物贸产业量质并优。构建智慧特色物流系统。重点发展国际商贸物流、大宗商品物流、冷链物流和汽车滚装物流这四大特色物流，培育物贸总部经济，构建智慧特色物流体系。依托"太申快航"精品航线，发展太仓港与上海港所有港区点对点直航物流运输业。依托斯凯奇、CJ荣庆中国总部、苏宁环球上海电商产业园等，高质量发展电商物流。鼓励兴建区域物流分拨中心，开发物流信息系统，完善销售网络，推动物流企业沿着"物流服务提供商-物流经营者-智慧物流企业"的路径转型升级。促进特色物流贸易集群发展。围绕太仓港经开区"四个中心"建设，引进旗舰型、税源型物贸总部项目。整合现有的港口物流、仓储、交易平台等资源，科学布局物流园区和物流中心，形成汽车、电子、化工、机械装备、钢铁、冷链生鲜等现代专业物流贸易集群。扩大服务于日本市场的高档服装、家具用品、生活日用品等特色货种海外集货规模，经综保区内出口退税、混合集拼等配送至国外门店。丰富综保区基于跨境电商的进出口商品类别，在保税维修、进口食品加工、航空发动机保税检测维修等领域形成新突破。加快建设国际物贸大通道。以建设国家级物流枢纽为目标，高效构建跨境物流体系，推进跨境基础设施建设与互联互通，推动运输便利化安排和大通关协作。建设智慧港口，推动苏州港太仓港区四期工程建设，增加港口通货能力。加快发展智能化集装箱多式联运，开展江海联运、海铁联运、公海联运及甩挂运输，形成智能多式联运交通网络和立体化交通航运中心，提升物流效率。推进太仓港疏港铁路专用线建设，提升集疏运和铁水联运能力。培育现代航运服务新业态。延长现代航运服务产业链。创新业态，依托国际贸易中心孵化培育国际航运、国际投资及国际金融等产业。依托太仓港临港投资开发有限公司等，提供船舶注册、船舶买卖、航运交易、海事诉讼与仲裁、航运人才培训等航运服务，发展船舶租赁、航运咨询、航运金融等现代航运服务业。

加快发展商务服务业。发展现代电子商务。鼓励电子商务与制造业、商贸流通、对外贸易等相结合，加快网络交易与电子认证、在线支付、物流配送、报关结汇、检验检疫、信用评价等环节的集成与应用。利用电子商务体系集成各方资源和信息，提高商务服务效率，拓展商务服务范围，为企业提供专业化服务。加快发展跨境电商，构建跨境电商产业生态圈，放大保税备货进口模式优势，在疫情防控常态化背景下确保港区经济体系稳定。壮大商务服务业规模。丰富商务服务业业态，战略性引进法律咨询、管理咨询、财务等服务机构，发展专项交易服务业及港口咨询服务等，为跨国公司和太仓港经开区企业提供服务保障。鼓励发展专业化设计及相关定制、加工服务、特色服务和创意服务，引导企业剥离非核心业务，增强产业链上下游企业协同能力。发展现代制造服务业。促进制造企业向创意孵化、研发设计、售后服务等产业链两端延伸，探索服务协同盈利新模式。鼓励制造企业向设计咨询、设备制造及采购、施工安装、维护管理等一体化服务总集成总承包商转变。支持领军制造企业"裂变"专业优势，面向全行业提供咨询服务。鼓励制造企业优化供应链管理，推动网络化协同制造，积极发展KPO（知识流程外包）服务外包。

壮大科技服务业规模。发展软件和信息服务业。推进信息化与工业化深度融合，加快发展智能化服务，提高制造智能化水平。以亿达创智中心等科创楼宇载体建设为契机，发展物联网、大数据、服务型智能制造、生产制造系统等信息服务业,发挥东软等龙头项目的示范带动作用,发展信息服务业。壮大以云计算、大数据、物联网、移动互联网为代表的信息服务业规模,促进"互联网+"服务业提质增效。发展检验检测服务业。围绕产业发展需要,建设主导产业检验检测认证公共服务平台,提升高端装备、新材料、生物医药、食品及日化用品等重点领域第三方检验检测认证服务能力,发展在线检测。整合大专院校、科研院所、检测机构科研设施、检验检测仪器设备等资源,引导检验检测产业集聚发展。培育数字经济新业态。数据作为生产要素参与分配,标志着数据经济时代已经到来。参照工业和信息化部办公厅印发的《工业数据分类分级指南(试行)》,鼓励企业提升数据管理能力,创建数字产业创新中心、智能工厂和智能车间等,加速数字化转型,鼓励社会资本投资建设信息技术基础设施,运用数字技术,促进保险经营管理与互联网的深度融合,发展科技金融服务业,助推太仓港经开区发展数字经济。

(三)致力打造滨江新兴港口城市

太仓港经开区将落实长江大保护战略,构建"一核一廊二园三横三纵"生态系统,不断擦亮经济发展含绿量。坚持创新引领,为港城经济发展积聚不竭动力,吸引更多高端人才来此创新创业。不断优化和提升营商环境,打造最舒心服务品牌。

建设滨江生态示范区,打造沿江最美岸线。贯彻落实江苏省长江大保护现场推进会精神,修复和整治长江生态环境,深化长江沿线区域"三化"专项行动,构建沿江绿色走廊,把长江岸线太仓港经开区段打造成为沿江靓丽风景线。持续推动七浦塘生态修复工程、七丫口郊野湿地和水源地生态湿地修复工程,放大"一核一廊二园三横三纵"生态系统功能,实现经济发展水平与生态环境质量双赢。实施乡村振兴战略,打造通港路美丽村庄风光,改善农村人居环境。加大太仓港经开区生态工程再造投入规模,不断扩大绿地面积和绿化覆盖率。完善环境保护基础设施。加大对生态环境基础设施建设工程的投资规模,为中小企业建设共享的环境治理设施,降低企业治污成本。抓好"263""散乱污"专项整治,深化"331"、沿江"三化五治"及"2982"等专项行动。加快大气监控平台二期、江城污水处理厂扩建工程建设,实施活水控制工程,排查整治劣V类水体整治及入河排污口,确保入江支流水质达标。完善产业园区雨水强排、雨污分类等环境基础设施建设,普及重点排污企业安装使用监测设备等。完善空间治理体系。构建国土规划"一张图"。统筹各类空间规划,实施"多规合一"。高质量做好国土空间规划体系编制工作,发挥规划的战略引领和刚性管控作用。摸清家底,加大闲置资源盘查力度,有序推动"三高一低"企业腾退,"二次招商"破解土地要素制约。统一规划技术基础,加强全域全要素管控,建立国土空间基础信息平台,构建国土空间规划"一张图"。严格实行空间资源"双控制",严控增量,盘活存量,用好流量。科学划定并严格落实生态保护红线、永久基本农田、城镇开发边界"三条控制线"。创建特色滨江旅游基地。以郑和文化和航海文化为特色,围绕郑和公园、港口作业区及七浦塘,打造兼具航海元素、港城特色及水上运动为特色的旅游基地,促进文化与创意融合,文化与产业融合,发展创意设

▲ 太仓港经开区沿江绿化生态工程

计、数字传媒、文化旅游等产业。结合港口码头仓储特色，打造集装箱艺术创意工厂。植入渔家体验活动，创新餐饮住宿形式，延展旅游消费。合理开发利用农业旅游资源和土地资源，以农业旅游休闲项目、农业配套商业项目、农业旅游地产项目等为核心，高品质建设农业旅游休闲聚集区。

打造科技创新新高地。重视顶层人才政策设计。完善人才引进、评估、培养及留人机制，推广产学研一体化的人才培养模式，实施"走出去"和"引进来"相结合的人才战略，加快培育工程技术复合型人才和高技能人才。筹建技术人才和领军型人才库，扩大产业人才储备量。突出绩效导向，完善园区人才科技工作目标责任制考核。试点M0模式，支持大型企业建设租赁房和人才公寓。建立高层次人才"一站式"服务平台，为人才提供"一揽子"服务。实施高层次人才引进工程，扩大海内外高层次人才引进力度，以优秀人才吸引优质项目，催生新兴产业。建立境外人才工作站，为海外人才提供全流程服务。试点机构招才引智，发挥社会力量招引人才的作用。丰富科技创新载体类型。争创国家级众创空间和科技企业孵化器，筹建科学类园区（高技术园区、科学工业园区、高新技术产业区），完善科技企业孵化器和加速器（大学科技园）、众创空间、科技企业苗圃、创客空间等载体功能，打造科技企业生长谷，增强载体的创新承载力。基于优势产业建设科创载体，集聚优势资源，极化产业的带动效应。完善太仓科创园、生物港功能，引进专业团队运营科创载体。支持同高院、生物港创建国家级孵化器。在港区重点产业领域，新建国家级、省级、市级重点实验室、工程研究中心和技术中心。争创国际合作园区，共建海外协同创新中心，与境外创新先进城市开展深度合作，探索海外合作机制。发挥企业创新主体地位。大企业是集聚科技创新要素的载体，是科技人才集中地。每年全球发明的新技术与新工艺中，70%以上来自世界500强企业。破除制约企业创新的体制机制障碍,有效降低企业创新成本,确立高端装备、生物医药、新材料、物贸等优势产业龙头企业的创新主体地位,发挥其科创引领作用,带动骨干企业、单项冠军企业等开展协同创新。依托国家重大专项等,聚焦优势资源,培育更多企业。鼓励基于市场化的产业联盟和协同创新。鼓励大型科技企业的研发机构面向行业提供有偿科技研发服务。提升科技企业孵化器建设水平,推动生物港、同高院、太仓科创园等科创载体及众创空间提升专业服务能力,在生物医药、高端装备、新材料等细分领域建立专业孵化器联盟,精准孵化科技型中小企业。

系统优化营商环境。 深化"放管服"改革。落实《优化营商环境条例》,推进"不见面审批",开发网上政务大厅,扩大政务"一网通办"范围。巩固"1120"改革成果,优化企业开办流程,实行企业投资项目承诺制、容缺受理制。深化全链审批赋权改革,简化审批程序,推进产业投资建设项目"代办制"。推进"证照分离"改革,精简涉企经营许可事项,推进企业简易注销登记改革。整合审批职能部门力量,强化专业规范指导,提高行政审批服务效能。系统优化法治环境。法治是最好的营商环境。依法行政,依法履职,推进政府事权规范化和法律化。优化配置公共法律服务资源,完善公共法律服务体系,提升公共法律服务能力。推进行政决策民主法治。对重大民生事项广泛征求民意,完善重大行政决策程序制度,完善重大决策合法性审查机制,提升行政决策公信力。加强行政程序规范建设,实施执法全过程记录制度,推行多领域跨部门综合执法。建立健全常态化责任追究机制,提高行政执法社会满意度。夯实司法保障基础,维护市场主体合法权益。全面推进政务公开,完善行政权力运行制约监督体系,建设政府守信践诺机制,加快纠错问责机制规范化建设。复制自贸区实践经验。重点复制上海自贸试验区及临港新城片区在投资管理、贸易便利化、金融开放、通关运输、事中事后监管等领域的试点经验。推行外商投资准入负面清单，减少外商投资准入限制。加强外商投资促进工作，构建由政府部门、专业机构、行业协会以及企业组成的"四位一体"投资促进体系。搭建外资招商引资平台，探索在境外设立招商中心，加快引进优质外资项目。转变贸易发展方式，推动贸易转型升级，提升国际航运服务能级。放宽进出口货物检验，探索货物状态分类监管。复制推广江苏自贸区在政府职能转变、投资管理、贸易便利化、金融创新与知识产权保护等领域的制度创新成果，深化体制机制创新，激发改革创新活力。放大综保区联接两大市场的特点，培育国际竞争新优势，打造改革开放新高地。先行先试若干开放创新举措，吸纳自贸片区改革探索的溢出效应，争创示范改革试点单位。

延伸阅读

太仓港经开区高端装备产业集群化拓展

一个复杂的齿型零部件，用传统的铣床加工，一般需要5个工时，而用苏州大族松谷智能装备股份有限公司研发的三维机器人激光切割焊接系统加工，仅需要5分钟，而且精度优于传统加工工艺。这套智能激光切割装置在千里之外的大连客户车间里的运行情况，1月17日，大族松谷副总经理李正上坐在办公室里，点开手机马上就能清晰地看到。

看好太仓港经济开发区独特的区位优势和良好的投资环境，大族松谷依托母公司广东大族粤铭激光集团股份有限公司的强大实力，来到太仓港经开区把激光技术与机器人的优势结合起来，植入电子计算机、互联网等新技术，开发出的大幅面高功率二维平面激光切割系统、三维机器人激光切割焊接系统、三维五轴激光加工系统、激光切割设备、激光管材切割设备等智能激光装备竞技国际舞台。李正上介绍，2019年，公司实现产值1.95亿元，同比增长171.8%。

除了引进苏州大族松谷智能装备股份有限公司、同高先进制造科技（太仓）有限公司、宝东（太仓）激光科技有限公司等激光智能装备企业外，太仓港经开区高端装备制造产业还集聚了江苏扬子江海洋油气装备有限公司、太仓中集冷藏物流装备有限公司、太仓中集特种物流装备有限公司、润邦卡哥特科工业有限公司等项目。2019年1至12月，太仓港经开区高端装备制造产业实现产值160.44亿元，同比增长15.1%，为太仓"四大两提一进"作出了积极贡献。

高端装备制造产业是制造业的核心组成部分，是国民经济发展特别是工业发展的基础。建立起强大的高端装备制造业，是提高区域综合实

▲ 太仓港集装箱生产场景

力,实现工业化的根本保证。在多方调研的基础上,太仓港经开区把高端装备制造产业作为重点发展的新兴产业,规划建设重大装备产业园和玖龙智能装备产业园,加快推动信息技术与高端装备产业融合,培育海洋工程装备、新能源装备、智能装备、高端汽车零部件、轨道交通装备等产业链,打造出了海工装备、交通运输装备、智能装备三个具有集聚效应的产业基地,为对接"一带一路"、长江经济带、长三角一体化等国家战略奠定了坚实基础。

"这是无动力蓄能箱,暗藏的'黑科技'是全球首创,为'一带一路'立下了汗马功劳。"在太仓中集冷藏物流装备有限公司堆场上,整齐码放着数以万计的冷藏箱,即将发往世界各地的客户手中。中集冷箱负责人说,"中欧班列(重庆)"跨越6个国家,冬季沿途极低温度达到零下40摄氏度,最高温差达到70摄氏度,极易损坏箱内笔记本电脑、液晶显示器等产品的性能。接到任务后，中集冷箱组织精干力量日夜攻关，成功掌握了"独立蓄热控温集装箱"技术，利用自然环境储存能量来满足电子产品在冬季极端气候长途保温运输需求。依靠这些高端产品，中集冷箱市场占有率全球第一，2019年1至12月实现产值16.66亿元。

适应船舶制造和海运产业清洁化、节能化的多样需求，江苏扬子江船业集团与日本三井造船株式会社和三井物产株式会社在太仓港经开区联合投资成立江苏扬子三井造船有限公司。2019年10月15日，江苏扬子三井造船有限公司开业，总经理宋书明介绍说，他们设计、研发、生产气体运输船、油轮、浮式生产储油卸油装置、海洋工程装备、绿色能源散货船等船舶及海工装备。当年，江苏扬子三井造船有限公司实现产值9.81亿元。

太仓港经济技术开发区相关负责人表示，今后太仓港经开区将凝聚干事合力，燃烧创业激情，进一步做强装备制造产业，加速打造品牌化的临江产业集聚区。

（《江苏经济报》，2020年1月20日，赵勇、李孝忠、谢树仁）

昆山经济技术开发区

与时俱进 敦行致远
承载起求发展求突破的梦想

昆山经济技术开发区（以下简称"昆山开发区"）位于昆山市的东部，距离上海市和苏州市的距离分别为 56 千米和 38 千米。昆山开发区创建于 1984 年，1991 年经江苏省政府批准为省级经济技术开发区，1992 年 8 月经国务院批准为国家级经济技术开发区，目前辖区面积 115 平方千米（含代管区），总人口 66 万人。

一、昆山开发区的发展历程

"昆山之路"举世闻名，其精神实质就在一个"闯"字，在没有路的地方闯出一条路。而这条路的起点和源头，正是 1984 年自费创办的昆山开发区。

昆山原来是个传统的农业县，经济和人口在苏州排名最末，是苏州的"小六子"，是个很不起眼的小县。1984 年，昆山以创办全国第一个自费建设开发区为起点，在老城区东边划出 3.75 平方千米开办"工业新区"，以区兴市带动工业化，以工业化促进城市化，并逐渐实现

"农转工""内转外""散转聚""低转高""大转强"。凭着"第一个吃螃蟹"的精神,昆山开发区从3.75平方千米的"编外"的"工业新区",发展为115平方千米的现代化产业新城,昆山更是从一个落后农业县跃升为全国县域经济发展"第一标杆"。

自建区以来,昆山开发区始终以扩大开放、改革创新为主题,以解放思想、抢抓机遇为先导,历经五个发展阶段,成功走出了一条以"三创精神"为特色的"昆山之路",成为全省乃至全国对外开放的一个亮点。

(一) 勇立潮头,敢为人先(1984—1992年)

1984年至1992年为昆山开发区的探索开放阶段,昆山市敢为人先,为昆山开发区外向主导的工业经济发展打开了一扇大门。1984年,眼看苏州几个县的乡镇企业搞得红红火火,昆山县委、县政府穷则思变,作出一个石破天惊的决策:靠自己的力量兴办工业开发区!靠着"不等、不靠、不要"的志气和"敢想、敢当、敢为"的魄力,昆山人白手起家,在城东农田辟出3.75平方千米的"工业新区",掀开昆山开发区一路逆袭而上的奋斗序幕。

在开发模式上,昆山采取"依托老城、开发新区"的策略,发挥老城区人才、技术、公共设施等综合优势,推动新区开发,加快建设步子。在开发方针上,坚持"富规划、穷开发",力求设计新、功能全、配套齐、标准高,自力更生、艰苦创业、少花钱、多办事。在开发步骤上,做到"滚动开发、逐步延伸",开发一片、成功一片。

1984年2月,昆山用尽一切办法请到日本客商苏旺你株式会社社长三好锐郎一行来实地考察。凭借着极度的热情和真诚的态度,昆山开发区最终成功签约。但由于是一个县级城市创办中外合资企业,办理过程异常复杂,开发区领导人宣炳龙带队跑南京、跑北京合计100多次,最终促成中国苏旺你有限公司"落地开花"。1988年，昆山开发区推动江苏第一家县级城市创办的外商独资企业苏旺你手套有限公司顺利开业。

此后，一批外资企业纷纷踏上昆山的土地投资办厂，昆山发展进入快车道。1988年7月22日，《人民日报》在头版刊发报道《自费开发——记昆山经济技术开发区》，并配发评论员文章《昆山之路·三评》，对昆山开发区自费开发所取得的成绩给予充分肯定。从此，"昆山之路"名扬天下。

1992年8月22日，国务院批复同意设立昆山经济技术开发区，昆山开发区列入国家级开发区序列。通过开发建设，昆山开发区推动昆山经济高起点、跳跃式前进，摆脱后进的束缚，赶上了时代的步伐。

（二）紧抓机遇，加速腾飞（1993—2000年）

1993年至2000年为昆山开发区的扩大开放阶段，该阶段为"电子昆山"和精密机械、民生轻工等主导产业打下坚实基础。以1990年江苏第一家台商独资企业顺昌纺织落户昆山开发区为契机，6家"顺"字号台企纷纷来昆山投资兴业。此后，沪士电子、捷安特自行车、统一食品、仁宝电脑、纬创电子……以台资电子企业为主的行业大鳄纷纷抢滩登陆。

1992年，昆山开发区抓住邓小平同志南方谈话、浦东开发开放、昆山开发区"国批"升级三大机遇，充分发挥靠近上海的地理优势，服务浦东、当好配角，实行错位发展。突出四个重点：一是加大土地批租力度，缓解资金短缺矛盾，加强基础设施建设，进一步改善投资环境；二是鼓励兴办独资企业，扩大项目投资规模，拓展利用外资渠道提高利用外资水平；三是积极打造一批功能载体，开通了全省第一个陆路口岸通关点，创立了全国县级市第一个留学人员创业园；四是主攻大项目，着力引进投资规模大、产品档次高的机械、轻纺工业，发展高新技术产业。投资项目从"来者不拒"到"择优接纳"，开发方式从"筑巢引凤"到"引凤筑巢"，产业结构从"短平快"到"高大新"，开发区进入全面发展阶段。

1994年，昆山人第一次提出建设"出口加工区"，当时全国没有先例。1997年，昆山正式申办出口加工区。2000年4月27日获得批准、10月率先封关运作，其间光跑北京就达84次。出口加工区的成立，吸引了一大批高新技术企业集聚昆山。进入21世纪，昆山的年笔记本电脑出货量就超过6 000万台，占全球50%以上。昆山开发区以热情的态度、周到的服务，吸引着一批又一批外资和台资落户发展，并通过"以商引商"吸引了一批台资企业落户。从"以商引商"到"亲商安商富商"，一大批大型跨国企业纷至沓来，昆山开发区迅速崛起为全国台资企业高地和全球重要的电子信息产业基地。

在这8年中，昆山开发区吸收外资近43亿美元，实际到账21亿美元，相继引进了台资沪士电子、仁宝电脑、捷安特自行车、樱花卫厨、统一食品等龙头企业。投资2 900万美元的沪士电子首先进区落户，带动了统一食品、樱花卫厨、六丰机械、捷安特自行车等台资企业大项目相继前来投资，部分欧美、日本企业接着跟进。2000年10月，中国大陆第一个出口加工区在昆山封关运作，台湾六大笔记本电脑代工企业纷纷入驻，打开了台资集聚、"电子昆山"和中国加工贸易蓬勃发展的大门。昆山开发区名声大振，为今后的大发展奠定了良好基础，积聚了强劲的能量。

（三）优化布局，功能完善（2001—2009年）

2001—2009年的全面开放阶段，造就了昆山开发区开放型经济持续高速发展。其间，全国第一家台资银行大陆办事处、第一个国资主导境外技术的光电产业园、江苏第一家台资医院等纷纷落户昆山开发区。这一阶段，昆山开发区强化"城市主导人才主导、市场主导"理念，明确"产业高端化、园区生态化、城市现代化"目标，着力实施"退二优二""退二进三"的空间布局优化和"四区一商圈"的规划建设调整，推进单一的工业型产业园区向城市综合型经济园区转型，全面布局东部新城区、中华商务区中央商贸区，拉开城市化建设新框架。

以2000年10月全国第一个封关运作的出口加工区为新起点至2005年年底，昆山开发区逐步从形态开发走向功能开发，推动昆山发展成为具有现代化气息的中等城市，工业化、城市化、信息化、市场化互动推进的局面开始形成，昆山的产业层次、人才结构、发展水平发生了根本性变化。这一时期形成了基础设施大投入、龙头型项目大进账、产业层次大提升这三大特点。从2000—2004年的5年中，昆山开发区总共投入70亿元，年均14亿元，一年相当于过去15年的投入总和，极大地提高了高新技术大项目的承载能力。仁宝电脑、宝成工业、微盟电子、牧田工具、南亚电子等超亿美元的特大项目纷纷进区，带进了一批配套企业。在招商引资中，电子信息类企业占到总量的一半，昆山开发区被省政府列为全省7个电子信息产业的基地之一，并作为苏州市成员单位入围全国首批9个电子信息产业基地。2004年1月，昆山开发区规划启动全省第一个光电产业园。

2006年开始，昆山全面进入城市现代化建设阶段。从全市层面来看，市委、市政府提出"一体两翼、东扩西拓"的发展战略，昆山开发区承担着昆山城市东扩的历史性使命。从昆山开发区自身发展来看，原有的工业化布局难以承载经济持续高速发展带来的日益庞大的人流、物流、商贸流、信息流、资金流，推进城市化成为必然，发展城市经济已进入了最佳机遇期；从外部环境看，沪宁城际铁路、京沪高速铁路的建设对长三角一体化建设影响深远，为昆山城市建设带来了重大的突破。在此阶段,昆山开发区继续在全市城市经济发展中发挥示范带动作用,推动全市向建设现代化大城市目标挺进。

(四)平台提升,产业升级(2009—2014年)

2009—2014年的深化开放阶段,有效促进经济的结构性优化,提高了区域经济抗风险能力。昆山开发区产业基地和特色园区功能持续创新,昆山出口加工区于2009年经国务院批准转型为综合保税区,面积扩大至5.86平方千米;稳步构建海峡两岸产业合作和文化交流平台,2010年昆山光电产业园被列为"平板显示国家高新技术产业化基地"和"国家新型工业化产业示范基地"。一座功能相对完整、配套相对完善、布局更趋合理、产城有机联动的城市综合型经济园区初具规模。

(五)深化改革,转型创新(2014年至今)

2014年至今的转型创新阶段,有力提升经济社会发展质量和效益。昆山开发区坚持不懈调结构、抓创新、促转型,加快转变经济发展方式,全力以赴强化创新驱动、加快转型升级、推进社会建设全区经济发展逐步实现由依赖资源投入向创新驱动、集约发展的转变。围绕国家战略需求,超前谋划、统筹布局,全力打造具有国际影响力的国家一流产业科创中心,大力实施人才科创"631"计划,着力打造经济发展的"最强大脑",加快构建自主可控的现代产业体系,进一步提升核心竞争力,争当高质量发展的国家级开发区标杆。

党的十九大提出,着力加快建设实体经济、科技创新、现代金融、人力资源协同发展的产业体系。昆山开发区的产业格局,正朝着这个目标砥砺前行。目前昆山开发区累计引进69个国家和地区的2 400多个投资项目,投资总额380亿美元,注册外资约202亿美元,产业门类全面升级拓展到汽车整车及零部件、光电和芯片半导体、电子信息、精密机械、智能制造等领域。

二、昆山开发区发展的主要成就

在实现高质量发展的新征途中,昆山开发区始终坚持把习近平新时代中国特色社会主义思想作为谋划昆山发展的根本遵循,作为引领各项工作的行动纲领,坚持系统化思维、注重规律性把握,奋力再创"昆山之路"新辉煌。

自1984年创办以来,30多年间,昆山开发区从一个以工业为主导的单一产业园区,逐步转型为以城市为主导的综合型经济园区。在国内率先建成综合保税区、光电产业园、留学人员创业园等一批国家级特色功能园区,形成了电子信息、光电半导体、智能装备、新能源汽车现代服务五大主导产业,成为全球资本、技术、人才的集聚地,海峡两岸产业合作的集聚区,中国对外贸易加工和进出口的重要基地。昆山开发区开发开放的发展经验被世界银行编成专题案例并将其向发展中国家推介。截至2019年年底,昆山开发区累计引进欧美、日韩、港澳台等51个国家和地区客商投资的2 510个项目,投资总额408亿美元,注册外资218亿美元,注册内资企业数量超36 800家,注册资本超2 770亿元。在商务部开展的国家级开发区综合发展水平评价中,昆山开发区连续多年位居全国前列。

30多年来,昆山开发区作为改革试验田和开放排头兵,充分发挥了窗口、示范、辐射、带动作用。特别是近年来,昆山开发区砥砺奋进、快速发展,成为昆山全市经济社会发展的主力军和主战场,有力地促进了全市经济社会的发展和对外开放的进程。在昆山开发区的引领和带动下,一条以改革开放为时代特征、以"三创"精神为强大动力、以全面小康为显著标志、以人民幸福为不懈追求的率先发展、科学发展、和谐发展的"昆山之路"越走越坚实，越走越宽广。

30多年沧桑巨变，浓缩的是邓小平理论、"三个代表"重要思想、科学发展观和习近平新时代中国特色社会主义思想的生动实践，书写的是昆山开发区创业、创新、创优，承前启后、薪火相传的奋斗历程，是全市人民和中外客商在昆山这片充满梦想、更可以实现梦想的热土上合作发展、共创繁荣的奋发历程。

（一）五大支柱产业

光电半导体产业。昆山开发区光电半导体产业已形成"设备—原材料—面板—模组—整机"的完整产业链布局，是我国为数不多司时掌握TFT-LCD、LTPS、AMOLED三类不同面板显示技术并分别具备产业化能力的光电产业基地。目前，光电产业园累计引进光显示项目35个，总投资近125亿美元，已初步形成从上游IC设计研发到下游封装测试的产业链。计划今年园区集成电路产业销售收入突破150亿元，骨干企业芯片竞争力达到全国领先水平。

电子信息产业。昆山开发区拥有电子信息企业1 000余家，台湾十大笔记本电脑厂商中已有仁宝、纬创等7家企业投资建厂，主要从事智能手机、笔记本电脑的研发、设计、制造。昆山开发区作为全国电子信息产业的重要生产基地，已形成"电子材料—零组件及系统部件—整机生产"的垂直整合生态产业链体系，成为具有全球影响力的电子信息产品制造基地。2019年，规模以上电子信息企业实现工业产值322.77亿元，销售收入3 378.20亿元，实现利税38.55亿元。

智能装备产业。在机械方面，有华衡焊接与梅塞尔切割焊接生产的激光切割和拼焊成套设备、氧燃气切割和焊接机械设备与气体控制设备，丸神自动化设备生产的高性能紧固、焊接机械手，桑诺普精密光学制造的电子内窥镜、医用成像设备关键部件、数字影像光学镜头和模组、昆山电溶机电生产的电阻焊机和焊接生产线等。在机器人研发制造方面，机器人产业链配套企业超过50家，其中以华恒焊接、跬步机器人、云太基精密机械等企业最具先进性与代表性。

新能源汽车产业。 经过30多年的发展，昆山开发区拥有了较为完善的汽车产业链，配套门类齐全，集聚效应显著。汽车底盘、汽车电子、传动轴轮毂、轮胎、内饰件等汽车零部件均可在昆山开发区生产，目前已有来自美国、日本、韩国和中国台湾等20多个国家和地区的投资客商在昆山投资了600多家汽车及零部件生产企业。在新能源汽车领域，宝能新能源汽车项目成功落户，极大完善了昆山开发区新能源汽车产业链。借助宝能新能源汽车、汽车研究院、动力电池动力总成等项目，以及总投资165亿元的威马智慧出行总部项目的成功落户，昆山开发区将依托新能源汽车产业发展的良好态势，进一步强化区域辐射与经济带动作用，逐步打造世界级新能源汽车产业集群。

现代服务产业。 昆山开发区以工业为支柱、服务业为提升，着力打造文化气息浓厚、产业协调发展、富于创造活力的综合性城市区域。当前，昆山开发区大力促进现代商贸业、现代物流业、信息传输业、住宿餐饮业、文化创意业、电子商务业、旅游业等发展，服务业增加值平均增长速度为8.2%，高于地区生产总值增速。在全国率先开展出口加工区拓展保税物流功能试点、综合保税区内企业增值税一般纳税人资格试点，为加快现代服务业发展开辟了新的空间，进一步拉长、做宽新装备、新能源、新材料、新环保、新医疗器材等产业。目前，已形成了以高档自行车、电动自行车、童车、现代厨具、家具、食品等为重点的民生产业，其中食品制造、家具制造、塑料制品生产月产值均超过10亿元。

（二）六大功能载体

昆山开发区先后创建了综合保税区、光电产业园、留学人员创业园、夏驾河科创走廊、高端食品工业园、迈高欧美产业园等。

昆山综合保税区。2009年12月经国务院批准设立，规划面积5.86平方千米，昆山综合保税区是由全国首个封关运作的昆山出口加工区转型而成的综合保税区。昆山综合保税区是集保税加工、保税物流、货物贸易、服务贸易、展览展示、口岸服务、研发、检测维修等功能为一体的海关特殊监管区域。截至2019年年底，已投产企业122家，其中工业企业69家、物流企业40家、贸易企业8家、其他服务企业5家，投资总额46亿美元，注册资本23亿美元，实际利用外资14亿美元，从业人员13万余人。

昆山光电产业园。昆山光电产业园于2003年启动建设，主导区规划面积12平方千米，重点发展光显示产业，是国内唯一按照光电产业链布局进行规划、建设和发展的光电产业园区。目前园区已形成"原材料-面板-模组-整机"的完整产业链，是国内产业规模最大、产业链最全、技术水平最高的产业园。在原材料领域，集聚了旭硝子玻璃、华天科技、新世纪光电等一批项目；在面板领域，拥有龙腾、友达、国显三条面板生产线，生产规模和技术水平均保持国内领先；在整机制造领域，拥有康佳、天乐、仁宝等一批品牌整机厂商；在设备制造领域，拥有东电、之富士等一批光电装备制造企业。

昆山留学人员创业园。昆山留学人员创业园是海外留学人员回国创业的科技园区，是全国首家设立在县级市的留学人员创业园、全国唯一设在县级市的"省部共建"创业园。园区建成科技广场、现代广场、科技创业基地等载体，拥有孵化面积14万平方米，形成了新一代电子信息、智能装备、新材料、新环保等产业集群。创业园区在全市首创从

▲ 昆山留学人员创业园

院士工作站、博士后科研工作站到研究生工作站、大学生科技创业见习基地的阶梯式人才培养格局，已成为昆山开发区科技创新的核心区、高端人才的集聚区。

夏驾河科创走廊。围绕建设国家一流产业科创中心的总目标，昆山开发区进一步整合科创资源、优化载体布局、提升服务能力，昆山开发区打造100万平方米的夏驾河科创走廊，努力形成聚焦科创应用，具有协同创新、自主开放特色的开发区科创生态系统。截至2019年年底，夏驾河科创走廊已启用面积58.99万平方米科包承载空间，引进孵化器和众创空间24家，入驻人才科创项目190个，投入使用人才公寓616套。

▲ 夏驾河科创走廊

昆山迈高欧美产业园。昆山迈高欧美产业园定位为建设欧美高端制造、研发测试园区，紧密结合昆山开发区电子信息、光电半导体、智能制造、现代服务业、新能源汽车等支柱产业发展打造昆山的高端制造、研发集聚区。项目一期已引进曼胡默尔BBS、菲尔斯、固力保等欧美行业领军企业。项目二期将坚持引进优质企业，进一步提高物业质量与服务水平。为提高土地利用率，迈高将在普通标准厂房的基础上，提高厂房建设标准，打造适应多产业类型、高标准的新型高端厂房，为优化昆山开发区整体产业结构提供新的平台、新的工业发展模式。

高端食品产业园。高端食品产业园位于洪湖路南侧、蓬溪路西侧，面积约0.333平方千米，其定位是建设集高端食品生产、研发销售、展示于一体的产业园区，吸引更多高端食品产业项目入驻，进一步拉动税源经济发展。目前，台湾顺大咖啡、日本日世冰激凌、东南亚黛妃巧克力等高端食品项目已先后进驻产业园。

（三）"2+2+2+N"发展方向

发展"两轴"。通过构建长江路"城市对外展示轴"打造开发区城市更新示范区、"退二进三"试验区；前进路作为"公共交通联系轴""城市公共服务轴"向东延伸，通过轨道交通S1线串联昆山中心城区及东部副中心，以市民文化广场、市政府、黄浦公园、东部医疗中心、国际会展中心、时代大厦、夏驾河景观带体育公园等功能载体，促进城市功能的拓展与延伸。

打造"两带"。通过青阳港、夏驾河这两条城市生态骨架实现"水绿相生、绿带绕城"的城市空间格局。青阳港通过沿岸区域工业遗址改造、城市街区更新，营造功能复合型的公共空间。夏驾河在现有基础上进一步提升自身城市景观价值运营载体的功能，重点打造100万平方米的夏驾河科创走廊。

突出"两核"。构建青阳港两岸区域这一"城市客厅"，结合城市有机更新、工业遗存保护利用及复合型公共空间的营造，重点引入文化性强、公共服务功能丰富的项目；同时，提升东部新城这一区级城市副中心的服务功能，向存量要空间，着重提升东部新城核心区（夏驾河两岸）公共服务设施和滨水公共空间的载体功能。

完善"多园"。通过加快多级别的功能性项目建设，在商务服务、生活等方面，提升铁南商务综合区、中央商贸服务区、蓬朗宜居生活区的服务能级；在产业平台方面，打造综合保税区光电产业园、高端食品产业园及多体系的科技孵化园区的载体功能，构成产城融合新格局。

昆山开发区的发展是江苏"三创精神"的时代体现。30多年来，昆山开发区不仅创造物质财富，还创造宝贵的经验财富。以开发区为引领的"昆山之路"已成为苏州市改革开放的"三大法宝"之一。

三、昆山开发区发展的经验启示

"昆山之路"是昆山开发区在创业精神、创新智慧、创优精神为特色的"三创精神"的指引下,闯出的奋发图强的致富之路。"昆山之路"是一条"敢想、敢当、敢为"的开发开放之路,是一条"不等、不靠、不要"的改革创新之路,一条"唯实、扬长、奋斗"的科学发展之路。它不仅是老一辈昆山人的创业故事,也是新一辈昆山人的精神财富,并将持续为下一代昆山人提供源源不断的自强动力。

(一)创业精神的弘扬

昆山开发区持续发展的最鲜明的特征,就是坚持开放发展。在自费开辟"工业新区"带动工业经济起步的基础上,抢抓获得"国批"的重大机遇,全面实施开放带动战略,迅速形成招商引资高潮,也开启了昆山外向型经济迅速发展的新征程。面对亚洲金融危机和全球范围影响的国际金融危机的严峻考验,昆山开发区顺应国际产业两次转移的趋势和机遇,以建立出口加工区为主导,升级综合保税区、创建深化两岸产业合作试验区为动力,全面改善投资环境,积极推进从招商引资向招商选资转变、从外向带动向"双轮驱动"转型,引领"开发区制造"向"开发区创造"提升,推动昆山经济实现"内转外""散转聚""低转高""大转强"四大发展格局的嬗变。

自费开发,开启工业化发展新征程。1984年,昆山抓住国家实施沿海开发开放战略的机遇,自费开辟"工业新区",借助外力发展乡镇企业和改造市属工业经济,工业基础得以奠定。1992年,依托开发区这一产业集聚的平台,昆山紧紧抓住浦东开发开放、昆山开发区获国家批准等重大机遇,大力实施开放带动战略,以大规模基础设施建设为重点，积极引进外资创办中外合资和中外合作企业，鼓励外商创办独资企业。1997年亚洲金融危机之后，昆山强化"昆山就是开发区，开发区就是昆山"的理念，建立出口加工区等功能园区，全面改善投资环境，大规模引进台湾IT产业，外向型经济迅速发展成为昆山经济发展的重要支撑。

功能突破，铺筑工业化发展新平台。以产业基地、产业园区和特殊功能区为主的产业承载平台，是开发区招商引资发展的主阵地，也是存量企业扩张发展、转型发展、跨业发展和升级发展的主战场。昆山开发区以"敢于争第一、勇于创唯一"的精神，坚持不断谋求产业承载平台的功能创新。目前，昆山开发区分别建有省部共建昆山留学人员创业园、昆山光电产业园、昆山综合保税区、昆山企业科技园、昆山金融街、东部新城区、中央商贸区、中华商务区等一批特色功能区和产业载体。2013年2月，国务院批准设立昆山深化两岸产业合作试验区，昆山开发区是主要功能性平台。

（二）创新智慧的展示

在发展历程的探索中，在发展动力创新、经济增长创新、产业结构创新、园区形态创新等方面，昆山开发区始终把转型升级创新发展作为突出任务，纲举目张。

突出转型升级，完善具有国际竞争力的现代产业体系。大力发展高端产业，以光电产业为突破，推动电子信息产业转型升级，全力打造光电产业集群；以新显示、新装备、新材料等产业为重点，加快培育新兴产业和传统产业共同支撑的产业格局。

突出科技支撑，集聚来自全球范围的创新资源要素。1998年10月，昆山开发区设立并投运全国首家设在县级市的留学人员创业园。2012年，昆山留学人员创业园跻身全国首家设在县级市的"省部共建"创业园,坚持以全球化视野吸纳集聚人才优化招才引智平台,拓展孵化承载空间,加快人才国际化进程。同时,大力发展创新型经济,建设创新型园区,放大留学人员包业园省部共建效应,形成"引进一个人才、集聚一个团队、培育个企业、带动一个产业"的链式效应。积极推动产学研深入合作,引导产业链核心企业将研发环节向开发区转移。对接国家科技发展规划和重大科技专项,完善以企业为中心、市场为导向的产学研合作机制,支持企业承担国家和省级科技项目,促进重大创新成果产业化。

突出城市主导,形成城市化引领带动的统筹发展格局。在创业征程中,昆山开发区坚定不移地推进工业化带动城市化。在昆山率先基本建成全面小康社会基础上,2006年起,昆山开发区剑指园区形态转型,强化"城市主导、人才主导、市场主导"理念,明确"产业高端化、园区生态化、城市现代化"目标,推进单一的工业型产业园区向城市综合型经济园区转型,按照"国际化、现代化、可持续"总定位,全面布局东部新城区、中华商务区、中央商贸区和环前进路与景王路现代商圈,拉开城市化建设新框架,形成发展导向明确、要素配置均衡、空间集约集聚的园区发展新格局。一座功能相对完整、布局更趋合理、产城有机联动的城市综合型经济园区初具规模,有效支撑昆山"国际现代产业名城、中国和谐幸福名城、江南人文宜居名城"的城市化目标。

(三) 创优精神的升华

从依托老城区启动工业小区建设。开发区这一对外开放的窗口和试验田,是促进区域投资最有效的功能性载体和外资承载平台。1984年5月,中共中央、国务院正式批准开放14个沿海港口城市,继开放特区之后打开了中国利用外资和引进先进技术的一个新局面。昆山敢为人先,自费开发建设工业新区,打开了江苏首批中外合资企业、首家外商独资企业、首个台商投资项目、"三线"军工企业入驻和沪昆联营投资的大门。更重要的是,对外开放思想观念的禁锢被打破,成为中国发展开放型经济的一个起点。此后3年时间中,昆山开发区引进"三资"项目4个,实际利用外资113万美元、合同利用外资518万美元。1988年6月,昆山工业新区被江苏省政府认可为省级经济技术开发区,此后3年,昆山开发区新引进的8个"三资"项目,实际利用外资1 003万美元、合同利用外资5 000万美元。

区镇联动,构建大平台经济发展格局。1992年8月,昆山经济技术开发区经国务院批准跻身国家级开发区序列。当年昆山开发区以兵希为试点,逐步建设"工业配套小区"、辐射带动"乡镇配套小区",使开发区政策和运作机制逐步扩展到张浦、正仪、南港、陆杨、蓬朗、新镇、陆家、城北、花桥等乡镇。此后陆家成为乡镇工业经济明星镇,花桥开发区、昆山高新区分别跻身为省级产业园区和国家级产业园区。2013年7月,在昆山市委、市政府的决策部署下,昆山开发区突出效率、效能、效益、效果,围绕招商引资、规划建设、社会发展等重点领域,又率先启动与周市镇的联动发展战略,开启了区镇联动发站新的篇章。

抢抓机遇,从领头创建加工区到转型而成综保区。1997年的亚洲金融风暴给东南亚"四小龙"的发展和中国的对外开放造成了巨大冲击,昆山开发区危中寻机,借鉴台湾经验,领头创建大陆第一个出口加工区。2000年10月封关运作,成为中国实行"境内关外"海关监管政策、发展"两头在外"加工贸易的先行区。出口加工区用3年时间引进台湾6大计算机及笔记本电脑代工制造企业及上游产业集群。其中,以电子信息与计算机产业为支柱的进出口加工贸易迅猛发展,带动昆山成为全球笔记本电脑及数字视听产业的重要制造基地和中国加工贸易的重要基地之一。2006年12月,昆山出口加工区经国务院批准拓展保税物流功能及开展研发、检测、维修等新型保税业务试点。2009年12月,经国务院批

▲ 昆山综合保税区

准直接转型为昆山综合保税区，监管区面积从 2.86 平方千米拓展到 5.86 平方千米，逐步成为"三大基地、三大平台"发展功能区。作为长三角地区投资促进的主阵地之一，昆山综合保税区已成为全球 IT 产业重要的研发、生产、分拨和营销中心，全国加工贸易转型升级的示范区，现代物流的样板区，提升区域产业国际竞争力的先导区。

以创建昆山深化两岸产业合作试验区为契机，昆山深入推进两岸经贸和产业合作。 2013 年 2 月，国务院批准设立昆山深化两岸产业合作试验区，昆山着力打造海峡两岸商贸合作示范区，建设台湾商品进入祖国大陆市场的"第一平台"，把试验区建设成为推动两岸双向投资、昆山台资企业转型升级、两岸产业深度对接、两岸服务业和金融业深度合作的突破空间的平台。昆山开发区以转型升级后的昆山综合保税区和布局调整优化中的海峡两岸人才特区、海峡两岸金融创新合作园、海峡两岸平板显示产业合作园、海峡两岸创意设计合作园"一区三园"为新载体，致力于集聚两岸高端人才，为试验区内的台资企业本土化转型升级和两岸产业深度合作提供人才支撑；致力于承接两岸合作框架下的台湾金融机构的引进及两岸合作的金融服务创新；致力于推进平板显示产业技术、人才、品牌、市场的深度融合及提档升级；致力于对接台湾创意设计中心，打造有国际水平的创意设计服务产业和国际化的公共服务平台。

四、昆山开发区发展愿景展望

作为改革开放的重要阵地，昆山开发区将继续大胆试、大胆闯、大胆创新，以"建设超一流国家级开发区"为奋斗目标，精准对标国家级经开区综合发展水平排名前四位开发区，在深化改革创新上率先突破、在全面扩大开放上率先推进、在推动科技创新上率先加速、在城市功能建设上率先完善、在强化担当作为上率先发力，努力在勇担时代使命上率先示范，当好改革的排头兵、先行地、试验区，在"比学赶超"中实现经济社会发展新突破。

（一）建设超一流国家级开发区，实现优势提升

一是优势指标再提升。加快推进开放发展新突破，巩固提升昆山开发区在全市的份额，力争实现一般公共预算收入在全市占比达30%、工业投资占比达40%、实际利用外资占比达50%、进出口总额占比达80%，做到在总量上领跑、质量上领先。

二是优势项目再提升。在3年时间内，进一步提升全区综合发展水平，力争在产业集聚、科技创新、区域带动、生态环保、行政效能等方面跻身全国领先水平，确保在国家级开发区中保持第一方阵地位不动摇。

三是优势产业再提升。打造高水平对外开放平台，推动优势产业提档升级，加快建设国际前列、国内领先的电子信息产业标杆区。加快实施"强链工程"，深化与惠普、戴尔、华为等品牌企业合作，全面建强从电子基础材料、电子元器件、液晶面板到整机生产的完整笔记本电脑

产业链;精准实施"补链工程",抢抓华为、小米等国内电子信息产业核心企业重新布局产业链的生产机遇,努力促成友达、维信诺、龙腾与华为、小米深度合作,着力补齐手机产业链,建设国际一流的电子信息产业集群。

(二)建设超一流国家级开发区,实现潜力提效

一是全新产业再提效。实施"千亿产业链培育计划",实施产业链招商建链工程,昆山开发区将新建三条千亿级产业链。依托威马、宝能等新能源汽车龙头项目,3年内引进产业链核心零部件项目不少于8个,打造产业集聚、配套完善、服务齐全的千亿级新能源汽车产业链;依托澜起科技、华天科技、泰凌微电子等半导体龙头项目,3年内引进半导体项目不少于20个,建设完善芯片研发设计基地,形成从设计、制造、到封装测试完善的千亿级半导体产业链;依托星巴克、亿政食品、日本三井咖啡分拨中心、法国路易达孚贸易存储分拨中心等龙头项目,建成从研发、分拨、生产烘焙到展示销售完整的千亿级咖啡产业链。

二是特色园区再提效。实施"百亿特色园区建设计划",高标准打造多个特色产业园区,凝聚产业发展新动能。昆山开发区将加快建设三一全球研发产业园,以三一工程机械产业集群为依托,打造集创新中心、试验检测中心、智能制造中心、全球运营中心和产品孵化中心为一体、年产值超500亿元的产业园区。加快建设迈高欧美科学产业园,主攻欧美高质量项目引进,紧密结合支柱产业,打造高端制造研发集聚区,力争3年内引进欧美高质量项目不少于20个,园区年产值突破200亿元。加快建设日本工业园,加快引进一批日本光电半导体、高端智能制造、新能源汽车等领域的先进项目,力争每年接洽项目不少于20个,3年内引进优质项目不少于15个,着力打造中日合作典范园

区。加快建设高端食品产业园,发挥星巴克咖啡、日世冰激凌、戴妃巧克力、顺大咖啡等项目的先发引领作用,3年内再引进不少于3个高端食品产业项目入驻,建设成为集生产、研发、销售、展示于一体的国际一流高端食品产业园区。

三是转型升级再提效。实施转型工程,围绕机器人、人工智能、物联网等领域,昆山开发区将大力引进龙头企业和人才团队,加快哈尔滨工业大学机器人产业园、超精密加工技术研究院等项目建设,推动制造业向产业链高端延伸。实施总部工程,加快推动世硕、纬创等集团型企业在区内投资设立投资总部、研发总部、营销总部,依靠资源整合利用和企业转型升级挖掘企业外贸增长新潜力。实施品牌工程,充分发挥樱花、捷安特等一批品牌企业的示范带动作用,大力实施品牌战略,做优做强"老字号",不断提高企业产品知名度,促进更多代工配套企业向品牌企业转型。实施上市工程,加快推进企业上市步伐,3年完成不少于6家企业的上市。

(三)建设超一流国家级开发区,实现赶超提速

一是优化招商引资再提速。秉持"招商第一、项目为王"理念,加快推进大项目招商,全力建设国际一流产业高地。昆山开发区将借助戴德梁行等全球四大产业中介机构,主攻欧美高质量项目引进;借助中日创新中心平台,发力日本高技术项目引进;借助昆山深化两岸产业合作试验区发展机遇,乘势台企新项目引进,快速形成招商选资强大攻势。力争3年完成实际使用外资20亿美元,引进百亿级项目1个、超亿美元外资项目3个、超10亿元内资项目10个,欧美、日韩项目10个。加快推动现代服务业发展,瞄准新技术、新产业、新业态、新模式,着重吸引一批投资强度大、科技含量高、占用资源少、税收贡献大的优质服务业项目进驻,吸引销售总部、投资总部、运营管理总部不少

于10家。

二是强化科技创新再提速。推进"人才引育"计划，昆山开发区将力争3年内新引进院士团队6个，新增自主培养国家级双创领军人才（团队）10人以上、省双创人才15人、姑苏领军人才30人、昆山"头雁人才（团队）"4人以上、昆山双创人才120人，全力建设国际一流科创高地。推进"高企倍增"计划，构建科创企业扶植体系，量质并举壮大创新型企业集群，到2022年年末，高新技术企业总数力争突破600家，培育"独角兽"企业3家，新增科创板上市企业3家，万人有效专利拥有量超90件，全社会研发经费支出占GDP比重超4.2%。推进"协同创新"计划，高效利两岸企业科技攻关引导资金，加快构建"人才+科技+产业+资本+市场"五位一体合作平台，促进技术转移链接，打造一批科技创新功能型平台和新型研发机构。到2022年年末，引进新型产业技术研发机构3家，推进建立企业联合创新中心10家，并形成不少于100家高校院所技转中心规模的国际一流技术转移集聚区。

三是靓化城市品质再提速。深入贯彻落实《长江三角洲区域一体化发展规划纲要》，对标昆山建设现代化大城市的目标定位，精心布局青阳港滨水城市中心、夏驾河科创走廊、蓬朗老镇特色街区、"东新街-朝阳路"商业中心、高铁南站商务区、轨交S1线"五区一线"规划建设和城市功能品质，全力推进"四轴、三廊、多园、串联"的绿地系统建设，计划每年新增绿化面积80万平方米，全力建设长三角"碧水长流、绿树繁荫"宜居宜业样板城市。

四是深化功能改革再提速。深入贯彻落实综保区"21条新政"各项内容，着力推进综保区高端制造、研发设计、物流分拨、检测维修、销售服务等"五大中心"建设，力争通过3年努力，综保区实现工业产值超3 000亿元，进出口额超550亿美元，一般纳税人资格试点企业完成开票超100亿元、税收超10亿元，打造全国综保区高质量发展样板。鼓励企业发展服务贸易新业态、新模式，争创国家进口贸易促进创新示范区，全力打造现代服务业发展高地。积极落实国家"一带一路"倡议，以飞力达公司为运营实体，打造"长三角"南向货物贸易跨境平台，提供跨境往返公路运输、区域集拼及口岸分拨、报关报检代理、保税及非保税仓储、延伸拓展公铁联运、供应链金融等门到门一站式服务的资讯管控平台，力争3年内实现货物贸易进出口额超100亿美元，建设成为国际一流的进出口贸易基地。

（四）建设超一流国家级开发区，实现服务提质

一是政务服务再提质。落实"环境提升年""昆如意"营商服务品牌工作要求，在塑环境、抓改革、优服务上下功夫、动真格，营造稳定公平、透明、可预期的营商环境，打造办事环节最少、服务效率最高、营商环境最优的超一流示范园区。深入推进"相对集中行政许可权""一网通办""1330""证照分离"系列改革，持续优化审批流程，牢牢聚焦企业群众关心的焦点、难点问题，多解"无解之解"，切实展现"放管服"改革试点先行区的担当和作为。全力打造"一轴两端三保障"审批服务新模式，压缩时间轴，通过企业端、政府端双向协同发力，强化平台、人员和机制三项保障，全力打造开发区服务"升级版"。

二是公共服务再提质。实施"学有优教"工程，全面落实教育优先战略，做强上海华二昆山学校品牌，扩大优质教育资源供给，新改扩建学校项目10个，新增学位1.6万个。实施"文体惠民"工程，以举办亚洲杯比赛为契机，完善体育公园周边基础设施配套，推进"15分钟体育生活圈"建设，确保休闲文体中心投入使用，营造"活力开发区"的浓厚氛围。实施"时尚生活"工程，打造垃圾分类亮点小区，年内实现小区生活垃圾定时、定点分类投放全覆盖。实施"民生幸福"

工程，构建完善高品质多元化养老服务体系，完成福利院公建民营改造，新增护理型床位200张，新建社区卫生服务站3个，完成120急救分站业务用房建设，完成所有农贸市场的改造工作。

三是专业服务再提质。瞄准基层党建重点，深入推进"强化党建引领·推进科技创新"书记项目三年实施计划，落实基层党建"三张清单"，实施"党建品牌三年培育计划"，充分发挥党员的先锋模范带头作用。瞄准文明创建重点，以新时代文明实践所为中心，建设党建引领科创、两岸文化交流等九大服务平台，形成"一个中心九大平台"格局，在全区弘扬文明之风。瞄准治理创新重点，深入实施"住区样板""平安守护""信访压降"项目，用好社区管理"红黑榜"等工作机制，推动小区技防升级改造项目，提升社会综合治理和公共服务水平。瞄准安全发展重点，落地"安全生产天眼一体化系统"，用好重点企业"正面清单"和安环领域企业"负面清单"，实施"蓝盾护航"百日专项行动，构建出租住房、出租厂房、办公楼、施工现场管理平台，以信息化推进安全监管现代化。瞄准环境保护重点，深入实施"蓝天保卫""碧水畅流""净土守护"三大工程，着力解决环境方面突出问题，加快推进绿色发展。瞄准监督护航重点，推动"评审联动"全覆盖，盯紧"关键少数""关键岗位"，实行靶向精准监督，进一步营造"尊商、爱商、护商"的浓厚氛围，持续优化营商环境，打造成为国内外投资创业的首选地和最佳发展地。

延伸阅读

昆山开发区：逆流击水势更强

刚刚过去的 2019 年，预计地区生产总值跨越 4 000 亿元大关，一般公共预算收入突破 400 亿元，这是连续 15 年位居中国"百强县之首"的江苏昆山交出的傲人成绩单。

支撑这份来之不易成绩的中坚力量，是我国 20 世纪 80 年代最早创办的产业园区之一——昆山经济技术开发区。作为我国改革开放的先行者，昆山开发区成为我国参与全球制造业竞争的重要力量。然而，随着内外部形势风云变幻和资源环境约束趋紧，一系列先发展地区率先遇到的挑战随之而来。

转型：疾风知劲草

昆山开发区始创于 1984 年，当时经济落后的昆山在城东辟出 3.75 平方千米土地兴建"工业小区"，拉开自费建设开发区的大幕。1992 年，经国务院批复同意，昆山开发区跻身沿海"14+1"国家级经济技术开发区行列，成为其中唯一设在县级城市的产业园区。

▲ 昆山开发区三一重工生产车间

如今，昆山开发区蜕变为现代化产业新城，以昆山 1/9 的土地面积，完成该市40%以上的地区生产总值、50%以上的工业产值、贡献全市60%以上的外资、70%以上的台资产出和80%以上的进出口总额，成为昆山的最强引擎。

事非经过不知难。与一些早期创办的产业园区一样，昆山开发区以加工制造业起家，面临产业附加值低、辐射带动能力弱、科技创新水平差等难题，负重转型是前行路上不变的主题。

昆山开发区电子信息产业方兴未艾，但主导产业的核心零配件长期依靠进口，"缺芯少屏"成为不能承受之痛。2004年，昆山开发区率先布局光电产业园。历经10多年发展，友达、之奇美、龙腾、维信诺等龙头企业争奇斗艳，年产值超千亿元。

"昆山光电产业园是国内唯一同时掌握TFT-LCD、LTPS、AMOLED三类面板显示技术，并具备产业化能力的光电基地。"国际信息显示学会中国区（北京分会）总裁、福州大学教授严群认为，昆山开发区实现了"强芯亮屏"的顽强转型。

面对全球经济变局，昆山开发区以开放新优势激发转型新活力。加工制造、研发设计、物流分拨、检测维修、销售服务"五大中心"建设如火如荼。南京大学教授张二震说，昆山开发区走出了一条以产业结构调整、增长方式转变，促自主创新能力提升的可持续之路，为破解产业园区普遍难题提供了探索和借鉴。

科创：为有暗香来

凡事预则立，不预则废。当支撑产业园区高速增长的传统模式逐渐触碰"天花板"，当高质量发展成为当务之急，昆山开发区以"归零心态"瞄准自主可控发力，打造产业"最强大脑"，构建人才科创"热带雨林"。

2018年10月，昆山市政府与宝能集团签订一揽子投资计划，作为该市引进的首个整车项目——宝能新能源汽车落户昆山开发区。4个月后，宝能集团加码增资，动力电池项目落地，宝能新能源汽车研究院成立。研究院将围绕车型应用开发、智能网联、自动驾驶等领域，形成万人科研团队。昆山开发区以此为契机，逐步完善新能源汽车产业链，打造世界级产业集群。

在由高速增长转向高质量发展的爬坡换挡期，昆山开发区对高端人才的渴求比以往任何时候都更为强烈，对科技创新的要求比以往任何时候都更为迫切。

夏驾河科创走廊，碧波荡漾，水鸟栖息。写字楼里随处可见低调的"小巨人"和"隐形冠军"。清陶（昆山）能源发展有限公司以清华大学科研力量为班底，仅用2年时间就开发出高安全便携式设备电源等四类固态锂电池新品。董事长冯玉川说："我们获得'头雁人才'1亿元资助，感受到昆山开发区打造科创之城、营造创新生态的信心和决心。"

如果把矢志科创看作苦练内功，那么精准招商、抓牢抓实优质项目，则是在复杂环境下逆水行舟的外部推进器。

2019年9月，经数轮艰难谈判，昆山开发区与知名企业德国BBS Automation公司签署合作协议。BBS公司华东地区智能制造设计研发和系统集成中心及中国投资性控股总部落户昆山开发区，总投资1亿美元。德国家族企业曼胡默尔公司也预期投资1.2亿美元，将事业部的亚太总部、亚太研发中心和实验中心布局在昆山开发区。

刚刚过去的一年，昆山开发区成绩傲人：预计全年完成地区生产总值1850亿元，一般公共预算收入151亿元。高层次人才引进和人才培育数量创历史新高，全年引进院士5人，国家级高层次人才9人，全年培育高技能人才2600余人。

宜居：润物细无声

惯常印象中，产业园区多设于城市郊区，工厂林立、空气污浊，白天热闹、夜晚冷清。优化生态环境，推进产城融合，落实民生保障，昆山开发区早筹谋、先上路。

电镀产线，自行拆除；化工生产，自行关停；喷涂作业，自行取消；集尘车间，自行升级……为推动企业淘汰落后产能或老旧工艺，昆山开发区实施环境经济政策，促产业园区水清气朗。

新华电子零件（昆山）有限公司是一家电镀企业。在昆山开发区鼓励下，该公司主动停产转型，并获得200万元奖补资金。截至目前，区内已经有数十家企业主动淘汰落后产能。

在昆山开发区核心区，一片风格时尚的现代园区引人注目。难以想象的是，这里曾是仁宝电脑公司旧址，老厂房经设计师巧妙"雕琢"，变身电商产业园。在这里，从办公、仓储、展示，到培训、策划、摄影的"全产业链"服务一应俱全，吸引大批创客点燃事业之火。

与老厂房"腾笼换凤"有着异曲同工之妙的，是昆山开发区利用城市边角空间打造的口袋公园。通过专业设计与改造，一方方别具一格的小景、小亭、小绿地隐藏在城市角落，既实现了土地资源的精细化利用，又改善了城市环境。"以前绕着走的灰色地带，现在成了亭廊蜿蜒的小惊喜。"昆山市民顾敏说。

昆山开发区发力产城融合，在城市建设上展现精致之美，在人居环境上展现品质之美，在功能内涵上展现人文之美，全力打造高质量发展生态宜居的现代化园区。

冬日午后，站在251.8米高的昆山开发区地标性建筑金鹰国际购物中心楼上俯瞰，目力所及皆是宜人风景：商务楼宇时尚挺拔，老旧小区焕然一新，大小公园郁郁葱葱……一端连接着小桥流水，一端联系着转型创新，一座生态宜居的现代化新城展露迷人容颜。

(《半月谈》，2020年第2期，刘巍巍)

昆山高新技术产业开发区

争先进位再突破　高新之上攀新高
奋力打造"昆山之路"再创辉煌的引领区

昆山高新技术产业开发区（以下简称"昆山高新区"）规划面积118平方千米，前身为昆山市城北火炬开发区、玉山经济技术开发区，分别初创于1992年6月、8月。2006年，经江苏省政府批准、国家发改委核准，昆山高新区成为省级开发区；2010年9月，经国务院批准，升级成为全国首家县级市国家高新技术产业开发区；2014年11月，入围苏南国家自主创新示范区核心区阵营；2018年，获科技部批准建设国家创新型特色园区。昆山高新区先后被列为国家科技服务体系建设试点园区、国家知识产权示范园区、国家海外高层次人才创新创业基地、国家创新人才培养示范基地。在2019年公布的国家高新区排名中，昆山高新区位列第四十二位，实现"四连升"，连续提升了二十一个位次，其中国际化和参与全球竞争能力位居全国十三位。

从最初的昆山国家级星火技术密集区，到省级高新区、升格"国家级"，再到如今的产业科创高地，20余年来，昆山高新区以奋斗者的姿态，敢想敢做、实干担当，实现了令人瞩目的精彩"蝶变"，书写着高质量发展的时代答卷。

一、昆山高新区的发展历程

(一) 创建和初步发展阶段 (1992年6月—2000年6月)

1992年6月至2000年8月,是昆山高新区创建、逐步升格、初步发展的阶段。1992年6月,昆山市人民政府批准城北镇建立"昆山市城北火炬开发区";是年8月,昆山市人民政府批准玉山镇建立"玉山经济技术开发区"(以下简称"玉山开发区")。随后,昆山市城北火炬开发区先后被江苏省科委和国家科委批准升格为省级和国家级开发区,定名"昆山国家星火技术密集区";1997年12月,江苏省人民政府批准以星火技术密集区为依托设立昆山高新技术工业园,定名为"昆山高新技术工业园"(以下简称"昆山高科园"),列入江苏省省级高科技工业园区。玉山开发区、昆山高科园的创建和发展,对推动玉山、城北两镇的科技进步、对外开放和实施外向带动、以区兴镇起到了十分重要的作用。

立足外向突破,火炬起步建设。1992年,邓小平同志南方谈话给新一轮解放思想、发展外向型经济注入了强劲的活力。是年,中央决定开发开放上海浦东,昆山自费开发区列入国家开发区行列,为创建各类开发区园区载体、发展外向型经济起到了推动和辐射作用。在这样的背景下,玉山、城北两镇顺势而上,开发建设玉山开发区和昆山高科园。至2000年8月,玉山开发区累计引进外资企业86家,合同利用外资6.1亿美元。昆山高科园累计引进外资企业135家,合同利用外资7.1亿美元。

创新招商抓手,加大引资力度。昆山高科园、玉山开发区自创建起就牢固树立起"项目是园区生命"的理念。为加快项目引进,采取制定优惠政策、强化高效服务、优化招商要素、健全服务体系、设立招商窗口、优化投资环境等举措，不断创新招商抓手，提升招商引资实际成效。同时，成立"马上办"服务中心。"马上办"服务中心制订了三条规定，即首问责任制；办事不过夜；手机、BP机24小时开机。"马上办"服务中心成立一年，就为外商排忧300多次，成为服务外商的一块叫得响的品牌。玉山开发区还成立了外资企业管理办公室和外资企业服务中心，1993年在上海设立驻沪办事处，办事处作为玉山开发区对外招商的宣传媒介、牵线搭桥的窗口和载体，努力加强与上海的广泛接触与交流。至1994年已有21个"三资"项目落户玉山开发区，为玉山外向型经济的发展注入了新的活力。

培育园区载体，加快辐射带动。昆山高科园、玉山开发区充分利用园区科技、人才的资源优势和技术型、资本型"三资"企业，大力培育园区载体，加快园区的辐射带动。昆山高科园注重培育衍生科技创新平台和科技企业载体以及合作开发配套的项目。至2000年，先后建成了昆山民营科技工业园、江苏省模具工业实验区、昆山国家级高新技术创业服务中心等平台载体。玉山开发区立足"以外引外，以外养内，以外促内"，注重"快转型上规模"，从劳动密集型转向技术、资本型，大力发展上规模技术型和资本型的"三资"企业。同时，"外向带动、配套协作"的步伐不断加快，至1999年，已有35家内资企业与42家外资企业提供54项产品及项目的配套协作。

（二）区划调整和稳步发展阶段（2000年7月—2006年3月）

2000年7月，苏州市人民政府发文撤销城北镇，原城北镇所辖区域并入玉山镇。昆山高科技工业园、玉山经济技术开发区（昆山吴淞江工业园）、昆山民营科技工业园，按照玉山镇行政区划调整后的总体发展规划，进行开发布局调整、统筹开发建设。

昆山高科技工业园加快电子信息产业的发展，同时加大外资商贸、金融和服务的引进力度。2004年，强化"无地招商"，鼓励已落户的企业增资扩投。至2006年，园内高科技项目占比超过80%，其中IT产业占比达70%以上，已成为昆山高科技工业园的特色产业和发展亮点。2002年12月30日，创业中心被国家科委认定为国家级高新技术创业服务中心。2003年10月14日，模具区获国家火炬中心批准，成为国家火炬计划昆山模具产业基地。

昆山吴淞江工业园于2002年12月起挂牌运行，启动建设集现代工业、物流贸易、居住生活、生态保护"四位一体"的高标准工业园。有序规划建设电子工业区、富士康工业城、日本工业园、欧美工业村和中小型企业投资区等特色小区，同时还规划建设物流仓储中心、港储区等配套载体。2006年，昆山吴淞江工业园提出坚持"四个锁定"，实行"高品位招商"的策略，重点锁定核心产业、龙头型项目、品牌企业、创新型项目进行招商。至2006年4月，昆山吴淞江工业园共引进项目264个，总投资21.8亿美元，注册资金9.98亿美元，合同利用外资19.78亿美元。

2002年起，昆山民营科技工业园围绕打造一流"全国民营科技示范园"的目标，在招商上注重瞄准高、新、大的项目。2002年6月，昆山民营科技工业园在民营五区内辟建"温州工业园"。2003年，昆山民营科技工业园紧紧抓住上海"世博会"规划浦江两岸中小型企业动迁的良机，迅速在上海设立"三点一中心"（三个招商点、一个招商中心）的招商网络；是年，民营六、七、八等区域相继启动建设，昆山民营科技工业园跻身全国十大乡镇企业科技示范园区行列，成为昆山实施民营赶超战略的一大亮点。至2006年年底，昆山民营科技工业园累计引进民企项目540个，总投资180亿元。

(三) 资源优化和加速发展阶段 (2006年4月—2010年8月)

2006年4月,江苏省人民政府批准昆山吴淞江工业园与昆山高科技工业园合并,建立江苏昆山高新技术产业园区。5月22日,昆山高新区揭牌和重点工程联合开工签约仪式在玉山镇举行。6月,经国家发改委核准,昆山高新区为省级高新技术开发区,定名为"江苏昆山高新技术产业园区"(以下简称"昆山高新区")。10月,昆山市玉山镇跃居千强镇排名榜首,成为"华夏第一镇"。以此为契机,昆山高新区大力实施园区整合、资源优化,建设"一区多园",促进转型升级等发展举措,努力朝着跻身"高新区第一方阵"奋力冲刺。2010年,昆山高新区规划面积达到51.88平方千米,完成地区生产总值445.5亿元,工业总产值913亿元,其中新兴产业产值260亿元,占规模以上工业产值的29%。全年完成进出口总额52.1亿美元,其中出口31.5亿美元,分别同比增长92%和13%。2007—2010年,昆山高新区综合实力连续位居全省各类开发区第五名、全省省级开发区第一名。

科学制定发展规划,实施以区强镇战略。昆山高新区紧扣"五年"规划,全力推动"一个中心,六大片区"建设。明确了玉山镇争当全国第一镇,昆山高新区建成全国一流开发区,民营科技园确保华东地区领跑地位,地区服务业占GDP的比重达到45%的目标。昆山高新区按照玉山镇"十一五"五年规划和园区开发建设目标,进一步调整发展定位,突出发展重点,强化企业"三自"(自主创新、自创品牌、自我创业)创新的主体作用,建设好昆山高新技术产业园区、民营科技工业园两大创新平台,整合优势资源,努力把高新区建设成为昆山高新技术成果研究开发和产业化的示范区。制定人才、税收、金融、服务四大扶持政策,为"三自"创新工作提供保障。按照"一区多园"开发建设的发展定位,高标准规划建设昆山高新区、民营科技工业园、大经贸园等三大园区，实现三区联动，三区经济同步发展。

创新挑商选资举措，提升挑商选资水平。昆山高新区围绕锁定主导产业全力招商，锁定整机项目、重大项目强力招商，锁定欧美日韩项目重点招商，锁定自主创新型、内销型大项目突破招商，力求挑商选资新突破；创新工作思路，突破招商选资瓶颈；强化队伍建设，提高挑商选资成效等创新举措，有效地提升了挑商选资的工作水平。截至2010年，累计引进外资项目870个，注册资本47亿美元；累计引进民营企业超1 150家，注册资本超190亿元。项目引进实现了欧美项目历史性突破、新能源项目战略性突破、民营旗舰项目开创性突破、服务品牌项目跨越性突破、增资项目重大性突破等五个方面的新突破。

强化园区"两宜"功能，推进产城融合进程。一是以国内一流、世界先进的标准，加快昆山高新区核心区基础设施完善和功能配套；二是加快推进美国工业村、商贸物流园、现代产业服务园、国家级创业服务中心等特色载体、孵化器建设；三是加快推进循环经济示范区和生态工业园区创建。构建覆盖企业、产业、园区的循环经济体系，启动建设一批现代化、综合性、多功能的高级邻里中心，增强昆山高新区承载能力，努力把昆山高新区建设成为彰显以人为本、设施齐全的现代化科技生态新城。2008年，昆山高新区万元地区生产总值综合能耗0.24吨标煤；危险废物处置率、生产污水集中处理率、生活垃圾无害化处理率均达到100%。2010年，昆山高新区获批江苏省生态工业园。

（四）国批升格和提升发展阶段（2010年9月—2016年）

2010年9月，国务院发文同意昆山高新技术产业开发区升格为国家级高新技术产业开发区；是月，成立昆山高新技术产业开发区党工委、管委会。2012年2月，昆山市委、市政府发文决定昆山高新区和玉山镇实行"区镇合一、以区为主"的管理体制。站在新的起点上，昆山高新区深入学习贯彻党的十八大精神,以"国批""区镇合一"为契机,紧紧围绕打造国内一流园区、打造创新驱动示范区、打造新兴产业先行区和打造低碳经济试验区为目标,进一步加大开发建设力度,进一步加快从"华夏第一镇"向建设"国内一流高科技园区"、进入"国家级高新区第一方阵"华丽转型的发展步伐。

立足更高平台,提升综合实力。在宏观经济下行压力加大的新常态下,坚持"12345"发展指导思想,抢抓昆山深化两岸产业合作试验区、苏南国家自主创新示范区、上海自贸区及科创中心建设三大机遇,以实施经济社会"双百"工程、"五位一体"建设"520工程"为抓手,有力地保障了经济发展稳中有进、量质齐升。5年来,地区生产总值、本级一般公共预算收入、工业总产值、固定资产投资年均分别增长10.66%、13.18%、7.85%、14.36%。高新技术产业产值和新兴产业产值占规上工业产值比重年均分别增长32%和7%,达到73.8%、67.3%。先后被列为国家科技服务体系建设试点园区、知识产权试点园区、海外高层次人才创新创业基地,入围苏南国家自主创新示范区建设"8+1阵营",在科技部国家高新区综合评价中排名第五十一位,其中企业上缴税额增长率全国第一,可持续发展能力全国第五。玉山镇多年蝉联中国综合实力百强镇第一。

强化科技赋能,提高创新能力。全社会研发投入占地区生产总值比重提升到3.2%,科技人才支出占财政支出比重超过10%。打造启迪科技园、南大昆山创新研究院、浙大昆山创新中心、西电昆山创新研究院、中科院微电子所昆山分所"四校一所"产学研合作格局,建成华测生物检测中心、先进三维喷印装备研究所等公共服务平台,投运机器人、小核酸研发楼,加快建设北斗产业园、生物医药产业园等产业化载体。建成"一站式"科技创新服务中心,与省生产力促进中心共建科技服务中心、苏南自主创新示范区昆山高新区建设促进服务中心。5年新增高新技术企业191家、研发机构316家，获批科技项目500多个，专利申请3.4万件、授权1.5万件。"维信诺有机发光显示""凯宫高效能精梳"两项技术分获国家技术发明奖一等奖、科技进步奖二等奖，瑞博夸克小核酸1.1类新药获临床试验批准，创全国首例。引进杜克大学、加拿大国际学校等国际知名教育机构办学，投运德国"双元制"培训中心。两岸青年创业园与研华科技协同创新研发中心先后获批国家级海峡两岸青年创业基地。创业服务中心获批国家高校学生科技创业实习基地、首批省级众创集聚区试点单位，近10家众创空间投入运营。新增国家级博士后科研工作站3个、省级院士工作站2个、"国家级"人才34名、"双创"人才（团队）近130个，每万名劳动力中高技能人才数超过410名。深化科技金融对接，获批省级科技金融合作创新示范区，成立高新创投、科技小贷、融资担保公司，设立启迪金融服务集团、科技型中小企业信贷风险补偿专项资金、东吴阳澄股权投资基金，形成基金规模超50亿元。3家企业成功上市，12家企业挂牌"新三板"。

坚持规划引领，统筹城乡建设。实施城北地区改造更新、南星渎小镇功能规划，累计完成报建面积超1 300万平方米。规划建设白渔潭生态农业园与吴淞江"三位一体"工程。落实农村环境卫生长效管理机制，有效改善村庄环境、田容田貌。落实环境影响评价和生态补偿机制，推进国家生态工业示范园区创建工作，完成园区规划环境影响评价、环境管理体系认证监审工作。实施总投入9亿元的水环境综合整治三年行动计划，铺设污水管网51.6千米，建成区污水管网实现全覆盖，完成同心河水环境治理。大渔湖、南淞湖、玉湖、城北湖生态区逐步成型，新增改造绿地513万平方米。

彰显为民情怀，厚植民生福祉。新改扩建学校45所，重点支持普惠性民办幼儿园发展。新增养老机构18家，启用全市首家"公建民营"养老机构。新建安置房260多万平方米，交付100多万平方米，完成改造40个老小区。获批省模范劳动关系和谐工业园区。城乡居民收入年均增长12%。启用高新区文体活动中心和图书馆，打造"昆玉堂"昆曲品牌，举办群众文体活动超2 300场。深入开展安全生产大检查，排查消除安全隐患，保障群众生命财产安全。构建"1+3"法律服务网络体系，抓好社会风险评估、基层矛盾纠纷排查化解，有效巩固社会和谐安定的良好态势。玉山镇连续三次荣获"全国文明镇"称号。

（五）高质发展和再攀新高阶段（2017—2019年）

在党的十九大胜利召开之后，昆山高新区深入学习贯彻习近平新时代中国特色社会主义思想和党的十九大精神，提出要积极抢抓苏南国家自主创新示范区建设机遇，以精准招商带动经济转型、以人才科创驱动经济转型、以优良环境推动经济转型，持续做大份额、努力争先进位，着力凸显两"高"两"新"特色，加快建设产业先进、创新引领、美丽宜居的一流创新型特色园区，全力打造国家一流产业科创中心核心区。2019年，完成地区生产总值1 021.09亿元，增长8.32%；一般公共预算收入118.61亿元，增长6.65%；工业总产值1 666.34亿元，增长9.24%。在2019年公布的国家高新区排名中位列第四十二位，实现"四连升"，连续提升了二十一个位次，其中国际化和参与全球竞争能力位居全国第十三位。

加快现代产业攀高。昆山高新区立足自主可控产业体系建设，重点发展新一代电子信息技术、小核酸及生物医药、机器人及智能制造三大高新技术产业，着力发展大数据、云计算等数字经济，不断壮大产业升级"动力源"。其中，在新一代电子信息技术产业方面，昆山高新区汇集富士康科技集团、丘钛集团、维信诺科技、苏州能讯等一批业内龙头企业，首期投资超100亿元的中科院安全可控信息技术产业化基地建设稳步推进，昆仑超级计算机系统正式投运，获批筹建国家超级计算昆山中心，打造具有国际影响力的千亿级产业集群。在作为战略产业的小核酸及生物医药产业方面，昆山高新区建立了覆盖小核酸等生物医药开发、药物临床前、临床研究和产业化生产的全产业链，90多家生物医药企业在这里扎根，先后引进张礼和院士、陈新滋院士、梁子才教授、盛泽林博士等国家级人才，承担23个国家级科技项目。近20个品种进入临床，瑞博小核酸药物等5个品种正在临床三期，100多个品种处在临床前阶段。泽璟制药成为全国首家以第五套标准科创板上市的企业。加快推进高端医疗装备国家级产业创新中心和迈胜质子医疗产业化项目建设发展，实现迈胜质子医疗系统装备国产化。在机器人及智能制造产业方面，昆山高新区集聚了德国库卡、意大利柯马、哈工大机器人、华恒焊接等机器人及智能制造行业领军企业，构建了涵盖关键部件制造、技术软件支持、系统集成服务的机器人全产业链，年产值近400亿元。依托"好活"国家级共享经济案例研究基地，引导"四新"经济产业集聚发展，加快打造"新经济平台之都"。大力发展总部经济，丘钛研发总部、桦汉研发中心等项目加快建设，聚集省级以上跨国公司地区总部和功能性机构8家。

提升科技创新浓度。昆山高新区深入实施苏南国家自主创新示范区建设三年提升工程。深时数字地球研究中心启动建设，力争成为国家首批启动的国际大科学计划，加快建设集地球大数据科学研究、应用服务、产业发展为一体的国家级科学中心和国际化创新园区。设立运作中科院微电子所昆山分所、沈阳自动化研究所（昆山）智能装备研究院、南京大学昆山创新研究院、浙江大学昆山创新中心、西安电子科技大学昆山创新研究院、清华启迪科技园等创新平台。对接融入长三角一体化发展，与上海紫竹科技园合作设立联合孵化创新中心，构筑"沪昆"技术转移信息共享平台。引聚国际科创资源要素，建设中美（昆山）科创中心、白俄罗斯国家科学院（昆山）创新中心、理光（昆山）创

▲ 昆山杜克大学

新中心等一批创新载体。加大海内外院士专家、重大科创团队等双创人才引育力度，成功引进倪光南、庄松林等院士团队，集聚国家级人才54人、省市"双创"人才和团队超200个。引进美国杜克大学、加拿大国际学校等国际知名教育机构合作办学，与昆山杜克大学签约共建全国首家国际数字化管理人才学院。拥有国家级博士后科研工作站（分站）22个。设立昆山科技创新发展、红土高新创投基金、建银中民医疗（昆山）基金等产业科创基金，基金规模超300亿元。三大支柱产业领域人才占比70%以上，全区每年获认定省级以上科技计划项目超10个，大中型工业企业及规上高企研发机构建有率近95%。万人发明专利拥有量65件。全社会研发投入占比达3.6%，科技人才贡献率达51%。

优化产城融合品质。围绕昆山全市"一廊一园一港"科创载体布局，昆山高新区打造科创品牌最靓、创新要素最全、转化能力最强、开放程度最高的阳澄湖科技园。昆山智谷小镇是苏州唯一入选全国50强的最美特色小镇,位列省级特色小镇考核第二名。先行先试《科创产业用地（Ma）管理办法》和产业科创综合体发展模式,鑫欣科创综合体加快推进,力争以较小空间实现创新要素最优配置、产业产值集中爆发。全区拥有26家省级以上孵化器（众创空间）。综保区西区、昆山登云（两岸）科教创新基地等200多万平方米科创载体加快建设,全国首个产教融合研究生联合培养开放基地建设稳步推进。四类以上河道比例提高30%,国省考断面水质稳定达标。新改扩建绿地24万平方米。国家生态工业示范区创建通过国家三部委验收。在2018年度自然资源部公布的土地集约利用评价排名中,昆山高新区位列全国104个工业主导型高新区第四名。玉山镇获评"2016—2018年度省文明镇""苏州市农村人居环境整治工作示范镇"等。

▲ 阳澄湖科技园

二、昆山高新区发展的经验启示

改革开放以来,昆山发扬"三创"精神,走出了一条以"唯实、扬长、奋斗"为标志的"昆山之路",成为全国改革开发的典型之一。昆山高新区作为全国首个设在县级市的国家高新区,在"发展高科技、实现产业化"的初心使命引领下,从乡镇起步,一步一个脚印,历经"火炬"起步、"星火"发展、"两镇"合并、"省批"振兴、"国批"腾飞及"苏南"入围等阶段,走出了一条创新发展、协调发展、绿色发展、开放发展、共享发展的道路,在推动转型升级、实现高质量发展方面形成了一定的发展经验。

(一) 坚定不移以高质量党建引领高质量发展

干部是事业发展的"第一要素",推进高质量发展,关键还是要靠干部队伍的积极作为。改革开放以来,闻名全国的"昆山之路"就是由一支过硬的干部队伍,带动全市人民共同艰苦创业、接续奋斗而走出来的。长期以来,尤其是党的十八大以来,昆山高新区始终坚持加强党的建设,充分发挥党组织的战斗堡垒作用和党员干部的先锋模范作用。

一方面,让"想做事、能做事、做成事"成为干部的鲜明特质。 昆山高新区认真贯彻中央《关于进一步激励广大干部新时代新担当新作为的意见》,深入落实江苏省委、苏州市委、昆山市委"三项机制",有效营造了干事创业的良好氛围,大大增强了干部干事创业的内生动力。比如,出台了《关于加强和改进昆山高新区绩效管理工作的指导意见》,以"考"为衡器谋篇布局,规范绩效考评程序和方法;以"督"为推手推进落实,科学构建绩效管理指标体系;以"用"为导向调动干劲,强化绩效管理结果运用。弘扬争先精神,通过大力实施

"一把手"工程,引导党员干部始终秉持"务实、高效、创新、超越"的高新精神,弘扬"争先争优争创一流、敢闯敢试敢为人先"的精气神,不断激发干部队伍干事创业、追高逐新、勇攀高峰的动力。"一把手"工程,即配优选强基层党组织书记,以"严就是厚爱、常谈就是常督"为要求开展工作。区党工委和6个直属党委分别制定了基层党建责任清单、问题清单、整改清单,全区共有423个"书记项目"列项,把落实工作的责任压紧压实、传导到位。突出引优培高,引进优秀人才,不断优化人才结构。采取"上培下派"、轮岗交流等方式,搭建成长平台,提升现有干部的能力水平。

另一方面,让"作风是生产力、效能是竞争力"的服务理念成为干部思想行动自觉。"昆山服务"历来是昆山的金字招牌。昆山高新区始终把改进服务、提高效能作为"第一投资环境"来抓,构建"亲""清"新型政商关系,打造透明、便捷、公平的一流营商环境,提出了"亲商、安商、富商""依法服务、高效服务、特色服务""企业需求快速知道,政府服务快速提供"等一系列服务理念。把自己比作"店小二",真正做到有求必应、无事不扰,不断增强企业获得感。精心开展服务活动,深入开展"六个一"基层走访调研,为企业与国内外高校和科研院所开展协同创新牵线搭桥,帮助企业推进实验室、技术中心等研发机构建设,了解企业的需求和期盼,帮助解决创新发展中遇到的困难和问题。深化体制机制改革,2018年,昆山高新区组建行政审批局,稳步承接国家级开发区全链审批赋权清单事项,推进"3550"改革,大力推广"不见面"审批,积极推行"一窗受理、集成服务"模式,进一步简化了审批环节、创新了审批流程、压缩了审批时限,加快实现"一枚公章管审批""只进一扇门,最多跑一次"。通过效率提升,让昆山高新区的腾飞如虎添翼。

（二）高点定位打造高端先导产业格局

坚持"一个原则"：注重提质增效。把经济转型升级重点转移到提高经济发展质量效益上来，择优选择项目，着力引进战略性、支撑性、带动性强的项目，实现新旧动能转换，催生发展高效率，实现数量和质量、速度和效益的统一。如2018年引进建设国家先进计算产业创新中心、中科院安全可控信息技术产业化基地，项目全部建成将带动形成千亿级的安全可控国家信息技术产业集群。

发挥"两大优势"：沿沪和对台优势。沿沪：没有上海，就没有昆山的发展。上海的每次发展也是昆山的机遇。昆山"农转工""内转外""散转聚""低转高""大转强"五个发展阶段就是五次转型升级，每个阶段都与上海有密切关系。这一点过去是这样，现在和将来也是这样，已成为共识。过去，更多注重承接上海的产业转移，做好上海高端产业的配套；现在和将来，主动对接融入上海，在更多领域、更广空间与上海开放合作。对台：昆山是大陆台商投资最活跃、台资企业最密集地区和两岸经贸文化交流的热点地区之一。从1990年10月昆山第一家台资企业顺昌纺织有限公司入驻昆山开始，昆山集聚台资企业已经经历了20多年的长期过程。常说"五六七八九"，就是昆山50%以上的财政收入、60%以上的利税、70%以上的销售、80%以上的投资和90%以上的进出口都源于台资。2013年，国务院正式批复同意设立昆山深化两岸产业合作试验区。昆山高新区同样重视对台招商，不断优化涉台服务，先后引进了富士康、淳华等一批台资标杆企业，目前拥有台企超500家、总投资近100亿美元。

紧扣"三大产业"：就是努力强化机器人、小核酸及生物医药产业基地等4个国家火炬特色产业基地创新能力建设，全力打造新一代电子信息产业、小核酸及生物医药、机器人及智能装备等三大支柱产业，在顶层设计、政策扶持、要素供给、人才引培、功能配套、服务保障等方面综合发力，打好组合拳。比如载体建设，由国有公司昆高新集团介入，具体承担园区载体建设，而不是简单补贴企业。针对孵化和初创企业，由昆高新集团建设4万平方米小核酸及生物医药产业公共设施，累计购置近亿元实验仪器设备，将其作为公共服务平台进行扶持；针对孵化毕业进入产业化阶段的企业，坚持"资金—资产—资本—证券"的投资收益模式，先将资金转化成设施设备等资产，根据企业现状和未来发展预期，将设施设备等资产选择租赁、原则回购、原则入股等方式对企业进行支持。2009年，以500万资金设备的形式支持苏州泽璟生物制药有限公司。2019年，泽璟成为全国首家以第五套标准科创板上市的企业，实现了企业和高新区的双赢。

（三）兼程并进建设一流产业科创中心核心区

在发展路径上，践行新发展理念，将"一特三提升"落到实处。所谓"一特"就是打造特色产业集群，即新一代电子信息产业、小核酸及生物医药、机器人及智能装备等三大支柱产业。"三提升"就是提升土地产出率、提升循环经济利用率、提升智能制造普及率。在提升土地产出率上，主要做法是提升开发强度，坚持土地利用强度和土地开发强度双控政策，坚持用地预审和联合评审，严格准入，逐步提高项目投资和固定资产投资标准。同时盘活低效用地，在工业用地调查基础上，全面分析工业用地利用现状和开发潜力，紧扣建设用地两个"零增长"目标，结合已批未开发土地清理处置和腾出发展空间专项行动，腾挪并转实施高效再利用。2019年，全区盘活低效用地（约1.157平方千米）。在提升循环经济利用率上，主要做法是支持企业加大绿色生产改造，对于企业环保技改投资按照环保投资额的10%给予补助，最高可补助1 000万元。同时建立激励制度，发挥绿色金融杠杆作用，对用能单位能效项目提供最高 1 000 万元长期贷款，发行绿色债券，引入长期、低成本资金，支持生态文明重点项目建设，并"双管齐下"执行企业环境信用评级制度。在提升智能制造普及率上，主要做法是投运 7 万平方米机器人专业孵化器、加速器，集聚一批机器人整机、关键零部件、集成应用企业，构建涵盖关键部件制造、技术软件支持、系统集成服务的机器人全产业链。与此同时，鼓励企业加大技改力度，富士康、淳华科技等企业积极开展"机器换人"，实施自动化改造，建设智能车间。

在创新驱动上，不断丰富拓宽引才育才渠道，把人才优势转化为产业发展优势。一是园区平台引才。抢抓苏南国家自主创新示范区建设机遇，大力实施示范区建设三年提升工程，围绕昆山打造国家一流产业科创中心"一廊一园一港"科创载体布局，积极借鉴深圳天安云谷智慧园区、深圳湾科技生态园产业等产业创新综合体成功经验，以全球视野集聚人才创新资源，深度打造昆山智谷小镇，在有限的物理空间内产生爆炸式的产出"化学反应"。二是载体平台引才。建有高新技术创业服务中心、工业技术研究院等众多国家级、省级创新平台载体，广聚国内外科创人才，不断深化产学研合作，推动全球技术转移和成果转化。如昆山市工业技术研究院是苏南国家自主创新示范区昆山核心区的重要创新载体，着力打造技术创新、技术服务、技术转移和人才集聚四大体系，先后建成机器人视觉感知与控制技术国家工程实验室苏南中心、杜克大学计算图像技术研究中心等八大研究所，先后被认定为"国家技术转移示范机构""国家中小企业公共服务示范平台""江苏省产业技术研究院"。三是高校平台引才。深化与中科院、清华大学、美国杜克大学等大院大所合作，探索"科学家团队+专业企业+社会资本+政府资本"的协同创新方法，吸引领军人才带团队、带技术、带项目、带资金集群入驻。比如和清华大学合作，集聚 200 多名清华校友，一大批科技项目在昆山实现产业化。清华大学邱勇校长领衔的重大科研成果产业化项目——维信诺OLED项目，荣获了国家技术发明奖一等奖。四是企业平台引才。推出"科技创新券""企业人才券"，支持企业向高校、科研院所购买科技成果，向猎头公司、培训机构购买人才招聘培训等专业服务。创新运用"合同研发项目管理"的合作模式，鼓励企业向高校、科研院所有偿预订研发科技成果和转化技术。围绕重点优势产业，鼓励企业设立研发中心、院士工作站、博士后工作站，积极吸引高层次科技人才。2018年，经财政部、国务院国资委和中国科学院批复同意，阎锡蕴院士团队发起设立的中科新蕴正式落户昆山高新区，同时获评昆山市首批"头雁人才"团队，获1亿元人民币项目资助。

在产业优化上，坚持有所为、有所不为，将主导产业推向高端。 着力做好"三篇文章"。一是"插柳成荫"。打造良好的创意、创新、创业环境，促进高端人才、创新团队、高科技企业集聚发展，特别是引进具有核心技术、拥有成熟产品、团队构成合理、市场空间广阔、发展预期明朗的成长型企业。如刘召贵博士创办的天瑞仪器，从2006年落户昆山高新区以来，通过不断创新，实现了从"一间办公室""一幢大厦"到"一个产业园"再到"上市公司"的裂变，其核心产品荧光分析仪销量居全球第一。二是"老树开花"。支持现有企业盘活存量、就地转型。如丘钛微电子为适应市场发展的需求，在设备、仪器的选择上立足于高起点、高技术的引进和配置，通过自主研发的测试软件及算法，对生产线实施自动化升级改造，提升产品技术水平，摄像头模组出货量及销售金额均在国内排名第三，指纹识别模组出货量及销售金额均在国内排名第二，高端双摄像头模组产品也在国内处于行业领先，2019年公司实现产值139.9亿元、进出口6.1亿美元。三是"腾笼换鸟"。综合运用经济、行政、法律等手段，有计划、有步骤地淘汰"三高一低"企业，腾出发展空间、环境容量。如通过淘汰启发电子厂房内30多家"散乱污"的落后产能,采取国资回购、合作开发的模式,进驻拟上市的佰奥智能等优质企业,实现了腾笼换鸟,亩均产值提升超过10倍。

(四)统筹推进绘就宜居宜业美丽高新区

围绕新面貌、新内涵,昆山高新区在保护生态环境、改善城乡面貌、提升管理水平等方面加大工作力度,推动生态营造、城市营造,构建良好环境、浓厚人文氛围。

优化规划设计,打造精致化的城市形态。昆山高新区充分借鉴深圳经验,落实2035版昆山城市总体规划,高举减量发展旗帜,树立精品意识、下好"绣花"功夫,以推进"美丽昆山"三年提升工程为抓手,积极盘活与优化存量用地。依托苏州轨道交通S1线,加强高品质的生态环境和高标准的配套设施建设,实现城市更新与功能提升、产业升级、民生改善、安全生产有机结合,加快形成生态优势明显、创新要素集聚、创新活力迸发的"三湖两园一镇"格局,打造产城融合最佳典范。

抓好污染防治,打造高质量的城市生态。昆山高新区始终坚守生态

▲ 昆山文化艺术中心

底线，坚持把营造优美生态作为实现高质量发展的必要体现和重要保障，加强生态保护基础设施建设，加快补齐生态短板，让蓝天碧水成为高质量发展最美的诠释。昆山高新区城南圩面积3.6平方千米，共有河道7条，总长5.12公里，整治前，基本为劣Ⅴ类水质，部分河段氨氮浓度超过20mg/L，属于重度黑臭。2018年3月，启动城南圩整治工程，通过污水管控、设施建设、生态优化，拆除沿河违章建筑32处、4500平方米，覆绿0.28平方千米，打造约0.13平方千米具有储水、活水、净水功能的海绵景观湿地。

发扬"绣花"精神，实施精细化的城市管理。通过抓具体的"小事"，来推动工作的"大局"。启动"厕所革命"三年行动计划，在工作推进中，昆山高新区坚持问需于民，把厕所建在老百姓需要的地方、建成老百姓需要的样子。注重在工作中总结固化可复制、可推广的好经验，形成同类问题的"操作手册"。通过南星渎"群租房"综合治理，形成了流程化的"操作样本"，将处置工作分为排查摸底、信息录入、任务交办、联合执法、结果反馈、联合惩戒六个步骤。创新工作机制，根据全区工业企业分布现状和地理位置等特点，划分吴淞江、城中、杜桥、五联和杨林等5个安环监管网格区域。同时，围绕"信息采集、社会治理、城市管理、民生服务"四大功能，建立综治网格管理中心，设立5个综治网格分站，完善网格化社会治理联动机制，建成网格化信息系统，实现全区精细化治理。

繁荣多元文化，厚植包容性的城市情怀。多年来，昆山高新区在大力推进经济发展的过程中，始终坚持海纳百川的胸怀，积极吸收多元文化，大力推进国际学校、国际医院、国际社区规划建设，不断丰富开放多元的文化特质，形成了城市国际化的独特优势。如坐落于昆山高新区的昆山杜克大学，由美国杜克大学、武汉大学合作设立，大力引进国际高端人才，面向全球招收和培养学生。昆山加拿大国际学校由加拿大圣约翰学校于2011年注册成立，是中国教育部关于国际学校相关政策调整后由江苏省教育厅批准的第一所国际学校。2012年起，由政府出资，支持外资企业建立的"新昆山人文化俱乐部"，为广大务工人员提供公共文化娱乐场所，获评江苏省"五星工程奖"优秀项目。针对在昆安居乐业的10万台商、台胞、台属，倾力打造台商大陆"精神家园"，全面实施家园意识深化、文化发展融合、节庆活动品牌、企业发展优化、公共服务保障"五大工程"，让广大台商拥有更多家在昆山的融入感。1995年以来，超700名客商和国际友人被授予"昆山市荣誉市民"和"昆山之友"称号，他们当中有将近一半的人常年生活在昆山高新区。

三、昆山高新区发展愿景展望

2009年4月，习近平同志在江苏召开调研座谈会时指出，"像昆山这样的地方，包括苏州，现代化应该是一个可以去勾画的目标"。面对百年未有之大变局，昆山高新区将深入学习贯彻习近平新时代中国特色社会主义思想，紧扣"强富美高"总目标，坚持高质量发展总导向，坚持新发展理念，抢抓四大国家战略叠加的历史机遇，进一步强化走在前列的使命担当，全面落实"五争五最五突破"任务要求，集中推进"六创六高六跨越"三年行动计划，力争到2022年，实现全区地区生产总值超1 000亿元，一般公共预算收入超120亿元，工业总产值突破2 000亿元，新增到账外资12亿美元，高新技术企业突破700家，国家高新区排名进入前30名的目标。有力推动国家一流产业科创中心核心区、一流创新型特色园区和苏南国家自主创新示范区昆山核心区建设出形象、上台阶，不断以跳跃性、跨越式的高质量发展，在昆山打造社会主义现代化建设标杆城市的征程上，彰显高新担当、勇当排头尖兵，奋力成为"昆山之路"再创辉煌的引领区。

（一）全面构建现代化产业体系，加快打造现代化高端产业引领区

狠抓项目突破。昆山高新区将集中力量在现代产业体系构建、自主可控发展规模上形成突破，壮大特色优势主导产业。全方位保障中科可控基地、深时数字地球研究中心、迈胜质子医疗"一总部两集团三中心"、泽璟新药生产基地等重大项目建设，加速培育以先进计算、地球大数据为核心的安全可控国家信息技术产业集群，以高端医疗装备、创新新药研发为核心的生物医药医疗健康产业集群，打造产业链、价值链高端跃升的最强"引擎"。牢牢抓住产业数字化、数字产业化机遇，高水平运作国家超级计算昆山中心，放大算力"磁吸"效应，加速布局招引数字经济、生命健康等战略性新兴产业、未来产业，加快建设"新基建"领域核心项目，加快招引一批补链、强链重大项目，培育发展新的增长点、增长极。

狠抓动能转换。切实打好列规增收专项行动、群租厂房规范整治工程"组合拳"，创新实施低效（闲置）用地整改提升工程，释放"土地存量"撬动"发展增量"。积极运用国资回购、征迁、合作开发等模式，重点推进老旧工业区改造升级，布局建设一批业态高端、功能完备、管理规范的产业园区、产业社区、小微特色产业园，全面拓展产业空间、优化产出效率、提升发展质量。深度接轨工业互联网，推动企业数字化、网络化、智能化改造升级，加快设备更新、"机器换人""触网上云"步伐。鼓励总部经济发展，推动共享经济持续壮大，指导好活科技等新经济标杆企业制定国家标准、行业标准。

狠抓有效投入。充分发挥经济运行协调保障领导小组高位组织、研判调度职能作用，系统运作重大产业项目挂钩联系服务制度，推行"土地取得、开工、投资、施工、投产"全流程、节点化管理模式，着力增强投资对经济提质增速的"造血"功效。强化财政资金杠杆作用和国有企业平台功能，撬动、引导社会资本更多地向重大项目集聚，推动重点企业尽快融入国际国内双循环发展新格局。

狠抓营商环境。贯彻落实国务院《关于促进国家高新技术产业开发区高质量发展的若干意见》等政策文件，积极推进自由贸易试验区联动创新区建设，复制推广自贸区等相关改革试点政策，开展创新政策落地先行先试。深化"一件事"办理服务体制改革，精简优化企业开办、施工许可、不动产登记等审批流程，实现"前道"支持与"后道"服务同向发力。抢抓国家高新区金融开放发展机遇，探索高新区主体上市融资路径。高效运作昆山高新创业投资有限公司，推动"银""保""证"等金融专营机构集群化发展，构建多层次多样化现代金融服务体系。

（二）聚力构筑现代化创新生态，加快打造现代化人才科创核心区

构建集成创新最佳模式。对标国际最高、业界一流，围绕"一廊一园一港"科创载体布局，精品化规划建设35万平方米深时数字地球国际卓越研究中心，匠心雕琢昆山智谷小镇，打造科创策源、三生融合最美空间。落细落实《科创产业用地（Ma）管理办法》，打造鑫欣科创综合体等产城融合新典范。更宽领域融入长三角一体化建设，构建与张江高科技园区、紫竹科学园区等长效合作机制，加快形成一批联动创新成果。不断丰富与"一带一路"沿线国家合作内涵，推进与俄罗斯、乌克兰等创新载体落地建设。广泛搭建与世界500强企业沟通合作桥梁，共建理光（昆山）创新中心，深化与天九共享集团、中科院长光集团合作，扩展科技产业交流合作"朋友圈"。

引育高端人才最优集群。要完善人才服务保障机制，放大"一个人才（团队）、一个项目、一家企业、一条产业链"的创新链式效应，扩

展各级各类人才科创政策惠企覆盖面。协同共建产教融合昆山示范区，加快昆山产教融合联培开放基地建设，优化人才培养供给侧和产业需求侧深度融合发展新模式。聚焦产业链关键环节、核心领域实施优先匹配、精准引才，延揽科技领军人才、创新创业人才、技能技术人才。

激发企业创新最强动力。完善企业孵化成长全周期培育体系，推动"独角兽""隐形冠军""瞪羚"企业爆发式增长。加快建设中国标准化研究院高新技术标准化研究基地（昆山）等一批平台，全面提升区域企业标准研制、应用推广能力，以知识产权运营推动科技成果转化。加大企业上市、股改引导服务力度，扩容科创板、创业板上市梯队。深化"三校两所"产学研合作，滚动实施产学研合作项目。纵深推进"高新企业规模化、规上企业高新化"，建成一批企业知识产权工作站，加快打造有效高企规模集群。

（三）深入完善现代化城乡格局，加快打造现代化宜居宜业样板区

精心周到雕琢品质颜值。以高水平规划为引领，落实发展总规，推动城市有机更新，精细化设计轨交S1线沿线、老城北等重点区域城市更新方案，系统化推进白马泾路南延及朝阳路西延基础设施工程征迁。新改扩建紫竹路等市政道路。做深做透"增绿、覆绿、还绿"文章，完善城乡生态景观路网和绿色慢行系统，全域点亮城市颜值。着力推进老旧小区和危房改造。深化"组合式开发"模式，加快动迁安置步伐。加强用地供给保障，积极引导市场预期，促进房地产市场平稳健康发展。重拳根除违法建设等城市顽疾。持续推进公共厕所、农贸市场改造升级。

务实高效推进乡村振兴。紧扣"二十字"总要求，深耕"电商+文旅+康养"融合创新模式，加快"耕读白渔潭"田园现代农业示范园、玉叶智慧农业产业园等一批新型农业项目建设，强化燕桥浜村高标准农田整治，全面提升农业智慧化、科技化、现代化发展水平。持续深化农村人居环境整治，在拆违动迁、土地资源监管、村级资产管理等方面攻坚克难，高标准打造姜巷村等特色田园村庄，使"美丽庭院"遍地开花，高水平保持农村人居环境整治"示范镇"荣誉，高质量创建更多"示范村"。深化农村集体资产分类处置改革，依托集中经营、国资管理等市场化手段，促进集体资产资源高效运营、保值增值。扎实推进农村精神文明建设，深化移风易俗，涵养文明乡风。

久久为功绘就生态本色。践行绿色发展理念，扎实做好挂牌督办问题整改，坚决打好污染防治攻坚战。推行空气质量点位长制，全面实施工业企业挥发性有机物综合治理，有力提升空气质量。从严落实"河长制"，推进城北区域水环境整治，确保劣Ⅴ类河道"清零"，Ⅳ类以上水体比例再提升，国省考断面水质稳定达标。全域推广"绿岛"设施建设，开展中小微企业危废标准化、规范化治理提升工程，健全危废长效管理机制，提升集约化环保治理水平。建立企业退出清单，持续清理淘汰"散乱污"企业，实现产业创新转型、生态环境保护互促并举。

（四）深入推进现代化社会事业，加快打造现代化和谐幸福示范区

均衡发展民生事业。坚持以人民为中心的发展思想，秉持民生情怀，紧盯民生短板，在民生服务精准性、普惠性、先导性上持续用劲，进一步丰富教育、医疗、养老等领域公共服务供给，加快公共事业现代化步伐，让百姓生活更有温度、人民幸福更有质感。持续做好稳就业，加大重点群体就业帮扶力度，常态化开展线上线下招聘推介，健全完善职业技能培训体系。全面推进垃圾分类取得新进展、迈上新水平。均衡提升基础教育发展水平，引进国际知名教育品牌联合办学。加强医疗卫生资源投入，不断完善防治结合、联防联控、群防群控机制，切实提升应对突发公共卫生事件应急处置能力水平。切实做好公共厕所改造、农贸市场标准化提升、安置房建设等与群众生活息息相关的事。

精准发力社会治理。深化系统治理、综合治理、依法治理、源头治理，努力打造政府主导、社会协同、公众参与、科技支撑的社会治理共同体。强化现代科技手段综合应用，推行"网格化+大数据+铁脚板"治理模式，深化警务综治安环"多网融合"，实战化运作城市安全管控指挥中心，实现矛盾问题一套系统全看清，治理措施一张网络全覆盖。加快提升基层治理现代化水平，完善社区党组织领导下的社区、物业、居民联动服务机制。深入推进"无黑"细胞试点创建。压紧压实信访工作责任，建立全覆盖非诉讼纠纷化解工作网络，实现信访批数人次"双下降"。

标本兼治安全生产。统筹安全监管与企业服务，聚焦重点行业领域，以最坚定的决心、最超前的举措、最扎实的作风，落实最严格的安全生产责任制，实施最全面的安全生产专项整治。建立蓝盾护航、列规增收、"331"专项整治、群租厂房整治长效机制，推动工业企业规范整改、提质增效，实现除隐患、保平安与腾空间、促转型有机结合。持续擦亮"人防""技防"两把监管"利器"，加强智慧监管手段应用普及，鼓励引导企业开展标准化建设，不断提升现代化安监能力和水平。

（五）深入构建"再突破"活力生态，加快打造"昆山之路"再创辉煌的引领区

构筑凝心聚力战斗堡垒。进一步树牢"四个意识"、坚定"四个自信"、做到"两个维护"，在思想上、政治上、行动上同以习近平同志为核心的党中央保持高度一致。扎实推进农村、社区党建工作，让"红色阵地"树起来，党徽亮起来，责任扛起来，基层党组织作用显出来，育强基层"领头雁"，提升支部"活力值"，激活党员"红细胞"，助力企业"加速跑"，推动基层党建工作全面提质增效。深入开展"红

管先锋"行动,扎实推进社区"大党委"建设,以高质量党建引领基层高效能治理。切实抓好基层党组织"带头人"队伍建设,深化实施"头雁工程",持续提升党组织书记、主任"一肩挑"比例。建强经济保障、应急管理、公共卫生等重点工作领域"行动支部",发挥冲在一线、攻坚克难示范作用。层层推进、从严落实意识形态责任制,团结、引领新的社会阶层人士发挥作用,构建"礼遇人才"的最大同心圆,推动资源、服务、管理下沉基层、做实基层,让党旗在每个基层阵地高高飘扬。

造就担当作为干部队伍。用好用足"三项机制",细化落实激励干部担当作为"1+N"系列文件,让敢担当、勇作为成为高新区干部的鲜明特质和自觉追求。以昆山开展"环境提升年"、打响"昆如意"营商服务品牌为抓手,强化干部队伍建设,有力增强干部队伍服务意识、服务能力、服务成效,确保"店小二"式的主动姿态、定制菜单的服务方式成为统一认识和自觉行动,推动跟踪式、闭环化的服务模式成为统一标准,促进作风"大转变"、效能"大提升",以实实在在的服务成效造就一流的营商环境。

涵养风清气正政治生态。深入贯彻落实中央八项规定及其实施细则精神,坚决反对形式主义、官僚主义。持续抓好各级巡视巡察及"回头看"反馈意见整改。系统推进农村"小微权力"监督体系建设。加强国有资本经营管理全链条监管,建立健全监督长效机制,确保国有资本安全运营。全面落实行政执法公示制度执法全过程记录、重大执法决定法制审核制度。深入开展"六稳""六保"、安全生产、垃圾分类等专项督查。用好监督执纪"四种形态",深化群众身边腐败和作风问题专项整治,抓早抓小、源头防范,以刚性的制度规定和严格的制度执行,构建一体推进不敢腐、不能腐、不想腐体制机制。

雄关漫道真如铁,而今迈步从头越。特别是"国批"10年来,昆山高新区用热血和激情在时代的问卷上写下了浓墨重彩的篇章；放眼未来，昆山高新区更将以奋斗者的姿态昂首前行，找准发展定位，坚持系统化思维、注重规律性把握，加快全面转型推动高质量发展，不断绘制更高更新的壮美蓝图。

延伸阅读

驰而不息　十年日新
"蝶变"之下的昆山高新区逐梦而行

在昆山的西部,有一块秀美的产业科创高地——昆山高新区。这里有国内最大的小核酸基地,有全国首家采用科创板第五套标准首发上市的科技企业……

指针回拨到数十年前,这里不过是一片农田。艰苦创业的昆山人在这片农田上拉开了一路逆袭而上的奋斗序幕。

如今的昆山高新区已成为高新技术产业集聚区。2019年,园区完成地区生产总值1 041亿元,工业总产值1 720亿元。高新技术产业、新兴产业产值占规上工业产值比重分别达64.3%、67.3%。

由一片农田"变身"高新技术产业集聚区,昆山高新区历经"火

▲ 昆山小核酸及生物医药产业园

炬"起步、"星火"发展、"两镇"合并、"省批"振兴、"国批"腾飞以及"苏南"入围等过程，从闭门建设走向全面开放，从局部调整走向全面改革，从敢为人先走向步步争先，释放了改革开放的显著活力。

在科技部火炬中心公布的2019年度国家高新区评价结果中，昆山高新区位列第四十二名，实现"四连升"，连续提升二十一个位次。其中，国际化和参与全球竞争能力列全国第十三名，表现抢眼。沧海桑田，时代巨变，昆山高新区在破立之间实现了精彩"蝶变"。

科技创新演绎"加速度"

创新是引领发展的第一动力。近年来，昆山高新区抢抓机遇、主动作为，做优做强创新主阵地，培育壮大发展新动能，走出了一条"高新"特色的高质量发展之路，科技创新策源地的作用愈加凸显。

2020年4月3日，昆山高新区企业苏州瑞博生物技术有限公司宣布获得4.7亿元的C2轮融资支持。

这是一家具有代表性的科创企业。自2007年成立以来，瑞博生物专注致力于小核酸药物研究和开发，在小核酸创新技术、药物品种、研发设施以及团队建设等方面形成了强劲的整体实力。在昆山高新区的大力支持下，瑞博生物建立了涵盖感染、肿瘤、代谢、心脑血管和神经等多个领域的小核酸药物研发管线。目前，瑞博生物有2个品种分别进入到临床Ⅱ期和Ⅲ期，其自主研发的抗乙肝小核酸药物的临床试验申请于2020年年初获得国家药品监督管理局（NMPA）正式受理，另有多个品种进入临床申报阶段。瑞博生物基于自主知识产权建立了小核酸肝靶向递送技术平台并应用于多项肝源性疾病的小核酸药物开发，为我国小核酸制药产业的加速发展奠定了基础。

昆山高新区另一家科技企业苏州泽璟生物制药股份有限公司自主研发了生物Ⅰ类抗肿瘤新药甲苯磺酸多纳非尼片。近日，国家药品监督管理局（NMPA）已经受理了新药上市申请（NDA），此次申请的适应症为不可手术或转移性肝细胞癌。这是昆山小核酸及生物医药产业园首家科创板上市企业。

像这样极具创新性的科技企业，正如雨后春笋般在昆山高新区不断涌现、茁壮成长，彰显出园区的创新活力。

2020年新年伊始，新冠肺炎疫情来势汹汹，但创新发展不会因疫情而改变。在苏州市科技局近日公布的"2020年度新型冠状病毒感染应急防治科技专项"项目名单中，昆山高新区有6家企业榜上有名。

疫情之下，昆山高新区科技局相关负责人提出，园区聚焦培育新动能，不断强化资源要素投入，大力实施普惠性支持政策，让"新字号"在创新中向新领域拓展，让"老字号"在创新中转型升级。

好活（昆山）网络科技有限公司是一家新型互联网公司，已为1 000多家企业提供了人力资源共享服务，该平台上的"创客"已突破22万余人。今年一季度实现交易额5.2亿元、纳税3 900余万元。

"在创新中培育新的增长点。"这是好活科技的企业生存信念。2月初，好活科技紧急开发"码"上复工产品，免费供企业、政府和个人使用，通过大数据分析，让企业放心接收、员工安心复业、政府有序管理，有效地促进了跨地域人员信息互通，提高了人力资源跨地域流动效率。当前，"复工码"妥善化解"防疫+复工"问题，已应用于沪光电器等上百家企业，"码"上复工也在昆山成为"新潮"。

"凝心聚力抓科创、聚人才。"昆山高新区相关负责人表示，正是因为这份执着理念，园区创新活力才会深度激发、加速释放。

2019年，昆山高新区对接祖冲之自主可控攻关计划，实施产学研合作项目47个，重点落实"卡脖子"技术需求16个；新增省级以上科技计划项目14个、省级成果转化项目3个；实施高企培育3年行动计划，高企净增97家、总量达398家；新增省民营科技企业78家、

"瞪羚"企业15家、"独角兽"培育企业4家；培育"专精特新""隐形冠军""单打冠军"企业14家；新增省级工程技术研究中心6家、企业技术中心6家；大中型工业企业及规上高企研发机构建有率近95%；全社会研发投入占比提高至3.6%；科技人才贡献率达51%；新增发明专利授权540件，万人发明专利拥有量达65件。主导参与制定、修订标准8项。

2020年3月，昆山高新区两家众创空间中科院（昆山）众创空间和创酷空间，入选科技部火炬中心拟备案的498家众创空间名单，园区科创再添"硬核"源动力。

细致入微的服务暖到企业心坎里

企业的成长，离不开昆山高新区的关怀。当前，园区正坚持"用户思维、客户体验"，积极优化服务举措，打造舒心营商环境，擦亮"昆如意"营商环境服务品牌，特别是"上门服务"等一系列细致入微的服务，让企业直呼"暖到了心坎里"。

丘钛科技集团是全球领先的智能视觉系统企业，自落户昆山高新区以来，过去10年里，销售额年均复合增长率超80%。不过，在当前订单充足的情况下，企业却面临员工短缺问题。

摸清企业"最需解决的问题"，昆山高新区多部门联合开展各类"上门服务"、拿出一系列解决方案：打破常规，创新校企合作模式，拓宽社会招聘渠道；主动出击，加强与碧江等地人社部门对接，弥补用工缺口；建立长效服务机制，千方百计为企业达产满产创造"铁"的保障……

2月28日，从贵州省铜仁市凤凰机场直飞苏南硕放国际机场的MU7720航班顺利抵达；1小时后，从云南临沧机场起飞的A67159航班缓缓落在南京禄口国际机场……一天两架包机，昆山高新区从贵州、云南为"丘钛微电子"送来277名员工。

3月5日10点57分，满载550名铜仁市碧江区务工人员的G2194次列车从铜仁高铁南站准时发车，当日19点50分抵达昆山南站；昆山高新区又以专列形式为丘钛科技集团和淳华科技（昆山）有限公司两家企业带回550名来自碧江的新员工。

一张张干劲十足的笑脸，一个个热火朝天的生产现场，体现了昆山高新区政企一心、砥砺前行的精气神。当前的高新区正奋力把疫情影响降到最低点、全力快速恢复生产生活秩序，奋力夺取疫情防控和经济发展"双胜利"。

企业是发展主体，也是战"疫"主体。新冠肺炎疫情之下，昆山高新区将服务深入到企业疫情防控的每一个细节当中。在富士康昆山厂区，防疫检查程序堪比"机场安检"的工序，这是园区与企业对"外防输入、内防扩散"高度重视的体现。"昆山及昆山高新区相关部门领导和工作人员经常来企业，为的就是督导企业把工作做得更实，对返岗人员摸排更细致。"企业方深有感触地说。

昆山高新区的关怀和支持，让企业更有底气做到疫情防控和生产经营"两不误"。园区结合企业安全生产和用工保障等重要问题，推出了一系列"暖心"举措。

刻章办理、银行开户和税务申请等企业办理服务，最快0.5个工作日完成；中科可控、鲲鹏生物技术等重大项目予以线上立项审批，仅用0.5个工作日在江苏省项目监管服务平台通过审批……随着企业陆续复工，昆山高新区便民服务中心政务大厅企业办理一窗通平台恢复服务。该中心从客户角度出发，提供全方位贴心服务，不仅缩短办事时间，还创新了办事方式，推动服务更加高效便捷。同时，该中心及时关注民生实事工程的实施。通过签订协议提供专人代办，落实容缺受理，发放城北中学、小学的扩改建和马鞍山路北侧、江浦路东侧学校的施工许可证，平均仅用 10 个工作日，用高效的审批服务把落下的工期进度抢回来。

"疫情影响是短暂的，服务企业是无止境的。"昆山高新区相关负责人表示，要做企业最需要做的事、做企业做不了的事，营造最优生态，最大限度降低疫情带来的损失，把影响降到最低点。

巧引增资项目精准做强产业链

2020 年一季度，在新冠肺炎疫情防控的严峻形势下，昆山高新区依然实现注册外资、实际利用外资高位增长，逆势"开门红"。昆山高新区实现新批外资项目 15 个，增资项目 3 个，累计新增注册外资 38 569 万美元，同比增长 163.8%。实际利用外资完成 26 069 万美元，同比增长 215%。

这与昆山高新区精准的产业定位与项目招引不无关系。

昆山高新区坚持产业培育和项目招引并重，立足新一代电子信息技术、机器人及智能装备等支柱产业基础，持续发力高端医疗装备产业，乘势抢抓全球产业链重构的战略机遇，突出"项目为王"，扎实做好引资补链、增资强链文章，精准落地鼎昌鑫半导体载板、海鸥冠军等新设项目，推动完成力盟机械、康准电子等增资项目，不断优化产业结构和投资结构。

从项目规模看，这些引进的项目中大项目占比较高。一季度，新增投资总额超亿美元的项目 3 个，新增注册外资 36 256 万美元，占园区新增注册外资总额的 94%。从产业结构看，高端制造业占比较大。一季度，新增高端制造业项目 7 个，新增注册外资 33 373 万美元，占园区新增注册外资总额的 86.5%。

近年来，昆山高新区千方百计争项目、强产业，经济发展稳中有进、态势强劲。2019 年，园区完成固定资产投资 213.9 亿元，其中工业投资62亿元，分别增长9.4%、48.8%。完成进出口总额84.3亿美元，到账外资2.1亿美元。

在产业培育和项目招引并重的方针实践之下，昆山高新区产业结构逐渐迈向高端。如中科可控信息技术产业化基地建设稳步推进，昆仑超级计算机系统正式投运，获批筹建国家超级计算昆山中心；成功引进中科晶上、梦显电子等一批引领性项目，丘钛、维信诺等一批重大增资项目签约落地；友昌母婴、乙盛机械获评省级以上跨国公司地区总部；生物医药产业园跻身全国创新药物潜力指数十强园区；泽璟制药成为全国首家采用科创板第五套标准首发上市的科技企业；推进启发、利尔、鑫源等传统工业区改造升级，盘活低效用地1.16平方千米；新增省星级上云企业15家、省级以上智能示范车间（工厂）4家；11家企业入围苏州市工业企业"亩产英雄百强榜"。

2020年是昆山高新区跻身"国家队"十周年，可以说，十年间昆山高新区交出了一份靓丽的答卷。

（《中国高新技术产业导报》，2020年5月25日，许嘉、瞿彩凤）

吴江经济技术开发区

打造强劲增长极　建设美丽南苏州 在高质量发展新征程中勇当全国 "两示范一高地"

　　成立于1992年的吴江经济技术开发区（以下简称"吴江开发区"），在将近30年的时间里积极抢抓战略机遇，顺应时代发展大势，矢志不渝探索强区富民之路，从曾经的"制造业孤岛"逐渐蝶变为一个综合实力强劲、创新浓度厚重、产城融合加速、发展后劲十足的现代化新城，谱写了一首高质量发展的壮丽诗篇。

　　吴江经济技术开发区地处长三角核心位置，东临上海，距虹桥机场约45分钟车程，南近杭州，西濒太湖，北接姑苏古城。吴江开发区是江苏首批省级开发区之一，2010年升级为国家级经济技术开发区，行政区总面积176平方千米，代管同里镇和江陵街道，辖20个行政村、19个社区。

　　作为苏州南部现代新城区，吴江开发区目前已落户优质工业生产型企业2 000多家，累计注册外资130多亿美元，到账外资近100亿美元，已成为中国沿海地区最佳投资地之一。落户企业中有英格索兰、卡特彼勒、GS加德士等近20家世界500强企业，128家美国、日本、韩国、中国台湾等国家和地区上市、上柜企业，30多家国内主板上市企业在这里布局生产、研发基地，总投资超1 000万美元企业400多家、超 1 亿美元企业 50 多家。吴江开发区已形成电子信息、智能装备制造两大主导产业以及新能源、新材料、生物医药、高端民生消费品四大新兴产业，成为国内重要的电子信息产业基地和智能装备产业集聚区，被评为首批国家信息产业基地、国家新型工业化产业示范基地、中国机械装备产业基地、长三角 G60 科创走廊工业互联网标杆园区。

一、吴江开发区的发展历程

自 1992 年成立以来，吴江开发区经过了 28 年的创业、发展，风雨兼程中逐渐成长为"改革开放的新高地、生态科技的新城区"。详叙 28 年创业奋斗史，可将其分为六个阶段。

（一）起步初创期（1992—1996 年）

1992 年 7 月，吴江市经济技术开发区成立，总体规划面积 12.33 平方千米，首期开发面积 8 平方千米，发展主要产业为通信设备、计算机设备及其他电子设备。这一时期，吴江开发区着力加强基础设施建设，随着招商引资工作的展开，电子信息产业开始起步。

加强基础设施建设。 按照"基础先行、服务配套、项目为本、滚动发展"的指导思想，吴江开发区加强基础设施建设，至 1996 年年底累计投入资金 1.5 亿元。1992 年，江陵南路、江陵北路及西环南路全线通车，形成松陵镇区和吴江开发区的环城路 8 千米道路框架，此后柳胥路、瓜泾路、九龙路等道路相继建成。1995 年云梨大桥竣工通车，成为连接运东开发区与松陵城区的第一座跨京杭大运河桥梁。水电设施配套方面，松陵变电站、鲈乡变电站相继投入运行，开发区成立后由松陵自来水厂负责供水，1996 年，水厂供水能力扩建为每日 10 万立方米。

逐步展开招商引资。 根据开发区初创实际情况，招商引资工作逐渐展开。1992年起，福陵电子、佳格食品、华渊电机等企业相继落户；1995年，为台湾明基电脑生产配套产品的14家台资IT（互联网技术）企业集体签约落户吴江开发区，带动IT产业在开发区的集聚；至1996年年底，共入驻企业60多家，总投资3亿美元，IT产业为主、其他产业兼顾的产业结构雏形初步形成。

（二）探索前行期（1997—2000年）

这一时期，吴江开发区在此前工作基础上不断探索前行，分别在1998年、2000年对区域范围进行调整，以更好适应经济社会发展的需要。招商引资成为此时的工作重点，台资企业成为招商主攻点。

区域调整保障发展需求。1998年8月，江苏省政府批复同意对吴江开发区区域范围进行调整。调整后总面积不变，但在原址上减少2平方千米，在京杭大运河东划入2平方千米作为建设用地，形成运东新区。2000年3月，为保证外资企业用地，再次调整吴江开发区区域范围，在原运西分区6平方千米中，划出江陵北路以南等地共2.918平方千米，向北新辟北分区。

招商引资成为工作重点。1997年以后，吴江开发区工作重点转移到招商引资方面，确立了进军广东、吸引台资的开发战略和"上门亲商""以台引台"的招商策略，吴江市委、市政府和吴江开发区的主要领导亲率招商人员多次南下招商，中达电子、高创电子等骨干企业相继入驻，至2000年年底，累计引进外资企业93家，到账6.5亿美元。

电子信息产业初具规模。1998年，随着高创电子等11个项目入驻，吴江开发区集聚40多家台资电子企业为主的"电子工业城"初具规模。至2000年，吴江开发区外资企业生产的成品有显示器、电脑主机、扫描仪、数码相机等。全年销售收入35亿元，进出口总额7.1亿美元，IT产业成为支柱产业之一。在全国进出口额500强企业中，高创电子列262位、大同电子列292位。

(三) 加速成长期（2001—2004年）

2002年，吴江经济开发区行政体制调整，原属松陵、同里镇的23个行政村及庞山湖农场划归吴江开发区管理，区域面积80平方千米；2003年11月，吴江开发区比照国家级开发区被赋予相应的经济审批权和行政级别。这一阶段，开发区教育、医疗、文化、体育各项设施开始齐备，社会化支撑服务体系基本形成，经济社会发展踏上新征程。

基础设施更加完善。2002年，叶明村、仪塔村建立社区卫生服务站，2003年，运东社区卫生服务站新建。是年，吴江开发区实验学校成立，同年，吴江开发区又投资2.5亿元建设吴江开发区实验初中、天和小学和长安花苑小学及附属幼儿园，医疗、教育资源持续优化。2002年，吴江开发区组织人事劳动局设立人力资源服务中心，2004年，开发区企业通过人力资源市场引进劳动力1.4万多人。

农村发展步伐加快。2000年以后，由于外商投资建设需要，农房拆迁量增多，吴江开发区结合新农村建设，选择若干个安置点统一规划设计作为农民自建（房）区。2003年，新城花苑开始建设，同年农村基本养老保险及被征地农民基本生活保障工作开始实施，三里桥、凌益两个村成为"土地换保障"试点。同时，吴江开发区推进农村大额医疗保险，开发区参保29 610人，参保率达94%。

招商工作持续升级。2001年，吴江开发区被台湾电机电子同业公会评为"投资环境最佳，投资风险最低"两项第一，成为台商投资大陆首选城市。2002年，吴江开发区招商引资由台资为主逐步发展为多国并举的格局，日本日立电子、NEC东金株式会社、韩国SKC 3家世界500强企业先后入驻。2004年，吴江开发区实施多元化招商战略，招商引资向新产业龙头企业、高税收企业、品牌企业、总部型企业与服务业企业倾斜。引进外资项目53个，增资企业51个，引进项目中投资超1 000万美元的外资项目15个，其中台湾金名山公司注册1 500万美元设立金名山光电（吴江）有限公司，韩国普光集团注册1 000万美元设立背光板生产企业。

产业经济加快发展。 吴江开发区这一时期的产业经济呈现出四大特点：一是电子信息产业加快集聚。2001—2003年，开发区内电子信息企业迅速增多，瑞仪光电、亚旭电子等企业相继落户，形成具有一定规模的IT产业群和较为完整的IT产业链，自我配套率90%以上。2002年获授"江苏省电子信息产业基地"，至2004年拥有电子信息类企业416家，成为首批"国家电子信息产业基地"成员单位。二是产业多元化趋势显现。2001年，吴江开发区物流中心成立，多家报关公司、货代公司入驻，为进出口企业提供物流服务；2002年，江苏亨通光纤科技有限公司成立，新能源、新材料、现代服务业等不同类型的产业逐渐集聚；2003年，苏州东昱精机有限公司落户，成为开发区引进的首家机械制造企业，产业多元化发展趋势更加凸显。三是工业园区建设逐渐展开。2002年，吴江开发区在江兴东路两侧规划设立2平方千米的韩资工业园，是年11月，国家海关总署正式批准吴江加工贸易联网监管实施方案；2003年，吴江市与日本千叶市协商决定在吴江开发区设立"日本千叶工业园"，并于2004年正式揭牌。四是进出口贸易支撑体系日渐完善。2001年经国家海关总属批准，设立吴江加工贸易联网监管区，吴江开发区直通式海关监管点正式挂牌运营。

（四）成熟发展期（2005—2009年）

2005年12月30日，按照国务院批准的《清理整顿开发区的审核原则和标准》，吴江开发区通过国家发改委审核验收。2008年12月，原属松陵镇管辖的清树湾村划归吴江开发区管理。

产业升级步伐加快。2005年,吴江开发区成为首批国家电子信息产业园之一;2005—2006年,实施多元化发展战略,在精密机械、汽车零配件、新材料和三产服务业等领域寻求新的突破,经济总量进一步放大;2007年,一般预算收入突破10亿元大关;2007—2008年,引进装备制造业企业39家,其中由世界500强企业投资设立的有英格索兰(中国)工业设备制造有限公司、斗山机械制造(江苏)有限公司、美达王钢铁制品有限公司,装备制造业成为继电子信息产业之后的又一支柱产业;2008年,招商策略从"优惠政策招商"向"产业集群招商"转变,从完善"IT光电产业链"到快速发展壮大"先进的装备制造业产业链",形成与开发区发展战略相一致的招商格局,是年新引进机械装备项目18个,注册资金2.3亿美元,占新批注册外资的31%;2009年,吴江开发区积极推动产业转型,大力实施"1+1+1"(先进制造业+科技人才+现代服务业)发展战略,提前实现"三年翻一番、五年翻两番"目标,是年,点石博穗创业投资有限公司落户开发区,该项目是商务部将外商投资创投企业审批权限下放后江苏省外经贸厅批准的第一家外资创投公司,也是吴江首家外商独资创投公司。

创新能力不断提升。2007年,科技创业园首期建设的7 500平方米研发楼、10 000平方米实验厂房竣工,主要用于鼓励吸引国内外优秀科技人才到吴江开发区创新创业;2008年,吴江开发区制定《吴江开发区紧缺人才购房资助办法》;2009年出台《领军人才租房补贴管理办法》,人才资源加速集聚。企业服务方面,2006年,港龙通信产品研发中心被认定为省级外资科技研发机构,为吴江开发区首家被认定为省级外资研发机构。此后数年,东南电梯、群光电子、瑞仪光电等企业相继被认定为高新技术企业。2007年,吴江开发区开始组织区内企业申请专利,是年专利申请1 610件,获专利授权1 250件。

对外开放持续扩大。2005年,吴江海关直通式监管点、吴江开发区物流中心获"全国最佳五优企业"称号。同年6月，经国务院批准设立吴江出口加工区，至2006年年底，累计投入建设资金2亿元，完成土地征用、拆迁安置、基本建设、设施配套等各项基础工作。2006年12月12日，吴江出口加工区通过验收，封关运作，2009年4月正式启动物流保税功能，同时开展维修、检测和研发业务，实现由简单加工模式向长链条、多层次加工模式的转变。

富民惠民落到实处。2005年，吴江开发区制定《开发区农村片区经济发展规划》，各村统一配置资源建设标准厂房、店面房，初步形成运东商业区、运西花港商贸市场区、标准厂房区、出口加工配套区及淞南、花港、三里桥、同兴、叶明、庞南等村级投资点的"四区六点"新格局。2007年建成江陵、花港、西联等9个村（社区）"农家书屋"。2008年成立吴江开发区市民服务中心，天和小学、长安花苑小学、山湖小学等学校陆续建成并投入使用。2009年建成吴江开发区体检中心新大楼，医疗、教育资源逐渐优化。

（五）转型升级期（2010—2017年）

2010年11月，国务院批准吴江开发区晋升为国家级经济技术开发区。这一时期，吴江开发区积极调整发展思路，实现了主导产业运行效率的不断提升和智能工业产业规模的快速增长，招商引资成效凸显。

刀刃向内，深化改革新思路。一是推进行政体制改革。2013年11月，吴江开发区与同里镇合并，实行"区镇合一"管理体制，更名为吴江经济技术开发区（同里镇），实行"两块牌子、一套班子"与"六个统一"（统一审批权限、统一规划建设、统一经济发展、统一财政结算、统一组织人事管理、统一社会公共事务管理）。二是建设发展综合保税区。2013年，吴江出口加工区创建江苏吴江综合保税区，从以保税加工为主，向以保税服务、保税贸易、保税物流为主转变，积极拓展研发、检测、维修、售后服务及国际贸易功能。2015年，吴江综合保税区顺利通过国家验收，全年完成进出口监管货值100.8亿美元，同比增长43.3%。2017年，吴江综保区在江苏省内率先试点跨境电商网购保税进口模式，综保区平台功能不断优化升级。

优化结构，促进经济新腾飞。2010年，吴江开发区工业销售收入首次突破千亿元，是年，开发区利用省级服务集聚区平台，多元发展物流业务，引进了敏华家具总部（吴江）有限公司、麦考林科技（中国）有限公司和亚港科技（苏州）有限公司3家总部型企业。同年10月，美国财富500强企业康宁公司在吴江开发区投资设立康宁生命科学（吴江）有限公司，生物医药、现代服务等产业比重逐渐上升。这一阶段，吴江开发区先后获评"江苏省先进装备制造业特色产业基地""国家新型工业化产业示范基地""中国机械装备产业基地"。

创新引领，培育发展新动能。2011年，吴江开发区被批准为江苏省区域性博士后创新实践基地。是年，清华大学苏州汽车研究院（吴江）正式成立，该院是清华大学在国内设立的第一所事业单位性质的研究机构。2013年9月，吴江开发区管委会设立国家级博士后科研工作站，11月批准设立苏州赛伍应用技术有限公司、吴江科技创业园管理服务有限公司2个博士后科研工作站分站。2017年，设立规模达50亿元的创新产业母基金，战略性新兴产业成为开发区经济增长新引擎。

民生为本，公共服务持续升级。山湖幼儿园、天和幼儿园、苏州实小明珠学校、花港迎春小学，以及同里中学等先后建成投用，教育资源更加优化。新建江陵社区等一批社区卫生服务站。山湖花园法制教育基地、叶泽湖社区广场舞、城南花苑社区健康教育园等成为苏州市级以上文化特色品牌。大运河吴江段作为遗产点列入世界文化遗产名录，同里宣卷入选国家级非遗名录，同里古镇入选"江南水乡古镇"联合申遗名单，静思园荣膺"国家文化产业示范基地"称号。这一阶段，吴江开发区不断深化农村"三大合作"改革,完善农业多元化投资机制,农村发展活力明显增强。2013年8月,北联、三港两村合并成立新的北联村。2015年,农村居民人均纯收入达28 150元,比"十一五"末增长了69.6%;村级可支配收入达11 270万元,是"十一五"末的2.33倍。

(六)高质量发展期(2018年至今)

2018年以来,吴江开发区进入高质量发展阶段,积极抢抓"一带一路"、长江经济带建设、长三角区域一体化发展、江苏自贸区建设等多重战略机遇,奋力向国家级开发区第一方阵迈进。

▲ 吴江科技创业园

产业结构更加优化,经济质态稳步提升。2018年,吴江开发区装备制造产业占比达20.8%,是2010年的2.7倍;新材料产业销售额达141亿元,是2010年的2.8倍。同年启动智能工业提升"155"工程,至2019年,逐渐形成电子信息、装备制造和新能源、新材料、生物医药、民生消费品"2+4"产业发展格局。2018年吴江在全省认定的45

个省级智能车间中，吴江开发区独占19席，至2019年年底累计拥有省级智能车间数47个，获评全省"互联网+先进制造业"特色产业基地。2018年进出口总额达140亿美元，跻身全国经济技术开发区前10，在全省经济开发区科学发展综合考评中跃升至第七位，产业结构质量效益同步提升。

改革创新成效凸显，发展动能不断增强。 2019年，吴江开发区根据全区行政体制改革和区划调整工作部署，积极稳妥推进行政体制改革，成立江陵街道，调整同里行政区划，构建起职责明晰、运转高效、统筹协调的管理体制。持续深化综合保税区企业增值税一般纳税人资格试点改革，实施跨境电商网购保税进口业务试点改革和通关一体化改革，通关速度全省领先。吴江开发区行政审批局成立于2018年12月，成立后积极推进行政审批改革，做好220项赋权事项对接，截至2020年9月实际承接62项。同里镇、江陵街道村（社区）便民服务中心实现100%覆盖。2019年出台"人才+科技+基金"项目落地评审机制，各类创新资源加快集聚，截至2020年9月拥有高层次人才7 600多名，高技能人才突破1万人。

城市功能逐步完善，产城融合步伐加快。 吴江开发区主动抢抓长三角一体化发展机遇，以"一路一河一湾一区一谷"为重点，高标准谋划云梨路总部经济带建设，启动了智慧城市、云梨路总部城市设计工作，与苏州主城区的交通对接进一步加强。2018年启动同里智慧景区提升工程，2019年全面上线并以古镇5G网络建设为契机，开启智慧景区二期工程；同年5月，同里国家湿地公园通过国家湿地公园验收；2020年为响应"姑苏八点半"文旅夜经济品牌打造，推出"同里夜精彩"夜游品牌，全域旅游进程加快。

▲ 吴江开发区云梨路

社会事业稳步发展，富民惠民力度加大。 大力推进乡村振兴战略。2018年吴江开发区制定出台开发区乡村民宿（农家乐）发展鼓励政策，2019年北联村入选《2019年中国美丽休闲乡村名单公示》，2020年5月，省级现代农业产业示范园验收工作完成，农业基础设施建设及学校、医院、动迁安置房等各种惠民实事工程不断推进，居民精神文化生活更加丰富，群众安全感、满意度持续提升。

二、吴江开发区发展的主要成就和经验启示

百舸争流，破浪者领航；千帆竞发，奋勇者当先！28年来，吴江开发区始终坚持以久久为功的韧劲与干劲，结合开发区自身实际，形成了"有诗又有远方"的发展模式，走出了一条独特的创新之路。作为经

济增长极、开放排头兵和改革试验田，现在的吴江开发区已成为高质量发展的聚集之地，成为区域经济社会发展的强大引擎和对外开放的重要载体，正步稳蹄急地向着国家级开发区的第一方阵迈进。2019年，吴江开发区全年地区生产总值突破500亿元，同比增长9.2%；一般公共预算收入突破60亿元，同比增长16.1%；工业产品销售收入1 607.4亿元，固定资产投入135.7亿元；批准注册外资3.9亿美元，同比增长51.7%；到账外资2.83亿美元，同比增长60.1%。在全国219家国家级开发区综合考评中比上年前进11个位次，进出口总额排名跻身全国十强；在全省118家经济开发区排名中，从上年的第十四位一举跃升至第七位，成为一大亮点。

多点开花，未来发展一路向好。吴江开发区针对自身产业规划和特点，培育了一批高成长、新地标的民营企业，"硬核"科企异军突起。2010年，苏州迈为科技股份有限公司成立，并于2018年成功登陆主板，成为吴江开发区自主培育的"第一股"。2020年，在疫情影响下吴江开发区企业逆势而上，亨通、绿控荣获2019年度国家科技进步二等奖，博众精工荣获国家级工业互联网试点示范项目，海晨物流入选省智慧物流降本增效关键物流技术突破试点，绿控传动、微康生物上榜苏州市"独角兽"培育企业名单，同享科技成为新三板精选层省内首家过会和全国首批挂牌企业。截至2020年9月，吴江开发区累计挂牌新三板企业20家，主板上市企业4家，一大批深扎深耕的企业逐渐成长为细分领域的"单打冠军"。中达电子、瑞仪光电、群光电子等支撑开发区千亿级电子信息产业的老牌台资企业，通过不断"自我革命"，借助智能工业实现产品快速转型，不仅稳定了主营业务，更带来了新的增长点。瑞仪光电已成为半导体领域的佼佼者；群光电子变身光学"专家"，成为全球手机摄像模组的王牌……在这样一群矢志创新的奋斗者的带领下，吴江开发区在"围墙"内实现了强劲增长，区内骨干企业不断把科技服务从生产中剥离，通过组建专门的研发团队，不仅大幅提高自身核心竞争力，还壮大了区域内的生产型现代服务业。良好的产业生态催生了积极向上的发展动能，增资扩产潮流涌现。2020年疫情之下不少企业逆势而上，卡特彼勒增资3 300万美元，大智资讯增资6 000万美元，峻岭电子增资3 500万美元。吴江开发区创新原动力不断增强，截至目前，拥有人才资源总量7.2万人，高层次人才7 600多人，技能人才3.05万人，其中高技能人才突破1万人。累计引进和培育国家级人才计划20人、省"双创人才"33人、省"双创团队"4个、省"双创博士"12人、省"333工程"培养对象3人、省"六大人才高峰"15人、"姑苏领军人才"51人、姑苏领军团队1个、苏州"海鸥计划"36人、吴江科技领军人才178人，建有国家级博士后科研工作站12家，省级院士工作站1家，苏州市外国专家工作室10家。

聚力转型，多元业态欣欣向荣。吴江开发区聚焦产业转型与多元化发展，走出了一条高质量发展的道路。电子信息产业早在2002年就以90%的体量在吴江开发区制造业发展中占据支柱性、主导性地位，正是在那个"顶峰"时候，吴江开发区敏锐地意识到了"产业结构单一"存在的潜在性问题，开始有意识地调结构、促转型。一方面努力将电子信息产业的占比逐步降低，从最高值的90%降到2010年的约80%，再到2019年的53%；另一方面，加速对智能装备产业的发展推进，以及生物医药、新能源、新材料、高端民生用品等产业的培育。结构的调整，给开发区带来了更强劲、持久的发展动力。目前，电子信息产业达千亿能级，区内电源供应器、摄像镜头、背光模组、键盘、平板显示等五个电子产品产量居世界第一。智能装备产业迈入500亿能级，2019年全年培育高端智能装备企业12家，博众精工建成国家级企业技术中心；获评省级智能车间19个，累计47个，占吴江区的38%和苏州市的10.6%。随着总部经济、跨境电商、旅游服务、健康产业的持续引入，吴江开发区现代服务业产业规模快速提升，未来新兴产业发展支撑力量逐步增强。2015—2017年新兴产业销售分别突破600亿元、700亿元、800亿元，2017年新兴产业销售占开发区工业销售比重超过50%，2018年新兴产业共实现开票销售825亿元。2020年，吴江开发区将确保年内新兴产业产值占比超60%，高新技术产业产值占规上工业产值比重超85%，构建起以科技创新为引擎、智能制造为核心、战略性新兴产业为重点、制造与服务相融合的绿色创新型产业体系。

着眼"破与立"，经济发展保障更强。 2011年，吴江开发区开始实施土地集约利用工作，大量回购低效、闲置土地。近年来每年盘活土地存量超1 500亩（1亩≈666.67平方米，下同），亩均产出稳步提升，2017年工业亩均税收达22.5万元/亩，连续几年位列吴江区第一。在"苏州开放创新合作热力图"上划定产业用地面积5.1平方千米，可供面积2.5平方千米。以企业需求为导向，在合理范围内调整规划指标及控规，提升产业项目落地效率。通过提升容积率下限，放开规划指标，允许并鼓励符合条件的企业扩建、改建等方式，提高土地利用率。2018年年底行政审批局成立后，积极推进政审批改革，主动与有关职能部门对接赋权工作，围绕省政府"3550"和落实区政务办"一门式、一窗式"改革要求，打造"一窗办理、全链审批"、不见面审批等政务服务模式，并自主开发了"吴江经开区政务服务综合管理平台"，着力推进政务服务信息化、智能化、便捷化。按照"长三角一体化"工作部署和发展要求，开发区积极推进"一网通办"业务，设立"一网通办"业务窗口，实现业务跨区域办理。为满足企业用工需求，吴江开发区围绕智能制造、新材料、电子信息、生物医药等关键岗位，强化人力资源保障，与全国100多所高校建立了长期的合作关系。2015年至今，共举办各类现场招聘会506场，共有69 432家（次）企业参加现场招聘会，提供岗位226.8万个。培训产业人才总数超5 300人次，培育各类技能人才15 000余人。同时突出水、电、气协调保障功效，积极协调供电、供水、燃气部门，调整线路停电检修时间，及时为各类企业解决在用电、用水、用气方面的突出问题，有效解决企业能源使用"卡脖子"的现象。

定向出击，招商引资成效凸显。吴江开发区视招商引资、项目开发为生命，20多年来始终本着亲商、安商、富商的理念和优质服务，采取以地招商、以商招商、主题招商、组合招商、组团招商、敲门招商、网络招商和招才引商等多种形式，招徕海内外投资者。2007年，世界500强企业英格索兰签约落户吴江开发区，成为吴江开发区10年引进100家欧美企业集群的开端。2015年，开发区落户欧美企业突破100家。2017年，吴江开发区设立了总规模50亿元的"同运仁和"母基金，着力聚焦智能制造、集成电路等产业领域，主动挖掘一批深耕科创项目投资的成熟机构，深度对接拥有核心技术、成熟团队和市场空间的中早期科创项目，为开发区科创引领发展贡献资本力量。成立至今已与深圳的松禾资本、同创伟业、正轩资本，北京的国投创合，上海的达泰资本、比邻星资本、中芯聚源，江苏省内的金茂投资、苏州国发资本、元禾原点等一批国内知名私募股权基金管理团队达成合作。2020年又成立苏州"同运崇本"人才基金，作为专门用于人才的直投基金，一期规模为2亿元，与产业母基金形成互补，吸引更多的优质人才项目到吴江开发区落户发展。结合开发区主导产业"智能制造"，吴江开发区委托深圳基业常青经济研究院编写《吴江开发区智能装备产业双招双引检索报告》，从智能装备细分领域产业链角度进行梳理，分析全球、国内以及吴江开发区的产业格局、行业的成长性、政策、市场空间、发展趋势等，通过对标分析，找出吴江开发区智能装备产业空白领域和未来布局的重点，同时"挂图作战"挖掘出更多优质项目，着力建链、强链、延链，明确未来方向，提升精准招商和服务能力。

聚焦民生，实事工程普惠群众。长期以来，吴江开发区始终将普惠人民群众放在突出位置，推进公共服务体系更加优化、更加合理、更加人性。长安实验幼儿园、天和小学幼儿园、天和小学、山湖花园小学、吴江开发区实验初中等5所学校（幼儿园）在2018年度吴江区教育局综合考核中荣获一等奖。2019年，运西实验初中、天和小学北校区投入使用，港中旅小区、运东翡翠公园小区配套幼儿园预计2021年投入使用。民办学校、幼儿园、看护点及校外培训机构也得到规范管理，培训、现场管理、考核不断加强。2018—2020年，吴江开发区完成和将完成共计10项城市居住功能提升工程，其中动迁安置房2项、人才公寓1项、居住小区7项。目前辖区内江陵街道拥有4个吴江图书馆分馆，同里镇合心村、肖甸湖村、北联村等村庄内建有农家书屋和文化活动室；江陵街道乐龄公寓已完成建设，同里镇区域化养老中心正在抓紧建设中，江陵街道社区卫生服务中心和护理型养老院已初步完成前期规划。这些项目将大大提升开发区居住功能，满足更多群众"住有所居"的美好愿望。社保方面，吴江开发区积极推动社会保障体系全面融入苏州，提升社保服务质量，2020年上半年吴江开发区共有6 553家企业参加社会保险，参保人数17.5万人。

产城相融，全域旅游未来可期。吴江开发区辖区内同里镇是江南六

▲ 退思园

大名镇之一,至今已有1 000多年历史,是国内首批历史文化名镇,同里退思园、京杭大运河古纤道被列入世界文化遗产名录,吴江开发区也因此成为全国最具文化底蕴的国家级开发区之一。占地12平方千米的同里湿地公园是江苏省唯一的国家级重点示范湿地公园。开发区依托千年古镇、现代农业、湿地生态等国家级平台,突出融合发展,争当全域旅游排头兵。通过湿地公园基础设施建设辐射,肖甸湖村和白蚬湖村完成了全村道路、桥梁、污水处理和村庄环境的全面提升。"墅家""澄洲老街"等旅游业态的落地,带动周边旅游业态发展,引进花间堂、隐庐等高端民宿,培养泰睦庭、简园、晴澜别院等本土品牌,满足从高端到平价的全链条住宿需求。通过深挖同里宣卷、剪纸、走三桥习俗等古镇文化,设计并推广了街巷文化微旅游、古建筑保护和太湖治理主题线路、状元巡街研学活动、精粹文化亲子游学营等新旅游路线。简园获评"苏州乡村旅游十大精品民宿",丽则女学修缮和利用案例入选全国文物开放利用案例。同里逐步成为长三角生态绿色一体化发展示范区中具有高显示度的农文旅融合发展区域,农村人居环境位居吴江区前列。2019年,入园游客742.42万人次,门票收入1.7亿元,综合收入2.1亿元,旅游发展稳步向上,全域旅游未来可期。

经过28年的发展,吴江开发区以昂扬向上的精神、积极进取的态度,在开启高质量发展新征程上高歌猛进,发展过程中取得了一系列宝贵经验。

高起点谋划产业布局。28年创业发展过程中,吴江开发区不断根据区情实际,积极谋划产业布局。以往的吴江开发区产业比较单一,靠电子资讯产业"起家","两个90%"维持多年:电子资讯产业占开发区制造业的90%左右,台资企业占全部企业90%左右。通过不断拓展思路,下大力气调结构促转型,2005—2006年,吴江开发区开始实施多元化发展战略,2009年又把转型升级作为化危为机的长远和根本之策，加快产业结构调整步伐，在多年努力下产业布局趋于合理。传统优势电子信息产业在升级迭代中成长为千亿级产业，因为其他产业的迅速崛起，占比从2010年的接近80%降至2019年的53%左右；智能装备产业迈入500亿能级行列；生物医药、新能源、新材料、新一代半导体显示、5G、高端民生消费品、现代服务业等新兴产业也生机勃发、快速成长。吴江开发区深知，想要把"蛋糕"做得更大，就要把"引擎"做得更强。为此，吴江开发区规划了吴江智能装备产业园，从激光设备、机器手臂、自动化集成设备、汽车关键零部件入手，走产业更高端路线；布局新一代信息技术、显示技术，向着光器件（光源）、半导体、摄像模组、5G网络通信等行业塔尖更进一步……此外，除了台资企业，来自欧美的150多家企业也各展所长，运行良好，给新的外资项目进入起了示范作用。

高站位争抢抓发展优势。纵观吴江开发区晋升"国家级"10年成长史，从原来劳动密集型的中低端加工贸易，向高端研发创新主导型经济转型，靠的就是持续不断的优质项目。尤其在长三角一体化大格局下，吴江开发区不忘"改革""开放"初心，始终将招引外资放在首位，从那些自带流量的国外品牌"老店"中，汲取成长养分，强优势、补短板，实现产品、技术、管理、市场等全方位升级。以卡特彼勒、英格索兰、康宁生命科学为样板，紧盯全球行业前十强，每年至少引进一两个旗舰型外资项目；瞄准类似京东方那样具有自主知识产权的民族品牌，打破国外技术垄断，掌握市场话语权；复制迈为股份、赛伍股份等成功经验，自主培育高成长性的创新型中小企业，加快进入资本市场……大有沉稳力、小有爆发力，大小合力，构建起吴江开发区以科技创新为引擎、智能制造为核心、战略性新兴产业为重点、制造与服务融合为特色的创新型产业体系。2019年以来，吴江开发区已招引近50个优质外资项目及一大批内资项目落户，不仅夯实了新一代信息技术、智能装备两大主导产业，加速了生物医药、新材料、新能源、现代服务业等4大新兴产业的强势崛起，更用精美工笔画，描绘出立足长三角一体化产业定位，攀高追新再出发的发展蓝图。

高质量推进产城融合。相比产业发展的鲜明特色，开发区城市建设的"短板"同样明显。虽然拥有国家历史文化名镇同里、国家级现代农业示范区、同里国家级湿地公园3块国家级金字招牌凸显出城市的稀缺价值，但随着产业发展到一定层次，民生载体设施、公共服务配套欠缺，大量外来人口涌入，给城市管理带来不小难度。吴江开发区迎难而上，敢于正视发展过程中的不足，着力补短板、破难点。尤其是2019年拉开大幕的"一路一河一湾一区一谷"五大功能载体建设，不仅成为吴江开发区深化产城融合的重要组成部分，更助力其以更高站位融入长三角生态绿色一体化发展示范区，打造引进一流人才、承载一流产业的智慧化城市。（"一路"，即建设云梨路总部经济带，作为开发区产城融合发展的核心区域，集聚起优质企业的办公、研发、展示功能，营造更好的创新创业与职业发展环境。"一河"，即以运河文化公园为核心，建设南北向生态长廊，打造大运河文化带精品展示区，树立开发区生态文化建设和城市休闲的新地标。"一湾"，即打造苏州湾高端商务城，以太湖梢半岛为圆心，建设集商务及生活、度假、健身载体于一体的苏州湾休闲片区。"一区"，即同里农文旅融合发展示范区，以构建全域旅游格局为目标，加快农文旅融合发展，打造乡村振兴的标杆和具有世界影响力的旅游目的地。"一谷"，即南苏州"智造谷"，加速集聚智能装备龙头企业，打造年产值超过1 000亿元的高端智能装备产业核心区。）当前，云梨路总部经济带建设正加紧铺开，连片推进的城市有机更新，将做优、做靓城市新名片；运河文化走廊正加快优化提升，亲水公园叠加时尚消费将树立生态文化和城市休闲新地标；以太湖梢半岛为圆心的苏州湾高端商务区正充分发挥高端商业与高端载体的虹吸效应，推动服务产业转型升级，吸引高端人才落户；位于同里的农文旅融合发展示范区，不仅要打造具有世界影响力的旅游目的地，更将成为吴江、苏州的"城市后花园"，"两山理论"的生动实践地。

高水平优化营商环境。吴江开发区自成立以来，就努力为企业提供专业化、个性化、亲情化的服务，28年来取得的发展成就，正得益于开发区一以贯之的优化营商环境的努力。高管子女读书、企业门口没有公交路线影响员工出行、企业环保措施不到位需首先进行友情提醒、企业获得国家级专利可申请相关补贴……种种问题，只要与企业经营发展相关，就是吴江开发区义不容辞的责任。为构建"亲""清"政商关系，吴江开发区制定了政商交往准则，明确政府和企业哪些应该为、哪些不能为、哪些必须为，并提出领导干部四个主动（主动到企业调研、主动与企业家交朋友、主动听取企业呼声、主动帮企业解决困难）；为支持企业发展壮大，吴江开发区全力加大政策扶持。针对生物医药研发方面仪器昂贵的问题，开发区投资建设了研发平台，相关的生物医药研发企业只需要缴纳少量的费用就能使用，政府不从中牟利。针对总部经济、研发创新、鼓励支持IPO主板上市、智能制造、人才引育等各个方面，开发区均有相关扶持政策出台。以智能工业为例，吴江开发区每年兑付1.5亿元奖励企业"机器换人"，2019年起又扩大奖励"机器换人"的范围，将经认定的智能制造一体化方案解决企业、建设智能生产示范项目的企业都纳入奖励范围，单个企业最高可以获得500万元奖励。优化营商环境只有进行时，没有完成时，吴江开发区将一如既往秉持着"亲商、安商、富商"的宗旨，以开放包容的心态、求真务实的作风，为企业提供最优质的服务。

三、吴江开发区发展愿景展望

回顾过去，吴江开发区成绩斐然，但这仅仅是一系列广泛而深刻变革的开始，新定位、新使命将赋予吴江开发区更大更广阔的主动作为空间。吴江开发区要在增强发展内生动力上争取更多的作为，加速助推更多战略性新兴产业和企业成长；要在城市规划上争取更多的作为，发挥规划在城市发展中的"魔术师"作用；要在公共配套上争取更多的作为，主动谋划一批大幅提升开发区品质品位的大项目；要在交通格局上争取更多的作为，围绕"南苏州"进一步提升开发区在长三角的区位交通优势，为未来发挥辐射和引擎作用打好基础。

抢抓机遇谋突破，加快形成全面开放新格局。一是锚定目标明路径，解放思想再攀高。进一步明确自身在国家重大战略和区域发展战略中的坐标方位与支撑定位，坚决贯彻《国务院关于推进国家级经济技术开发区创新提升打造改革开放新高地的意见》与江苏出台的《关于推进全省经济开发区创新提升打造改革开放新高地的实施意见》，主动做好与国家战略的对接。以跨区域经贸合作区为抓手，按照省市区重要决策部署，聚焦聚力"打造强劲增长极、建设美丽南苏州，勇当全国'两示范一高地'"战略目标，以"一路一河一湾一区一谷"五大功能载体为重点，锚定冲刺进入国家级开发区第一方阵这一目标，力争在全国开发区综合考评排名中进入前30位，在从高水平全面建成小康社会迈向率先基本实现现代化的新征程中起好头、迈好步。二是借力发展一体化，谱写开放新篇章。充分利用长三角生态绿色一体化发展示范区可以集成落实上海、浙江自由贸易区和苏州工业园区等开放型经济体制综合试点的优势，提升协同对外开放能力。主动对接自贸区苏州片区，推进吴江联动创新区建设，加强同苏州自贸片区及其他联动创新区的合作交流，加快落实联动创新区建设方案，继续先行先试，加快复制推广，充分利用好综合保税区等对外开放平台作用，在对外贸易、利用外资、对外投资领域通过提高质量、优化结构、拓展空间，发掘新的外贸增长点，进一步激发对外经济活力。三是紧盯重点大项目，招商引资出奇效。坚持项目为王不动摇，狠抓招商引资不松劲，集中精力加大高显示度项目引进力度，全力以赴招大商、引龙头。紧盯世界500强企业、行业龙头企业、上市公司，聚焦高端制造、科技研发及跨国公司功能总部等重点方向，狠抓总投资超50亿元、超百亿元的高显示度项目招商，全力推动一批投资规模大、产业层次高、创新能力强、带动潜力足的旗舰型、地标型项目落地。坚持主动出击、精准招商，突出到账外资这一核心指标作用。对到账外资金额大、行业引领强、科技含量高的高端制造业项目实施"一事一议"政策，帮助企业处理好落户、开工、开业、生产经营等过程中遇到的各类问题，提升专业化服务水平，在服务中求专业，打造一流招商品牌。同时，积极鼓励外资引入新技术、新业态、新模式，支持企业通过合资合作、协同创新、并购重组等方式，利用现有土地、厂房等资源导入具有重大创新性和引领性的新项目，深度参与开发区二次创业和投资建设。

聚力创新求突破，着力增强经济发展新动能。一是聚焦高精尖，精心谋划产业布局。精心谋划开发区全域产业布局，积极培育与上海产业契合度高、补链性强的战略性新兴产业，推进两地产业融合互补发展，在获取长三角一体化"发展红利"中，打造上海非城市核心功能疏解和高端要素溢出的最佳承接地。在培育未来经济增长点和爆发点的同时，努力构建起现代产业体系，坚持以新一代信息技术、智能工业、新能源、新材料、生物医药等战略性新兴产业为方向，以智能装备产业园、5G产业园、中欧产业园等为载体，加快先导产业集聚发展，努力形成新能源、新材料等多个超百亿能级的产业集群。加快培育科技服务等现代服务业,进一步整合产业链条,大力推进云梨路总部经济和楼宇经济发展,发挥集群带动作用,形成区域内产业协同互补的良好局面,促进生产型服务业和高端制造业的加速融合。二是聚焦新要素,培育壮大经济动能。坚持企业创新主体地位,进一步集聚知识、技术、信息、数据等生产要素,提高全要素生产率。围绕促转型、谋发展,坚持以国家高新技术企业培育为重点,做强、做优、做大"专精特新""科技小巨人"企业,培育一批有技术、有实力、有前景的"隐形冠军"企业,加快推动一流创新企业集聚发展,全力支持重点优势企业进入资本市场,走资本、技术、人才相结合发展之路,做大、做强资本市场"吴江开发区板块"。进一步增强科创园孵化器功能,推动创建国家级科技企业加速器,注重科技型、技术型企业和高层次人才的引进,持续推进"人才+科技+基金"项目落地评审机制,探索出台针对引才团队的激励机制,做好项目评审和落地服务工作。继续深入落实"人才新政",积极探索市场化、社会化引才渠道,通过"高层次人才工作站"等平台载体建设,促进产学研全面深化合作,助推地方经济结构转型发展。进一步强化人才阵地建设,高水平打造智慧产业园、云创路"科创长廊",同时加快"运河书院"和企业人才工作示范点建设,形成南苏州引领创新发展的示范区和先导区。三是聚焦智能化,努力抢占发展先机。根据江苏省推进经济开发区创新提升打造改革开放新高地的实施意见,以江苏省工业互联网示范工程"互联网+先进制造业"基地建设、长三角G60科创走廊第二批工业互联网平台建设为核心,充分发挥智能工业全国领先的先行优势,进一步加快工业智能化发展。支持引导区内行业领军企业建设5G、工业互联网、人工智能、区块链等数字经济公共技术服务平台,进一步强化亨通、迈为、博众等领军企业示范作用,加大智能装备制造企业引进和培育力度与智能车间、智慧工厂建设,不断提升制造业数字化、网络化、智能化水平。在政策支撑、资源供给、资金投入、人才供给等方面进一步加大扶持力度,提高对先导产业和高新技术产业有效投入的奖补力度,大力支持企业深度融入全球产业链体系,积极推动主导产业向价值链高端攀升,提升亩均效益水平,实现发展高质量。

做好服务强保障,构建营商环境新高地。一是持续深化"放管服"改革。按照国务院深化"放管服"改革要求,以及省政府"3550"和"不见面审批"要求,吴江开发区积极承接国家级开发区行政审批赋权,坚定不移提高审批服务效能,力争项目审批实现"零障碍""零等待""零失误",真正让企业花最少的时间、跑最少的路、交最少的材料、找最少的部门。按照改革要求,国家级开发区主要承接市级经济管理权限,以涉企行政审批为主要内容,吴江开发区要根据省政务办提出的"在国家级开发区实行一层全链条闭环审批"的要求,梳理全链条闭环审批流程图,继续完善全链审批体系,加强与各职能部门的系统对接,做好审批事项的事前、事中、事后衔接,做到审批有依据,监管不缺位。紧紧围绕更快响应、更好服务、更高效率这一核心,持续推进一批适应新时代开发区发展需要的改革举措,进一步探索实施包容审慎监管,不断深化"放管服"、做好"加减法",厚植经济高质量发展的沃土。二是实现精准服务企业。以"支持实体经济发展"为导向,吴江开发区通过"有效投入、产业招商、科技创新"等方面推动各方力量进一步向实体经济聚焦发力,促进各种资源更多地向企业发展倾斜,同时通过落地各项减税降负政策,积极帮助企业解决土地、资金等突出问题。定期开展企业走访活动,深入了解企业生产经营状况,及时协调解决企业存在问题,通过主动联系企业,全面掌握企业发展现状和发展计划,为企业及时协调解决人员招聘、产品推广、外协配套、子女就学等各类问题,让对企业需求的"回声"高过企业反映问题困难的"呼声"。常态化举办小微企业税务培训会、高企申报培训会、科技贷款金融讲座等活动，协助企业更好运作。协助企业和项目解决前期运作过程中的具体问题，精心做好服务，推动企业做大做强。三是大力破除要素制约。做好水、电、气协调保障工作，同时积极鼓励优质企业收购、兼并落后企业，推动土地资源由低产出、低贡献的传统企业向高产出、高效益的新兴企业流转。统筹完善土地利用和建设规划，积极开展城乡建设用地增减挂钩政策试点，以更大力度推进"三治""三优三保"及"退二优二""退二进三"等工作，提升土地资源利用效率。更大力度做好政府回购，达到"关停一批、新开一批、发展一批"目标，推动产业结构逐步优化，土地产出效率逐步提高，为高质量发展、高端项目的进入持续腾出空间，全力以赴破除土地资源要素制约。

产城融合促发展，打造宜居宜业新城市。一是完善城市功能品质。全速推进"一路一河一湾一区一谷"五大功能载体建设，促进城市综合功能整体提升，推动城市功能与产业升级联动并进，以城市兴旺带动人气集聚、促进产业发展、实现产城共兴。加快推进云梨路城市建设，进一步完善教育、医疗、商贸、文体等规划布局，持续推进运河实验学校、雅辉幼儿园等学校工程建设，积极引入优质的商业商务配套设施，让工作、居住在这里的人享受更高品质的城市生活。不断完善服务保障，加快推进社区（村）"便民服务中心""日间照料中心""残疾人之家"等设施的规划、建设步伐，推进区域性养老服务中心建设，做好"医养结合"大文章。交通上进一步提高与上海及周边地区、苏州中心城区的交通对接水平，加快推进鲈乡路北延、跨绕城高速段等工程建设，全力构建大交通格局，让居民出行更为便利的同时，通过交通更好融入长三角一体化进程，实现城市建设、经济发展齐头并进。二是打造城市文化内核。做好庞山湖农场瞭望楼、苏嘉铁路桥墩、运河古纤道等文物保护单位的修缮保护，着力实施一批生态修复治理项目，加强生态保护，实现沿线绿化提升，优化大运河两岸风貌。以运河文化公园为核心，建设南北向生态长廊，为开发区居民提供一个生活、休闲、健身的场所，通过恢复振兴开发区特色的运河文化，调动全民参与守护与传承，形成自觉的"运河情怀"。三是涵养绿色文明生态。以创建国家级生态工业示范园区为目标，大力发展绿色经济，按照"减量化、再利用、资源化"原则，优先发展节约型产业和技术，推行清洁生产，形成低投入、低消耗、低排放和高效率的经济发展模式，以产业结构调整促进生态环境质量持续改善。以亩均效益倒逼机制和市场化手段退出机制，加快淘汰落后产能，有序开展ISO14000环境管理体系、环境标志产品和其他绿色认证，努力构建绿色产业链和资源循环利用链。同时继续以铁腕治污和法治理念，严执法、严监管、严治理，加大"散乱污"整治，扎实落实"263"专项行动及"三水同治""河（湖）长制"等改革措施，坚持河道清淤、生态修复、设施改建多措并举，不断提高断面水质达标率、污水管网接管率和污水处理率，保持环保高压态势，坚持最高标准的生态建设和最严要求的环境保护，走环境友好型和资源节约型的新型工业化道路，促进区域经济与环境协调可持续发展。

乡村振兴促发展，勾勒全域旅游新版图。一是实施乡村振兴战略。强力推进同里农文旅融合示范区等重点项目建设，打造长三角乡村振兴样板标杆。着力发展壮大农民集体经济，盘活集体资产，积极探索新时代农村集体经济发展新路径，不断提升村级经济实力，积极引导农民开展种养结合的新型农业生产模式，提高土地产出效益，帮助农民增收致富。以产业兴旺作为核心，统筹推进资源有效集聚，加快培育壮大龙头企业，加强现代农业建设，进一步提高农业现代化产业水平。更大力度开展农村人居环境整治，全面改造村容村貌，促进农村人居环境大改善、大提升。进一步夯实基层乡村工作基础，突出人才引进培育机制，在工作中实现"留住人、用好人、引进人"，保留乡土特色，传承乡土文化，完善乡村基础设施配套，让农民群众过上更高品质的生活，二是打响世界同里品牌。按照吴江区"十四五"规划总体思路，充分发挥好辖区内同里古镇AAAAA级景区作用，突出水乡文化、古镇文化，加强在北京、上海、广州、深圳等国际航空枢纽口岸的宣传，打好"千年古镇、世界同里"这张王牌，实现古镇地位新跨域。精心谋划，统筹推进，聚焦增强游客吸引力、增加游客逗留时间、提升特殊品牌辐射影响等环节，以同里悠久的历史文化资源参与各类优质文创、影视、动漫等产业发展，加大优质文创、影视、精品民宿等产业导入力度，并尽快打造出一批"网红品牌""网红产品"，形成同里特有的水乡特质，让江南韵更足、小镇味更浓，让旅游经济真正成为同里经济发展的重要支撑，不断提升同里古镇影响力和美誉度。三是突出优势资源融合。进一步发挥好现代农业示范园、国家级湿地公园、同里古镇三张"国"字牌，坚持在"有风景的地方"培育"新经济"，结合洋溢港特色田园乡村创建，积极配套农文旅融合发展基础设施建设，通过优质粮油、高效设施园艺、特种水产、休闲观光等功能齐全的项目开发建设，使农业由单一的生产功能向集生产、生态、休闲、旅游、科普于一体的多功能产业转变，将农业园区打造成花园式农业产业园，将丰富的历史文化资源和绿色生态资源转化为巨大的经济社会价值，推动古镇、农业、乡村、湿地等优势资源要素的跨界融合、协同发展。

当前，长三角地区已进入加速融合的新阶段，吴江开发区在区位、产业、平台、环境等方面的优势将进一步凸现，承接高端产业、集聚高端人才的能级将大幅提升。吴江开发区将进一步发挥国家级开发区的优势和功能，在体制机制、规划定位、行政效能和资源供给、产业方向、人才配置、环境配套等各方面，找准切入点，打造新亮点！

延伸阅读

吴江开发区：开放再出发 打造全国"两示范一高地"

2020年是吴江开发区升级为国家级经济技术开发区10周年。突如其来的新冠肺炎疫情给经济社会正常运行带来了严峻考验，开发区广大企业复工复产及产业链协作均遇到了前所未有的困难。

"我们必须锚定既定目标任务，一手抓防控、一手抓发展，全力稳住经济发展基本盘，推进开放再出发，千方百计把失去的时间抢回来，把落下的任务补起来，把发展的节奏拉上来，奋力夺取疫情防控和经济社会发展'双胜利'。"吴江区委常委、吴江开发区党工委副书记、管委会副主任范建龙表示。

作为国家级经济技术开发区，吴江开发区用"想在前、抢在前、干在前"的硬核担当，在抓好疫情防控的同时，坚持"制造业立区、科技兴区"不动摇，全力推进开放再出发，在新的历史起点推动这艘千

▲ 吴江国家现代农业示范区

亿级"航母"行稳致远。当前，吴江开发区正充分发挥智能工业全国领先的优势，进一步加快智能化制造发展步伐，勇当"全国智能制造的示范"；用好千年古镇、现代农业、湿地生态等国家级平台，打造乡村振兴的标杆和具有世界影响力的旅游目的地，勇当"全国农文旅融合发展的示范"；以晋升国家级经开区10周年为契机，全方位推进创新提升，快速迈进国家级开发区第一方阵，勇当"全国改革开放的新高地"。

坚持目标导向　开创开放再出发新格局

当前，长三角地区已进入了加速融合的新阶段，身处C位中的C位，吴江正式成为长三角生态绿色一体化发展示范区，作为示范区内的一家国家级开发区，面对千载难逢的发展"风口"，吴江开发区的区位、产业、平台等方面优势正进一步凸显，承接高端产业、集聚高端人才的能级大幅提升。同时，占江苏自贸试验区面积一半以上的苏州片区，正加快推动与国家级开发区联动融合发展。这也为吴江开发区深化体制创新、便捷要素流动、集聚高端产业提供了新的机遇。吴江开发区把抢抓各种叠加机遇作为赢得主动、赢得优势、赢得未来的关键所在。

着力提高发展定位。吴江开发区主动把自身发展放在全市、全省、长三角乃至全国的大格局中来审视，围绕"打造强劲增长极、建设美丽南苏州"，持续提升综合竞争实力，加快迈进国家级开发区第一方阵，勇当全国智能制造的示范、农文旅融合发展的示范、改革开放的新高地。把开放作为最大特色、最大优势，全面落实苏州"开放再出发"30条新政，推进自贸试验区苏州片区联动创新区建设，加快推进吴江综保区功能优化升级。大力发展服务贸易、保税展示、跨境电商等新业态，鼓励发展外贸新增长点。在稳定外贸规模同时，不断提升一般贸易比重，实现外贸优进优出，在扩大开放中不断拓展发展新内涵。

不断加快产城融合。吴江开发区把产业作为城市发展的支撑，坚持以科技创新为引擎、智能制造为核心、战略性新兴产业为重点、制造与服务融合为特色的发展导向，推进新一代半导体显示产业园、智能装备产业园、中欧产业园等载体建设，加快形成新一代信息技术、智能装备、生命健康、新材料、新能源五大"硬核"产业集群。同时，把城市作为产业发展的保障，加快云梨路总部经济带、运河文化走廊、苏州湾高端商务城、同里农文旅融合发展区、南苏州智造谷"一路一河一湾一区一谷"五大功能载体建设，加快提升功能品质，打造引进一流人才、承载一流产业的智慧化城市。

更加注重协同发展。牢牢把握长三角生态绿色一体化发展示范区建设机遇，充分发挥区位优势，积极主动参与一体化示范区建设，精心谋划开发区全域产业布局，推动产业、企业、技术、人才、品牌、资本等集聚协同融合发展。更加突出融入苏州、接轨上海，进一步叠显区位优势，在鲈乡路北延、苏同黎快速化改造基础上，全面提高与苏州中心城区的通勤效率，加快构建互联互通的交通大格局。加快城市能级提升，既与太湖新城错位发展、形成优势互补；也与太湖新城联动发展、形成发展合力，共同提升中心城区的影响力、辐射力和带动力，让新生代的创新人才、创业人才、产业人才，在开发区享受到现代城市生活、城市品质。

坚持质效提升　培育开放再出发新动能

吴江开发区自成立以来，紧紧抓住外向型经济蓬勃发展契机，形成了近千亿级电子信息产业集群。近年来，又围绕智能装备产业园建设，加快集聚高端装备制造项目，目前欧美先进制造业已成为第二大支柱产业，亩均产出更是在区域内遥遥领先。当前，吴江开发区正抓住这次疫情对智能产业发展的推动契机，更大力度加快动能高效转换，有力提升发展质效，加快实现高质量发展。

紧盯大项目，加快扩大有效投入。制造业是地方经济发展的根基。吴江开发区抓牢项目"牛鼻子"，树立"大抓项目、抓大项目"的鲜明导向，以大项目推动大跨越、大发展。不断加大优质项目招引力度，紧盯世界500强企业、行业龙头企业、上市公司，聚焦高端制造、科技研发及跨国公司功能总部等重点方向，吴江开发区狠抓总投资超50亿、超百亿的高显示度项目招商，全力突破一批投资规模大、产业层次高、创新能力强、带动潜力足的旗舰型、地标型项目。此外，该开发区加快在手项目建设进度，实行重大项目跟踪服务制度，重点项目专人负责，确保在落地、建设、投产各个环节中的全过程和高效率服务，奋力推进京东方、博洛尼等42个重大项目建设，确保有效投入超120亿元。

聚焦智能化，加快推动产业转型。吴江开发区充分发挥智能工业全国领先的先行优势，发挥亨通、迈为、博众等领军企业示范作用，加大智能装备制造企业引进和培育力度，不断壮大智能工业领军企业梯队。进一步提高对先导产业和高新技术产业有效投入的奖补力度，加快智能车间和智能工厂建设，推动制造业数字化、网络化、智能化发展。鼓励支持企业深度融入全球产业链体系，做强做优做大"专精特新""科技小巨人"企业，积极培育一批有技术、有实力、有前景的"隐形冠军"企业，推动主导产业向价值链高端攀升，优秀企业向全国、全球领先冲锋。

提升创新力，加快实现内生增长。吴江开发区有丰富的创新资源，拥有吴江科创园、清华汽研院等众多创新平台，国家千人计划、省双创人才等各类创新人才数量也一直名列前茅。吴江开发区坚定不移以创新引领发展，持续深化"双招双引"、创新载体建设等工作，加大创新创业人才特别是先导产业、前沿科技领域高端人才的引进力度，不断强化数量和质量优势。充分发挥"人才+科技+基金"项目落地评审机制作用，提高优质项目筛选精准度，加速释放创新项目的引领带动作用和产业提升效应。紧紧抓住国家大力支持科技企业上市融资的政策机遇,推动企业利用境内外资本市场实现自身发展,奋力打造上市企业吴江开发区板块。吴江开发区全力支持企业专注实业、深耕主业,充分利用"两个市场、两种资源",加大自主品牌和质量建设,在逆境中"弯道超车",争取实现更大发展。

坚持生态为先　构筑开放再出发新优势

吴江全域纳入长三角生态绿色一体化发展示范区,生态绿色已成为吴江的最靓丽底色。吴江开发区除了集聚高端产业,还有古镇、运河、湿地、农业园区等众多国家级生态绿色金字招牌。这两年,随着产业结构的优化、经济转型的加快和可持续发展能力的增强,吴江开发区下大力气、花真功夫,以生态"含绿量"不断提升发展"含金量",努力为示范区将生态优势转化为发展优势勇探新路。

加快绿色集约发展。国内外实践均证明,生态环境三分靠治理、七分靠转型,要实现生态环境根本性好转,必须要靠发展方式根本性转变。吴江开发区以绿色产业为导向,坚持高端产业引领,大力引进、培育高科技、高效益、低能耗、低污染项目,确保经济高质量发展与生态持续改善的良性循环。并以建设国家级生态工业园区为契机,大力推广使用清洁能源,形成结构优化、附加值高、资源消耗少的绿色产业体系。强力实施"三治""退二优二""退二进三"等举措,加速淘汰落后产能,在亩均效益提升上做示范,实现更大突破。

加大环境治理力度。紧盯突出的环境问题,从污染根源着手,提高生活污水接管率,彻底消灭黑臭河道,不断提升水环境质量。突出抓好燃煤锅炉整治、工地扬尘、VOC有机废气治理等工作,持续改善空气质量,全力打赢污染防治攻坚战。全面加大开发区环境综合整治力度,加强城中村、拆迁小区等老旧小区管理改造,持续发力拆除违建,严防严控违章苗头，更好展现开发区环境面貌和宜居宜业水平。

打造生态特色亮点。吴江开发区独特的生态文化资源不仅在国家级开发区方阵中绝无仅有，在长三角区域也同样稀缺难得。吴江开发区不仅在产业上有竞争优势，在生态亮点打造上也体现着国家级开发区层次和水平，目前正以构建"大同里"全域旅游格局为抓手，以打造具有世界影响力的旅游目的地为目标，把这些明亮的珍珠串联起来，借鉴"姑苏八点半"品牌，正着力培育一批高品质生态文化旅游新业态，加快形成同里旅游"生态圈"，打造绿色发展"高亮区"，铸就城市品牌"美誉度"。

坚持服务至上　　打造开放再出发新品牌

2020年是苏州市"营商环境创新年"，吴江开发区围绕落实苏州市委市政府新一年作风建设"三件事"，践行吴江区委区政府"三项承诺"，深化企业服务"三项制度"，以逆水行舟、不进则退的紧迫感，责无旁贷、舍我其谁的使命感，全力优化营商环境，再创一个激情燃烧、干事创业的火红年代。

全面深化改革。按照《国务院关于推进国家级经济技术开发区创新提升打造改革开放新高地的意见》，重点从管理体制、行政效率、激励机制等方面着手，抓紧推进一批适应新时代开发区发展需要的改革举措，努力做到企业和群众的需要在哪里，开发区的机构设置和管理服务就跟进到哪里。紧紧围绕更快响应、更好服务、更高效率这一核心，加快推进行政审批全链闭环、政务服务在线通办、公共服务全面下沉，努力把开发区的营商环境打造成吸引国际人才、国际企业的"强磁场"，在全市改革创新"特别奖"擂台上有所突破，展现出开发区的作为。

再燃干事激情。自2019年以来，吴江开发区推进机构管理体制改革，不是简单的增设部门、增添人手，而是力求精简高效、调动干部潜能。作为吴江改革开放的前沿阵地，吴江开发区有着先行先试的担当和作为，发挥鼓励激励、容错纠错、能上能下"三项机制"作用，让考核"指挥棒"更加科学、激励"导向标"更加鲜明，牢固树立"今天再晚也是早、明天再早也是晚"工作理念，积极运用"工作项目化、项目目标化、目标节点化、节点责任化"工作方法，以先进典型为标杆，强力激发干事创业激情。

持续优化服务。每位吴江开发区人都当好创造更好更优营商环境的"第一人称"，不断强化"用户思维"、改善"客户体验"，把企业事当作自己事，主动靠前服务，当好"服务员"，以"最优政策"和"至高服务"，全力打造全球最佳营商环境。按照"亲""清"二字要求，坦荡真诚地同企业家接触交往，真心实意为企业办事，助力企业发展，营造全社会尊重、关心、爱护企业家，全社会支持、推动、促进企业发展的良好氛围。

坚持统筹思维　夯实开放再出发新基底

疫情发生以来，吴江开发区广大干部职工积极奋战一线，坚持"两手抓""两不误"，统筹好疫情防控和经济社会发展工作，在区内企业、群众的紧密配合下，疫情防控举措有力，企业复工达产迅速见效，全力以赴夺取"双胜利"。

全速推进增产达产。吴江开发区坚决落实好各级"惠企"政策，积极做好各项保障工作，切实解决企业在用工、融资、物流等方面存在的突出问题和困难，加快推进重点项目建设，推动经济社会发展各项工作步入正轨，确保圆满完成全年各项目标任务。引导广大企业充分用好各级政府出台的助力复工复产各项政策，重整行装、逆势而上，迅速提升产能、提高达产率，加快实现正常生产，尽快把疫情带来的损失抢回来、补回来。

全面落实防控举措。落实中央和省市区涉外联防联动部署要求,把防控境外疫情输入风险作为重中之重,高度警惕麻痹思想和侥幸心理,坚决落实好各项必要防控举措,并引导广大企业坚决落实疫情防控主体责任,始终把员工生命安全放在首要位置,做好职工健康管理,加强国外返吴人员防疫管控,严防输入性风险,切实把防控工作抓实抓细抓到位。

全力抓好安全生产。疫情防控是底线,安全生产是红线。吴江开发区落实领导责任、监管责任,持续加大重点行业、重点企业隐患排查整治力度,注重靠前指导、主动服务,持续巩固安全生产平稳大局,并引导广大企业落实主体责任,树牢安全生产意识,抓好精细化管理,全面提升本质安全水平。

"十年创业艰辛路,再造了一个吴江开发区,如今扬帆起航开放再出发,又一个激情燃烧、干事创业的火红年代向我们走来。吴江开发区将继续以'十年磨一剑'的韧劲和冲劲,朝着跻身全国开发区第一方阵加速冲刺,全力打造全国'两示范一高地',为建设更高水平的国家级经济技术开发区而不懈努力。"范建龙说。

(《国际商报》,2020年5月22日,金海洪、薛维付)

苏州太湖国家旅游度假区

坚守生态底色 解锁发展密码
用责任和担当书写新时代
绿色太湖精彩华章

天堂之美，在于太湖美。1992年10月，苏州太湖国家旅游度假区（以下简称"度假区"）经国务院批准，成为全国首批建立的12个国家级旅游度假区之一。自此，苏州环太湖地区发展画卷全面铺开。

度假区现辖香山街道（中心区）和金庭、光福两镇，常住人口13.58万，陆地面积171平方千米，太湖水域面积854平方千米、占全市的51.6%，山林面积83平方千米、占全市的36.5%，湖岸线104千米。区域内自然资源丰富、文化底蕴深厚，拥有国家AAAAA级景点、森林公园、现代农业示范园区、地质公园和国家级历史文化名镇、中国工艺雕刻之乡、中国花木之乡各1个；国家AAAA级景区、太湖风景名胜区、国家级历史文化名村各2个，以及36个各类旅游景点，也是首批加入世界贸易组织（WTO）旅游业对外开放先行区之一。同时，度假区还先后荣获中国优秀旅游胜地、中华旅游文化名牌度假区、中国体育旅游目的地、省级先进旅游度假区、开放型经济发展先进开发区等称号。

筚路蓝缕，以启山林。经过近30年的发展，特别是党的十八大以来，苏州太湖国家旅游度假区以习近平新时代中国特色社会主义思想为指导，坚持新发展理念，紧紧围绕建设"强富美高"新江苏，以及苏州市委、市政府建设"现代国际大都市，美丽幸福新天堂"愿景，按照吴中区"一核一轴一带"生产力布局，以建设"休闲度假目的地和新兴服务业高地"为目标，始终坚持保护优先，突出文体旅融合，聚焦实体经济，建设发展进入了转型升级、提质增效的高质量发展新时期。

一、苏州太湖国家旅游度假区的发展历程

苏州太湖国家旅游度假区的诞生，是苏州把城市发展目光投向太湖的一次重大决策，更是改革开放进程中一次重要的国家战略布局。历经"成立初创""蓄势待发""提速转型"等三个阶段，古老的太湖正加速向现代化城乡蝶变！

（一）成立初创阶段（1992—2001年）

1992年10月，《国务院关于建立江苏太湖国家旅游度假区的批复》批准成立江苏太湖国家旅游度假区，次年6月，变更为苏州太湖国家旅游度假区，规划区域面积11.2平方千米，同时成立苏州太湖国家旅游度假区管委会，开发框架初步形成。度假区地处太湖生态及文化核心区域，东起胥口镇西，西至渔洋山太湖边，北以塘河、蒋墩一线为界，南至长沙岛，太湖72峰48岛中大半分布四周。

面对这个不同于普通开发区的"开发区"，既没有现成的经验，也没有学习的范本，有了范围但怎么规划建设？这成了摆在第一代度假区人面前的首要课题。在国务院的批复中，首先对度假中心明确了综合服务区、度假别墅区、吴文化城、水上风情园、桥岛风光区和高尔夫球场区6个功能定位。其间，度假区结合太湖自然山水、吴地文化、景区景

点等资源，联系周边的光福、西山、东山、木渎及石湖景区，对规划选址、功能区划、主题内容、环境质量、绿化交通及投入产出等进行了全面、深入分析论证，突出"太湖山水、古吴文化、桥岛风光、田园野趣、美食度假、游乐世界"等功能特色，旨在构建一个"吃住度假区、游玩度假区"的大旅游格局。该规划经过多轮修改、调整、补充后上报省政府。1995年6月，《苏州太湖国家旅游度假区总体规划》正式获省政府批准，该方案是度假区第一个规划方案，也是全国12个国家级旅游度假区中第一个完成的规划方案。

在制定规划的同时，度假区的开发建设同步拉开序幕。基础设施方面，1992年8月，度假区投资5 000万元启动实施了第一项交通工程——旅游专线公路，自灵岩山至渔洋山，全长13.78千米，规划等级为2级公路标准，于1993年6月通车。1992年9月，全长4 348米的太湖大桥工程开工，1994年10月竣工通车，系中国内湖第一长桥。旅游载体方面，根据太湖资源优势，度假区决定率先在规划中的水上风情园里启动水上乐园项目，该项目成为度假区开发建设的第一个旅游项目。1993年年初，以"太湖明珠"水上乐园为主的度假区首批15个项目奠基、开工，1993年6月"太湖明珠"水上乐园一期工程竣工。1996年1月，5万伏变电站建成投用，日供应6万吨的自来水厂投入运行；同月，容量为2万门程控电话的邮电大楼竣工，光缆遍通辖区各村。规划设计日处理污水4万吨的污水处理厂一期5 000吨项目破土动工。由此，环太湖大地呈现出一片热火朝天的建设场面。

（二）蓄势待发阶段（2002—2012年）

2002年，度假区迎来成立以来的一次重大调整。当年3月，九届苏州市委第十八次会议议定，"同意将苏州太湖国家旅游度假区升格为正处级单位"，管辖范围扩大至西山镇（西山现代农业示范园区）和光福镇，面积 160 平方千米。随后成立苏州太湖旅业发展有限公司，负责辖区相关项目开发建设。确立了"保护为主，统一规划，合理利用，适度开发"的指导思想，为新一轮开发建设夯实基础。

这一阶段，根据新的功能定位，度假区启动了以旅游服务业为主的各类载体建设。2003 年，国际高尔夫球场、5.5 千米景观大道及太湖黄金水岸一期等项目全面启动，宝岛花园五星级酒店建成试营业。2005 年，确定了总投资 1.7 亿元的太湖新天地生态公园、体育休闲公园、西山明月湾、东村古村落改造等 8 项重点基础设施、生态环境项目，作为度假区唯一的市级重点项目——度假区湖滨路休闲健身景观工程一期试验段成了人们走进太湖山水、亲近自然生态的休闲绿廊。2006 年年底，高尔夫球场及配套酒店对外营业，香山国际大酒店、太湖水底世界、渔洋山生态园等项目全面开工。以游客集散中心为起点，串联金庭、光福景区相关景点和岛屿，引进旅游观光巴士、帆船、帆板、游艇及登山等 23 项旅游新品，有效聚集人气。整合东入口至石公山景区沿线 15 个旅游景点、14 家宾馆、4 个专业俱乐部、近 200 个农家乐特色餐饮点，打造环太湖 30 公里生态精品旅游线路。旅游业态集聚效应逐步凸显，以文化、生态为核心竞争力，各类配套服务功能完备的发展格局逐步形成。

根据确定的"文化太湖、健康太湖、绿色太湖"品牌，度假区旅游部门赴各地参加国内外各类大型旅游交易会，通过多渠道、多形式的参展，把苏州太湖丰富的旅游资源和旅游项目推介给国内外游客和旅游企业。同时，积极开展旅游活动，2002—2006 年，度假区联合社会多方机构共同举办各类节庆活动，苏州首届"太湖之春"旅游月、苏州太湖梅花节、苏州太湖宠物节、中国苏州太湖国际旅游摄影节、中国苏州太湖开捕节等品牌节庆和赛事活动接连不断。其中，太湖开捕节相继获得江苏省"最佳旅游节庆奖"和苏州市"品牌节庆活动"。这些节庆活动成了宣传太湖资源的亮丽名片,有效促进了度假区旅游产业发展和苏州太湖品牌知名度及影响力提升。2006年,度假区被世界华人旅游组织评为"中国优秀旅游胜地"。

太湖以她独特的魅力,吸引着众多的客人,也汇聚了全国和世界的目光。2009年10月,度假区的"重量级"会奖旅游载体——太湖文化论坛项目建成投用。次年6月,"城市更新与文化传承"的上海世博会苏州主题论坛在太湖国际会议中心举行。2011年5月18—19日,以"加强文明对话与合作,促进世界和谐与发展"为主题的太湖文化论坛首届年会吸引了中外政要、著名学者、文化官员等约500人出席,时任中共中央政治局委员、国务委员刘延东出席开幕式并致辞。2012年7月10—11日,第二届中非民间论坛在苏州太湖国际会议中心举办,来自中国和35个非洲国家的民间组织和学术界、企业界、媒体界等600余人出席会议,时任国家副主席习近平出席开幕式,并以"推进中非新型战略伙伴关系新发展"为题发表主旨讲话。2013年4月22—23

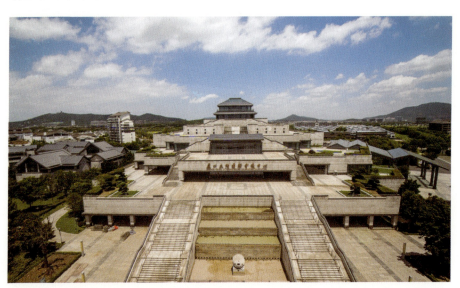

▲ 太湖国际会议中心

日,第四届中欧政党高层论坛在苏州太湖国际会议中心举行,国外前政要、欧洲政党和议会党团、国家机关和部委的省部级领导及国内知名专家、学者等约200人参加。

度假区不负众望,不断释放出她的潜力。位于光福镇辖区内的苏州太湖科技产业园,集聚多家优质企业,成为度假区产业发展的重要载体。2007年,度假区成立苏州科技产业园管理委员会,规划了8平方千米的太湖科技产业园,逐步承接中心区和金庭片区优质工业企业的搬迁转移,重点发展高科技、高效益、低能耗产业,形成服务外包和现代制造业的聚集区。2009年,产业园被江苏省商务厅授予"江苏省服务外包示范区"。与此同时,2008年,度假区成立苏州太湖城市投资发展有限公司,负责中心区基础设施和重大项目的开发建设。围绕"完善旅游、商务、住宿等配套功能"的思路,启动了约1.53平方千米中央商贸区和约0.27平方千米金三角地区开发建设,促进重点项目推进和区域功能提升。

(三)提速转型阶段(2013年至今)

澎湃十年,踏浪高歌,苏州太湖国家旅游度假区褪去青涩,以激昂的姿态开启了提速转型之旅。2013年,度假区正式提出高质量建设"休闲度假目的地和新兴服务业高地"的目标,全面进入转型升级、提质增效的新阶段,太湖之滨迎来新的开发建设的重大机遇。

把准时代脉搏,以更大格局擘画发展蓝图。2013年,吴中太湖旅游区(AAAAA级)获国家旅游局批准成立,光福景区创AAAA级景区通过省旅游局检查验收。围绕新一轮总体规划,结合自身发展实际,在对区域产业发展充分研究的基础上,度假区对中心区、金庭、光福等三个板块的发展进行了重新定位。中心区突出抓好"会议、体育、研学、度假"经济,通过统筹营销,形成度假产品的补位化和链式服务;金庭镇围绕美国汉舍等龙头项目,推进与知名旅游集团合作,深化民宿精品化、集群化打造,推进农文养旅融合发展;光福镇以太湖岸线配套提升作为旅游空间和服务的新增长点,制定环太湖大道沿线民宿、农家乐及苗木产业整体发展规划,引导相关产业由岸线向腹地纵深发展。度假区以更加明晰的发展定位,推动三个板块的差异化、协同化发展。

踩准战略节奏,以更大力度做强实体经济。针对经济下行压力不断增大的形势,度假区及时调整思路,在加强旅游服务业的同时,推动新兴服务业发展。招商引资上,逐步转变传统招商模式,立足度假区产业基础和资源优势,将招商的主攻方向由原来单一的服务业项目扩展至智能制造、节能环保、信息科技等产业,积极打造新兴服务业高地。载体建设上,2015年,太湖微谷产业园、太湖文创中心、太湖产业园科技研发大楼建成投用;2016年10月,产业园太湖智创园一期标准厂房竣工;2018年,产业园凤凰谷商业载体建设基本完成。这些新兴产业载体为科技研发、文化创意、总部经济提供了近20万平方米的办公场地和近10万平方米的厂房。截至2019年年底,累计入驻长园和鹰等创新型企业近40家,实现税收超6 000万元;同时,视源、龙文等一批上市公司总部项目及华正工业、安洁无线等工业项目相继落地,度假区实体经济发展取得了历史性突破。

坚持新发展理念,以更大手笔加速主业转型。旅游服务业是度假区成立以来一直坚持的主业,但随着社会的发展、经济的转型,传统的旅游服务业已不能满足休闲度假目的地发展要求。为此,度假区以"旅游+"为导向,着力推进旅游服务业供给侧结构性改革。2017年,太湖万豪万丽、渔洋码头湖驿建成营业,2018年,太美·香谷里酒店投用,2019年,太美·逸郡酒店建成投用,这些载体为度假区会议会展、休闲度假提供了优质的功能配套。2017年,6片共计约6.4万平方米标准天然草坪足球场、2片人工草坪足球场落成,吸引了国家男女足训

▲ 太湖产业园科技研发大楼

练,以及部分中超球队和甲、乙级球队前来训练比赛。同时,"太湖蓝"马拉松赛道、渔洋湾水上运动中心等设施,为户外赛事提供了优质的活动场地。中国足协女足青训中心和男足青训中心成功落户。度假区先后获"江苏省体育健康特色小镇""中国体育旅游目的地""江苏省太湖体育运动休闲小镇"以及"苏州市体育产业基地""苏州市体旅精品项目"称号,成功列入苏州市体育特色小镇培育名录。

树立"一盘棋"思维,以更大决心腾出发展新空间。在生态红线限制下,度假区可开发面积、可直接使用的土地指标趋少,发展空间受限。从2016年开始,度假区从实际出发,积极研究和探索盘活存量土地的激励政策,长效提升土地集约利用水平,全面推进区域闲置土地和低效利用土地的清理处置力度,城乡建设用地增减挂钩进入良性循环。通过拆迁清零、高危D类和落后产能企业腾退、土地复垦、生态修复等方式,全力推进环太湖生态"加减法",深入实施三优三保、增减挂钩、占补平衡及高标准农田建设。2018年,开始对征而未供、供而未用、用而未尽等低效土地进行整理和利用,推动了资源向资金的转换,有效实现了土地资源的升值增值,以土地建设"减法"换生态"加法"、效益"乘法"的模式逐渐走实。2018年至今,累计实施三优三保96.4平方千米、增减挂钩约10.07万平方米、占补平衡195.4万平方米,共取得土地复垦生态效益补助14.39亿元,整理出高标准农田420万平方米,生态红利效应逐步放大。

时间是最好的见证者,三万六千顷碧波荡漾,正在这里加速汇聚出最亮眼的"光芒"。

二、苏州太湖国家旅游度假区发展的主要成果和经验启示

度假区的开发建设,是吴中乃至苏州坚持"两山"理论、探路生态敏感区域高质量发展的生动缩影和典型样本。

经历近30年的探索、实践与发展,度假区主动适应经济发展新常态,统筹做好经济结构优化、产业载体升级、旅游创新驱动、生态环境提优、民生福祉改善、党的建设提升等各项工作。昔日偏远的苏州太湖之畔,已奋力走出了一条符合发展实际的"休闲度假目的地和新兴服务业高地"建设之路,也为"绿水青山"向"金山银山"科学转化奠定了坚实基础。

良好的生态环境和厚重的人文历史是度假区发展的"根"与"魂"。经过多年的建设,目前度假区生态湿地面积达4.44平方千米,包括湿地生态保育区、湿地生态繁育区、湿地芦苇荡、生态护岸缓冲带及生物生态廊道等。太湖湖滨湿地挂牌国家级湿地并被定为第十届国际湿地大会湿地示范区专家考察点,生态保护区占比70%以上,鸟类种数达到173种,植物种数达313种,其中,国家级保护植物6种。丰富的自然生态资源、良好的气候条件,使度假区占尽了生态优势,成为人

们休闲度假的天堂。除了完整的生态体系之外，度假区有着湖光山色之美，也有着悠久而辉煌的历史文化底蕴，至今还保留着众多明、清两代的古村落、古遗址、古寺庙、古树、古桥、古道、古墓葬等，鳞次栉比。

"水边芦苇青，水底鱼虾肥"，这是太湖留给人们的美好印象。为了守护好、塑造好"根"与"魂"，度假区始终秉承"保护是最具远见的开发，开发是最富成效的保护"的发展理念，狠抓"五位一体"综合管理，强化水质监测、蓝藻防控等综合性措施。近年来，累计投入超3亿元实施太湖保护治理，收割芦苇等水生植物约12.67平方千米，打捞水草、蓝藻10.46万吨，关停、清理涉污企业（作坊）183家，太湖围网养殖、"大棚房"等清理整治全面完成，太湖饮用水源地水质持续保持在Ⅱ类水标准及以上，得到全国人大常委会执法检查组的充分肯定。生态修复工程顺利推进。太湖湖滨国家湿地完成修编工作，荣获"中国林学会第二批自然教育学校（基地）"称号。根据国家《饮用水水源保护区污染防治管理规定》和上级有关要求，2002年起，围绕"突出生态湿地，回归自然"设计理念，度假区先后投入4亿多元，从度假区东入口沿太湖向西14.5千米，纵深200米范围的湖面开展生态湿地一期、二期修复工程，实施清淤和种植芦苇、荷花、睡莲等湖岸和环湖林带建设工程。2002年起，启动实施废弃宕口复绿，整治废弃宕口约87万平方米。经过多年的生态立体、综合修复，度假区生态环境承载能力得到进一步加强，生态效益开始凸显，宜居水平明显提升，至2019年，度假区森林绿地覆盖率高达79%。2008年和2009年太湖湖滨湿地公园先后被批准为省级湿地公园和国家级湿地公园。加大环境综合整治力度。顺利完成杂船整治，农村环境连片整治，蒯祥大道、环太湖路污水泵站等工程；4万平方米生态绿廊、23千米河道疏浚等重点项目加快推进，9.5千米污水管网及污水处理系统完成建设，科福污水处理厂、金庭污水处理厂排放提标改造全速推进，尾水湿地建设稳步实施。在此基础上，为保障发展的科学性、合理性和可持续性，度假区先后对《苏州太湖国家旅游度假区总体规划》进行了多次修编，以适应不同阶段的发展需求，并于各个发展时期坚决执行建设用地规模控制线、耕地保护控制线、生态环境控制线、城市发展边界控制线等规划红线，保护利用好"生态"这一最大的"公共产品"。

扮靓"颜值"、腾出空间、打好基础，度假区着力拉长发展"长板"。围绕吴中区委"环太湖生态文旅产业带"布局和"实业兴区"总基调，度假区推动全域旅游与实体经济的"双轮驱动"，逐"绿"前行。2019年，度假区实现地区生产总值79亿元，一般公共预算收入8.73亿元，全社会固定资产投资22亿元（不含房地产），完成工业总产值60亿元，新兴产业产值32亿元，高新技术产业产值13.5亿元，第三产业增加值56亿元，占地区生产总值比重达到71.5%。截至2019年年底，度假区三大产业比重为5.9∶22.4∶71.7。传统农业比重逐步下降，初步形成生态农业、观光休闲农业、品牌农业齐头并进的发展格局。

在国家发展低碳经济大浪潮的冲击之下，绿色环保旅游成为越来越多人的选择，这为度假区发展以湖泊旅游为特色的低碳旅游、绿色旅游提供了难能可贵的机遇。更为重要的是，度假区深度挖掘区位优势，抢抓长三角经济圈利好，站上国内文旅市场"风口"。以长三角一体化国家战略的全面启动为契机，依托不可再生的太湖自然资源优势和便捷的区位优势，全面推动度假区旅游产业的发展。与此同时，度假区位于中国经济最发达的长江三角洲腹地，地处长三角城市群的几何中心，也是苏州环太湖旅游经济产业带的龙头和中心区，国内多条黄金旅游线路在此交汇，吸收周边黄金旅游景点景区客源辐射的能力很强。水上交通方面，京杭大运河贯通南北，太湖水上交通连接无锡、湖州。四通八达的交通网络，构建了水、陆或水陆并行的旅游线路，将潜在的客源市场变为现实的客源优势。

先看旅游服务业。作为主导产业，随着旅游服务业的不断发展，度假区适时调整工作思路，整合辖区内各类资源，推动文体旅融合发展。不断优化高端"万豪万丽、太湖国际会议中心、香山国际大酒店"，中端"太美系列酒店"和精品"渔洋码头、漫山岛民宿"三级会展服务体系，使之成为具有国际知名度的高层次文化交流平台，带动商务会议、沿湖会展、酒店集群的高水平发展。目前，中心区会议场地达2万余平方米、酒店客房超2 600间。2017年以来先后举办中美卫生合作峰会、2018中国研学旅行发展论坛、中国建筑学年会等会奖活动超2 000场；2019年举办1 000人以上活动16场，实现酒店营收超2.4亿元，做优"会议经济"。发挥太湖足球运动中心的特有优势，积极申办、承办环太湖自行车、帆船、龙舟、马拉松及足球比赛等国内、国际高水平体育赛事，"环太湖体育圈"得到了生动实践。近三年来，先后举办首届中国足协女足青训中心"希望杯"足球赛、2019年中国足协全国女足锦标赛、环太湖马拉松等体育赛事80余场，带动酒店直接营收超4 000万元，做强"足球经济"。整合深厚的吴地文化、良好的自然生态、创新的楼宇载体和开放的城市公园功能，魔菇未来营落户度假区，香谷里公园、太湖湖滨国家湿地、植物科普园（孙武文化）等研学载体与苏州教育旅行社等达成常态化合作。2019年举办各类研学活动50余场，参加人数超5万人次，"太湖研学"特色品牌逐步形成，探索"研学经济"。通过全区域、全时域旅游服务留住客人，依托山水人文、古镇古村、非遗传承等优质资源，整合茶文化、梅文化、渔文化等特色节庆，丰富水乡古镇风情游、乡村田园休闲游、江南文化体验游等旅游产品体系，培育"度假经济"。2019年累计接待游客940万人次，同比增长3%；旅游收入144亿元，同比增长10%，全域旅游效应开始显现。

再看新兴服务业。后工业时代,苏州及吴中进入了转型升级、创新发展的关键阶段,加快经济方式转变已成为发展主旋律。在这样的背景下,度假区新兴服务业坚持自主创新、稳中求进,安洁科技深交所鸣钟上市,度假区快速腾飞的主引擎和吴中区经济发展的新亮点——太湖科技产业园,其2平方千米工业研发用地被纳入苏州开放创新合作热力图。为适应可持续发展要求,围绕商务办公用地、办公楼宇等核心资源,度假区及时调整招商方向,将原来由旅游服务业为主的招商扩展至实体经济的全方位招商模式,以实体经济的发展壮大推动旅游度假区的全面可持续发展,走出了一条集聚高效、分级培育、质量竞争的特色发展之路。2019年,引进艾华新动力、贝尔曼磁业等新批内外资工业项目33个,其中,华正工业、三屹晨光、艾华新动力等新引进工业项目实现亩均税收60万元。截至2019年年底,楼宇企业超70家,每平方米实现税收约1 500元,近四年新招引项目2019年实现税收达1亿元,同比增长19.2%。

民生为本、实干为要、共享发展,度假区发力补齐"短板"。长期以来,太湖水环境保护、生态红线、旅游风景名胜区等始终制约着度假区相关产业发展,环太湖地区因此也成了苏州大市范围内经济最为薄弱的区域,民生"短板""欠账"和人们对美好生活的向往不相匹配。基于此,度假区始终坚持把改善民生作为经济社会发展的根本出发点和落脚点,不断发展社会事业,完善公共服务,提高城乡居民收入水平,让人民群众在逐梦小康的道路上越走越宽畅。

度假区积极引导集体经济组织参与优质地块和重点项目开发建设,2019年实现村级集体经营性资产达2.02亿元,村级稳定收入1.41亿元,农民人均可支配收入33 780元。截至2019年,共建成美丽乡村13个,康居村庄197个,金庭镇、光福镇通过国家卫生镇复审验收,光福镇获评"2019年智慧健康养老示范乡镇",光福镇冲山村和香山街道舟山村窑头浜头被评为苏州市特色田园乡村,城乡环境面貌不断优化。教育条件持续改善,蒯祥幼儿园、香山实验小学、香山中学等教育载体投入使用。目前,度假区共有义务教育阶段学校8所,其中,小学5所,初中3所,在校生8 580人,教职工609人;幼儿园6所,中等职业学校1所。民生工程加快推进,香山颐养院、光福卫生院、中心区舟山邻里中心、香山邻里中心建成投用,中海寰湖时代商业综合体、渔帆路商业中心、东崦湖商贸综合体等项目加速建设,城乡配套设施逐步完善。社会保障工作全面发展,组建农村劳务合作社、建立人力资源市场和健全"走村入户、帮扶就业"机制,城乡就业保持良好态势。当前,度假区有医院、社区卫生服务中心共3所,职工341人,核定床位共134张。建成养老服务中心5所,拥有床位700余个。安置房建设高标准推进,截至2019年,共建成安置房12 136套,面积172.4万平方米,同步设立香山花园、舟山花园等4个安置社区。社会管理不断创新,度假区政务服务中心成功扩容升级,两镇一街道联动中心运转有序,社会综治网格化管理得到全面强化。

干事创业,关键在人。太湖度假区今天所取得的成绩,离不开一批批党员干部的前赴后继、身先士卒,他们乘风破浪、披荆斩棘,逢山开路、遇水搭桥,让鲜红的党旗在这青山绿水之间愈加闪耀。

长期以来,尤其是党的十八大以来,度假区始终坚持加强党的建设,充分发挥党组织的战斗堡垒和党员干部的先锋模范作用。结合太湖度假区工作实际,创新设立"区域联动、支部联建、党群连心"主题活动品牌,并扎实开展"不忘初心、牢记使命"主题教育,机关各支部深入基层、深入群众倾听民声,着力帮助基层一线解决实际困难与问题。严格各级党组织的组织生活,规范"三会一课"制度,推动党建工作规范化、制度化运转。强化党建载体建设,建成2.9千米环太湖党建带,获首批苏州"海棠花红"先锋阵地称号;微谷联合党支部、产业园非公经济党支部等多个党建示范点及机关政治生活馆不断建设,统筹抓好镇(街道)19个党建示范点,建成"太湖红心岛""红色领航·好美光福"党建品牌,筑牢"环太湖生态文旅党建带"。作风效能和党风廉政建设全面加强,通过督查检查、明察暗访及教育培训等举措,党员干部投入改革、发展、稳定等工作的精气神全面提振,干部队伍得到持续优化,党建对区域经济社会发展的引领作用愈加凸显。

太湖成就了度假区,这样一份厚重的发展历程,有历史的积淀,更有时代的印记,成果和经验属于昨天,新的时代又将开启。

三、苏州太湖国家旅游度假区发展愿景展望

今天的太湖,已然处在长三角的正核心。站在"两个一百年"历史交汇点上,作为以"太湖"命名的国家级旅游度假区,随着长三角一体化上升为国家战略,该以什么样的定位谋划未来?该以什么样的姿态铿锵"再出发"?度假区给出了答案:按照吴中区"产业高地、生态高地、文化高地"建设要求,在更大格局中提高度假区站位,在更高坐标系中拉升度假区发展标杆,在环太湖世界级湖区建设中勇担C位重任。

要实现这样的目标,必须依托良好的内外环境。面对美丽中国、长三角一体化、沪苏同城化、自贸区联动创新等重大机遇,度假区首先要善借"外力",开新篇、布新局。大力实施"两地四区"建设,即围绕"休闲度假目的地和新兴服务业高地"目标,全力打造全域旅游示范区、新兴业态集聚区、绿色产业创新区、涵养发展实验区。以此全面统筹好"三次产业"的合理发展,找到一条既解决"面子问题",又解决"里子问题"的特色化发展道路。

加快建设全域旅游示范区。以绿色生态为本底，以历史文化为灵魂，以构建现代旅游服务体系为核心竞争力，度假区要充分利用湖岛风光、古镇古村、洞天福地、传统工艺、太湖三白、四季花果等特色资源，优化果品采摘、太湖梅花节、湖畔夜市集等特色活动。充分发挥"太湖文化论坛""太湖足球运动中心""环太湖国际公路自行车赛"等重大项目的引领性作用，着力推动"旅游+农业""旅游+文化""旅游+体育""旅游+康养"等多业态融合，最大限度发挥"旅游+"效应。通过引进和培育1—2个品牌价值高、市场带动力强的优质IP赛事，带动辖区内景区景点、酒店民宿、农家乐等的消费。到2025年，度假区力争形成10个左右具有国内外重要影响力的旅游度假精品项目，全力打造全域旅游的度假区样本。充分发挥旅游重大项目的引领作用，加快推进金庭废弃矿坑旅游综合体、光福漫山文旅项目等具有震撼力和带动力的旅游综合体项目，以加速各类旅游新业态集聚，推动旅游服务业向更高质量、更深层次发展。同步整合太湖国家湿地、太湖新四军纪念馆、本土传统手工艺等资源，布局培训、休养、亲子、研学等项目。利用近年来复垦出的土地资源，探索开发农耕体验特色农旅项目，推动度假区旅游产业的全景化、全覆盖、全时空，促进多业融合、创新多元业态、提供多样体验，构建"全体系保障、全要素护航、全方位服务、全产业融合、全域化管理"的全域旅游发展新体系，全力打造"度假胜地""会奖天堂""体育名镇"的标志性品牌。

持续探路绿色产业创新区。要最大限度发挥已成形的办公楼宇、商务办公用地、高标准厂房、产业用地"四位一体"的产业平台体系作用，推动创新创业载体在度假区加速集聚。增强太湖微谷等产业平台的载体功能，主动承接苏州新区、园区甚至上海等区域产业转移与辐射，积极引进资源品位高、市场潜力大、组合能力强、带动作用显著的科技研发、服务外包、创意设计等产业项目，到2025年，基本形成特色鲜明、具有国际影响力的新兴业态集聚区。以太湖科技产业园为核心,以"创新驱动、绿色发展"为内涵,大力引进和培育高端装备制造、医疗器械、光电以及2.5产业(研发、设计、营销、结算、物流等)等主导产业,抢占未来产业的制高点。到2025年,太湖科技产业园高科技绿色产业项目成型,龙头企业带动作用明显,"绿色智能创新园"成为苏州乃至长三角地区靓丽品牌,绿色产业创新区成为度假区持续发展动力之源。多渠道拓展新发展空间,持续加大区域内老旧厂房、低效用地的腾退、重组、盘活力度,为推动实体经济向低碳、高效、集聚转型发展保驾护航。

▲ 金庭生态涵养发展实验区

深度叠加生态涵养发展实验区。2019年12月,《苏州生态涵养发展实验区规划》(简称《规划》)重磅发布。根据《规划》,度假区以金庭镇及金庭与东山之间的太湖水域和环金庭镇500米范围的太湖水域为核心,全面实施生态修复和环境治理。大力推进标杆性示范项目建设，深入实施环太湖"加减法"，推动"生态+现代农业""生态+旅游业""生态+文创产业""生态+产品研发"融合发展，探索建立绿色高质量发展的制度框架，打造成为体现生态文明的"太湖典范"和国家绿色经济示范区、长三角休闲交往中心、中国外交会议重要基地，并以金庭生态涵养发展实验区建设为抓手，以点带面推动光福镇、香山街道做美区域环境，进一步彰显"太湖之美，吴中最美"。到2025年，基本建成生态涵养发展实验区，生态环境质量不断优化，生态友好型的新经济新功能逐步成为主导，示范项目初见成效，成为承担长三角区域一体化发展国家战略的重要功能组成、长三角城市群转变经济发展方式的先锋。

着力构建舒适宜居生活空间。始终坚持"以人民为中心"的发展理念，全力提升人民群众幸福感、获得感。教育机构扩容方面，持续加强基础教育支持力度，优化辖区学校布局和教育资源配置，全力缩小义务教育在区域、学校和群体之间的差距。至2025年，度假区力争新增学位超5 600个，同步补强学校软实力，创办特色学校、品质学校，丰富教育资源层次，提升度假区教育品牌知名度和区域配套竞争力。医疗卫生提档方面，深化社区卫生服务综合改革，完善社区应急卫生防疫体系，加快推进香山卫生服务中心大楼和金庭地区人民医院血透中心建设，有序推进村（社区）卫生所标准化建设。积极探索与苏州科技城医院、木渎人民医院的医疗合作，推动优质医疗资源向基层延伸。到2025年，实现每千人常住人口医疗床位超150张、医生数达4.5个，建立高质量公共卫生和医疗卫生服务体系。养老服务提质方面，补齐养老设施建设短板，推进养老服务设施与卫生服务设施配套建设。探索实践养老机构"公办民营""公建民营"改革，鼓励并引导社会力量参与养老机构运营，全面建立健全养老服务行业管理规范及标准，提升区域养老综合服务水平。

锚定新目标，度假区将以更加科学的理念、更加精准的定位，理顺"内部肌理"，加快研究中心区、金庭、光福三大板块的产业布局和发展方向，努力从"单打独斗"转变为"多方发力"，凝聚起高质量发展的强大合力。

香山街道作为中心区，是度假区的"活力之源"。街道将加大力度腾退土地空间，加快速度塑造城市形态，推进公共服务配套和商业载体建设，提升常住人口数量，以人口承载力激发旅游载体配套的服务活力，着力建成功能完备、设施先进、特色鲜明的湖滨型休闲度假目的地、现代服务业高地。推进酒店集群规划建设，加快酒店品牌国际化步伐；积极发展辖区会务会展、文化创意等产业，打造"会奖天堂"品牌；加快动漫产业、设计类产业的培育，全力推进文化产业发展；强化旅游功能性项目开发的国际化元素，加快休闲产业外资化；推进代理制、多式联运等组织形式和服务，引进国际知名品牌旗舰店，完善旅游购物体系；以城市总部化和产业服务化为主要发展方向，完善支撑体系，优化发展环境，加快形成企业总部的集聚效应和溢出效应。

金庭镇精准对位"环太湖生态文旅产业带"生产力布局，坚持以现代农业为基础，调整优化农业结构和区域布局，打造现代农业示范区，着力塑造"中国内湖第一岛"品牌。不断深化全镇"两带三区一半岛"空间格局。"两带"即环岛生态文旅观光带、矿坑遗址生态修复景观带；"三区"即北部特色景观文化旅游区、南部湖岸田园乡村体验区、中部城镇商贸配套服务区；"一半岛"即石公半岛。坚持以现代农业为基础，以金满庭现代农业园、绿光休闲农场为平台，以优尔食品、大福外贸等龙头企业为引领，重点发展精品农业、创汇农业、生态农业、观光农业，形成一批高效旅游农业产业化集群。推进生态涵养发展实验区建设，继续抓好重点工程项目建设，在环境质量提升、农业产业发展、基础设施维护、公共服务优化、人居环境改善等方面持续发力。

光福镇按照"生态立镇、产业兴镇、文旅强镇"发展思路,加快"东片科技、中片工艺、西片生态"建设。"东片科技"以太湖科技产业园为现代高新技术产业发展聚集区,辅以工业南区、北区,进一步集聚高新技术企业,打造全镇乃至度假区经济发展引擎;"中片工艺"坚持保护优先、合理开发,充分发挥四大雕刻工艺集聚优势,做优、做大、做强工艺文化产业;"西片生态"按照"上山入水""一山一品"发展思路,以香雪海核心景区为引领,串联冲山半岛等沿太湖生态文旅产业,着力彰显太湖渔文化和花木之乡特色。加快企业转型升级步伐,以安洁科技新能源汽车、不二工机技改等重点骨干企业项目为依托,以培植壮大优势产业为重点,组织和动员企业加大技改投入力度,推动产业转型升级;突出全域旅游规划引领,充分整合香雪海梅文化、太湖渔文化、工艺雕刻文化、红色文化等优势资源,推出"红色初心""谭东赏樱""官山木荷""香雪闻桂""邓尉探梅"等精品线路,做深、做透、做实山水古镇文章,挖掘创作历史文化内涵,打造"镇-园-廊-景-村"五位一体的全域旅游格局。

风起太湖,扬帆起航正当时!度假区将以习近平新时代中国特色社会主义思想为指导,全面贯彻党的十九大和十九届二中、三中、四中、五中全会精神,统筹推进生态涵养、提高产业质效、优化发展路径、改善城乡环境、完善公共服务,以高质量建设"休闲度假目的地和新兴服务业高地"打响"实力太湖、魅力太湖、活力太湖"品牌,全速打通"绿水青山就是金山银山"转化通道,努力绘就新时代最美"太湖画卷"。

延伸阅读

苏州太湖国家旅游度假区：被中超选中的足球大本营

目前，2020中超联赛激战正酣。中超的"半壁江山"8支球队集结苏州太湖国家旅游度假区已近1月，在苏州市太湖足球运动中心进行封闭式管理、训练和备战，比赛日乘坐大巴最多1小时抵达比赛场地苏州奥体中心、苏州体育中心和昆山体育中心，比赛完了再返回驻地。苏州太湖度假区一下子成为中超大本营，吸引了来自全国各地的目光。

本赛季中超联赛，从7月25日开始以赛会制形式分别在苏州和大连举行。选择大连可谓"于情于理"都很正当，毕竟大连是国内赫赫有名的足球城，拥有辉煌的足球历史，是当之无愧的"中国足球的摇篮"。

选择苏州却是为何？从来没有一支中超球队的苏州，怎么着都与足球强市搭不上边，比苏州"有资格"的国内城市似乎凑齐一套首发阵容没有问题。

其实，中超选中苏州，"剧本"早在三年前就已写好。"编剧"就是苏州太湖国家旅游度假区党工委副书记、管委会副主任陆振华，"剧情"就是：苏州太湖国家旅游度假区拥有17个高标准足球训练场地，可以满足全部16支中超球队的常驻集训，这是全国罕见的，这也是太湖度假区能够"承接"8支中超球队集训任务的硬实力。

足球"大本营"：提前布局成就今日焦点

苏州太湖国家旅游度假区，是国务院早在1992年就批准建立的国家级旅游度假区，似乎怎么也无法跟体育或足球沾上边。事实上，其长期以来都是"风光无限好,奈何配套少",发展受到严重掣肘。直到近年,随着全国首个国际性文化交流平台——太湖文化论坛永久落户,长三角地区最大规模游客中心启动运营及一系列功能性项目相继建成,各项配套设施提档升级,度假区才逐渐补上了自己的短板。"但是光补齐短板是远远不够的,更重要的是要把长板拉长。"度假区党工委副书记、管委会副主任陆振华说。

足球运动中心是一个"无中生有"的创造性手笔,是太湖度假区一张独有的名片。2017年,当时苏州唯一的职业俱乐部东吴足球俱乐部看重度假区山水环境好,交通便利,酒店资源丰富,选择落户这里。东吴俱乐部落户后,度假区索性把香谷里酒店边上难得的一片平坦空阔土地做成了专业标准的足球场,顺势就和中国足协及各级体育部门进行了一连串的合作对接,成立了苏州市太湖足球运动中心,紧接着中国足协女足青训中心(苏州)也落户这里,缅甸女足、中国女足、各级U系列国家队及数支中超中甲球队都已在这里多次集训,并且承接了中国足协希望杯、2019全国女足锦标赛及2018年全国女足工作总结会暨颁

▲ 苏州太湖足球运动中心

奖典礼及多项全国性会议,均赢得了各方的好评。2020年3月底,度假区被认定为"苏州太湖体育旅游度假小镇",这是度假区继"中国体育旅游目的地""苏州市体育产业基地""苏州市体育旅游精品项目"后,在体旅发展领域获得的又一殊荣。

借中超"东风",苏州太湖度假区正以"足球+"擦亮自身特色品牌。目前,太湖足球运动中心17片足球场地已全部投用,中甲新晋球队东吴俱乐部、昆山FC常年入驻,国家女足、中超武汉女足等球队阶段性集训任务圆满收官,带动周边配套产业整体向前发展。

体旅融合:足球是"前菜",大餐在后头

足球产业风生水起,但也只是度假区擘画的发展蓝图的"前菜",真正的目标,是让"农村让城市更向往",围绕"产业俊美"目标,努力培育"美丽经济"增长点,打造环太湖文体旅游大IP。IP是什么呢?其实就是最长的那个长板。"光有高原不行,要有高峰才行!绝对不能样样有一点,样样一点点。"陆振华这句话,是对"IP"非常贴切的解释。

什么是"农村让城市更向往"?山水田园本就是中国人诗意栖居的终极梦想,太湖其实就是长三角都市人共同的"山水田园梦"。依托强大的酒店集群,度假区推动以酒店带动消费的"链式化服务"发展模式,游客在酒店,不仅可以享受精致的吃住服务,还能参与到不同项目的体验,这是太湖度假区的特色之处。根据各类消费群体的不同需求,为其制定一系列个性化的旅游线路,除了研学游、红色游、生态游等常规线路,还能够将服务细化到每一位游客,例如一家三口出游的话,爸爸可以踢足球,妈妈可以跟苏帮菜"非遗"技艺传承人学烧苏帮菜,而孩子可以参加皮划艇项目——简而言之,就是让每一个人都可以有事可干,享受他们自己的太湖"慢时光"。

拥有1个国家AAAAA级景点、1个国家湿地公园、2个国家AAAA级景区、2个太湖风景名胜区、1个国家森林公园、1个国家现代农业示范园区、1个国家地质公园，2个省级历史文化名镇、2个国家历史文化名村、8个中国传统村落、1个中国工艺雕刻之乡、1个中国书画之乡、1个中国花木之乡、1个全国摄影创作基地，以及36个开放式景点，46处省市级文保单位，这是其他地区无法复制的优势。度假区就是要让享受太湖"慢时光"这个梦想种植到都市人群的心中，不断地撩拨他们的心弦。

(《新民晚报》，2020年8月13日，朱桂根、邱如明)

吴中经济技术开发区

让东太湖之滨明珠更璀璨
奋力跻身国家级经开区第一方阵

吴中经济技术开发区成立于1993年,位于苏州核心区域,东与苏州工业园区相连,西连太湖风景区和苏州高新区,南与吴江区接壤,北以京杭大运河为界,是长三角的一颗璀璨明珠。吴中经开区下辖城南、越溪、郭巷、横泾、太湖5个街道办事处,62个村(社区),户籍人口约20万,常住人口约66万。2012年12月,吴中经开区升格为国家级经济技术开发区,拥有吴中综合保税区、东太湖科技金融城、吴淞江科技产业园、苏州(太湖)软件产业园、生物医药产业园等特色功能载体,先后获评"国家级绿色工业园区""国家火炬计划生物医药产业基地""江苏省'互联网+先进制造业'基地""江苏省电子信息产业基地""江苏'两业'融合发展试点地区""江苏省现代服务业集聚区""江苏省智慧园区"等荣誉称号。

一、吴中经开区的发展历程

吴中经开区的名称,是历史演变的结果。1990年5月,吴县人民政府在大运河以南的吴县新区建立了经济开发区，启动面积1.6平方千米，定名为吴县经济开发区。1993年，省政府批准吴县经开区升格为省级经开区，规划面积7.81平方千米，控制面积13.24平方千米，并升格为副县级单位。1995年，撤吴县建吴县市，改称吴县市经济开发区。2001年，撤吴县市建吴中区，改称吴中经济开发区。2012年，升格为国家级经开区，定名为吴中经济技术开发区。吴中经开区在发展过程中主要经历了三个阶段：

（一）开创起步阶段（1993—2000年）

1992年春始，在邓小平南方谈话推动下，全国掀起了新一轮改革开放的高潮。在千载难逢的发展机遇面前，当时的吴县县委、县政府审时度势，快速反应，连连出招，加快经开区建设步伐。

抢抓机遇，创设省级经开区。1992年8月，吴县县委、县政府撤销开发区建设指挥部，成立开发区党工委、管委会和经济发展总公司，形成"三驾马车"齐发力的局面。1993年年初，启动开发区扩面并申报省级开发区方案。1993年11月，申报获得成功，吴县经济开发区被列为省级经济开发区，区域面积从1.6平方千米扩大到7.8平方千米，跟上了当时大开放、大开发的潮流，掀起了开发建设、全面招商的序幕。

招商引资，初构产业基地。以招商引资为主引擎，按照"项目建设以工业为主、资金利用以外资为主、产品销路以出口为主"的发展外向型经济思路，吴中经开区积极开展外引内联，先后赴北京、上海等地召开投资环境说明会和招商座谈会，广渠道、多形式向中外客商推介开发区，并提出了"抓住机遇搞建设，年年上个新台阶"的口号。从1992年第一家企业进驻吴县经济开发区起，这一阶段，吴中经开区集聚中外企业1 200多家，其中外商投资企业325家，注册外资20亿美元，外资总投资超过45亿美元，这些企业来自17个国家和地区及国内10多个省、市，投资领域涉及精密机械制造、电子及IT产业、生物医药和精细化工、工艺服装服饰、新材料等行业。台湾远东服装、韩国启洋电机、新加坡适新科技等一批知名制造企业进驻吴中经开区，为吴中经开区经济发展奠定了产业基础。

加快建设，铺开发展格局。1996年年初，吴县把长桥镇的4个行政村划归开发区管辖，吴中经开区规划面积扩大至23平方千米。从此，开发区以23平方千米为主战场，不断加大载体建设和基础设施建设力度，截至2000年，区内"七通一平"等基础设施建设全面完成，主骨架道路全线贯通，实现了区内道路与沪宁高速、苏嘉杭高速、苏州绕城高速、312国道、205省道等过境道路的互通，形成了区内外道路环通网。同时，吴中经开区建设并完善了海关、工商、商检、税务、银行、保险等配套设施。

这一阶段，吴中经开区从无到有，从小到大，全面提升发展实力。截至2000年，吴中经开区地区生产总值达11.1亿元，年均增速21.5%；实现财政收入0.81亿元，年均增速达52%。其间，吴县经济开发区被省政府评为"1999年度江苏省开放型经济发展先进开发区"。

（二）拓展壮大阶段（2001—2012年）

进入21世纪，7年的初创期为吴中经开区的跨越和腾飞提供了宝贵的物质积累和发展经验。2001年，借助撤市设区成立吴中区的契机，江苏省吴县经济开发区正式更名为江苏省苏州吴中经济开发区，此后，吴中经开区牢牢抓住"两个率先"和贯彻落实科学发展观的历史机遇，主动融入苏州城市化发展战略，经济社会实现了快速、健康、稳定、和谐、全面发展，奠定了高质量发展的良好基础。

招商选资"全面开花"。吴中经开区抓住21世纪初国际资本流动活跃，投资长三角地区前景看好的契机，主动适应竞争激烈的招商引资环境，及时调整思路和方法，根据电子信息产业、现代制造业和生物医药产业等产业集聚基础，利用丰富的人文资源优势，主动接受园区、新区辐射，主攻苏州工业园区和苏州高新区大项目的配套企业，并将其他开发区空缺或尚薄弱的项目作为引资重点，推动招商选资"全面开花"。这一阶段，吴中经开区累计新批外资项目622个，注册外资65.2亿美元，比2000年分别增长3.1倍、7.7倍；新批内资、民资企业3 820家，注册资金总额307.4亿元，比2000年分别增长10.6倍、31.7倍。世界500强伟创力、亚洲规模最大药物安评中心药明康德、国家电器检测中心等一批重点项目建设稳步展开。特别是2002年年底吴中区提出建设"苏州城南工业带"，由经开区对城南、越溪、郭巷、横泾街道实行统一规划、统一建设、统一招商、统一管理模式后，经开区以招商引资为中心，全方位大力推进园区建设，东吴工业园、河东高新工业园、旺山高科技工业园相继建成，通过"筑巢引凤"和优质服务，吸引了俐马织染、中央可锻、SM集团等大企业、大集团前来投资兴业，龙头企业带动作用逐渐显现。截至"十一五"末，东瑞制药纳税额达7 000多万元、维信电子纳税额超亿元，苏州电器科学研究院成为吴中经开区本土第一家上市企业。同时，为推动产业高端化、特色化发展，吴中经开区着手建设江苏吴中出口加工区、吴中科技园和吴淞江科技产业园三大高科技产业园区，并取得初步成果。2005年6月经国务院批准设立的江苏吴中出口加工区，是首个设在省级开发区内的国家级出口加工区；2008年8月开园的吴中科技园先后获得"全国光伏产业示范基地""省级电子信息产业基地"等15个国家级、省级授牌，国家科技部科技攻关项目中2个国家"863计划"项目陆续入驻；2010年10月奠基的吴淞江科技产业园，肩负着经开区打造现代产业集群的重要使命。

城镇建设"齐头并进"。 开创起步阶段，吴中经开区规划面积相对较小，而且大部分都紧靠或接近苏州城区。依托母城的基础设施和生活服务设施，吴中经开区集中力量引进生产型工业项目，完成了产业演进的原始积累。随着吴中区深入实施"东进南扩"战略，经开区代管街道由1个增至4个，面积扩大至120多平方千米，实现城镇化建设与产业发展的协调联动成为经开区的新命题。为此，在20世纪90年代郊区化基础上，经开区以城南建成区、尹山湖·独墅湖双湖新城区、越溪城市副中心建设为着力点，促进产业升级、功能疏解和职住平衡，不断强化区域功能环境。作为经开区融入苏州中心城区的"先导区"，城南建成区不断加强城市基础设施建设和规划管理水平，截至2012年年底，建成区区域城市化面积和城市化水平达90%，区域绿化覆盖率达40%。同时，通过发展"楼宇经济""总部经济"，逐步推动生产性服务业向专业化、高端化延伸。作为苏州城市扩展后的新亮点和苏州城南商务金融、文化科教、行政办公及娱乐居住的中心，越溪城市副中心于2003年开始规划建设，经过近10年的发展，海关、税务、商务中心等办公行政大楼相继竣工交付，锦和加州、石湖之韵等中高档楼盘拔地而起。在南苏州生活广场带动下，现代商贸服务业迅速崛起，全新的商贸集聚区和现代化的新城区在苏州南部亮相。作为这一阶段吴中经开区发展的重点，总投资超15亿元的尹山湖·独墅湖双湖新城秉持绿色生态、休闲活泼、现代宜居的建设理念，致力打造一个充满经济活力、富有文化特色和最佳人居环境的城市绿色新区。保利集团、九龙仓、中海集团等知名品牌成功进驻，购物中心、中小学、医院、主题公园、文体中心等相继开工建设，城市面貌日新月异。东太湖全面开展退垦环湖、围堰排水、生态清淤、供水通道疏浚、堤线调整等综合整治工程，致力将区域特色资源转化成发展优势，推进苏州从"运河时代"奔向"太湖时代"。

▲ 苏州太湖新城规划展示馆

城乡一体"多点发力"。随着苏州城市化建设突飞猛进，吴中经开区积极探索城市化的多种模式，因地制宜，让农民成为城市化的主体，把乡镇、农村基础设施建设放在城市化建设的重要环节来推进，着力解决医疗、教育、社保等各项事业城乡发展不平衡问题。基础设施建设方面，新建吴中大道、东方大道、通达路等数条高标准道路；"村村通公交"工程全面完成，行政村公交覆盖面达到100%；全面启动农村公交扩面工程，基本实现与城区公交网络的对接。雨污水管网改造全面实施，对各街道、村（社区）实施全面的污水处理设施建设。文教卫体方面，坚持优先、率先、科学发展教育，碧波中学、越溪中学、越溪小学、东湖小学等一批优质中小学校先后建成，截至2012年，吴中经开区拥有4所公办中学，5所公办小学，5所附属幼儿园，在校学生1.27万人，为基础教育事业优质、均衡发展打下基础；不断改善农村医疗卫生条件，逐步加强社区卫生建设，对各街道卫生院开展更新改造，横泾卫生院落成投用，实现社区服务站全覆盖；将文化公益事业纳入财政开支，逐年提高对各街道文体事业的财政支出，各街道文体活动中心相继建成，为活跃群众文化生活提供了更好的平台。社会保障方面，按照"广覆盖、多渠道"原则，加快健全完善征地补偿、房屋拆迁、养老、低保和医保等社会保障体系,这一阶段,城乡居民收入年平均增长7%,农民收入年平均增长8%,城镇职工的养老、医疗、失业保险率达到100%,区内8.62万农民全部享受失地保障待遇,实现农民农保转城保全覆盖。

这一阶段,吴中经开区经济发展保持年平均40%左右的增长速度,发展能级得到显著提升。体现在经济总量上,2012年,吴中经开区实现地区生产总值301.7亿元,地方一般预算收入32.3亿元,分别比2000年增长26.6倍、28.4倍;地区生产总值累计突破1 500亿元,达1 643.3亿元;地方一般预算收入累计突破150亿元;累计完成进出口总额277.6亿美元,全社会固定资产投资939.8亿元,工业总产值4 237.6亿元。同时,经济结构得到进一步优化,产业结构向高技术、高附加值转变,电子信息、精密机械、生物医药、新材料等传统优势产业的结构比例更趋合理。

(三)转型提升阶段(2013—2019年)

2012年12月11日,国务院正式批准吴中经开区升级为国家级经开区。在国家级新起点上,吴中经开区以学习贯彻十八大精神为契机,进一步解放思想,凝聚力量,锚定跻身一流国家级经开区目标,以改革创新驱动发展,以良好生态打造特色,以产城高度融合打响品牌,全力以赴打造城市发展新板块,建设现代产业新高地。

招商引资靶向精准,产业层级不断提升。吴中经开区进入"国家队"后,及时调整思路,加大工作力度,把招商引资由过去小型外商独资、合资为主,转到引进国内外大型企业集团上来,并结合产业基础,紧扣产业链实施精准招商,在项目引进、载体建设、要素保障等方面集中发力,致力打造百亿创新型产业集群。一是以精准招商为核心。在爱信AW、美铝车轮、耐克森线缆、日铁住金等一批世界500强项目

▲ 科沃斯机器人股份有限公司

进驻带动下，吴中经开区先进制造业新领域进一步拓宽，工控设备、轨道交通、航空制造、汽车零部件、机器人技术、光电通信等一批高端新兴产业投资入驻；以永旺梦乐城、瑞尚汽车交易市场等为引领，服务业发展开辟新方向，一批大体量总部经济、电子商务、金融、现代城市综合体项目等新兴服务业业态落户发展。其间，累计完成注册外资32.5亿美元，注册内资1 805亿元。二是以项目建设为抓手，促进产业载体提质增效，高质量打造特色产业集群。吴淞江科技产业园启动区完成基础配套建设，成功吸引葛兰素史克-惠氏制药、汇川技术、英维克等跨国集团、上市公司、高科技企业60余家，高端智能制造产业园形态逐渐显现；吴中出口加工区整合优化为综合保税区，浪潮智能、立讯精密等项目陆续进驻，并积极探索跨境电商、现代物流新模式；吴中科技园更名为科技金融管理局，着力推进创新孵化专业招引和特色平台建设，国发创投、建科院等一批总投资30多亿元的金融及创意设计产业项目进驻；吴中化工园区获批江苏省化工集中区认定，苏州（太湖）软件产业园、生物医药产业园开工建设，赛迪研究院、360安全集团、复星医药相继进驻，将为吴中经开区推进产业提档升级提供重要支撑。三是以改革创新为驱动，加快转变经济发展方式。制定出台高质量发展"1+10"政策意见，深入推进全链赋权审批、信用承诺制改革，创新企业服务组织机制，营造有利于创新创业创造的良好发展环境。其间，实现国家千人计划零突破，晶瑞股份、赛腾股份等一批优质企业成功上市，电科院、科沃斯获评"苏州市地标型企业"。

产城融合持续加力，区域功能不断增强。在经济转型升级背景下，吴中经开区践行新发展理念，以推进产城融合为抓手，推动经济结构调整，促进区域协调发展。一是发挥规划先导功能，合理布局发展空间。按照"生产空间集约高效、生活空间宜居适度、生态空间山清水秀"的原则，围绕产业和城镇化融合互动发展目标，吴中经开区提出构筑"一核一圈一廊一区"产业和城市空间布局，明确空间约束，优化区域规划，提升集约用地水平。二是推动产业转型升级，构建现代产业体系。明确"3+3"产业发展方向，大力发展智能制造装备、生物医药、新一代信息技术等战略性新兴产业，加快检验检测、汽车零部件、软件产业的特色化、集聚化发展。截至2019年，吴中经开区智能制造装备规上企业完成产值198.7亿元，同比增长5.8%；新一代信息技术规上企业完成产值255.5亿元，同比增长5%；生物医药规上企业完成产值23.5亿元，同比增长3.2%。同时，全面启动低效存量工业用地更新，加快腾退不符合安全生产和环保要求的高耗能、高污染、低效益企业。三是提升城市建设水平，丰富城市功能品质。高水平推进吴中太湖新城建设，唱响打亮"绿色""智慧"两张名片，10平方千米启动区基本实现路网成形、环境出彩的宏大场面，永旺梦乐城、歌林小镇商业、华师大附属实小等建成投用，核心启动区加快推进城市建设和产业导入，实现靓装出彩；以地铁建设为契机，城南建成区、双湖新城区、越溪城市副中心等板块进一步完善商、旅、餐、居等业态布局,着力推进重点区域"退二进三",城市品牌形象和影响力进一步提升。四是持续改善人居环境,打造美丽宜居城市。总投资25亿元的东太湖综合整治工程全面竣工,退垦、退渔还湖面积达112.67平方千米;郭巷老镇区、北部片区拆迁改造和综合整治,城南商贸城改造、老新村和主干道路环境整治取得显著成效;牢固树立"绿水青山就是金山银山"理念,推进农文体旅融合发展,越溪旺山先后荣获"国家AAAAA级旅游景区""中国美丽休闲乡村""全国民主法治示范村"等称号,横泾上林村东林渡入选"江苏省特色田园乡村试点村庄"。

▲ 旺山晨曦

社会事业补缺补短,民生福祉不断改善。这一阶段,吴中经开区以发展的眼光、全局的思维,全面认识、客观分析民生短板,既补缺补短,又固优提质,统筹抓好社会事业各领域工作,推动各项社会事业增添新动力、开创新局面。教育方面,先后建设3所中学、11所小学、

11所幼儿园，极大扩充教育资源的同时，积极引进华东师范大学、南京师范大学等全国知名大学和优秀民办教育资源，创新开展合作办学，使教育面貌发生了根本转变。医疗方面，先后新建4个街道卫生院（郭巷、城南在建），设立22个社区卫生服务站，建成街道卫生院—社区卫生服务站两级"全覆盖"服务体系，基本做到治疗小病不出社区。同时，成功引入上海第十人民医院与尹山湖医院合作办医，成为三甲医院与街道卫生院合作典范。文体方面，先后改建4个街道文体中心，吴中图书馆城南分馆、郭巷分馆相继开馆，2020年年底实现社区综合性文化服务中心全覆盖。在巩固群文活动长效机制基础上，积极举办各类文化活动、文艺汇演和体育赛事，成功举办苏州国际女子半程马拉松赛（中国田协认证A1级国际赛事）、苏州湾国际马拉松赛（中国田协认证A1级国际赛事）等系列大型体育赛事。拆迁安置方面，吴中经开区历年来完成各类民房、企业、店面拆迁2.3万多户，建成交付安置房400多万平方米，为群众圆上"安居梦"。在工业化进程快速推进的同时，也积累了许多环境问题，面对环境问题带来的挑战，吴中经开区开展了一系列大规模的水、大气、土壤污染防治行动，大幅削减污染物排放总量，使得环境治理和生态环境质量得到持续改善。其中，以黑臭水体、管网排污、拆违为重点的综合整治经验做法还被国家、省、市相关媒体宣传报道。

这一阶段，吴中经开区以转型提升为突破，全面激活发展动力，经济社会各项事业发展稳步提升。2013—2019年，吴中经开区累计实现工业总产值5 450.3亿元，完成全社会固定资产投资1 341.7亿元，实现进出口总额402.6亿美元，分别是前一阶段的1.3倍、1.4倍和1.5倍；公共财政预算收入、新兴产业产值保持年均12%以上的增长，三次产业结构由2013年的0.9∶67.2∶31.9调整为2019年的0.7∶55.1∶44.2，第三产业比重提升12.3个百分点，现代服务业对经济的贡献率进一步提高。吴中经开区在商务部国家级经开区综评排名实现从第一百七十六名至第四十二名的连年进位，全省国家级经开区排名也由第二十七名提升至第十八名。

二、吴中经开区发展的经验启示

从1993年11月获批省级开发区至今，吴中经开区的发展已有了跨越式改变，主要特点体现在以下四个方面。

（一）坚持规划先行，强化发展支撑

吴中经开区立足不同阶段发展要求，合理有序、适度超前编制规划，不断健全科学完备、相互衔接的城乡规划体系，致力构建功能完善、布局合理、点块结合的发展格局。一方面，高标准编制规划。无论是"城南工业带"建设，还是布局"一核一圈一廊一区"产城发展，吴中经开区始终坚持"工业企业以产业园区为主、农民居住以城镇小区为主、土地流转以集体经济为主"的发展理念，统筹规划各街道工业、商贸、居住、公共配套等功能分区，高标准高质量地编制完善城乡总体规划、控制性详规、专业规划和主要项目设计等，着力破除影响资源要素自由流动、高效流动的城乡二元结构。尤其是作为吴中区经济发展主阵地，吴中经开区注重从区域特色、现状条件及资源优势出发，构建产业及项目布局规划；从产业发展及项目来考虑规划布局与功能安排，形成总体规划；从产业发展及项目落地要求角度出发控制各类用地指标，形成控制性详细规划；在控制性详细规划和各专项规划的基础上，对基础设施进行详细规划，确保各项规划有效衔接和统一。另一方面，强化规划执行。吴中经开区以严谨的态度抓规划落实，树立"规划即法"理念，坚决维护规划法定权威，自觉接受规划约束，不随意修改规划，切实做到一本规划、一张蓝图、一干到底。落实规划公示制

度，建立规划编前、编中、编后与社会各界的互动机制，深化公众参与。同时，不断完善规划管理体制，形成部门各负其责、统分结合、职责明晰、统一协调的规划管理系统，进一步完善经开区、街道、村（社区）三级管理体制，从机构设置、人员编制、投入保障等方面入手，逐步加强规划管理队伍建设，从源头上发现和制止违法建设行为。

（二）坚持招商引领，聚力创新提升

吴中经开区牢固树立招商引资是经济工作"生命线"的意识，通过招商引资承接产业转移，提升区域形象，促进地方发展，取得了可喜的成绩。一是主动出击，提高招商实效。在做好会展招商、叩门招商、中介招商、产业链招商的基础上，更加注重驻地招商、以情招商、以商招商和网上招商。根据不同阶段招商引资方向要求，前往国内外重点城市开展招商引资。当前，吴中经开区有针对性地赴深圳、北京、上海等地区，以外引外、驻地招商；充分发挥区域优势和行业优势，鼓励在吴中区发展的外地企业家推介吴中、牵线搭桥，以商招商；创新网络招商方式，致力建立起覆盖全省、连接全国的招商信息网、人脉网。二是有的放矢，精准高效招商。吴中经开区一改起步拓展阶段随项目而动，一窝蜂开发、粗放式发展的理念，告别以数量为王，坚持以效益为帅，主动变招商引资为招商选资，变招商选资为精准招商。在"抓大不放小"的同时，把重心放在引大项目、好项目上，特别是锁定行业龙头企业、上市公司、总部企业和"隐形冠军"等，加快引进机器人与智能制造、生物医药及医疗大健康、新一代信息技术等新型产业项目，推动工业结构不断优化。对服装服饰、冶金制造等项目逐步退出招商引资范畴，从延伸产业链条、推动初级加工向深加工转变，实现"引资不忘择资"目标。三是强化服务，落实招商成果。坚持招商引资与服务企业并重，提高招商引资的质量和服务水平，确保项目持续引进、企业持续发展。

对投资意向明确、条件成熟的重点项目,主动跟进,积极洽谈,力促成功签约。对签约项目抓好政策兑现和落地服务,以手续办理、拆迁清零、项目报批等为重点,实行全程跟踪服务,积极创造条件,倒排任务工期,整合各方资源要素向签约项目聚拢,力促项目早开工建设、早竣工投产。四是转变理念,优化营商环境。不断解放思想,推动招商引资工作思路由比拼政策到比拼环境转变,从硬环境、软环境两个方面,打造适合产业发展的优良环境。有序推进各类产业园区建设,明确园区定位,充分发挥产业园区招商引资主要载体作用,并从管理体制、基础设施、人才培养等方面着手,办好软件产业园、生物医药产业园等重点园区。适时修订产业发展扶持政策,有效提高各项政策的针对性和实效性,把有限的资源要素倾斜到发展大项目、好项目上来,不断深化"放管服"改革,为投资企业提供最优的政策保障和服务保障。

(三)坚持生态优先,发展绿色经济

吴中经开区山水资源丰富,自然条件优越,人文历史深厚,具备绿色发展的极佳条件和基础,这是独一无二的竞争优势、发展特色和亮点。为此,吴中经开区立足太湖秀美山水,坚守生态立区、环境强区,加强生态文明建设,发展现代低碳经济,走出了一条"发展保护两相宜、质量效益双提升"的绿色发展之路。一是扎实推进生态保护,营造绿水青山。正视飞跃发展带来的环境阵痛,以水、气、土改善为主线,以绿色低碳、治污减排、生态保护为重要任务,全方位推进生态文明建设,重点保护好七子山脉、越溪旺山张桥片区及横泾西南片区等生态自然环境和江南水乡风貌,使山、水、林木、湿地、农田等都成为开发区的保护区,比较完整地保留和展现江南田园水乡风光特色。同时,注重生态工业发展环境,全力做好环保基础设施建设,城南污水处理厂建设、河东污水处理厂建设、澹台湖生态公园工程、污水配套主支干管

网建设等一批重点环保设施工程建成投用。二是着力发展绿色产业，打造金山银山。锚固生态基底，深入践行新发展理念，以产城融合为依托，抓好工业科技和现代服务业两条主线优化调整，工业科技产业在加速淘汰高污染、低效益落后产能的同时，着眼发展前景广阔的新兴产业，致力引进和培育高科技含量、高附加值、低耗能、低污染的"两高两低"型项目；现代服务业在完善提升商、旅、娱、居等各类城市功能形态的同时，积极拓展总部经济、研发设计、科技服务、信息咨询、现代金融等生产性服务业，并成功创建国家绿色园区。同时，围绕生态工业可持续发展，强化能耗、水耗、环保、安全和技术等标准约束，从源头管控产业项目污染源，并在企业中积极推行"清洁生产审核""循环经济""绿色工厂"、ISO14001环境管理体系认证等系列活动，推动传统产业绿色化转型升级。三是挖掘生态资源价值，树立"两山理论"现实样板。依托山水资源优势振兴农村，因地制宜推进农文旅融合发展，以产业为核心、文化为灵魂、旅游为主线，形成如越溪旺山和张桥、横泾上林村等以旅游开发促进文化价值再生、价值联动的农文旅融合优秀示范案例，创造出"1+1>2"的效果。作为吴中太湖旅游区的一部分，2013年旺山景区荣膺国家AAAAA级旅游景区，还相继获得"全国文明村""江苏最美山村"等称号，是社会主义新农村建设的样板示范。

（四）坚持拼搏担当，焕发干事激情

吴中经开区取得的成就，无不折射着一代又一代开发建设者敢闯敢干、勇于创新、追求卓越的精气神。一是强化政治担当。27年间，吴中经开区根据党中央在不同阶段提出的不同要求，不断加强和改进党建工作，始终旗帜鲜明讲政治，与党中央保持高度一致，以坚定的党性，不折不扣落实好中央和省、市、区的各项决策部署，确保各级部署在本地落地生根。同时，坚决肩负管党治党政治责任，切实抓班子、带队伍，抓基层、打基础，为事业发展提供坚强组织保障。二是坚持高标定位。经开区人始终把立志开创一方热土、繁荣一方经济、致富一方百姓为己任，矢志不渝、百折不回、勇往直前，并把"生于忧患、死于安乐"的古训，作为工作的座右铭，跳出本区域，放眼周边、放眼全国、放眼世界，不断用更开放的视野审视发展，用更高的参照系考量发展，自找差距、自加压力、奋步前进，争当吴中区加快发展的排头兵。三是崇尚真抓实干。27年间，"实干兴邦"的精神在吴中经开区大大升华，上下形成思想同心、目标同向、工作同步、真抓实干的强烈氛围，打造了经开区人的作风特征。雷厉风行的作风。一旦做出决策，雷厉风行，说干就干，坚持快节奏、高效率，不打"太极拳"，只打"少林拳"。奋力拼搏的作风。确立了"人生能有几回搏，只有打拼才能赢"的人生价值观。在经济上行的时候，吴中经开区上下抓住机遇，顺势而上，在经济下行的时候，逆流而上，发挥主观能动性、创造性、积极性，沉着应对，变压力为动力，化挑战为机遇。团结协作的作风。始终以加快发展统一思想、统一意志、统一行动，形成合力和整体优势。每个单位、每个工作人员自觉围绕发展大局，立足本职，兢兢业业团结协作。四是坚守为民情怀。坚持把实现好、维护好、发展好人民群众的根本利益作为推进改革开放和加快发展的出发点和落脚点，始终带着深厚的感情、强烈的责任做好群众工作，时时处处重实际、办实事。

三、吴中经开区发展愿景展望

进入高质量发展新阶段，吴中经开区将以习近平新时代中国特色社会主义思想为指导，牢牢把握"实业兴区""产城融合""改革创新"等关键词，不忘初心、乘势而上，坚定"3年跻身国家级开发区第一方阵、8年'再造'一个开发区"总目标不动摇，以新发展理念为引领，以全面深化改革、全方位扩大开放为动力，凝心聚力补短板，只争朝夕抓落实，当好全区产业升级排头兵、产城融合示范区、改革开放先行军。

第一，激活改革开放新动能。 吴中经开区将以深化改革、扩大开放为引领，让开发区的改革开放试验田作用更加彰显，经济发展的主战场地位更加突出，引领开放创新的时代旗帜更加高扬。全面融入长三角一体化国家战略。深度参与长三角一体化发展，放大虹桥区域服务功能，吸引上海科创中心和国家重点实验室向环太湖布局，深化"上海服务+苏州制造"的产业融合，共建知识创新、技术创新、产品创新的完整链条。加强与南京、杭州、合肥等城市的创新合作，依托长三角双创示范基地联盟，加强跨区域双创合作，推进产业创新协同发展。抓好苏州自贸片区联动创新区建设，突出开放合作、科技创新，联动复制政府职能转变、投资管理、贸易便利化等制度创新成果和成功经验，激发自主改革创新活力。主动适应"双循环"新格局。一方面，坚持以"国内大循环"为主体，充分发挥吴中经开区的交通区位优势、产业基础优势、新城建设优势、存量更新的潜在优势，不断提升产业基础高级化、产业链现代化水平，打造自主可控、安全可靠、区域循环的现代产业体系。抢抓"新基建"项目重大机遇，谋划实施一批支撑引领效应明显的重大项目。另一方面，继续聚焦欧洲、日韩和"一带一路"沿线的国家和地区，依托综保区、自贸片区联动创新区等开放载体平台，进一步在稳外资、稳外贸、"走出去"等领域开拓创新，全力扩大高水平对外开放。加强与吴中宿城工业园区、石嘴山、新乡经开区等合作，探索创新各类"飞地经济"合作机制与模式，做好产业梯度转移和产业溢出的协调对接。全面深化体制机制改革。坚持市场化改革取向和去行政化改革方向，加快建立更加精简高效的管理体制和运行机制，激发发展动力和活力。优化机构职能,探索大部门制改革,实行扁平化管理,统筹使用各类编制资源,重点加强经济发展、投资促进、科技创新、服务保障等部门力量,推进机构设置和职能配置优化协同高效。建立市场化开发运营机制,由专业运营主体负责开发建设、招商引资、投资促进、专业服务等工作,并积极引进社会资本开发运营特色产业园区。推行市场化用人机制,打破身份界限,试行全员聘任制、末位淘汰制,并以关键业绩指标(KPI)考核为核心,试行"以岗定薪、优绩优酬"薪酬制度。深化信用承诺制等行政审批改革,加强制度创新和流程再造,积极争取一批市级经济管理权限落地,大力提升行政服务效率。

第二,构建现代产业新体系。吴中经开区将围绕"3+3"主导产业和细分方向,按照"聚焦优势、差异协同"的理念,推进产业集群化、融合化、智能化发展。做大做强制造业集群。坚持外招内引相结合,把"集聚、集群、集约"作为主攻目标,优先引入科技含量高、投资规模大、经济效益好的项目。聚焦智能制造装备、生物医药、新一代信息技术三大板块,立足基础、发挥优势、特色发展,错位进行精准招商和企业培育,做好"建链、延链、补链、强链、提链",补缺闭环、扶优扶强,打造1 500亿元产业集群。坚持把"招大引强"作为培育产业链的核心,精准聚焦行业龙头企业、上市公司,以及总部型、基地型项目,大力实施"龙头企业带动、协作企业集聚"的联动发展战略,依托龙头企业带动引领,着力打造一批国际领先、国内一流的行业领军企业,培育一批"专精特新"式的协作配套企业。做好招商项目跟踪服务,树立"店小二"理念,为投资企业改善软、硬环境,解决政策咨询、中介服务、项目建设等方面的问题,确保项目"引得来、留得住、早开工、见效快"。提质增量发展现代服务业。深入开展"两业融合"区域集聚发展试点建设,打造面向先进制造业的生产性服务业功能平台,围绕"一核一圈一廊一区"打造多个特色鲜明的主题服务业园区,引导龙头型服务型制造企业提供专业服务。充分发挥现代服务业集聚区和检验检测现代服务业集聚区品牌优势，大力发展研发设计、现代物流、检验检测认证等现代服务业，以及法律、金融、创业等配套服务，增强与中小制造业企业协作，深度嵌入产业链服务环节，形成产业共融、市场共享、资源共用的互动发展格局。同时，布局发展工业软件、信息技术应用创新、大数据融合创新等发展势头好、未来前景广的产业，着眼产业发展需求，制定招商引资重点企业清单、支持政策和企业诉求清单，按照清单化、项目化的方式，引进培育一批"科技小巨人"、"单项冠军"、"瞪羚"企业和"独角兽"企业。大力建设特色产业园区。按照错位竞争、特色显著的要求，"一园一策"加速苏州（太湖）软件产业园、生物医药产业园、吴淞江科技产业园等产业载体强功能、创优势，推动产业园区从功能单一的产业空间向产业集聚、定位鲜明、配套完善、功能多元的城市空间转变，做大做响园区品牌。重点打造生物医药产业园大分子（多肽、抗体）、小分子、ADC、细胞治疗、基因治疗等为主的全链条医药加速基地，集聚优质资源培育地标产业，建设国内一流、具有国际影响力的生物医药产业高地；重点打造苏州（太湖）软件产业园工业互联网、人工智能、软件与信息服务、数字创意、安可产业为主的特色软件园区，聚焦工业软件攻关，进一步完善信创产业上下游全产业链配套，推进苏州信创产业园建设；重点打造吴淞江产业园高端装备、智能制造和机器人等为主的高端制造产业园区。

第三，打造创新驱动新引擎。吴中经开区将把创新发展贯穿始终，积极搭建创新平台，强化人才支撑，聚焦创新驱动，助推转型升级，用创新引领高质量跨越发展。完善技术创新体系。构建创新引领体系，大力实施创新型领军企业及高企培育工程，支持汇川技术、科沃斯等龙头企业瞄准产业链关键环节和核心技术，加速产业链关键资源整合，提升集群产业发展层次。完善高企培育库，新增一批主业突出、创新力强、带动力强的科技创新企业,打造以企业为主体的创新主力军。同时,设立技术改造专项资金,加快企业智能化改造进程,加大智能工厂、智慧车间等培育建设力度,切实提高企业发展质量和核心竞争力,实现高端化、品牌化发展。构建创新全覆盖体系,推进大企业创建企业技术中心、工程技术中心等高水平创新平台,开展关键共性技术和"卡脖子"技术攻关。引导中小企业通过创新合作或配套协作,组建小型研发机构,实现工业企业技术创新活动全覆盖。构建创新成果产业化体系,依托科技型企业、重点科研机构、高等院校形成产学研联合体,围绕企业发展的关键性、基础性和共性技术问题,建设一批开放型科技成果中试基地。加强重大平台建设。面向产业发展需求和关键技术研发,聚焦"3+3"产业集群,加快打造一批重大科技创新平台。鼓励和支持国内外高等院校、科研机构、企业研发中心、重点实验室、公共技术服务平台等入驻,加快赛迪苏州分院"一院六中心"和西安交通大学苏州智能制造协同创新中心等产学研合作平台建设,构建开放共享的第三方科技服务体系。加强协同创新,积极争取各类高层级创新平台设立本地机构,推动产学研用深度融合。充分发挥国际科技合作基地作用,探索建立长三角一体化创新成果转移协调机制、重大承接项目促进服务机制等,搭建研究成果转化基地和产业转移促进平台。打造创新人才高地。集中发挥交通区位、生态环境、产业集聚、社会治理、服务配套等功能优势,不断优化自然生态、产业生态和人才生态,着力构建吸引集聚各类人才的政策体系、有效激发人才创新创业活力的制度机制、功能完备宜居宜业的"养人"环境,加快实现从科技创新向科技创业、创新企业向创新集群、制造人群向智造人群转变。重点立足开发区产业发展需要,加强人才(团队)政策支持,落实高层次人才(团队)产业引导基金,以及优购房、薪酬补贴、创业扶持等政策,引导各类用人单位聚焦打造现代产业集群等需要,吸引集聚高层次人才(团队)、急需紧缺人才（团队）、国际化人才（团队），挖掘培育具有一定基础和发展潜力的本土人才（团队），通过重点培育、重点支持、重点建设，以高层次人才（团队）服务、支撑、引领重点产业发展。

第四，探索产城融合新趋势。吴中经开区将坚持产城融合发展理念，不断完善城市功能配套，坚持以产业聚集推动产城联动、融合发展，提升城市形象和品位。优化"一核一圈一廊一区"空间布局。充分发挥规划引领作用，综合考虑吴中经开区在苏州市域一体化的功能定位、区位优势、文化环境等因素，合理布局生产、生态、生活多维空间，为全区"三大布局"提供重要支撑。打造以"太湖新城+越溪城市副中心"联动发展的城市发展核心，对标"苏州未来城市建设最高水平""国内领先生态型创新创业湖区"的营城思路，高水平推进基础设施和产业平台建设，加快引进符合产业发展方向的高端项目，将吴中太湖新城打造成为世界级湖区门户新城。以城南建成区、郭巷北部片区、尹山湖·独墅湖双湖新城等为重点的都市商圈，持续推动城市品质提升、功能完善、服务提质。以构建产业生态圈为目标，打破产业空间形态和各类资源要素约束，推动横贯东西的先进制造业走廊崛起为开发区产业发展的引擎示范。以农文体旅融合产业环线为纽带，推进横泾南部片区、越溪旺山、张桥等区域竞相发展、错位发展，实现生态休闲旅游区布局整体优化、功能体系整体完善、发展能级整体提升，同时，推动生态休闲旅游区与太湖新城"双向融通、立体链接"，形成城乡融合、互补互促、抱团发展的良好局面。加强空间要素保障。优化工业用地空间规划，结合国土空间规划编制，开展产业用地控制线和保障线划定，优先利用批而未供和低效利用土地支持工业发展。进一步完善工业企业大数据平台功能，逐地块摸排企业用地、税收、产出等指标，实现对产业用地数据信息归集的全覆盖。并加快构建以亩均税收、亩均产出、单位能耗等为核心的资源利用绩效评价体系，分类评价、差别化实施用水、用电、用地等政策，通过"投入"与"产出"综合考量，推动工业用地提质增效。抓牢存量工业换新工程，以提升产业业态、提高产出效益为导向，进一步完善促进盘活存量的财政政策，建立存量工业用地严管制度，采取政企双向运作等方式，推动闲置和低效工业用地再提升、再开发，力争3年内新增载体空间100万平方米。进一步加强工业用地供应管理，加大拆迁清零、土地收储、基础设施和功能配套建设力度，建立"优选项目、优配资源、优化监管"的全链闭合管理模式，推动资源要素向优质项目集聚。创建绿色发展示范。始终遵循"经济生态化、生态经济化"发展理念，坚持生态优先，推进绿色发展。落实好项目入区环境准入制度，严格执行污染排放"三同时"要求，规范排污秩序，加强污染防治，引导企业集约发展、产业集中布局。以成功创建国家级绿色园区为契机，按照减量化、再利用、资源化原则，推行企业循环式生产、产业循环式组合、园区循环化改造，建立健全绿色低碳循环的产业体系。推动互联网与绿色制造融合发展，打造智慧园区综合管理信息平台，整合区域内物质、资源、服务等要素，实现以过程控制为导向的精细化监管模式，提高园区发展水平和监管效能。提升社会治理效能。进一步创新公共服务供给方式，增强公共服务供给的针对性、有效性。以城南街道社会管理区块一体化改革为示范，鼓励支持社会力量兴办公益事业，通过打造政府、市场和社会组织等不同主体共同参与、相互协作的多元供给格局，在学有所教、劳有所得、病有所医、老有所养、住有所居、弱有所扶上不断取得新进展。加快推进太湖新城智慧城市、智慧社区建设，利用互联网、大数据、物联网等现代信息技术，为推进社会治理精准化、公共服务高效化提供有力科技支撑。

二十七载波澜壮阔，新征程催人奋进。在新起点上，新一代吴中经开区建设者将勇立潮头、开拓进取，奋力谱写开放创新新篇章。

延伸阅读

强产业优环境　太湖新地标蓄势待飞

定位、招商、运营、服务，这是区域经济发展的基本规律。

作为吴中区经济发展的主阵地，吴中经济技术开发区在前期没有突出的主导产业和"大块头"项目支撑的情况下，如何用好有限的空间资源实现华丽转身，在激烈的区域竞争中争先进位？这考验着地方党委政府的智慧。

产业转型升级，存量有机更新，紧盯招商引资，加快产城融合……锁定四大关键词，吴中经开区围绕三个指标（地区生产总值、可用财力、内外资注册），做好一项重点工作（重点项目建设）和三篇文章（城市建设、产业升级、环境营造），夯实原有基础全力实现更高质量发展，力争冲进国家级开发区排名前40位。

久久为功，功到自然成。

打造"3+3"特色产业集群，做大做强产业链打造千亿级总产值。

实现地区生产总值460亿元，增长7.4%，一般公共财政预算收入74.6亿元，增长9.4%；国家级开发区综合排名较上年提升五位，升至第四十二位……这是2019年，吴中经开区交出的成绩单。

但成绩背后，也有深藏多年的尴尬。

没有超过500亿元的主导产业集群，也没有超百亿元的大企业和高显示度的大项目，一直是吴中经开区人的遗憾。

产业是经济的根基，是城市发展的支撑和脊梁。如何打造规模更大、质量更高、实力更强的产业集群，让产业在原有基础上转型升级，让企业在原有基础上做大做强?

多方研判、精准定位之后,吴中经开区制定了"3+3"产业发展格局,并以此为基础,不断做大做强产业链。

吴中区委常委、经开区党工委副书记、管委会副主任顾玉琪介绍,"3+3"产业发展体系,是指以智能制造装备、新一代信息技术、生物医药为内容的主导产业和以新能源汽车关键零部件、电子商务、检验检测为内容的特色产业。

经过前期培育、引导和对接,目前,吴中经开区依托吴中生物医药产业园,已引进了药明康德等企业和欧康维视等一批项目,年产值达百亿元。为此,吴中经开区还专门腾出2平方千米,为工业园区和产业园内生物医药企业和项目打造了一个配套的产业化基地。

"2019年,我们的智能制造装备已突破400亿元,2020年新一代信息技术也将达到400亿元,加上不断发展的生物医药产业,预计未来3至5年,三大主导产业都将突破500亿元,总产值超1 500亿元。"顾玉琪说。

同步进行的,是存量的有机更新。

已开发建设27年的吴中经开区,能够开发利用的空间所剩无几,必须立足优化存量,用存量促增量,用存量改变城市形象。

为此,2017年吴中经开区提出3年更新100万平方米的存量更新计划,用于打造服务二产的产业载体。这两年,该区已累计投入100多亿元,腾出约2.7平方千米土地。再过3年,区域核心区业态和形态将焕然一新。

好项目大项目一个不能少,借助科技金融支撑为项目扶上马送一程。

招商引资是经开区的生命线。今天的招商引资决定了明天的产业格局，今年的投入就是明年的产出。

一直以来，吴中经开区招引的项目大多比较小，究其原因主要是资源限制和相关配套政策不到位。

为此，吴中经开区大刀阔斧优化"双招双引"环境，从项目洽谈到项目落地进行全生命周期闭环管理，并于2018年年底出台了"1+N"招商政策。顾玉琪说："2020年，我们针对'3+3'产业定位，通过大数据手段，对产业链进行分析和梳理，找出优势产业链上缺失或薄弱的环节，进行精准招商，确保年度招引投资10亿元至50亿元的项目5个，力争百亿元项目有突破。"

2020年一季度，吴中经开区已签约了4个10亿元以上项目。这其中，"苏州开放创新合作热力图"对于招商引资，尤其是吸引大项目功不可没。

3月12日，总投资1.5亿美元的生物医药龙头项目按"图"索骥，找到了吴中开发区并最终落地。"吴中区生物医药产业的氛围，以及对整个产业链的精心打造，是最吸引我们的。"签约仪式上，方达医药技术有限公司执行副总裁、中国区总经理张天谊反复强调。

招商引资只是完成了第一步，项目不落地、不开工、不投产，一切都是空谈。

这两年，吴中经开区每年在重点项目上的投入保持在130亿元左右，其中产业投入占到50%。班子成员分别挂钩项目，按照时间节点稳步推进。通过将项目和资本相关联，借助科技金融的支撑，实现"招商+资本""资本+项目"的良好发展格局，为好项目扶上马、送一程。

"我们成立国资投资公司，一方面为招商服务，另一方面在起步阶段就与好项目开展合作。"在顾玉琪看来，好企业、好项目并不缺钱，政府的投资更多的是给他们信心，让他们能够留下来安心发展。

2020年前4个月,吴中经开区累计注册资本3.1亿美元,完成全年任务93.7%,生物医药和智能制造占比46.5%;到账外资1.7亿美元,完成全年任务79%,累计内资注册21.4亿元,生物医药与智能制造占比57.1%。新的经济增长极正加快形成。

硬环境软环境同步发力,为产业经济发展提供更好支撑。

吴中太湖新城,已是苏州"一核四城"的核心区域。

以"国内领先的生态型创新创业湖区"为目标,多年来,这里在城市形态和城市业态上下足功夫,通过产业和城市建设相结合,加快基础设施建设和产业导入。目前,太湖新城核心产业的引入基本结束,中信泰富、金融街、首汽等总部项目纷纷落户。

同时,吴中经开区致力于城市环境的提质升级。其中,硬环境以生态环境优化提升为主,软环境则重在优化提升营商环境,为产业发展提供更好支撑。

▲ 韵动尹山湖

在这方面，吴中经开区已经尝到了甜头。总投资50亿元、一期投资17亿元的浪潮项目，虽几经周折，但因看中了吴中经开区的营商环境、人才优势和政策体系优势，考虑到企业长远健康发展，最终拍板落户。

总投资1.5亿美元，"走"了又"回来"的方达，因为疫情期间吴中经开区的贴心服务和营商环境而感动，不仅带着锦旗前来道谢，还下定决心，从今往后与吴中经开区"不分离"。

良好的环境，也为夜经济提供了蓬勃发展的土壤。

以苏州湾商圈、尹山湖商圈、城南商圈三大商圈为核心，吴中经开区在苏州湾商圈主打歌林小镇、永旺和旺山3张牌，从购物消费、美食餐饮、市民娱乐夜游等方面创新，打造独具特色的吴中太湖新城夜间文旅消费集聚区，进一步提升城市活力。

城南商圈将以吴中商城市井文化和饮食文化为主题，在提升管理的基础上，把传统文化和饮食文化相结合，突出地方特色，让更多百姓乐于参与、享受消费，带动地方经济发展。

顾玉琪表示，接下来，他们将继续聚焦开放这个经开区的"天然基因"和"第一标识"，进一步激活开放元素，补齐开放短板，强化开放优势，以开放的广度和改革的深度织密经济的密度、提升创新的浓度，推动开放创新再出发，实现更高质量发展。

（《苏州日报》，2020年5月14日，黄亮、范易）

相城经济技术开发区

不负芳华十八载
演绎后发崛起的生动样本

坐落在苏州主城区北部的相城经济技术开发区（以下简称"相城经开区"），紧临京沪高铁苏州北站，总面积47.23平方千米，总人口近12万人。2002年1月，1周岁的相城区搭上"末班车"，设立省级经济开发区；2014年10月，不足13周岁的相城经济开发区被国务院批准晋升国家级经济技术开发区。历经18年的发展，相城经开区地区生产总值、一般公共预算收入、工业总产值、全社会固定资产投资、进出口总额等各项主要经济指标长期保持两位数以上的增长，在苏州活力新中心精彩演绎着后发崛起的生动样本。

一、相城经济技术开发区的发展历程

悠悠十八载，弹指一挥间。18年来，相城经开区历经初创、加速、成熟、转型四个发展阶段，始终坚持集约发展、绿色发展、创新发展，在百舸争流中奋楫前行。

（一）初创发展阶段（2002—2005年）

2002年1月，经江苏省人民政府批准，相城经开区在中国成功加入世界贸易组织的大环境中应运而生，成为相城对外开放合作的一张新名片。

成立之初的相城经开区坐落于相城区澄阳产业园（后为澄阳街道），总规划面积11.7平方千米。相城经开区坚持可持续发展战略，深度挖掘区位优势、资源优势、市场优势，统筹规划，科学布局，启动开发建设，立志当好相城经济发展的主力军，成为苏州城北发展的新引擎。

加快建设基础设施。2002年，相城经开区基本完成11.7平方千米区域的总体规划，完成道路建设14.5千米，道路绿化12千米（近10万平方米），安装路灯1.5千米（105套），迁移和改造供电线路11千米。2003年，完成道路建设20.5千米，安装路灯17.5千米，开工建设标准厂房35万平方米，新增绿化面积41.2万平方米。2004年，累计建成黑色沥青主车道3万平方米，完成3千米供电线路的迁移和改造，新设5千米供电主干线，完成富阳工业坊6.2万平方米标准厂房建设，完成道路绿化5.2万平方米，公共绿地33万平方米，安装路灯20千米（计路灯1060套，庭院灯390套）。至2005年，相城经开区一期基础设施和环境建设基本完成，完成新建社区服务中心1700平方米，新增绿化面积750亩，新安装路灯684盏，疏浚河道3条。

全力开展招商引资。2002年，相城经开区新批外资项目52个，合同利用外资5.4亿美元，注册外资2.3亿美元，到账外资0.56亿美元。2003年，新批办外资项目70个，合同利用外资7.8亿美元，新增注册外资3.6亿美元，到账外资1.5亿美元，累计引进外资项目123个，总投资13.2亿美元，注册外资5.6亿美元，到账外资2亿美元。累计引进内资项目104个，总投资12.26亿元。2004年，引进外资项目41个，注册外资2.49亿美元，到账外资1.76亿美元，全年引进内资企业43家，注册资本1.48亿元。全年共开工建设外资企业23家，开业投产外资企业15家，开工建设内资企业28家，开业投产内资企业13家。2005年，新批外资企业43个，注册外资3.3亿美元，到账外资1.8亿美元，内资企业50个，注册资本2.1亿元。

有序发展社会事业。 相城经开区积极深化农村改革，完善农村社会保障体系，全面组建村级股份合作社，村民补贴按富民政策的补贴来执行。落实村主要干部基本报酬全面统筹，完善农村社会保障体系，推行"土地换保障"制度，保障被征地农民利益。实现了经开区农村基本养老保险覆盖率100%，农村低保实现了全覆盖，农村合作医疗覆盖率达100%，农村大病医疗保险参保率为100%。积极参与社会公益事业，募集慈善基金、组织义务献血、做好优抚工作、发放各种安置费和补助费；加强劳动力管理，逐步形成关心弱势群体和失地农民就业等社会保障机制，经开区通过环卫、绿化养护、城管等社会事业和加强与区内企业协调，统筹安排失地农民就业。

（二）加速发展阶段（2006—2011年）

2006年年初，面对用地开发趋于饱和的新考验，为进一步拓宽发展空间，相城经开区转战漕湖区域，开启二次创业征程。黄埭镇原7个村约25平方千米划入漕湖产业园，相城经开区加快推进搬迁安置腾出园区建设空间，加快启动城市规划和基础设施建设完善园区投资环境。

相城经开区坚持"工业强区""项目立区"，强化招商选资，大力招引大型国有企业和先进外资项目，全力建设相城高新技术产业和外向型经济发展主阵地，加快形成相城产业经济发展强劲增长极。

经济运行态势良好。 2006年，相城经开区实现地区生产总值10亿元,全口径财政收入2.38亿元,地方一般预算收入1.31亿元,全年新批外资项目34个,完成注册外资2.52亿美元,实际利用外资9 620万美元;新批私营企业105个,注册资金3.76亿元。土地二次开发强力推进,全年清理收回闲置土地8块40万平方米(1亩≈666.67平方米,下同)。利用收回土地引进外资企业6个,注册资金7 850万美元;私营工业企业2个,注册资金3 000万美元;三产企业1个,注册资金2亿元。全年完成全社会固定资产投入22亿元,增长15%。其中工业性投入15.5亿元,增长16%,全年25个外资企业、30个内资企业开工建设,30个外资企业、65个内资企业开业投产,全年实现工业销售收入32亿元、利税总额2.4亿元、进出口总额2.9亿美元。

2011年,相城经开区完成地区生产总值83.69亿元,增长36%;工业总产值255.3亿元,增长22%;全口径财政收入13.74亿元,增长19%;地方一般预算收入6.87亿元,增长21%;全社会固定资产投资71.66亿元,增长8%。全年新批外资项目25个,新增注册外资1.66亿美元,实际利用外资9 632万美元。引进内资21.53亿元,其中注册资本超亿元企业10家。全年纳税超500万元企业46家,其中超千万元企业16家。

转型升级取得实效。2007年,漕湖产业园建设开始构建新框架,逐渐在完善城市功能上发力。合理规划布局,完成漕湖产业园控制性详规,环漕湖景观概念设计、行政商务区等规划,并基本明确基础设施布局,强力推进拆迁工作;精心实施重点工程,漕湖产业园十大重点工程建设顺利推进,漕湖大道、长阳路快车道顺利通车,科技创业园、漕湖大厦奠基并开工建设,漕湖围堰取土工程、漕湖花园、朝阳工业坊一期、集宿楼等重点工程完成主体工程。2008年,漕湖产业园工程建设扎实推进,其中科技创业园完成8层主体;基本完成园内工业道路框架,全部完成漕湖产业园1.73平方千米可供地的土地平整,并具备承载项目能力。澄阳产业园"二次开发"加紧进行，对8家企业实施"退二进三"，总面积22万平方米，对2家企业实施"腾笼换凤"，总面积89 640平方米。2009年，服务外包产业园引进企业10家，其中有7家经商务部备案确认，完成离岸外包合同额705万美元、执行额362万美元，实现相城区服务外包企业和离岸外包执行额双项零的突破。节能环保科技园引进检测、研发项目11个，进入省级科技园的申报程序。

2011年，经开区全年认定市新兴产业企业21家，完成产值61.91亿元，占规模以上工业产值的34.8%。完成服务外包接包合同额935万美元，离岸执行额124万美元。《节能环保科技园发展规划环境影响报告书》通过市环保局组织的技术评审。相城科创园引进希贝科技等项目9个，累计入驻企业19家，完成销售收入1 200万元。新增省高新技术企业7家，累计16家。申请专利669件，其中发明专利87件；专利授权231件。认定"姑苏领军人才"1人，引进博士后人才2人。完成技改投入20亿元，重点推进太航常青、博能传动等10个工业技改项目建设。

投资环境加快完善。2009年，漕湖产业园新建道路13千米，铺设供水管道、排水管网26.3千米，安装路灯1 200盏，架设电力线路6.2千米，改造"三线"5.6千米，平整土地1.13平方千米。朝阳工业坊集宿楼、垃圾中转站建成投入使用。污水处理厂一期完成建设并投入运行。2011年，全年建设道路9.7千米，通车7.3千米，漕湖区域基本实现路网畅通。漕湖产业园防洪防涝规划通过专家评审，渔香河完成整治，新建闸站3座。漕湖大厦建成投用，公交换乘中心、漕湖商业广场、标准厂房加快建设，阳澄湖国际科创园顺利推进。

▲ 中亿丰建设集团股份有限公司

（三）成熟发展阶段（2012—2014年）

2012年11月，党的十八大胜利召开，勾画了在新的历史条件下全面建成小康社会，加快推进社会主义现代化，夺取中国特色社会主义新胜利的宏伟蓝图。相城经开区用实际行动贯彻落实党的十八大精神，推动经济和各项社会事业全面发展。

2014年是相城经开区里程碑式的一年。经过13年的努力，经开区成功获批国家级经济技术开发区，步入了区域发展从外延扩张向内涵提升的新阶段。

加快项目建设，经济发展持续提速。2012年是相城经开区抢抓新机遇，争创新优势的关键之年。全年完成地区生产总值102.56亿元，增长18.9%；全口径财政收入16.27亿元，增长15.3%；公共财政预算收入7.92亿元,增长13.2%;全社会固定资产投资83.11亿元,增长16.0%。全年新注册外资1亿美元,实际利用外资4 157万美元,引进内资注册资本39亿元。其中,北桥街道完成地区生产总值27.47亿元、全口径财政收入5.14亿元、公共财政预算收入2.42亿元、全社会固定资产投资28.98亿元。

注重招商选资,聚集效益不断扩大。相城经开区强化招商首位意识,加大工作力度。2014年全年组织各类招商活动10场次,掌握信息源500余个,接洽注册1 000万美元以上项目14个,其中2 000万美元以上项目5个。紧盯世界500强、央企、上市公司、行业龙头,引进了泰连连接器、天合汽车零部件等一批具有支撑力、拉动力、影响力的产业项目。

深化体制改革,发展活力明显提高。相城经开区加快区域行政管理机制改革,认真执行区委做出的"直接管理北桥街道、组建漕湖街道"的决策部署,加快整合人员机构,理顺管理机制,明确机构行政职责,构建"服务重心下移,管理职能靠前"的区域一体化发展模式。推动国资改革,加快政企分离步伐,注重国资运行的顶层设计,公司运行更趋科学化、规范化。

完善功能配套,承载能力稳步提升。2014年,相城经开区推进规划修编工作,完成澄阳片区和北桥区域控制性规划调整方案,环漕湖片区和永昌泾滨水景观完成方案设计,水利建设、路网建设规划有序推进。完善基础配套设施,在苏相合作区完成基础设施投资8.7亿元,永昌花苑主体封顶。澄波路启动建设,昌南路等4条道路完成设计,蒋谷浜等3条河道驳岸启动建设,电力、绿化、地块平整等工程有序推进。人才公寓二期主体封顶,漕湖九年一贯制学校启动建设,徐图港景观改造工程竣工投用。

聚焦转型升级,创新驱动成效显著。相城经开区强化部门协作,倒排时间进度,加快推进澄阳产业园小作坊清理整顿工作,重点治理安全隐患大、生产条件差的低端产业，2014年共清退关闭家具、仓库、物流等小作坊165家。扎实做好企业"退二进三"工作，签约企业2家，退出土地2.8万平方米，美达科技、永达工业等4家企业签订意向书，并完成现场评估，共计土地32.2万平方米。2014年，相城经开区管委会博士后科研工作站增设6家分站，累计设立17家分站。江源精密重大装备及关键部件项目的推进，实现省级重大科技成果转化项目零的突破。吴通通讯射频同轴连接器国际标准新提案正式立项，填补了相城区企业在标准化研制上的空白。2014年，相城经开区认定省级高新技术企业9家，省级工程技术研究中心1家，省级企业技术中心1家。新增省"双创"人才1人、姑苏创新创业领军人才2人、阳澄湖创新领军人才8人。完成专利申请892件、授权550件，其中发明专利申请266件、授权57件。不断增强载体功能，成立澄阳国际科创园管理办公室，全面经营、协调、服务科创园工作。西交大漕湖科技园运行良好，新引进微创梦想智能科技、诺斯拓自动化等18家科技型企业，截至2014年，累计引进各类科技孵化项目74个，注册资本2.84亿元，总投资4.74亿元。随着省级节能环保科技园、省级知识产权试点园区的成功获批，苏相保税仓库的验收投运，相城经开区的服务平台日臻完善，成立的首家小额贷款公司，截至2014年，累计发放贷款1.92亿元。

（四）转型发展阶段（2015—2019年）

升格为国家级经济技术开发区的相城经开区，进一步深化改革、扩大开放，努力实现发展由追求速度向追求质量转变，由政府主导向市场主导转变，由同质化竞争向差异化发展转变，由硬环境见长向软环境取胜转变，把相城经开区建设成为带动相城区经济发展和实施相城区发展战略的重要载体，成为构建开放型经济新体制和培育吸引外资新优势的排头兵，成为科技创新驱动和绿色集约发展的示范区。

突出招商选资，产业集聚成效显著。2015年，相城经开区主动适应新常态，更加注重招商项目质量，实现从招商引资向招商选资转变。围绕高端装备制造、先进电子信息制造，以及智能制造、生物医药、新能源、新材料等战略性新兴产业和现代服务业，创新方法主动出击，全力拓宽项目信息来源渠道，新增项目信息源200个。全力以赴提高项目洽谈成功率，累计引进各类项目76个，完成注册外资1亿美元，引进注册内资18亿元。其中，苏相合作区落户项目57个，累计注册资本12.7亿元，总投资31.8亿元，达产后将新增产值46.9亿元、税收2.9亿元。大项目不断突破，总投资1亿美元的平谦国际现代工业园、3亿元的鸿微斯特电子科技、4.5亿元的卡士酸奶、5000万美元的艺达思、3亿元的辛得利机电等工业用地项目落户合作区。积极突破传统思维，开展科技人才招商，累计注册落户人才科技项目48个。

狠抓项目建设，报批报建快速高效。2016年，相城经开区实现力源液压、尚牙电子、吴通通讯等18个工业项目建成投产，当时预计新增产值43.13亿元、税收1.72亿元；已竣工未投产项目4个，当时预计新增产值18.5亿元、税收1.28亿元；累计在建项目28个，其中工业项目21个、服务业项目7个；新开工工业项目17个，服务业项目2个。项目报批报建绿色通道更加顺畅，诚信精密、禾润昌聚合材料等14个工业项目，雅居乐、恒大2个住宅服务业项目进入报批、报建程序。

聚焦改革创新，竞争优势不断突显。2017年，相城经开区稳步推进体制机制改革，调整机关科室28个，精简科室10个，交流调整50人至街道工作，充实基层一线力量；修订出台街道及机关各部门绩效考核办法，全面提升工作实效；新成立14个工作领导小组，有力推动各条线工作顺利开展；着力推动国资改革，分别设立漕湖城投、漕湖置业、漕湖资本、漕湖合作开发、漕湖公共服务、漕湖招商服务六大公司，明确职能、选配班子、建立机制，并正式运作；推动国有资产扁平化管理，将直接涉及企业一线服务和民生保障的国有资产交由街道管理和运营，推动经营性资产管理提质增效。着力推动投融资改革，规范融资流程，防控债务风险，存贷比控制为7.2%，同比减少财务支出4亿元；总投资30亿元的首个全省PPP试点项目（环漕湖综合开发一期项目）顺利开展。

加快转型升级，产业迈向智能时代。 2018年，相城经开区聚焦研发智造类高端产业，赴美、德、荷、日等发达国家以及京津冀、长三角、粤港澳等一体化发展示范地区开展科技招商活动，全年累计新引进项目118个，总投资超561.48亿元，其中超10亿元项目15个。先后引进中国航天科工空天材料研究院、中国检科院长三角研究总院、军民融合快速响应研究院等"国字号"项目；签约落户镭钠智能制造、柯依迪智能家居、德佑胶带技术、平安大健康产业园等一批高科技产业项目。苏州（相城）中日智能制造创新产业园成功获批，苏州国际医疗健康中心项目顺利推进，机器人及智能装备众创社区成功获批省级众创社区试点，阳澄湖国际科创园获评省级小型微型企业创业创新示范基地，西交大漕湖科技园获评市级创业孵化示范基地，中欧新能源汽车产业研发基地、中科成果创投研究院、澳中中小企业中国互联计划苏州示范中心等一批对外合作平台纷纷落地。2018年全年新增省市级智能车间7家，累计完成12家，其中省级示范智能车间8家，占全区的2/3；全年新增推广应用机器人（包括机械手臂）210台，累计推广668台；累计完成技改项目177项，完成产值破10亿智能装备企业2家任务。全年新增国家级博士后科研工作站5家，市级站1家，提前两年完成"相城区博士后站点建设三年提升行动计划"任务；新增省市级企业技术中心8家、省级电子商务示范村1个；长风药业获评2018年度苏州市"独角兽"培育企业，并成功获批江苏省外国专家工作室及苏州市姑苏创新创业团队，实现相城零的突破。

坚持项目为王，发展驶入快速通道。 相城经开区坚持"项目为王"理念，持续加大招商引资力度，产业升级再加速、政务服务再优化，推动经开区迈入产业高质量发展的快车道。2019年全年累计签约项目67个，总投资达122亿元，其中确定落户41个，落户率达61%；成功引进宝丽迪材料、思迈集团、博科测试等高质量科技项目；引进田村电子、住江织物等日资项目14个，掌握日资项目信息源27个。加快项目建设进程，福耀玻璃、卡士酸奶、创泰合金等9个项目竣工投产，国方汽车、平安大健康等13个在建工业项目进展迅速，未来电器、柯依迪智能家居等8个已拍地项目加速推进。企业转型步伐不断加快，太航常青等3家企业获批省级企业工程技术研究中心，泰马克等4家企业获批省级企业技术中心，成功创建省市级智能车间13家，新增推广机器人284台。相城经开区率先在全区探索打造产业发展服务生态圈，与园区企业发展服务中心合作成立经开区企业发展服务中心，建立"政府+中心+市场"的协同运行机制。优化审批业务事项集成办理，通过"一窗受理、集成服务"系统，企业开办全流程可缩短到1天以内。以政务服务"一张网"为抓手，深入推进"不见面审批"，上线项目"施工许可监控"、报建进度看板及项目咨询报告生成系统。政务服务中心获评2019年"相城区十佳青年文明号"。

二、相城经济技术开发区发展的主要成果和经验启示

相城经开区勇于创新，不断奋斗，取得了后发崛起的骄人成绩。

（一）相城经济发展的主阵地

2017年12月，相城立足全域城市化理念，启动规划建设"五大功能片区"，发力建设"苏州新门户、城市新家园、产业新高地、生态新

空间"。国家级经济技术开发区片区成为相城五大功能片区的重要板块。2017—2019年，相城经开区经济总量占相城区份额的40%左右，地区生产总值、一般公共预算收入、工业总产值、全社会固定资产投资、进出口总额等各项主要经济指标长期保持两位数以上增长。特别是2019年，完成工业总产值478.6亿元，同比增长10.1%，全区占比29.3%，位列全区第一；其中，规上工业产值414.8亿元，同比增长10.2%，全区占比33.7%，位列全区第一。完成全社会固定资产投资90亿元，同比增长11.2%，全区占比21.4%，位列全区第二；其中，工业投资24.1亿元，全区占比35.7%，位列全区第一。实现外贸进出口总额23亿美元，全区占比44%，位列全区第一。完成一般公共预算收入20.7亿元，同比增长9%，位列全区第二。2015—2018年度商务部评价中，相城经开区分别位列全国219个国家级经开区第五十一、四十一、四十四、三十八位。在2018年全省营商环境评价工作中获评"综合评价先进地区"。

（二）新兴产业发展的集聚区

多年来，相城经开区以新一代电子信息、高端装备制造、人工智能科技、未来城市技术为主导产业，着眼集成电路、智能家居、汽车及零部件、机器人、新材料与增材制造、未来城市技术、人工智能等八大细分产业方向，高端产业集聚发展的势头尤为强劲。吸引了天合汽车、中航工业、航天科工、美的、中国平安等世界500强企业项目和楼氏电子、赛峰、泰科等知名外资企业项目，以及国内汽车玻璃行业龙头福耀集团、国内机器人产业佼佼者新松机器人产业化基地等一大批投资规模大、产业层次高的重大项目落户，建成了平谦国际（相城）现代产业园、圆德3E产业园等一批高端产业发展载体，中国航天科工空天材料研究院、中国检科院长三角研究总院等"国字号"项目，以及美国安路特汽车、瑞典诺兰特电子等一批行业领军企业相继落户，为推动产业经济高质量发展注入了不竭动力。2019年，64家新兴产业企业完成产值257.5亿元，占规模以上工业比重达62.1%，位列全区第一；99家高新产业企业完成产值247.6亿元，占规模以上工业比重达59.7%，位列全区第三。实现税收超亿元企业3家，超千万企业39家。

（三）产城融合发展的新高地

2018年，相城经开区围绕9.07平方千米的漕湖，高标准规划建设"一心、两城、四园+田园综合体"。一心：以漕湖中央商务区为核心；两城：以北桥街区和永昌街区为配套的生活片区；四园：新一代电子信息产业园、高端装备研发社区、人工智能研发社区、未来城市研发社区；还有一个漕湖现代田园综合体。漕湖中央商务区是未来漕湖经开区发展的核心区域，相城经开区目前正在请全球顶尖的咨询公司AECOM编制环漕湖地区城市设计方案，以"翡翠乐活水域、钻石创智群岛"为设计理念，打造企业研发总部集聚区和产业与创新服务核心区，同时高标准规划五大特色产业配套片区。结合漕湖水乡田园特色，打造都市田园体验区；结合都市旅游及运动体验，打造东岸活力运动区；充分利用漕湖生态优势，打造两湖生态社区；引进华师教育集团、苏州大学优质教育资源，结合国际学校品牌，打造国际教育配套区；以中国医学科学院（北京协和医学院）、美国华盛顿大学医学院、霍普金斯大学医学院等合作共建的"国际医疗健康（苏州）中心"为核心，打造医疗健康配套区。2019年8月，相城经开区获得苏州市2018年度中心城市科学发展创新综合奖。

（四）创新、创业发展的新引擎

相城经开区大力建设国家级科技孵化器（众创空间）。西安交通大学漕湖科技园建筑面积6.5万平方米，已入驻各类科技创业企业200余家。阳澄湖国际科创园建筑面积12.8万平方米。由清控科创打造的苏州小样青年社区是集工作、社交、居住、娱乐为一体的复合型创业社区，累计引进企业200多家。苏州大学相城机器人与智能装备研究院是在集机器人与智能装备技术研发、成果转化、人才集聚为一体的产学研公共服务平台，为相关创新型企业提供技术、人才及管理支持。中科成果创投孵化器以"产业链布局+技术推动+投资驱动+要素集成"的产业培育模式，为科技型中小企业提供服务。2019年，苏州小样科技服务有限公司获评国家级科技企业孵化器、省双创示范基地，苏州漕湖（北京）产业创新中心、中科成果创投孵化器投入运营。全年新增国家特聘专家6人，培育省"双创计划"人才2人、省双创博士2人、省六大人才高峰入选1人、省"333"工程科研资助项目3人、姑苏领军人才5人、姑苏重点紧缺人才27人、阳澄湖领军人才8人，太航常青博士后工作站谷先广博士获全区唯一中国博士后科学基金特别资助奖励。积极推进各项人才申报，申报市、区两级人才乐居工程412人、"海鸥计划"11人。成立博士后工作站联盟，新增企业博士后科研工作2家，全年新招收博士后研究人员5人，提前完成三年行动计划指标。

（五）对外开放合作的样板区

相城经开区不断拓展国际合作。签约澳中中小企业中国互联计划苏州示范中心，打造中国与澳大利亚协同创新、资本嫁接和产业落地平台；中意汽车技术（苏州）创新基地、中欧新能源汽车产业研发基地等一批对外合作平台纷纷落地，有效对接英特尔中国、麻省理工学院协同创新研究院等项目。苏州（相城）中日智能制造协同创新区是相城着力打造的特色国际合作产业园区，目标成为国际新兴产业和未来高端产业聚集发展的新高地，成为国际产业创新合作的样板区。2019年，

▲ 中日（苏州）地方产业发展合作示范区

相城经开区进一步厚植中日合作新优势，依托苏州（相城）中日智能制造协同创新区，完成战略规划和中心区产业发展规划的编制及发布，开展中心区建设发展思路研究，明晰实施路径，成功获批江苏省国际合作园区，与瑞穗银行、三菱银行正式签约合作，成功招引田村电子、住江织物等高水平日资项目14个。通过近一年的努力，苏州（相城）中日智能制造协同创新区升格为中日（苏州）地方产业发展合作示范区，并成为全国六大中日地方发展合作示范区之一。

（六）收获成功经验的试验田

突出改革引领。2017年，相城经开区进行第一次机构改革，机关各部门科室由50个精简至40个，优化科室设置和职能，履职能力和行政效率得到有效提升；2018年7月与中央财经大学合作，按照"大科室"制方向，进一步理清科室职能和建立岗位管理体系，为下一轮机构改革做好基础保障工作。相城经开区对机关编外聘用人员实行规范化管理，人员实现公司化管理，建立"六岗九级"管理体系，细化晋职规则和考核办法，初步形成"职级能上能下""人员能进能出""收入能高能低"的人员管理体系。指导下辖街道积极推进编外人员管理改革，进一步规范街道编外人员管理。重新梳理完善28个专项工作领导小组，全面推进上级决策部署和经开区重点工作有效落实。试行经济事项分级授权管理，印发经济事项分级授权管理暂行办法，梳理五大类、98条经济事项，根据事项重要性、所涉金额、迫切性等维度，逐条梳理审批流程，明确事项职责、权限划分，进一步规范财政资金使用。构建"大监督"体系，制定下发《相城经济技术开发区督查工作方案》《开发区联合督查工作实施方案》《苏州相城经济技术开发区实事工程、重点项目督查方案》，进一步明晰相关部门"事前、事中、事后"的督查分工和对督查中发现问题进行整改、问责的相关要求。完善政府投资建设、征收搬迁、招商准入等方面制度建设，制定了《开发区政府投资建设项目管理暂行办法》《开发区关于规范征收、搬迁相关工作的意见》等规范文件。2018年，经相城区委、区政府批准，出台了相城经开区深化国企改革实施意见，并制定了涉及"三重一大"、内控与财务管理、绩效考核等国资国企改革制度性文件。针对国企市场化投资，建立投资决策委员会制度，分类设立漕湖城投、漕湖置业、漕湖资本、漕湖合作开发、漕湖公共服务、漕湖招商服务六大公司，实现国有资产扁平化管理，推动经营性资产管理提质增效。2019年，相城经开区率先在全区各板块中探索成立全面深化改革领导小组，统筹推进经济运行体制改革、体制机制改革、国资国企改革等8个专项小组课题研究工作。深化经济运行机制改革，制定实施《产业投资项目准入指导意见》等8个产业政策文件，健全产业发展政策体系，系统构建包含六大类、19项内容的经济运行体系制度框架，涉及项目准入、载体运营、审批服务等。优化调整街道和机关部门机构设置,重新梳理经开区与街道职能管理边界,健全完善上下承接对应机制,逐步提升"1+3"一体化管理实效。同时,有力推动国资国企改革,成立漕湖产业发展集团公司。

聚力开拓创新。相城经开区打造"非公党建引领创新创业"党建特色项目,"样样红"创客党建品牌不断深化,创客党支部负责人被苏州市委评为优秀非公企业党组织带头人,"样样红"区域党建工作站获批苏州市首批"海棠花红"先锋阵地。精心设计打造机关党建阵地,依托招商局、经发局党支部,从优化党员队伍"链"、聚焦企业需求"链"、把脉产业"链"发展和领跑企业服务"链"四方面入手,着力打造"党建+"创新工作机制,构建"党建引领'链式'服务"新模式。在相城区各板块中率先设立企业发展服务中心和企业人力资源经理俱乐部,借鉴苏州工业园区经验,引进大数据信息化平台,整合利用政府和社会产业创新资源,为企业提供全方位、一站式、多层次、全流程的创新创业发展服务。相城经开区扎实推动苏州自贸区联动创新区建设,制定经开区实施方案,形成在1个经开区联动创新区全面发展基础上,探索形成4个联动发展核心区的发展格局。

优化营商环境。近年来,相城经开区通过"放管服"改革、建立企业发展服务中心等"硬举措",打造了一个个招商引资的"强磁场",不断提升优化当地营商环境,用强劲"软实力"吸引和留住了一批又一批的一流企业。在"有为"与"无为"中拿捏好分寸,做到"有求必应、无事不扰",让一流营商环境成为发展新标识,让所有投资兴业的人在这块热土上"如鱼得水"。"好的营商环境就是生产力",落户相城经开区的福耀玻璃(苏州)有限公司副总经理罗克俭这样阐述营商环境对于企业的重要性。该公司从注册到报建报批的工作用时不到4个月。正是这种高效亲商的氛围,让福耀决定持续加大投资。2017年,总投资30亿元的福耀境外业务总部——福耀国际控股有限公司签约落户相城经开区。

打造一流的营商环境,并非一朝一夕。近年来,随着苏州中环快速路的全线通车,相城经开区发展空间进一步延伸,毗邻苏州高铁北站的交通区位优势也不断凸显。抓住这一契机,在顶层设计上,相城经开区高度重视全域规划和全域城市建设,根据区委、区政府"五大功能片区"发展理念,将产业发展规划纳入总体规划,不断提升城市功能,为实现长远发展打下了坚实基础。相城经开区坚持一手高标准规划研发社区,积极引导传统企业智能化改造,在城市建设、商贸服务、生态保护、社会治理等方面统筹发力,做好枢纽优势变为产业优势,加快创新资源集聚的"加法";一手做好"减法",大力整治"散乱污",以"腾笼换凤"来保持经济的持续增长。

相城经开区发展蓝图的高质量谋划和营商环境的持续改善,吸引了越来越多的企业前来投资兴业。2018年,相城经开区交出了一份亮眼的招商引资成绩单:累计引进项目118个,合计总投资达561亿元;累计新增注册外资1.2亿美元,同比增长67%。中国航天科工空天材料研究院、中国检科院长三角研究总院、平安大健康产业园、宝业装配式建筑、德佑新材料、镭纳智能制造等一批优质产业化项目成功签约。

省级重大项目的落地,离不开"软实力"的支撑。相城经开区强劲"软实力"的背后,是一项项"硬举措"的托底,通过实施"放管服"改革等一系列举措,营商环境取得长足进步。2018年6月,相城经开区行政审批局挂牌成立。走进服务大厅,厅内井然有序,实行分组别"一窗受理、全科服务"的工作机制有效运转,使"审批不出经开区"成为现实。

为彻底打通区内企业服务"最后一公里",相城经开区快马加鞭建设企业发展服务中心。该中心作为该区产业发展公共服务核心平台,为企业提供全方位、多层次的创新、创业发展服务,推动相城经开区逐步构建由产业链、创新链、金融链、人才链和服务链等组成的完整产业创新发展生态圈,让企业实实在在感受到"政府服务看得见、摸得着、找得到",彰显出相城经开区营商环境的新温度。

探索苏相合作模式。2012年1月,根据十一届市委第五次常委会议纪要精神,苏州市委、市政府做出重大决策,设立苏州工业园区—相城区合作经济开发区,相城经济技术开发区逐步与苏州工业园区在理念、政策、服务、环境四个方面接轨。2017年10月10日,相城区政府、苏州工业园区管委会签订全面战略合作框架协议:苏相合作区合作范围扩展至整个经开区,面积由原苏相合作区的47.8平方千米扩展到包括北桥街道、澄阳街道在内的93.7平方千米;合作也更加深入,全面开展产业发展、招商引资、国资合作、城市规划建设与管理、干部交流等五大领域的合作,加速推进经开区经济社会在更高水平上发展。2018年,两区合作建立了苏相合作区企业发展服务中心,借鉴苏州工

▲ 苏州工业园区—相城区合作经济开发区

业园区经验打造创新创业生态圈；2019年，两区进一步深化合作，探索共建28.8平方千米的"苏相高质量发展合作区"，进一步借鉴园区经验，突出两区协同发展，全力打造"先导产业创新集聚区、跨区合作发展示范区、园区经验转移样板区、区域协同创新先导区、体制机制改革试验区"。

苏州工业园区—相城区合作经济开发区推动"跨区合作、联动开发、优势互补、互利共赢"，既把园区多年来形成的品牌优势、政策优势、产业优势、人才优势和体制优势放大到周边地区，又把相城区相对宽松的资源腹地优势转化为有利于科学发展的后发优势。合作经济开发区以漕湖产业园为轴心，东至苏虞张公路、南至太东路、西至西塘河、北至冶长泾，总面积为47.8平方千米，着力打造一个以先进制造业为主体，以生产性服务业为支撑，以居住和商业设施相配套，人流、物流、商流活跃的现代化、国际化、信息化经济开发区，成为苏州"一核四城"重要板块和北部新兴产业集群。

在苏州市委、市政府和苏州工业园区党工委、管委会的大力支持下，相城区在理念、政策、服务、环境四个方面与园区全面接轨，推动合作模式、合作领域、合作路径再深化、再拓宽。

组织构架逐步明晰。相城区委、区政府高度重视苏相合作，成立了全面学习园区经验深化苏相合作领导小组，由区委书记担任组长，下设产业发展、招商引资、国资合作、规划建设与城市管理、干部交流5个专项小组，分别由区委、区政府分管领导担任专项小组组长；在区委、区政府领导分工中明确由区委副书记专门分管负责苏相合作。苏相合作制度安排主要包括苏相合作联合协调联席会议、五大领域合作对接会议、苏相合作推进工作小组。2017年10月，相城区与苏州工业园区签订全面战略合作框架协议，双方合作迈入新阶段。

交流学习全面深化。全面战略合作协议签订后，全区掀起学习"园区经验"新热潮,区党政代表团组织赴园区考察学习4次;有关部门、板块、公司主动对接园区相关单位等100余次。合作区成立以来,苏州工业园区先后选派2批13名干部到相城区任职;相城区先后选派2批24名业务骨干赴园区挂职学习;两区签订干部教育培训合作框架协议,并依托园区资源举办各类专题培训。

发展成效不断显现。截至2019年年底,苏相合作区开发建设累计投入219.8亿元。其中,拆迁投入128.8亿元;基础设施投入91亿元。总体开发强度为28.95%;累计引进项目294个,总投资超336.4亿元,其中包括楼氏电子、泰连连接器、长风药业等多个园区转移、介绍的优质项目。园区国资公司先后在相城投资建设了圆德3E产业园、漕湖邻里中心、圆融购物中心、兆润大厦等一批重大项目。在园区优质项目、资源持续导入下,苏相合作区经济呈现蓬勃发展之势。2019年,相城经济技术开发区实现地区生产总值216亿元,增长8%;一般公共预算收入20.7亿元,增长9%;工业总产值478.6亿元,增长10.1%;全社会固定资产投资90亿元,增长11.2%。其中,苏相合作区(47.8平方千米)实现地区生产总值41.9亿元,占经开区总额的19.4%;一般公共预算收入6.1亿元,占比30.4%;工业总产值170.11亿元,占比35.5%;全社会固定资产投资55.7亿元,占比61.8%。苏相合作区有规上工业企业66家、高企35家、新兴产业企业28家、营收超亿元规上工业企业35家、营收超10亿元规上工业企业4家。2016年以来,相城经开区全国、全省排名分别提高13和16位(全国从第五十一位到第三十八位,全省从第三十九位到第二十三位)。

建设规划持续完善。苏州工业园区敢拼敢闯的精神和对标国际的追求在苏相合作区得到发扬。相城经开区开始更多地学习借鉴园区做优发展规划、打造营商环境、构建产业生态圈等方面经验。2019年,苏相合作区规划打造苏州(相城)中日智能制造协同创新区中心区,中心区规划面积38.5平方千米，依托国家级相城经济技术开发区和长三角国际研发社区，构建"一核两翼"功能布局：中枢服务核面积6.5平方千米，聚焦公共服务平台建设，将打造中日产业需求精准对接窗口、智能制造开放数据共享平台、新兴产业与技术试点基地、技术孵化共享服务中心、中日智能制造第三方市场开拓服务中心和中日智能制造国际采购与营销中心；东翼为智力支持翼，面积10平方千米，聚焦打造中日智能制造产业人才综合服务中心和中日智能制造金融科技服务中心，吸引研发企业总部入驻，建设人才中心、国际学校和国际人才社区，提供城市服务和商务配套；西翼为技术转化翼，面积22平方千米，聚焦培育和引进数控机床等高端装备制造企业、工业机器人及零部件生产企业和高端医疗器械生产企业，形成智能制造产业集群。

三、相城经济技术开发区发展愿景展望

2020年，苏州市委、市政府决定，在原苏相合作区规划面积47.8平方千米基础上，新划入约4.9平方千米地区（北至娄巷河、南至冶长泾—绕城高速、西至广济北路、东至苏虞张公路），主要位于北桥区域，苏相合作区总面积合计约52平方千米。2020年4月8日，苏相合作区正式挂牌成立，设立苏州工业园区—苏相合作区党工委、管委会。苏相合作区从相城经开区分离，实行实体化运作。

相城经开区多年来在苏相合作方面的探索与实践，为苏相合作区独立运行和今后发展打下了坚实基础。如今的合作区，是"经济区、行政区适度分离，互利共赢税收分享机制"的全新试验田，集聚市委、市政府各类有利政策，坐拥园区和相城区优势资源，前景广阔、大有可为。

2020年5月23日，相城经开区召开管理机制调整工作推进会，宣

布了区委、区政府关于调整经开区管理机制的重大决策,实施经开区与澄阳街道管理一体化、代管北桥街道、直管中日(苏州)地方发展合作示范区中枢服务核。相城经开区牢固树立"一盘棋"意识,从讲政治、讲大局的高度出发,正确认识与澄阳街道、北桥街道、中日(苏州)地方发展合作示范区中枢服务核之间的关系,将发展阵地迁回澄阳,推动资源整合、要素集成,努力形成经开区统筹有力、各片区互为支撑的发展新格局。

高点回归澄阳的相城经开区从战略和全局高度出发,坚持聚焦"六稳六保",坚决守住"保"的底线,巩固拓展"稳"的局面,奋力保持"进"的态势,定目标、明任务、实举措、严考核。相城经开区围绕相城区委提出的"着力打造逆势上扬的新亮点、产业创新的新地标、对外开放的新支点、城市拓展的新空间、美好生活的新场景、创新创业的新高地"目标要求,把握好"国家级中日(苏州)地方发展合作示范区建设、自贸区联动创新区建设、澄阳片区城市更新"三大机遇,迅速调整发展总规及国土空间、产业发展等核心规划,做实做细经开区城市发展"新蓝图",以高水平规划"强引擎",指明经开区发展新方向。

相城经开区义不容辞地肩负起历史赋予高质量跨越赶超发展的重大使命,将进一步拉高标杆、攻坚克难、实干拼搏、全速前行,当好相城经济社会发展的先行尖兵。

以点"精"之笔描龙画凤,奏出合作开放示范核心最强主旋律。在前期工作的基础上,相城经开区精心拓展平台资源。不断加强与日资金融机构合作,全面动员各方力量开辟渠道,打通各个对日联络关节点,横向不断拓展更多合作空间,纵向全力争取更多合作资源,为中枢服务核奏响中日合作最强音打牢最强根基。

全力促成中日优质企业间的合作,联合打造区域购物中心和超高地标建筑,全面推进"长三角中日中心"项目落地;紧抓天文台建设,加速引入优质日式配套资源。全力以赴推动中日合作示范区以更靓的形象、更优的配套，成为"城在花中、人在园中"的最美合作典范。紧盯共同创建中日科技交流"加速器"目标，不断加快国际合作孵化器建设，打造创新合作示范区。

以匠"心"之作连线三城，重绘贯通南北特色城镇更新锦绣图。秉持产人融合之"心"。南部以澄阳城市更新为引领，强势推动2.4平方千米核心区搬迁攻坚，全速推进工业区"腾笼换凤"，聚焦高端研发、科技金融、人才服务，发展总部和楼宇经济，建设高品质活力生态廊，打造宜业宜居活力城。践行研发智造之"心"。中部以中日（苏州）地方发展合作示范区中枢服务核为核心辐射区，不断集聚高端日资项目、日式配套，打造对日开放合作新高地；以泗塘片区为延伸承载地，打造智能制造产业示范园。培植绿色生态之"心"。北部深挖生态廊道、现代农业、"非遗"文化等优质资源，将古戏台、船拳馆、觉林讲寺、牧谷农场等"串连成线"，推动农文旅融合发展，打造靓丽精美后花园；请义化搭台、让经济唱戏，以"长三角戏曲·曲艺文化艺术周"、苏州市"冶长泾杯"戏曲票友大赛等大型文化活动进一步扩大"中国民间戏曲文化之乡"品牌影响力。

以急"火"之势全速前进，再掀争分夺秒经济发展极限加速度。"大招商+招大商"提升招引新能级。主动出击加压力，瞄准"北上广深"发达地区及杭州、重庆、成都等重点城市，倒排计划表，密集出击招商引资。项目为王抓落地，精准对接一批科技型、研发类项目，实现早签约；强化跟踪总部型签约项目，实现早落地；力争招引更多高端产业项目。

"孵化器+产业园"激发载体新活力。创新启动"飞行模式"布局，在"东西南北+N"（"东西南北"为上海、成都、深圳、北京，"N"为苏州工业园区、日本东京、新加坡等地）加速建设离岸创新中心，开创科技载体多点开花、齐头并进新局面；加快启动数字金融产业园、长三角医疗科技产业园项目，与中国机械工业联合会共建工业设计创新产业园，持续推进融合基建技术研究所建设，系统打造"经开科创"标志性品牌。

"全流程+最贴心"树立服务新标杆。强化行政审批"大数据、互联网+"技术支撑，构建法人全生命周期服务体系；优化产业升级高质量发展和科创扶持政策，为企业发展强化保障；着力推动产学研对接，加强与大院大所交流，为企业科技创新搭建桥梁纽带；以"先行先试、复制推广、自主创新"三张清单为抓手，全力打造改革开放赋能基础区、自贸区扩区增势先导区、开放再出发综合样板区，真正将政策优势转变为惠企成果。

相城经开区将在相城区委、区政府的坚强领导和大力支持下，始终坚持上下联动合力干，比学赶超争先干，树立导向激励干，站在"三城"建设新的历史起点上，以昂扬的先行尖兵姿态，奋勇向前、再攀高峰，书写高质量发展的新篇章！

延伸阅读

苏州相城经济技术开发区:"青年力"助推高质量发展

苏州相城经济技术开发区是以先进制造业为主体、以生产性服务业为支撑、以居住和商业设施相配套的现代化、国际化、信息化的经济技术开发区。

近年来,相城经开区加大对青年人才的招引力度,先后实施"相城区区域重点发展项目人才引进"和"三年行动计划",引进海外人才12名、急需人才49名。在进一步盘活青年人才"蓄水池"的同时,相城经开区全力打造"青年引擎",助推高质量发展。

力学不辍打磨尖兵本色

毕业于中国科学院大学核能科学与工程专业的小代被引进到相城经开区后,从事着他所不太熟悉的企业报批报建工作。离开了熟悉的实验室,他提起笔在各种调研材料中开始新的征程。

因为业务不熟练,他经常反复审阅修改材料至凌晨,不断提升自己的业务能力。在工作之余,他就新材料产业发展为课题展开调研,借助产业学习沙龙和同事们分享,为相城经开区的产业布局和精准招商提供了帮助。

近日,相城经开区组织机关40多名青年尖兵开展"勇立潮头青年冲锋,对标赶超青年建功"沉浸式实境教学活动,将课堂放在改革发展一线、放在开放创新前沿,前往昆山两岸产业合作试验区展示馆、张家港市金融街、苏州工业园区人工智能产业园等教学基地感受苏州"三大法宝"的实干精神。

为切实发挥这股"青年力",让勤学、善思、实干成为青春飞扬的动力,相城经开区还先后开展"沙场秋点兵"综合文稿写作实训课堂、"年轻干部双向挂职"实战训练、"青年演讲秀"魅力提升班、"红帆书会"阅读分享等专场活动,进一步让青年们学会用新时代的标尺审视自己,在新征程的熔炉中锻造自己。在扎实打牢基础、及时更新知识的同时,青年干部刻苦钻研理论、积极掌握技能,不断提高与时代发展相适应的素质和能力,成为推进相城高质量发展的开路先锋、先行尖兵。

恪尽职守彰显发展成色

6月24日,苏州市召开第一届工业互联网峰会,确立了"工业互联网看苏州"的品牌。从苏州市召开推进大会,到相城经开区出台"工业互联网政策8条",其间只有短短10天。相城经开区坚定不移地推进构建工业互联网的发展理念,青年海归人才小汤、北大"政策小能手"小江等正是经开区工业互联网政策迅速推出背后的青年"合伙人"。

为了让政策更好地落地,这些青年"合伙人"摩拳擦掌,"集中充电"专题学习借鉴先进地区的相关政策、梳理政策对比表。新一轮调研沟通、政策修改、"头脑风暴"在这些年轻人之间不断上演。

他们凭借自己较新的知识结构、宽广的视野格局、孜孜不倦的探索精神,用心构筑工业互联"朋友圈",勇立潮头、勇挑重担、勇往直前,展现着青春的"创新力"。

在基层一线,青年生力军们同样以奋斗描绘绚丽底色。90后的小戴是综治中心新晋的"司法一哥"。他曾经连续三个多月"白加黑、五加二"奋战在拆迁工作调解的一线。通过半年多时间的努力,他成功调解了困扰多年的小区物业换届选举工作。正是因为这样的细心与责任心,他赢得了许多社区居民的信赖。

在相城经开区的各个岗位上还有许多这样的青年生力军。以"东西南北+对日"5支青年招商队、"经开青锋"团委先锋队、"店小二"惠企青年突击队、"审批加速度"青年小分队等为代表的青年群体在江苏省市区高质量发展的生动实践中释放青春激情、放飞青春梦想。

志愿服务绘就青春亮色

面对突如其来的新冠肺炎疫情,相城经开区的青年们迅速行动成立青年突击队,几十名青年党员干部不畏艰险,连续两个多月日夜坚守在村(社区)网格一线。

漕湖集团的小杨是第一批加入志愿者队伍的,这个高高壮壮的男生由于连续的熬夜加班,瘦了8斤。卡口站岗、登记外来人员信息、调查社区租户情况……小杨在忙碌中,也没有忘记帮助弱势群体。他主动登门为老年人送菜、送药。

此外,许多白天无法亲自去一线参与疫情防控的青年们主动成立"我在你身边"温暖小组,每天夜晚轮流赴经开区内主要高速收费站、隔离点为抗疫一线人员送去包子、姜汤等温暖。

▲ 漕湖街道夜景

疫情之外，这支青年生力军还积极走进基层的每一个角落，服务社会、回馈社会。如今，每周六都能在马路边、小区内各个地方看到他们劳动的身影，"周六红"俨然已经成了相城经开区青年人的一张名片。

近日，为了丰富孩子的暑期生活，相城经开区多名优秀海外人才和国内优秀高校专业人才成立"星星点灯志愿服务队"，化身一位位"斜杠青年"为社区、企业的孩子们精心准备10场科学实验。志愿者为孩子们讲述生活中常见的科学现象，并且揭示其中的小知识。这样"接地气"的科普瞬间引起了孩子们的兴趣。

相城经开区的"90后"年轻人们敢担当、敢作为，快速成长为"提笔能安天下，落笔能担重任"的奔涌"后浪"。他们在一次次的实训历练中提高思想、修养，领悟时代风尚。借助主题研讨培训班、训练营，他们"头脑风暴"，畅谈理想目标。乘着时代之风、划破创新大浪，青年尖兵们正大胆描绘着相城经开区未来的发展蓝图。

（《中国青年报》，2020年9月22日，苏州相城经济技术开发区）

苏州浒墅关经济技术开发区

坚守初心谋发展　砥砺奋进促转型
高标准高质量打造苏州城市西北新门户

苏州浒墅关经济技术开发区（以下简称"开发区"）始建于1992年9月，1993年12月经江苏省人民政府批准为省级经济开发区，2007年开发区机构升格为正处级建制，2013年3月，经国务院批准晋升为国家级经济技术开发区，2020年，为更好适应浒墅关地区高质量发展要求，浒墅关经开区和浒墅关镇实行一体化管理，统筹区域一体化开发、建设、管理等各项工作。开发区位于苏州古城西部、高新区北部，区域面积65.4平方千米，总人口约30万人。交通地理优势突出，京沪高速公路、京沪高铁、京杭大运河、中环高架快速路、太湖大道快速路、苏州地铁三号线、苏州有轨电车一号和二号线等交通大动脉贯穿其中。

回望历史，自1992年开发区成立以来，近三十年的奋斗岁月，一代代浒墅关人披荆斩棘，接续奋斗，经受住一次又一次考验，取得了一个又一个成绩。立足当下，随着浒墅关一体化的全面落实，站在新的历史起点，开发区有了更高的目标和追求。展望未来，面对困难和问题，开发区必须紧紧把握一体化发展的重要契机，加快"产业、城市、生态、文化"四大转型,注入新动能,焕发新活力,全面开启"奋起直追、大步进位"新征程,加快迈进国家级经开区高质量发展更前列。

一、苏州浒墅关经济技术开发区的发展历程

从苏州浒墅关经济技术开发区开发建设历程来看,根据区域调整及发展定位大致分为四个阶段。

(一)初创发展阶段(1992—2001年)

1992年春邓小平南方谈话发表后,中共苏州郊区区委、区政府从自身实际出发,抢抓机遇,经过反复论证,决定组建苏州浒墅关经济技术开发区。1992年9月,苏州浒墅关经济技术开发区正式成立,1993年12月,开发区被省人民政府批准为省级经济开发区,规划面积20平方千米,首期开发面积5平方千米,下辖11个行政村,总人口2万人,是苏州城市总体规划中的一个组成部分。

初建期间,开发区在一无城市依托、二无工业基础、三无足够开发资金的情况下,经过调查分析,在吸取周边开发区成功经验的同时,结合水陆交通便捷、土地矿产资源丰富和产业结构相对形成等优势,确定了走"选独择大、联动发展"的开发道路,逐渐形成了以"三为主"为标志的项目开发特色。

1. 投资形式以外商独资项目为主,迅速启动开发

开发区管委会针对起步晚、资金和人才相当缺乏的实际,在投资形式上,明智地放弃了当时广为采用的合资形式,大胆地选择了独资。避开了合资项目需要相应配套资金、管理人才等暂不具备的条件,避免了合资双方往往需要进行长时间拉锯式考察的程序,对意向性项目进行优化选择,使资金和技术含量高、规模和效益大,产业结构对路的独资项

目首先进区。首批进区的17个项目全部为外商独资企业，平均投资规模为1 000万美元以上。全省最大的外商独资项目——维德综合城总投资4亿美元，占地2平方千米，首批启动投资为1亿美元的两个工业项目一期工程投入生产，1994年下半年又追加4 000万美元的投资，开始建设二期工程。那时，以外商独资企业为主的开发区在国内还不多见，实践证明，这是开发区能够在较短时期内迅速启动开发并初具规模的一条捷径，是一条符合自己实际的开发之路。

2. 产业结构以建材工业为主，形成集约化开发规模

开发区在开发初期，就确定把建材工业作为主导产业，有目的地引进项目。确定这一发展方向的依据是：其技术含量跨度大、劳动力需求可塑性强、产品更新换代周期长，大多属"短平快"项目。而且，紧邻开发区的苏州钢铁厂、中国高岭土公司等均为国营大型建材企业，区内还拥有优质高岭土矿产资源及发展建材工业需具备的得天独厚的交通便捷条件。开发区内已经投产的维德木业苏州有限公司和维德建材苏州有限公司，分别年产24万立方米的高档胶合板和300万平方米的高级墙地砖。二期工程结束后，年产值达20亿元。这两个在技术水平和生产规模都堪称国际一流的独资大项目，为开发区形成建材集约生产基地奠定了良好的基础。

3. 第三产业以建设大型建材现货市场和多功能、高集散、大容量的储运基地为主，实现联动开发

开发区在确立了建材工业为主导产业后，管委会根据苏州市周边地区经济发展对建材有极大需求的科学预测，认为开发区完全有可能建成苏州地区最大的新型建材现货交易市场，加上便捷的"海、陆、空"交通条件，适合发展仓储、运输业务。基于上述分析，管委会决定以建设大型的建材市场和储运基地作为第三产业的重点，与建材工业相配套呼应，加快建材基地的形成。香港中吉企业有限公司投资3 000万美元的港务工业园一期项目进区建设，开发区实现产销、储运一体化的联动发展新格局。

实践证明，创造特色搞开发是开发区的必然和正确选择。独资大项目的引进加快了建设速度，缩短了建设周期，节约了投资成本，充分利用了外资，有效提高了开发区管理人员的素质，使开发区在较短的时间内迅速启动开发并逐步形成规模。"独资"和"建材"成为开发区的"主旋律""主色调"。

1998年，面对亚洲金融风暴、国家宏观经济调控等因素，开发区以全新的姿态跨进新世纪，明确"一个侧重点、两个产业带、三个配套区"的发展战略，循序进行开发建设。

"一个侧重点"，即把招商引资工作作为开发区进一步开发开放的侧重点。一方面要创造更优良的服务和更优越的环境，促进和争取维德集团继续增资；另一方面要更积极有效地吸引国内外资本入区投资，以促进开发区快速健康向前发展。

"两个产业带"，即以312国道开发区段为中轴，在两侧建成约5平方千米的工业产业带，坚持以外商开发为主，以高新技术和建材工业为主。在维德工业城继续发展的同时，主动接受苏州工业园区和苏州高新区的带动，努力在世纪之交初步建成符合苏州城市建设总体规划要求的大型工业区。以阳山东侧为主体，建成沿山农业产业带。

"三个配套区"，即与苏州市城市建设总体规划和农村小城镇建设的要求相配套，先行在与苏州高新区长江路接壤区域建设一个新型城镇，并逐步使之成为浒墅关经开区的政治、经济、文化中心；与动迁安置相配套，在启动区西部建设一个中心村，分期集中300多户散居农户，以腾出整块土地供工业项目使用；与维德工业城相配套，以当时已经形成的兴贤商业为基础，扩建一个商贸小区，为进区外商企业服务。

进入21世纪，开发区已基本形成以"一街"，即维德工业城配套服务的兴贤商业街,建成商业门面130多间,建筑面积2万平方米;"两带",即沿312国道五平方千米的工业产业开发带、阳山农业产业开发带;"三区",即以大新、运河两村为基础,建设政治经济文化中心区,以共和村渡峰小区为基础,与动迁安置相结合,组建一个中心村,以兴贤商业街为基础,建设为维德工业城配套服务的商贸中心小区;"四园",即大新、运河、长亭三个民营科技工业园和农工商总公司科技工业孵化园;"五市场",即农贸市场、竹藤器市场、轮胎市场、花卉苗木交易市场、海河水产市场为主的东工西农、南镇北市的整体开发开放格局。开发区的综合配套功能有了进一步的提高,外观形象和投资环境有了明显的改善。

(二)提质发展阶段(2002—2010年)

2002年,开发区抓住苏州城市区划调整和高新区实施"北扩西进""二次创业"的发展机遇,开发建设进入了快车道,实现了"农业到工业""农民到市民""农村到城市"的三大转变,区域城乡一体化进程全面加快,开发建设给人民群众的惠及度越来越高。

1."农业到工业"——支柱产业齐发展

开发区投入建设资金160多亿元,累计引进内外资项目500余个,注册外资25亿美元,注册内资65亿人民币,各项经济指标保持年均50%以上的高速增长。截至2010年年底,累计引进外商投资企业223家,其中世界500强企业8家,实际利用外资10.83亿美元,形成了以精密机械、电子信息、新型建料、精细化工等四大支柱产业。

精密机械。从苏州宝馨科技实业有限公司落户开始,开发区引进数家小型精密机械企业,精密机械产业开始起步、发展。2005—2006年,克诺尔车辆设备有限公司、川崎精密机械有限公司、雅泛迪铝业有限公司等一批龙头企业相继入驻开发区,精密机械产业迎来了快速增长阶段。2009—2010年,苏州苏尔寿泵业、苏州瓦锡兰船用设备、日本神户制钢、神钢汽车铝部件等一大批项目相继落户。2010年,苏州宝馨科技实业股份有限公司在深交所挂牌上市,克诺尔车辆设备有限公司销售收入达到34亿元,开发区精密制造业产值达57亿元。

电子信息。2002年,随着苏州方林科技股份公司落户开发区,电子信息产业在开发区开始萌芽。2005—2006年,一批电子信息企业相继落户开发区,包括超扬科技电子、诚河清洁设备、台湾力特光电、苏州传宇通讯、中兴联精密等,电子信息产业在开发区迅猛发展。2010年年底,莱克绿能科技、美国范罗士办公用品、昌原电子、斗星电子、岛田光电、艾柯电器等企业相继落户开发区,电子信息产业逐步形成规模。2010年开发区电子信息产业实现销售29亿元,超扬科技电子销售额超6.1亿元。

新型建材。从1992年中国高岭土公司落户开发区起,维德集团等5家新型建材企业相继落户开发区,总投资3亿美元,开发区新型材料产业快速发展。2005—2006年,力特光电科技、奇耐联合纤维、奥凯材料技术先后入驻开发区,新型材料产业逐步成长为开发区主导产业之一。至2010年年底,新型材料产业实现产值16.59亿元。

精细化工。从引进苏州立新制药有限公司、苏州市化工研究所有限公司开始,开发区的精细化工产业逐步发展起来。随着苏州宝时凯门精细化工有限公司、苏州维明化学工业有限公司等项目入驻,开发区的精细化工产业逐步壮大。2006年,引进了龙头企业阿克苏诺贝尔防护涂料(苏州)有限公司,精细化工产业不断成长,至2010年年底,精细化工产业实现产值7.94亿元。

2."农民到市民"——民生建设见实效

开发区始终坚持以人为本、为民开发的宗旨,关注民生事业,一手抓开发建设、经济发展,一手抓社会事业发展,巩固和谐稳定的社会局面。围绕推动城市化进程，不断加强社区建设，加快农民向市民转变，提升城市管理水平。

全面实施农村股份制改革。结合动迁和撤村建居，开发区成立了苏州最大的具有开发区特色的社区股份合作社——阳山街道社区股份合作社。将原村级资产进行优化组合，以股份形式量化到每户每人，总股本资金委托开发区下属国资公司运作，确保10%以上的年收益。为保障农民收入，解决股改中村级资产不平衡的问题，开发区财政投入大量股改资金，弥补不足，平衡差距，确保户户有"股权证"，人人有股份，股民的股金有了明显提升。

大力实施创业就业工程。针对动迁农民普遍存在的文化低、技能差、竞争力弱的特点，开发区坚持每年组织2—3次免费就业技能培训。2003年以来共培训失地人员4 600多人次，通过技能培训，失地农民创业和就业技能得到提高。积极拓展就业岗位，每年组织不少于4次大型就业招聘会，通过招商引资与进区企业签订用工协议，优先录用本地劳动力；加强城市维护开发公益性岗位，发展三产服务业提供创业岗位等举措，基本确保户均有1人以上就业。积极开展创业扶持工作，每年举办1—2期SYB创业培训，提高失地农民的创业技能；制定出台鼓励失地农民创业扶持政策，优先提供创业载体，对失地创业人员创业实行从工商、税务登记，到选择创业场所等一条龙保姆式服务。

不断完善社会保障制度。开发建设给农民带来的不仅仅是居住环境的改善，更重要的是生活的保障。动迁农民通过参加开发区组织的就业培训、岗位推荐、扶贫帮困、"4050"工程、征地保养、农村养老保险、医疗保险、多余安置房出租、股份分红等，实现了"家家有物业，户户有股份，人人有保障"，全方位享受开发建设的成果。从2005年起，对开发区农村居民（16—60周岁男性、16—55周岁女性）实施了农村基本养老保险制度，从2007年起实行虎丘区基本医疗保险制度，到2010年，开发区农村养老保险和医疗保险参保率均超过99%。动迁农民普遍实行了征地保养和城市保养"并轨"，6 151人被纳入城保体系，被征地农民的基本生活得到切实保障。同时，开发区积极发展关心弱势群体的慈善事业，建立了开发区慈善基金，每年组织机关企业单位开展1—2次的慈善募捐活动，机关干部常年与困难居民和贫困学生结为帮扶帮学对子，落实和强化了"无政策性保障"老年居民生活补贴、低保补助、社会救助、社会福利等帮扶措施。这些社会保障措施的实施，为居民的增收提供了强有力的支撑。

3."农村到城市"——区域建设焕新颜

2002年苏州城市区划调整以后，开发区投入超百亿建设资金，完成开发面积20平方千米，建设动迁安置房150余万平方米，动迁农户近8 000余户，26 000名农民进入社区，变成城市居民，完成了历史性的变迁。大规模的区域开发建设，让开发区的面貌有了天翻地覆的变化。

优化区域人居环境。开发区原所辖的12个行政村中，有7个村80%的村民从事废旧塑料回收加工业务，一年虽有人均几万元的收入，但"白色污染"给村民居住环境、水环境带来了严重污染。为彻底摆脱污染，开发区安排这些村的居民统一迁入了现代化的农民动迁安置小区——阳山花苑。原来环境严重污染的村庄，已被国家级出口加工区、保税物流中心、大白荡城市生态公园等取代。开发区还先后实施了环阳山绿化景观带、白荡河沿河绿化带、大白荡城市生态公园、阳山青年公园、阳山花苑市民广场等环境亮点建设，新增绿化面积超3平方千米。此外，抓住区域转型升级和城乡一体化建设的契机，开发区大力加强文化旅游产业建设，实施了江苏大阳山国家森林公园、阳山温泉度假山庄等文化旅游载体建设，全面启动了大阳山开山采石宕口的整治和复垦复绿工程建设，使区域人居环境得到新的提升。

强化社会化服务设施。开发区从健全管理服务组织，完善社会服务设施建设入手，先后组建了7个社区居委会和4个社区党委、3个社区党支部、15个楼宇党支部，建设了社区服务中心、卫生服务中心、党员服务中心、残疾人服务中心、敬老院、劳务职介超市、市民广场等一批社会化服务设施，使得动迁农民足不出户就能享受全方位的社会化服务。2009年，开发区在功能提升上再加力，实施社区卫生服务中心扩建和浒通中心片区农贸市场建设等工程，社区居民的生活服务环境进一步得到优化。同时，开发区坚持把全面提高社区居民整体素质作为社区建设的重要抓手，在全省最大的农民动迁安置小区——阳山花苑建设4000平方米的社区服务中心，中心整合服务资源，设立了一站式服务大厅、文化教育园、图书馆、居民调解庭、社区法庭、社区书场、健身房、党员活动中心等设施，极大地丰富了居民群众的生活。

建立现代化教育体系。2003年后，开发区在加快开发建设的同时，本着"开发建设教育优先"的原则，建成1所九年一贯制现代化学校——阳山实验学校、1所小学——长江小学、4所幼儿园和1所民工子弟学校。2007年实施了省四星重点中学吴县中学、文昌中学移址新建，使区域形成从民办到公办、从民工子弟学校到星级省重点学校、从学龄前幼儿教育到高中阶段的现代化教育链，居民子女不出开发区就能受到从幼儿园到高中的优质的教育。

（三）转型发展阶段（2011—2015年）

"十二五"时期（2011—2015年）是苏州高新区步入"二次创业"、加快经济转型升级的关键阶段。2012年党的十八大召开，更是为今后的发展指明了方向。苏州浒墅关经济技术开发区按照苏州高新区工委、管委会的部署要求，以党的十八大精神为指引，全面展开新一轮发展战略，着力转变经济增长方式，积极推进城乡一体化建设，不断增强居民幸福指数，经济社会发展态势良好。2013年，经国务院批准，开发区晋升为国家级经济技术开发区。

1. 经济发展稳步增长，综合实力持续提升

开发区始终把工业经济发展放在首位，2011—2015年，完成公共财政预算收入80亿元，地区生产总值达1 115亿元，实现工业产值3 247亿元，工业销售3 224亿元，固定资产投资462亿元，注册外资56 452万美元，利用外资33 851万美元。全区工业企业生产运营情况良好，主要经济指标增长列高新区前茅，区内企业发展态势良好，克诺尔车辆设备纳税连续名列全区首位，年产值超亿元的企业有53家。

转型升级步伐加快。开发区以新兴产业为招商重点，成功引进天纳克减振等240个企业项目，35家企业实现增资扩产。加快"退二优二""退二进三"步伐，制定和出台了《加快"退二优二"工作实施意见》和鼓励发展税源经济政策，与维德集团签署近千余亩（1亩≈666.67平方米，下同）土地退地协议，规划建设集团总部大楼和研发中心，清退30多家低产出企业，清理整顿小型物流公司，5家企业完成资产转让，涉及工业用地近百亩，调整引进了多家优质企业。积极参与苏盐合作园区开发建设，建成苏盐合作园区一期6万平方米厂房。

科技创新不断增强。截至2014年年底，开发区共计引进科技型企业65家，获批省、市级研发机构44家，科技项目69个、高新技术企业25家、专利1 955项，其中发明专利622项，科技领军人才4名。加大科技型企业招商力度，15家企业入驻铭源创业园科技孵化器。方林科技与南通大学共建企业研究生工作站。积极采取有效措施推动企业股改，利用资本市场进一步发展壮大，推动了一批企业的挂牌、上市，宝馨科技、方林科技已完成新三板挂牌，世嘉科技已完成股改。

2. 区域环境日新月异，城乡一体化水平持续提高

坚持绿色集约发展，城区形象持续靓化。优化调整阳山新城、太湖大道南北两侧、老镇改造规划定位，配合推进了中环快速路、有轨电车1号和2号线、马涧路西延、阳山西路等项目建设，完成太湖大道南侧地块基础设施工程、河道挡墙工程。完成秦馀小学、阳山花苑环境综合提升、吴县中学二期等民生工程，按序实施文体中心、浒墅人家农贸市场及浒墅人家卫生服务中心改造、高新区第五初级中学、文星小学校及幼儿园、长浒大桥周边设施等重点项目。

强力推进动迁安置，城市化水平得到提高。开发区于2015年基本完成全部6 000户的动迁任务，新民、石林、阳山、阳西等4个村（社区）剩余动迁基本清零，除上塘片老镇改造剩余部分动迁外，大阳山周边、阳山新城、太湖大道以南地块动迁基本完成，配合苏州高新区圆满完成中环快速路、马涧路、环阳山西路等重点项目地块动迁任务。动迁安置房全面开工，阳山花苑三期顺利分房，浒墅人家北区、新鹿花苑三期等项目建设进度顺利。

狠抓生态绿色建设，生态环境持续优化。通过整合资源，高起点整体规划大阳山核心生态圈。完成植物园二期景观工程并试营业，展览温室玻璃大棚封顶。实施太湖大道沿线环境整治和生态景观提升，有序完成道渣矿和白龙矿西宕口的复绿工程。实施阳山花苑、新鹿花苑等5个小区环境综合整治，消除上塘老镇等动迁区域环境管理盲区，均衡城市形象。继续开展"绿色社区、绿色学校"等创建活动，阳山实验幼儿园创建省级"绿色学校"通过验收，开发区获批省级生态工业园区。

3. 创新社会管理，富民举措落到实处

建立保障制度，多渠道提高居民收入水平。不断完善各类社会保障制度，建立各类保障机制。实现了"家家有物业，户户有股份，人人有保障"，使居民全方位享受开发建设的成果。做实合作社，将阳山花苑二区、五区和金灯街农贸市场等划归社区股份合作社及合作联社,办齐工商税务执照,组建专业运作管理团队实体化、市场化运作。与苏高新创投合资成立农村小贷公司,通过实体化运作,总收入得到大幅提高,社区股份合作社分红水平每股提高1元,股金分配总数及每股金额增长2.5%,实现连续8年递增。

坚持以人为本,多方位构建公共服务体系。加快配套设施建设,不断健全完善均等优质、覆盖全区的公共服务体系,为居民提供更多、更好的公共服务产品。推进教育优质均衡发展,保障所有居民子女都享有平等接受教育的机会,建设区域内公办和民办学校、幼儿园等教学资源,使义务教育阶段教育入学率达100%。深化医疗机构改革,加大投入,建立了社区卫生服务中心,不断优化医疗资源,为社区居民提供便捷和优质的医疗服务。强化创新社区管理服务。在浒墅人家社区服务中心建立"三社联动"社会组织孵化基地,推进"政社互动"建设,启动阳山花苑物防、技防工程,筹建便民服务E站,组建开发区文联及其5个专业协会,建成苏州图书馆浒墅人家分馆和阳山花苑分馆。

(四)高质量发展阶段(2016年至今)

党的十九大吹响了新时代决胜全面建成小康社会的冲锋号,开启了全面建设社会主义现代化强国的新征程。苏州浒墅关经济技术开发区深入践行新发展理念,抢抓苏南国家自主创新示范区核心区建设、"一带一路"和长三角一体化等一批重大国家战略实施的机遇,坚持招商引资、科技创新、项目为王、优化服务"四个不动摇",瞄准先进标兵,全力拼抢赶超,努力开拓创新驱动新路径,推动经济社会持续健康发展。

1. 经济建设提质增效

加快重大项目落地。2019年,法国生物梅里埃、怡道生物等19个重大项目先后签约落地，魏德米勒、卡乐电子、苏尔寿增资等一批优质项目竣工投用。大力强化创新驱动，高起点打造创新平台。加快1.7万平方米阳山科创大厦运营使用，全力推进中科院技术转移服务中心、南邮技术转移中心等项目建设，全力破除制约科技创新用地、要素配套等突出瓶颈。进一步打造产城融合新高地，重点集聚新一代信息技术、智能制造、生物医药、绿色技术等新兴产业，同步推进绿色技术小镇规划建设。全面加快"退二优二"步伐，制定完善经开区"退二优二"相关政策，依托工业企业集约利用评价体系，着力做好运河仓储、包钢开元物流等12家企业的退地工作。不断加大动迁拔钉扫尾力度，重点攻坚涉及上市用地、重点项目、实事工程等地块的动迁户，为高质量发展腾出宝贵空间。坚持项目生命线，着力提升经济发展质效。紧盯项目突破，怡道疫苗、长光华医等11个总投资19.9亿元的企业投资项目开工建设。持续优化营商环境，牢固树立"用户思维、客户体验"理念，建立完善企业办事"流程图"，助推高质量发展行稳致远。

2. 社会民生安定有序

开发区加快民生实事工程建设，不断提升城市宜居程度。在城市建设上持续发力，全面推进老旧小区改造、阳山花苑五区农贸市场、新鹿花苑四期等民生实事工程，切实提升群众获得感、幸福感。不断强化城市管理、优化城市环境，深入开展"263"专项行动、"散乱污"专项整治，高标准开展城市主干道沿线的绿化景观净化、美化、规度着力。加快推进文昌实验幼儿园分园、文韵幼儿园等学校建设，全力集聚优质教育资源。进一步优化公共文化要素配置，全方位提升文体中心等高质量公共文化载体的供给能力和水平。着力构建弱有众扶的救助服务体系，有效发挥社会救助兜底保障作用。突出做好重点群体就业，进步筑牢全面小康根基。严格落实安全生产责任制，保障城市有序运行和人民群众生命财产安全。全面开展"党建扎根工程、居民自治工程、小区环境提升工程"社区建设三大工程，不断夯实基层根基，打通服务群众"最后一千米"。积极探索完善基层党建管理体系建设，织密织细社区党建工作网格，积极发挥基层组织和广大党员示范引领作用，全面筑牢基层战斗堡垒。探索居民自治新模式，组织居民共同制定符合本社区实际、切实可行的自治章程、会议制度和民情制度，让全体居民在共建共治中，共享更加高质量的美好生活。

3．生态优势挖掘提升

积极推进国家生态工业示范园区创建工作。深入开展"263"专项行动、环境综合整治"百日行动"、文明城市创建三大行动，全面提升人居环境。启动"河长制"改革，大力开展河道综合治理及清淤工作。加大区域环境专项整治力度，开展老镇区域地块及虎嘛路沿线环境整治工作，区域环境卫生专项整治成效显著。加快开发区内生态旅游景区整合提升，大阳山国家森林公园获批国家级AAAA级景区，完成阳山温泉改造提升，成功引进苏州乐园森林水世界、森林世界等项目，规划建设运河文化旅游特色小镇。整合优势资源，放大运河遗产的品牌效应，不断激发创业创新活力，以点带面提升运河旅游休闲城市的综合实力，打造独具风格的"运河文化标本"。

二、苏州浒墅关经济技术开发区开发建设的主要成就和经验启示

（一）苏州浒墅关经济技术开发区建设的主要成就

经过长期实践，苏州浒墅关经济技术开发区引进内外资企业超过1 000家，形成了装备制造、轨道交通、现代电子信息三大支柱产业。2019年，开发区地区生产总值达到345亿元，公共财政预算收入34亿

元，实现规上工业产值1 202亿元，完成全社会固定资产投资总额148亿元，实际利用外资1.48亿美元，在全国国家级开发区综合发展水平考核中对外贸易排名第六。当前，开发区正在积极培育和大力发展战略新兴产业与现代服务业，构建现代产业体系新格局，呈现出以下特点：

1. 区位交通更加优越

开发区位于苏州高新区西部，区域交通便利，中环快速路、有轨电车2号线、地铁3号线、京杭大运河、沪宁铁路贯穿其间，毗邻苏南硕放机场和虹桥、浦东国际机场。区域内综保区航空、水运、铁路、公路、轨道交通网络体系完善，距中欧班列"苏满欧"班列始发地仅7千米。"苏满欧"班列途经俄罗斯、白俄罗斯全境到达波兰，全程运输距离11 200千米，成为华东地区连接欧洲、中亚各地的重要陆路国际运输通道，也成为江苏省、苏州市主动融入对接"一带一路"国家战略的重要载体项目。

▲ 有轨电车开发区专列驶过大运河

2. 产业结构逐步优化

紧紧围绕全区"1+5"产业规划，新一代信息技术、高端装备制造等新兴主导产业保持快速增长势头,产值占比达62%。成功引进中央企业金属3D打印协同创新中心、和欣运达智能系统总部、堆绿云电商平台等优质项目30个。持续加快"退二优二""退二进三"步伐,启动规划建林路以西工业区整体升级改造。项目推进有力有序,坚持以国家级平台建设为着力点,全新导入国开金融、国新国际、中航工业等一批"国"字头、"中"字头高端发展平台。大力实施"招才引智"战略,全新建设范维澄等4家院士工作站,着力形成吸纳人才的"强磁场"。创新载体不断丰富。建成并启用阳山智谷等科技载体,开工建设阳山科创大厦。有效盘活原NGK地块,规划建设"瞪羚"和"独角兽"企业培育园、军民融合小镇,全力打造长三角最具影响力和辐射力的创新高地。创新环境持续优化。积极落实各项科技创新培育和扶持政策,倾力打造"阳山零距离"服务品牌,有效营造崇尚创新、尊重创新的社会氛围。

3. 公共服务日趋完善

开发区在道路、交通、水系等基础设施建设上累计投入近百亿元,区域内主、次干道路网基本形成,排水、供水、通信、供气、供电等基本到位。坚持苏州西北城市门户的定位,聘请美国SOM原吴盈芝团队为规划总顾问,先后邀请浙大、万科、荷兰NITA、香港殷布等设计团队,全面开展城市规划设计和产业布局研究,高标准提档升级城市形象。全力打通交通主动脉,集中力量配合做好有轨电车2号线、地铁3号线、太湖大道快速化改造、天池山出口改造、长浒大桥立交改造、大运河防洪驳岸加固等区重点工程建设。老镇区南津路、兴贤路、虎嘷路、通浒桥等路桥工程全面开工或建成通车。高要求推进环境治理,全力做好中央、省环保督察问题整改,结合"263""331"专项整治行动,查处"散乱污"企业,关停企业和作坊,拆除违建,辖区环境得到明显改善。进一步压实"河长制"责任,按照"一河一策"精准发力，全力强化水系综合治理，黑臭水体整治基本完成。

4. 民生福祉明显提升

开发区加快民生实事工程建设。完成阳山花苑1—3区综合改造，启动阳山花苑4—6区改造，开工建设新鹿花苑四期保障性住房。阳山花苑五区农贸市场规划重建，经开区文体中心、浒墅人家生活广场投入使用，乐居中心入围苏州市十大民心工程。落实富民惠民举措，扎实做好阳光扶贫工作，累计发放困难群众帮扶资金500多万元，20 000余名失地农民全部纳入社保，医保和大病参保率达100%。不断加大失地农民、高校毕业生、残疾人等重点群体就业服务力度，举办招聘会、技能培训班，帮助就业千余人次。切实提升集体资产管理和盈利水平，实现分红增长11.7%。提升公共服务质量，全新启用阳山街道便民服务中心、社区政务服务工作站，按照政务服务"仅跑一次"的要求，为居民提供社保、计生、民生等"一站式"服务。新建苏外附属阳山国际幼儿园、阳山实幼分园，完成长江小学改扩建工程。着力推进矛盾纠纷大排查大整治，深入开展扫黑除恶专项行动。成立"两区一路一市场"专职化整治专班，进一步建立健全综合治理网格体系，不断强化守土有责、守土尽责基础，有效形成整体联动、共建共治共享的工作新格局。全面推进"雪亮工程"和"慧眼工程"，投入百余万元进行技防升级改造，全面实现主要街巷、人员密集场所、案件高发地区全覆盖。全力推进平安建设。

（二）苏州浒墅关经济技术开发区建设的经验启示

创业伴随艰辛，成就来之不易。多年来的发展巨变，蕴含的经验启示弥足珍贵，值得倍加珍惜。

1. 以科技创新为引领，为可持续发展提供持久动力

构建区域创新体系。深入实施创新驱动发展战略，大力推进省、市

科技创新激励政策和苏州高新区科技人才"三十三条"优惠政策支撑，引导现有外资企业、台资企业、港资企业、民营企业加大研发投入，形成支撑有力的开发区可持续发展创新体系。支持区域内创新型企业建设，培育以创新型领军企业、科技上市企业、高新技术企业和民营科技企业为骨干的创新企业梯队。构建与国际接轨、有利于人才发展的体制机制，引进更多的高层次人才和急需紧缺人才，充分调动科技人员投身创新创业的积极性和创造性。

强化重大技术研发。组织开展开发区可持续发展共性关键技术攻关，在体制创新、产业集聚、生态保护、公共安全等重点领域组织实施一批重大科技创新项目，加强国际科技创新交流合作，突破技术瓶颈。

大力开展协同创新。完善产学研用合作机制，支持企业、高校和科研院所开展协同创新，推进产学研产业协同创新基地、产学研合作新型研发机构、高校技术转移中心等科技创新平台和载体建设，加快重大创新成果产业化，应用推广先进适用技术。

▲ 浒墅关经济技术开发区科技创新项目

2. 以运河文化为依托，构筑可持续发展新格局

深化运河功能区划。坚定不移实施运河功能区战略，根据不同区域的资源环境承载能力、现有开发强度和发展潜力，统筹谋划未来人口分布、经济布局、国土利用和城镇化格局。对国土空间进行科学划分，明确其主体功能定位和开发方向，控制开发强度，规范开发秩序，完善开发政策，逐步形成人口、经济、资源环境相协调的空间开发格局。

强化统筹"多规合一"。以运河功能区规划为基础，统筹各类空间性规划，推动开发区经济社会发展规划、土地利用规划、城乡规划、生态环境保护规划等"多规融合"，坚持"一张蓝图绘到底"，强化空间用途管制，严守生态红线。

优化区域发展布局。依据开发区与浒墅关镇的差异，确定其可持续发展功能定位，形成特色发展、错位发展的鲜明格局。抓住国家复兴"运河文化"和苏州实施大运河沿岸环境综合整治的双重机遇，在更高起点上推动"运河小镇"和沿运河研发、文化创意产业带的可持续发展。依托太湖大道"门户"作用，大力发展创新型经济和总部经济，集聚高端资源，推动产业升级。推进环大阳山生态旅游一体化规划，全方位提升景区档次和生态修复水准，放大"生态绿心"作用。

3. 以公共服务为抓手，推进社会可持续发展

促进教育优质均衡发展。扩大学前教育资源，推动学前教育公益普惠发展。引导义务教育资源向城北倾斜，重点改善农民工子弟学校办学条件，提升优质均衡发展水平。

提升医疗卫生服务能力。聚焦重大慢病防控、人口老龄化等问题，加强疾病防治技术普及推广。完善基本医疗卫生制度，构建覆盖城乡的公共卫生服务体系和医疗卫生服务体系。完善医疗卫生机构运行机制，健全新型农村医疗卫生服务体系。

健全社会保障体系。完善社会救助制度，构建以最低生活保障、特困人员供养为基本,受灾人员救助、医疗、教育、住房、就业救助和临时救助等专项救助衔接配套的社会救助体系。完善住房保障制度体系,动态调整准入标准,使其与人均可支配收入和经济发展水平相适应,实施脱贫致富奔小康工程,深化扶贫体制机制创新,提高精准扶贫开发水平。

三、苏州浒墅关经济技术开发区发展愿景展望

(一)扎实推进"四大工程",全力建设繁荣兴旺的产业之城

产业是带动地区经济发展的"主引擎",更是区域发展的后劲所在。开发区工业起步早、产业基础好,但随着国内外经济环境日渐严峻,区域竞争日趋激烈,曾经的先发优势已越来越小,甚至已被反超。在新的时期如何深踩油门跑出"加速度",开发区要扎实推进"四大工程",打好产业转型"组合拳"。

"一号产业"攻坚工程。2020年,苏州市提出将生物医药作为"一号产业",打造国际知名和具有国内顶级竞争力、影响力的"中国药谷"。"十三五"期间,开发区将医药产业作为重点发展的战略性新兴产业,积极招引拥有自主知识产权、产品应用成熟、市场前景广阔的科技创新型生物医药企业。目前已经集聚了以特瑞、麦科奥特、昊帆生物、怡道生物等为代表的生物医药产业,以长光华医、梅里埃为龙头的医疗器械产业和以PPD医药为主导的研发服务企业,形成初具规模的生物医药产业链集群。接下来,开发区还要对"一号产业"持续攻坚,打造生物医药新高地。依托苏州高新区生物医药的良好产业基础,突出临床需求引领,打造一批区域性创新平台和开放实验室,建设一批具有国际资质水平的研发、检测、认证平台。加强医药研发公共数据和资源平台建设,提高开放共享和专业化服务水平。支持生物医药重点企业,

加大研发投入，做好医学与信息、材料等领域新技术融合，构建生物医药、医工技术创新体系，推进多肽药物等规模化制备，加快研发高精密诊断治疗设备，CT、彩超、磁共振等影像设备和新型便携治疗设备。

主导产业标杆工程。浒墅关地区工业基础好，历史悠久，开发区已初步形成"装备制造产业、智能制造产业、新一代信息技术产业"为主导的工业布局。以克诺尔车辆为龙头的轨道交通设备，苏尔寿和胜利精密为龙头的工业配套设备，世嘉科技为龙头的电梯系统制造，倍丰科技为龙头的三维打印设备等高端装备制造产业已形成较为完整的产业链；以川崎精密为代表的工业机器人制造，以富强科技为代表的非标自动化设备集成等智能制造企业，在各自领域已具有突出竞争优势；以安弗施、世嘉（捷频电子）、瑞玛、艾福为核心的新一代信息技术企业在移动通信系统连接设备领域表现亮眼。接下来，开发区要紧紧抓住有效投入"牛鼻子"，牢牢紧盯项目投产"关键事"，进一步做优做强主导产业，打造三大产业新标杆。聚焦轨道交通装备、工业配套装备、电梯系统设备、三维打印设备四大领域，以龙头企业为依托，突破核心关键技术，打造高端装备制造产业标杆。围绕自动化装备、自动化产线与集成、工业信息化、工业互联网、智能工厂等智能制造产业链，培育一批提供智能制造整体解决方案的系统集成商，打造智能制造产业标杆。聚集、培育一批半导体封装测试、工业互联网平台、大数据行业解决方案、工业核心软件等为代表的引领性产品和应用，打造新一代信息技术产业标杆。

创新驱动助力工程。创新是高质量发展的制胜法宝，唯有不断创新，才能源源不断提供发展动力。高新技术企业对促进产业结构调整和经济发展方式转型发挥着不可替代的作用。近年来，开发区通过一系列动员挖潜、政策激励、辅导培训，高企培育成绩显著，人才工作连连突破，载体平台不断丰富，创新活力日渐活跃。接下来，开发区要集聚更多资源，打造创新创业活力城。抓紧落实南邮技转中心、华理技转中心、上海大学智慧城市研究院等科技平台项目，加快研究科技人才扶持政策，以政策"小切口"实现创新"大突破"，吸引一批高学历、强技术的创新创业人才队伍，提升创新资源"密度"和创新氛围"浓度"。加快释放更多资源空间，用于大院大所、科技型孵化器的引进和建设，抓好阳山科创大厦、绿色技术小镇等现有载体的科技招商。提高科技人才服务标准，落实好创新激励政策，在户口落户、安家补贴、家属子女随迁、子女入学等方面加大奖励力度，以更加优越的条件，引进和支持重大创新团队、高层次领军人才创新创业，让开发区成为创新创业的活力之城。

营商环境优化工程。营商环境没有最好，只有更好。2020年3月28日，苏州市召开了营商环境大会，推出了营商环境3.0版，要求持之以恒抓环境、挑战极限抓环境、自我革命抓环境，实现营商环境"苏州最舒心"。苏州高新区也提出了"来到高新区最高兴"营商品牌。作为国家级经开区，开发区更要倒逼自己，拿出最好的营商环境，打造创新创业首选地。越是区域竞争趋向白热化、竞争手段趋向同质化的时候，越是要巩固现有营商环境优势，不断开拓创新，努力接轨最高标准、最佳模式，紧扣企业发展的痛点、难点、堵点，以更加优越的政策和服务，拼命争夺资金和项目，争夺人才和企业，才能在未来的发展中立于不败之地。越是在当前企业投资意愿不高、发展信心不足的时候，越是要多说春风化雨的话、多做雪中送炭的事，多为企业站台、背书、解难，以优质服务提振企业信心、增强投资动力。越是在项目建设矛盾困难多、推进压力大的时候，越是要主动服务、靠前服务、跟进服务，以优质服务为项目建设保驾护航。要强化领导挂钩联系、强化部门统筹配合、强化政企联络沟通，构筑政企沟通交流的"连心桥"，打通服务企业的"最后一公里"。

（二）有效统筹"四大环节"，全力建设宜居宜业的魅力之城

"先有浒墅关、后有苏州城"，浒墅关在历史上是繁华的千年古镇，现在却面临着资源分散、发展空间受限等制约因素。作为苏州高新区重要板块，开发区要从新时代的大背景、区域发展的大格局出发，顺应城市发展规律的新思维，围绕一个"高"字，有效统筹"城市规划、城市配套、城市治理、空间腾挪"四大环节，打好城市转型"组合拳"，不断提升城市承载力、吸引力。

城市规划高站位。紧紧围绕苏州建设"现代国际大都市、美丽幸福新天堂"的发展定位，开发区要立足苏州城市西北门户的地理格局，立足浒墅关的资源禀赋和产业特点，借助一体化的有利契机，按照产业定位特而强、功能叠加聚而合、建设形态精而美、制度供给活而新的要求，依托有轨电车基地研发大楼、汇融大厦等楼宇平台，大阳山森林公园、苏州乐园等文旅资源，宜家、永旺、COSTCO、迪卡侬等商业载体，进一步区分功能、彰显特色、提升形象。在总体城市设计中体现"城市中心"的要素，高效统筹65.4平方千米的空间规划，走出城市规划新路子，打造生产空间集约高效、生活空间宜居适度、生态空间山清水秀的北部新城。充分发挥开发区"公、铁、水、空、地铁"五位一体大交通优势，系统研究城际站与高铁北站、上海火车站、硕放机场的交通联系，让交通结网连片，重塑"江南要冲地、吴中活码头"枢纽效应，放大上海陆家嘴锦绣澜山等高端项目的辐射效应，打造长三角一体化发展沪苏合作示范区。

城市配套高能级。开发区要瞄准全国一流现代产业园区的目标，科学合理布局城市基础设施和公共服务设施配套，聚焦绿色技术小镇、老镇改造、"三村一体"等项目，做好农贸市场改造、老旧小区提升、城市景观提升、道路连通等基础工程，健全城市"15分钟社区服务圈"

"10分钟公园绿地服务圈""10分钟体育健身圈""5分钟便民生活圈",完善商业、教育、卫生、健康、养老、文化、体育、公共活动等居住配套功能,全方位系统提升城市功能,让环境更优美、生活更便捷、群众更满意,打造宜居城市新典范。围绕"悦畅"新乐园、"悦目"星亮夜、"悦动"活力秀、"悦听"音乐节、"悦玩"乡村风、"悦品"美食节、"悦购"嘉年华七个方面,从夜游项目、特色演出、购物消费、餐饮美食、竞技比赛、市民娱乐、生活服务等方面举办特色活动、培育特色街区,擦亮"悦享浒墅关"夜经济品牌,主动抢抓消费回补新机遇,让"热闹的地方更加热闹",打造"姑苏八点半"苏州西北新地标。

城市治理高标准。开发区要以综合行政执法局成立为契机,整合执法部门,优化职责分工,实现科队融合、执法下沉,进一步夯实基层执法基础。常态化开展文明城市创建,下大力实施垃圾分类,扎实推进市容环境提升、违法建设治理等专项行动,重点解决浒墅关窗口地区、城乡接合部、背街小巷、人员密集区域沿街建筑立面杂乱、公用设施陈旧、环境秩序乱等突出问题;重点对存在安全隐患、影响市容环境、群众意见集中的三类违建进行拆除,同时加强源头管控,确保违法建设"零增长";着力推进城市管理规范化、标准化建设,打造精细化管理"经开品牌"。扎实推进政务服务中心、为民服务中心功能提升和配套完善,高标准打造"智慧政务与公共服务体系",全面实现"面对面审批""最多跑一趟";时刻紧绷安全稳定之弦、时刻牢记生态文明红线,持续推进安全生产、"331""263"专项整治、"散乱污"清理、小化工治理、黑臭河道整治、扫黑除恶等重点工作;深化完善基层治理"四网融合"机制,全面启动"基层党建、居民自治、环境提升"社区三大工程建设,不断夯实基层治理根基,打造精准化服务"经开名片"。

空间腾挪高效能。没有动迁就没有发展空间,没有空间就没有城市化进程,无论是道路交通规划,还是重点项目建设,都离不开动迁。开发区要牢固树立"等不得、慢不得、松不得、停不得"的思想认识,围绕"动迁百日攻坚"任务要求,进一步增强责任感、紧迫感、使命感,紧盯老镇改造遗留户和涉及上市、重点项目的地块,创新动迁工作方法,合理运用会商、会办机制,联动、协助拆迁机制,千方百计攻坚克难,能早则早、能快则快、能先则先,切实加快动迁工作进度,确保地块按期上市,重点工程项目按时竣工,拼出动迁扫尾"浒关速度"。

支撑城市发展,关键是进项目,进项目必须要有空间,盘活存量拓空间,"退二优二""退二进三"全力突破,重点开展亩均税收10万元以下低产低效工业园的整治提升和清租清退,不断提高产业用地容积率和利用率,抬高落地门槛留空间,保障优势资源用于优势项目,立起空间使用"浒关标准"。

(三)积极开展"四大行动",全力建设山清水秀的生态之城

良好的生态是最宝贵的资源、最大的竞争优势,开发区在探索"绿色发展"的道路上,既有经验,也有教训。开发区要牢固树立"绿水青山就是金山银山"的发展理念,积极开展"山更青、水更绿、农村更美丽、生活更低碳"四大行动,打好生态转型"组合拳",构筑多层次、成网络、功能复合的绿色空间体系。

念好"山"字经。浒墅关坐拥得天独厚的生态优势,1998年在全市率先停止开山采石,全面启动大阳山采石宕口整治和复垦复绿工程建设,不断擦亮绿色发展的生态"底色"。如今,13平方千米的大阳山已成为苏州高新区的"绿色脊梁"、苏州市的"城市绿肺",近期8万平方米的白豸山公园对外开放,也大幅提升了开发区山景之美的吸引力。今后,开发区要将大阳山作为苏州高新区绿色网络的主干,着力提升大阳山西侧村落郊野田地风貌和东侧工业城及新兴居住区景观品质,驰而不息抓好生态优化，并将其作为旅游的核心和载体，积极结合苏州乐园品牌优势，通过诸多温泉酒店、度假酒店、水上乐园、植物园、商业文旅中心等项目，同时植入多主题社区活力公园，运用多渠道绿色节能措施，培育诸如"户外旅游、茶园村+茶制作体验"等多样式绿色低碳产业，争创国家AAAAA级旅游区、全域旅游核心区、生态文明示范区。

做活"水"文章。水是生命之源、生产之要、生态之基。千年大运河穿城而过，承载着浒墅关繁荣喧闹的记忆；清澈西塘河横贯城北，因水质优良已被列为苏州市饮用水备选地；浒光运河、浒东运河、黄花泾、春申湖等水系纵横交错、环绕其中，水生态条件优越，展现出"水入城中、人水相依"的滨水美景。生态文明，水先行。开发区要紧紧围绕"水资源有保证、水安全有保障、水环境有保护、水景观有特色"的要求，积极向"河畅、水清、岸绿、景美"的目标迈进。发挥自然生态优势，因地制宜地探索水生态文明建设新模式；严格落实河长制，扎实推进"263"专项行动，以"保国控、促市控、消除劣V类水体"为目标，分级负责，抓实抓好水污染治理；抓紧乱占乱建、乱围乱堵、乱采乱挖、乱倒乱排等突出问题整治，规范河道管理秩序；高质量完成河岸加固提升工程，大力实施沿岸绿色生态廊道工程，实现水道、岸线、通道、绿化全域贯通，不断提升景观品质，高标准展现江南水乡"城市客厅"，打造大运河畔亲水乐水之都。

打好"农村"牌。农村是现代化、城市化的根基，只有城乡一体发展，农村城市各显其美，交相辉映，才是真正的美丽浒墅关。路东青灯、九图、华盛三村为保留村庄，自2017年开展"三村一体"建设以来，基础设施得到较大改善，生态环境得到一定提升，但长期以来历史欠账多、生态基础薄弱，距离"美丽江苏"建设要求还有较长的路要走。今后，开发区仍要按照"三村整体规划、基建全面推进、项目分步实施"总体思路，积极调动各方资源，抓紧落实"路网、河道、田块、村落"四大提升工程;抓好村庄农路建设,还原田埂道路乡土性,提升交通体系可达性;加快高标准农田建设,稳妥推进土地有偿退出试点,进一步优化田块规划布局;落实河道疏浚清淤,做好污水管网接管,开展"厕所革命"和垃圾分类,加强水系生态化改造和外循环建设;做好农村老旧房屋改建改造,建设综合服务中心,融入卫生服务、日间照料、百姓书场、展示体验等功能;进一步完善旅游服务配套,建设集观光采摘、农耕体验、农场直供、科普教育于一体的绿色农业基地,让城市居民参与、分享农耕乐趣,做强精品农业,做新体验农业,打造城乡融合发展"农村样板"。

走好"低碳"路。在推动生产方式绿色化上,开发区将统筹产业转型升级和生态环境保护,更大力度"砸笼引凤""腾笼换鸟"。果断减掉低效、无效乃至"负效"企业,支持壮大节能环保、循环低碳产

▲ 位于苏州浒墅关经济技术开发区内的宜家、永旺商圈

业，积极发展清洁能源，推进节能减排，加快构建自主可控、安全高效的绿色产业链。在推动生活方式绿色化上，倡导低碳生活方式，提升"含绿量"，加强生活垃圾分类源头教育引导，推动垃圾分类成为绿色"新时尚"，让生态文明理念真正融入生产生活，加快建设资源节约型和环境友好型社会；完善地铁、有轨电车、常规公交等多层次多模式公共交通网络，打造"10分钟都市生活圈"。让人民群众享有更健康、更自然、更环保的美好生活，打造绿色低碳的宜居新城。

（四）牢牢把握"四大原则"，全力建设底蕴厚重的文化之城

2500多年积淀了深厚历史文化底蕴，历史积淀与现代文明共同造就了浒墅关的文化资源集聚。新时代，浒墅关经济技术开发区要把文化作为区域发展的重要引擎，牢牢把握"传承不断线、服务不缺位、产业不掉队、引领不踩空"四大原则，打好文化转型"组合拳"，全力促进区域文化大繁荣大发展，把浒墅关建设成为古代文化与现代文明交相辉映的江南名镇。

文化传承不断线。 丰富的历史文化资源是浒墅关争创文化之城的重要基石。开发区将始终坚持"传承保护、创新转换"的原则，对现有的阳山文化、钞关文化、关席文化、运河文化、蚕桑文化、庙宇文化等传统文化资源，浒墅关蚕桑学校、文昌阁、浒关基督堂等历史遗存，切实加以保护，这些都是浒墅关文化资源的亮丽底色；要深入挖掘传统文化的精神价值、美学观念，并结合时代要求继承与创新，在保护中挖掘内涵，在开发中二次创造，形成一个清晰的历史文化发展序列；同时通过宣传教育，培育、增强全民保护传承的理念，打造一批最具浒墅关标识的文化名片。特别是运河小镇项目，要做好传统文化与现代文明的结合，加快建设进度，最终形成吴文化带、健康生活带、滨水景观带"三带合一"的苏州人文特色水岸空间，打造大运河文化保护与传承示范区。

文化服务不缺位。 开发区将高度重视老百姓家门口的基层公共文化设施、群众喜闻乐见的文化服务供给等，从补短补缺入手，把文化惠民落到实处，实现公共文化服务的城乡统筹化、一体化、均衡化。要全面统筹东吴博物馆、国画院、文体中心、乐居中心、丽邻中心等一大批公共文化服务载体，有序实行学校文体设施场馆向公众开放。大力实施"互联网+文化"，探索线上图书馆、线上博物馆等虚拟载体建设。要创造出有特色、内涵深刻、折射时代背景、聚焦社会主义核心价值观的作品，以群众喜闻乐见的方式，创造出有深度、有广度、反映平凡人普通人、聚焦小人物蕴含大事件的文艺精品，让人民群众在形式多样的公共文化服务中提高文化素养。以普及普惠和水平提升为目标，着力解决公共文化服务不平衡、不充分的问题，更好满足城乡居民日益增长的精神文化需求，打通文化惠民"最后一步路"，打造公共文化服务示范区。

文化产业不掉队。 开发区将依托大阳山、大运河、"三村一体"自西向东形成的文化地理格局，做好"山水新城、都市田园"文化的总体布局和文旅发展规划。发挥龙华文旅等国资公司引领作用，支持小微、初创文化企业发展，壮大多元市场主体。以运河小镇项目为重点，加大创意人才培育和引进，大力引入优势文旅资本，推动传统文化资源的产品转化、品牌塑造、文旅融合和业态构建。引入高端商业综合体项目，推动现代商贸文化的大繁荣大发展，实现文商旅融合发展。要加快传统文化产业转型升级，运用好"互联网+"模式，适应"云旅游、云娱乐"等消费新形式，打造文化经济融合发展示范区。

文化引领不踩空。 文化是凝聚人心、激励斗志的强大精神动力，如何发挥文化的引领和表率作用，是开发区的一大课题。开发区将以社会主义核心价值观为引领，唱好主旋律，既依靠政府"自上而下"的宣传发动引领主流价值，也尊重和体现基层群众"自下而上"的伦理智慧和道德力量，有效传承和发展伦理文化，移风易俗，摒弃陋习，引导文明乡风，推进文化法治建设。发挥文化入社区、入村、入基层的主观积极作用，让公共文化服务实现全方位、全覆盖，让更多文化精品净化人们的心灵，提振人民群众的文化自信、激发干部群众奋发有为和干事创业的凝聚力；发挥优秀党员的楷模作用和党建文化的红色堡垒作用，运用好"夜袭浒墅关"等红色教育载体，构建"红色文化"集聚区，打造先进文化引领示范区。

一切伟大成就都是接续奋斗的结果，一切伟大事业都需要在继往开来中推进。新时代的浒墅关人必将以习近平新时代中国特色社会主义思想为指引，聚焦"产业、城市、生态、文化"四大转型，积极投身"激情燃烧，干事创业"的火红年代，为苏州浒墅关经济技术开发区加快迈进国家级经开区高质量发展更前列而不懈奋斗。

延伸阅读

浒墅关向八方客商发出诚挚邀请
2020年苏州高新区招商推介大会暨人才路演活动在深圳举行

浒溪进大湾，舒心聚群贤。8月28日，2020年"智江苏高新·浒溪聚群贤"苏州高新区深圳招商大会暨人才路演活动在深圳举行。

"这是我们代表苏州高新区全面落实苏州市'思想再解放，开放再出发，目标再攀登'精神的又一个重要举措。必将进一步促进苏深两地的经贸往来，推进苏州高新区及浒墅关经开区与国内龙头企业的对接合作，加快智能硬件、数字经济、5G通信、集成电路等新兴产业的区域集聚，提升市场全要素配套能力，激发投资营商动能，释放创新创业活力，推动地区经济社会的高质量发展。"苏州高新区管委会副主任、浒墅关经开区党工委书记周晓春说。

全方位推介，"优惠券"丰厚
1个战略合作项目及7个新兴产业类项目集中签约

此次深圳招商大会暨人才路演活动，是浒墅关"走出去，引进来"的重要举措，更集中展现了浒墅关当好金牌"店小二"的决心与理念。

大会现场，周晓春对苏州高新区、浒墅关经开区的经济社会发展、地理区位优势、自然生态条件及营商安商环境进行推介，并向深圳的企业发出最真挚的邀请。

近年来，浒墅关经开区抢抓苏南国家自主创新示范区核心区建设、"一带一路"和长三角一体化等一批重大国家战略实施的机遇，围绕新一代信息技术、智能制造、绿色技术和生物医药等四大先导产业，加快推进新旧动能转换，布局形成了完善的产业体系和成熟的产业配套。"浒墅关秉承'亲商、安商、富商'的理念，正以最大的诚意，全力构建'营商成本低、政府服务优、办事效率高、创业氛围好'的一流营商环境，努力让每一位投资者、创业者在浒墅关感受到'安居乐业'。浒墅关真诚期待与深圳的企业共享转型发展机遇、创新发展机遇、绿色发展机遇和开放发展机遇。"周晓春说。

推介中，最大的亮点是浒墅关从政策、金融、产业等方面向与会企业及机构进行了全方位的推介，带着丰厚的"优惠券"向八方客商发出诚挚邀请。苏州高新区金和盛控股有限公司、浒墅关经开区招商局分别介绍了投融资相关业务、投资环境与政策等相关情况；中城新产业控股集团及其他签约企业代表亦进行了致辞。

推介活动展示了苏州高新区和浒墅关经开区的区位、环境、产业、载体等各方面的显著优势和广阔的发展前景，增进了客商对浒墅关的了解。与会客商纷纷表示，浒墅关经开区交通便利，产业发展势头良好，

▲2020年8月28日，苏州浒墅关经济技术开发区与相关科创龙头企业进行集中签约

创新创业氛围浓厚，企业发展便捷高效，是投资置业的理想场所。

"梧桐树"枝繁叶茂，"金凤凰"纷至沓来。现场，多方见证下，浒墅关经开区与中城新产业控股集团签署战略合作协议，就机器人力控打磨工作站产业化项目、3D TOF 高精度雷达产业化项目、链路一体化无线宽带数据通信产品研发与产业化项目等 7 个新兴产业类项目与相关科创龙头企业进行了集中签约。

16 个科创人才项目同台角逐，最高奖 200 万元
浒墅关近三年领军人才平均增长率近 160%

活动当天，来自新一代信息技术、高端装备、新材料、节能环保、医疗器械等新兴产业领域的 16 个国内外科创人才项目参加路演。

现场，舞台上，项目代表通过图文并茂、激情澎湃的演讲为现场创投嘉宾介绍创新创业成果。舞台下，由投融资机构、专业评委、产业平台等领域嘉宾组成的专家团队对各项目进行点评，并就项目的技术研发、战略规划、团队建设等方面进行提问，经综合评审后打分。

一番激烈角逐后，基于多维多态机器视觉的半导体检测设备的研发及产业化项目获得一等奖；河湖水体污染控制与生态修复技术及其产业化项目、用于无人机的链路一体化无线宽带数据通信产品的研发与产业化等两个项目获二等奖；3D TOF 高精度雷达项目、智能拳击带项目、基于机器视觉技术和人工智能算法的视觉检测设备项目等三个项目获三等奖。

据悉，依据苏州高新区领军人才的相关政策，本次路演活动将为科创人才打通苏州高新区领军人才申报的绿色通道，获奖项目经审核可直接认定为苏州高新区科技创新创业领军人才，最高将获得 200 万元的项目经费支持。

"此次在深圳举办科技人才路演活动，是我们浒墅关通过深圳这个

'世界之窗'向国内外的科创人才发出的一份真挚邀请。我们也将通过下沉式服务以及政策、资金扶持，让优质的科创项目选择浒墅关作为成长的热土；同时，我们也希望通过路演活动，构建人才、项目、资本等全要素的桥梁纽带，让创新创业项目在第一时间获得资本关注。"浒墅关经开区党工委副书记何宁说。

人才是第一生产力，凭借着全链条式的人才服务，2020年上半年，浒墅关经开区，申报各级领军人才102人次，同比增长168%，获批32人次，同比增长190%，近三年领军人才平均增长率近160%。截至目前，浒墅关共获批各级领军人才108人次，其中市级及以上人才20人次，柔性引进国家级人才6人。富强科技智能制造产教融合模式受到国务院、省政府领导肯定。中材非矿院等7个博士后工作站辐射带动效应明显，"高精尖缺"人才和团队加快汇聚。

下半年，浒墅关将聚集高新区科技镇长团众创空间、南邮技术转移中心、南大物联网基地、省生产力促进中心、蒲公英高新众创等各类创新资源，提升知识创造和技术创新能力，建立好科技人才蓄水池，加速创新产业集聚集群；通过多途径对接人才项目、鼓励引进高端人才，加强项目储备，做大做强人才基数；加大科技人才奖励力度，对人才项目予以奖励。通过打造人才全方位多层次服务体系，浒墅关将加快高端产业和高端人才聚集，以人才活力激发创新动能，为辖区实现高质量发展提供强劲支撑和动力。

重大节点、难点问题，专门项目小组跟踪服务
"四大转型"打造苏州西北的新门户

招高精尖人才，引高大上项目，如何让一批批人才在浒墅关乃至高新区"落地生根"，一批批项目在创新创业的沃土上"开花结果"？

一个月前，项目总投资超过12亿元的开市客项目破土动工。该项目从4月9日土拍落槌，到开工建设，仅用时108天，浒墅关金牌"店小二"用速度与激情给出了答案。

"针对企业面临的重大节点和难点问题，浒墅关相关部门会成立专门的项目小组进行跟踪服务，为企业提供'一站式'的绿色通道，让企业能够享受到高效、快捷、透明的政府服务。"浒墅关经开区招商局王寅杰表示。

打造一流的营商环境高地，才能成就一流的产业高地。2020年上半年，浒墅关经开区（镇）紧紧围绕"思想再解放、开放再出发、目标再攀高"总体要求，提升发展能级，强化创新驱动，上半年完成全工业投资9.4亿元，增长67.5%；实际利用外资完成1.6亿美元，增长67.1%；开市客仓储超市、麦科奥特多肽创新药产业化基地、昊帆生物、法国生物梅里埃、新型疫苗等25个高质量产业类项目纷至沓来，为地区下一阶段发展注入澎湃动力。

"今天的浒墅关，不仅在释放人才创业创新活力、激活企业投资营商动能方面做出努力，也在全方位地打开区域发展新格局，推动实现'产业兴旺、智慧便捷、生态宜居、文化繁荣'四大转型，努力打造苏州西北的新门户。"周晓春说。

（《姑苏晚报》，2020年9月2日，刘晓平、张迪）

后记

为全国发展探路是中共中央对苏州的一贯要求。作为"改善投资环境、实现大开放的示范区,优化结构、推动经济上水平的启动区,引进和发展高新技术的先导区,深化改革和建立市场经济新体制的试验区、实行全方位开放的前沿区,城市(镇)现代化建设的样板区"的全市各级开发区更是始终走在探索的前列,走出了一条富有苏州特色的开发区建设之路,成为苏州又一享誉中外的成功实践。

道阻且长,行则将至。苏州国家级开发区在未来的发展中,将全面贯彻落实习近平总书记考察江苏时提出的"争当表率、争做示范、走在前列"的指示精神,与时俱进地审视开发区的目标取向、理念思路、部署举措,更加彻底地推进改革,更高水平地推进创新,更高质量推动发展;立足构建新发展格局这个大坐标,充分发挥产业综合优势,推进更高水平开放开发;立足开发区发展阶段特征和基础较好、探索较早的条件,进一步加强实践探索,建设形成各具特色和内涵的现代化形态,努力在率先实现现代化上走在前列。

我们编辑出版此书,旨在记录和研究苏州国家级开发区的发展路径、发展特色、成功经验及未来发展的方向。通过探究苏州国家级开发区对苏州经济发展的贡献,分析开发区成功的因素,总结出其中可供借鉴的普遍意义,并为全市的"四史"教育提供鲜活的力量。

为更好地帮助读者全面了解开发区的发展特色,我们精选了苏州各家国家级开发区发展过程中的经典案例作为延伸阅读,形成有益补充。

本书在编辑出版过程中,得到了全市 14 家国家级开发区、市商务局、苏大出版社的大力支持。书中图片由各家开发区提供,因篇幅有限,拍摄者未能一一标注,在此特别加以说明。谨对所有给予本书帮助、支持的单位和同志表示衷心感谢。

本书的出版凝聚了集体的智慧。但由于水平有限,书中难免有疏漏和不足之处,敬请广大读者对本书提出宝贵意见。

编写组
2020 年 12 月